权威·前沿·原创

皮书系列为
“十二五”“十三五”国家重点图书出版规划项目

传媒经济蓝皮书
BLUE BOOK OF MEDIA ECONOMY

中国传媒经济发展报告（2018）

ANNUAL REPORT ON THE DEVELOPMENT OF CHINA'S MEDIA ECONOMY (2018)

主　　编／卜彦芳　张学勤
执行主编／漆亚林　司　思

社会科学文献出版社
SOCIAL SCIENCES ACADEMIC PRESS (CHINA)

图书在版编目（CIP）数据

中国传媒经济发展报告. 2018／卜彦芳，张学勤主编. --北京：社会科学文献出版社，2018.9
（传媒经济蓝皮书）
ISBN 978-7-5201-3358-6

Ⅰ.①中… Ⅱ.①卜… ②张… Ⅲ.①传播媒介-经济发展-研究报告-中国-2018 Ⅳ.①G206.2

中国版本图书馆 CIP 数据核字（2018）第 199873 号

传媒经济蓝皮书
中国传媒经济发展报告（2018）

主　　编／卜彦芳　张学勤
执行主编／漆亚林　司　思

出 版 人／谢寿光
项目统筹／高　雁
责任编辑／颜林柯

出　　版／社会科学文献出版社·经济与管理分社（010）59367226
地址：北京市北三环中路甲 29 号院华龙大厦　邮编：100029
网址：www.ssap.com.cn
发　　行／市场营销中心（010）59367081　59367018
印　　装／三河市龙林印务有限公司

规　　格／开 本：787mm×1092mm　1/16
印 张：28.25　字 数：424 千字
版　　次／2018 年 9 月第 1 版　2018 年 9 月第 1 次印刷
书　　号／ISBN 978-7-5201-3358-6
定　　价／98.00 元

皮书序列号／PSN B-2018-733-1/1

本书如有印装质量问题，请与读者服务中心（010-59367028）联系

出品方

中国传媒大学传媒经济研究所

联合出品方

北京美兰德媒体传播策略咨询有限公司

中国社会科学院大学媒体学院

中国音乐学院艺术管理系

四川警察学院舆情研究中心

传媒经济蓝皮书
顾　问

（按姓氏拼音为序）

黄　勇　原国家新闻出版广电总局副总编、发展研究中心主任，研究员，中国广播电影电视社会组织联合会学术委员会执行副主任

欧阳宏生　四川大学二级教授、博士生导师，成都大学特聘教授、传媒研究院院长

邵培仁　浙江大学教授、博士生导师、传播研究所所长、学术委员会委员

唐绪军　中国社会科学院新闻与传播研究所所长、研究员、博士生导师

郑保卫　中国人民大学教授、博士生导师

周鸿铎　中国传媒大学教授、博士生导师、传媒经济研究所名誉所长

传媒经济蓝皮书
专家委员会

田科武　北京青年报社总编辑，北青社区传媒科技（北京）股份有限公司董事长

王　甫　中国广播电视音像资料馆副馆长，中国传媒大学兼职教授、博士生导师

吴锡俊　北京市国有文化资产监督管理办公室综合处处长，博士

叶蓁蓁　人民网总裁，中国网络社会组织联合会副会长

昝廷全　中国传媒大学经管学部教授、博士生导师、学术委员会主任

张志君　中国教育电视台副总编辑、研究员，《教育传媒研究》杂志总编辑

赵曙光　南京大学新闻传播学院教授、博士生导师

朱春阳　复旦大学新闻学院教授、博士生导师，媒介管理研究所所长，《新闻大学》常务副主编，教育部青年长江学者

朱　天　四川大学研究生院副院长，传媒研究中心主任、教授、博士生导师

朱鸿军　中国社会科学院新媒体发展研究中心副秘书长，《新闻与传播研究》副主编

传媒经济蓝皮书
编　委　会

曲俊义　英国塑料资本集团中国区总裁，博士，中国传媒大学传媒经济研究所兼职研究员

曲小刚　中国传媒大学经管学部副教授、硕士生导师

司　思　中国音乐学院艺术管理系副教授、博士

王文杰　对外经济贸易大学公共管理学院副教授、硕士生导师

王文锋　湖南理工学院新闻传播学院院长、教授、硕士生导师

王锦慧　中国传媒大学经管学部副教授、硕士生导师

吴旖旎　湖南理工学院新闻传播学院教师、博士

辛　路　辽宁广播电视台新媒体发展管理中心主任，辽宁卫视广告部主任，博士

姚　旭　中国传媒大学马克思主义学院副教授、硕士生导师

张学勤　四川警察学院副研究员、博士，四川省广播影视高等教育学会副会长，成都大学传媒研究院文化产业研究中心主任

张　燕　中国传媒大学经管学部教授、硕士生导师

赵曙光　南京大学新闻传播学院教授、博士生导师

赵　丹　中国传媒大学经管学部教师、博士

周政华　腾讯研究院高级研究员，《互联网前沿》执行主编

朱　天　四川大学研究生院副院长，传媒研究中心主任、教授、博士生导师

传媒经济蓝皮书
课 题 组

组　长　卜彦芳

副组长　张学勤　漆亚林　司　思

成　员　（按姓氏拼音为序）

董紫薇　杜亚乘　好　娜　黄斌圆　李嘉可
刘书亮　卢梦琪　罗　蕾　骆子珩　庞曼曼
谯金苗　孙　敏　徐　朔　杨　勇　姚　响
张竞予　张　妍　郑　玄　周长城

主要编撰者简介

卜彦芳 中国传媒大学教授、博士生导师，传媒经济研究所所长，传媒经济学博士。主要研究领域：传媒经济、媒介经营与管理、媒体融合、影视产业发展等。2007～2008 年在韩国首尔大学传播系从事博士后研究，完成课题“中日韩文化影视贸易比较研究”。2013～2014 年在美国北卡罗来纳大学教堂山分校新闻传播学院做访问学者，完成课题“媒介融合背景下美国电视台转型发展研究”。主持和参与国家社科基金、教育部、原国家新闻出版广电总局等国家级和省部级课题多项，包括“三网融合背景下内容提供商的产业地位重塑及发展战略研究”“娱乐类节目的内容引导与跨屏传播管理研究”“国际传媒秩序重构背景下中国传媒业发展战略研究”等。在《现代传播》《新闻大学》《中国广播电视学刊》等传媒领域重要期刊发表论文 50 多篇，出版《传媒经济理论》、《传媒经济学：理论与案例》（第一版和第二版）、《广播电视经营与管理》和《文化软实力探析：产业与贸易视角》等著作。

张学勤 四川警察学院舆情研究中心副研究员，中国传媒大学传媒经济学博士，四川大学广播电视文艺学博士后，主要研究领域为文创产业、网络舆情、文化传播、三国文化等。策划主持文化产业项目“红军飞夺泸定桥精神提炼与文化传播”“传媒变革高峰论坛之城市对话”等。在《中国广播电视学刊》《电视研究》等刊物发表论文 30 多篇，代表专著有《文化创意产业集群发展中的政府定位研究》《文化、媒介与传播建构》《青梅煮酒论三国》《文创策论十章》等。主要学术兼职：中广联西部学术研究基地学术部副主任、四川省广播影视高等教育学会副会长、成都大学传媒研究院文化产业研究中心主任、四川省广电局剧本评审专家、四川新华文轩出版项目评审专家。

漆亚林 中国社会科学院大学媒体学院负责人、教授、硕士研究生导师、新闻学硕士点负责人，传媒经济学博士、广播电视艺术学博士后。主要研究方向：新闻实务、传媒经济、广电艺术。目前的学术研究聚焦于媒介融合和环境传播。曾主持教育部人文社科项目、中国青少年研究中心项目、中国青年政治学院学术创新支持项目，以及人民网、上海大学等企事业单位委托的项目。在《现代传播》《电视研究》《中国电视》《新华文摘》等学术期刊发表（转发）40 多篇论文。著有《中国电视剧农村女性形象研究》《模式与进路：中国都市报发展战略研究》等。主要学术兼职：中国传媒大学传媒经济研究所副所长、中国高等院校影视学会影视国际传播专业委员会理事、国际华莱坞电影学会理事、中国认知传播学会理事。

司　思 中国音乐学院艺术管理系副教授，艺术营销与传播教研室主任，中国传媒大学传媒经济学博士。2008～2009 年由国家留学基金委资助参加美国凯斯西储大学联合培养博士项目，2012～2013 年在英国牛津大学路透新闻研究所做访问学者。历任商务部《中国经贸》杂志社编辑部主任、美国 USA Sino News 驻克利夫兰 NBA 体育记者。主要研究方向为文化艺术经济、产业集群、新媒体与音乐产业等。主持北京市社科重点课题、牛津大学路透新闻研究所课题、中国音乐学院课题以及多项横向课题。在英文 EI 索引、英文期刊及其他中文核心期刊发表中英文论文 30 余篇，英文合著有 *Media and Entertainment Industry: The World and China* 等。主要学术兼职：中国传媒大学传媒经济研究所副所长、牛津大学路透新闻研究所访问研究员、北京民族音乐研究与传播基地兼职研究员。

摘　要

《中国传媒经济发展报告（2018）》以中国传媒大学传媒经济研究所（IME）为核心，联合国内学界、业界、政府部门等众多专家编写而成。本书针对中国传媒经济发展在多个维度和环节的重要问题进行研究和分析，积极探索传媒内容创新、传媒产业发展、传媒经营管理、传媒生产要素等各个层面的传媒经济现象，深入挖掘 2017 年中国传媒经济的年度热点、最新动态、创新业态，并对未来传媒经济发展态势进行展望和预测。

所谓传媒经济，狭义上指传统媒体和新媒体所面临的诸多经济问题和现象的总和，如传媒产品供给、受众需求、传媒市场结构、竞争战略、传媒要素市场等研究内容；广义上还包括产业层面、宏观层面的传媒经济总体运行状况，以及市场、技术、资本等推动传媒经济发展的重要力量，如传媒产业、资本运营、政府管制、技术应用等一系列课题。

自 1994 年中国全面接入互联网以来，传媒经济搭上了数字与网络技术的快车道，新旧媒体同台竞争、交织共融的新传媒生态奠定了中国传媒经济的基本格局。以 2013 年 3G 牌照发放为开端，移动互联时代的传播矩阵、应用形态、商业模式发生深刻变革，以移动端为核心的多屏传播语境进一步塑造着中国传媒经济的发展方向。随着大数据、物联网、AR/VR、人工智能等尖端科技的快速升级迭代，中国传媒经济发展已经站在 5G 时代、智媒时代、互联网下半场的临界点上。在此背景下，本书的出版，意在镌刻传媒产业智能化、传媒消费移动化、传媒资本扩大化、传媒经济成熟化的时代印记，设想未来中国传媒经济与智能科技深度融合的新方向、新格局、新形态。

参照传媒经济学的基本研究框架与逻辑，立足于当前传媒经济发展的生态环境与传播语境，本书从传媒经济发展的四个层次（产品层次、媒体层次、产业层次、宏观层次）出发，分设总报告、传媒内容、传媒市场、传媒资本与技术、传媒管理、传媒学术教育六大部分，展开对中国传媒经济的研究。

在总报告，以推动传媒经济发展的五大力量（市场、技术、资本、政府、教育）为基本线索，重点描述了纸媒、广电、新媒体等传媒经济主体的内容创新成果、市场竞合结构、整体发展态势，并对知识付费、媒体融合、IP 运营、短视频等传媒新业态进行分类总结，展现了 2017 年中国传媒经济发展的全貌与未来趋势。

在内容篇，以新闻资讯、广播电视、影视作品、数字音乐、动漫游戏、网络文学等多元产品的内容创新、经营管理与对外贸易为切入点，描述中国传媒经济的核心内容布局，揭示了引领传媒内容融合发展的“泛娱乐化”趋势。

在市场篇，将电视市场、新闻客户端市场、网络视频市场、电影市场等传统媒体市场，结合短视频市场、知识付费市场等传媒新业态市场，共同整合为中国传媒经济的主体市场结构，同时运用 SCP、多元回归等统计分析模型对市场集中度、电影票房收入等市场效率与福利问题进行量化研究，揭示了以移动端为核心市场的“移动优先”融合趋势。

在资本·技术篇，主要研究了传媒核心生产要素的投入、配置与运营问题，一方面对传媒上市公司的融资效率、财务状况进行客观评价，提出资本运营的创新建议；另一方面，对机器生产新闻、移动直播、智能屏读革命等现象进行深入解读，设想未来传媒技术应用的新方向，指出了资本与技术嵌入媒体形态的“智慧媒体”趋势。

在管理篇，以融媒体建设为切入点，从媒体融合的技术基础应用、传播矩阵构建、人才资本流动、融合政策变迁、融合效果评估、社会效益评价等多维度全面解读融媒体的发展路径，集中体现了媒体管理从“相加”走向“相融”的深度融合趋势。

在学术教育篇，对传媒经济领域的学术研究与人才培养现状进行总结。

一方面，基于中国期刊网 CNKI 关于传媒经济的数百篇文献，从话语机制、理论机制、路径机制和传媒规制 4 个方面对 2017 年度传媒经济研究成果进行综述；另一方面，以传媒经济学教育成果为研究对象，对各高校设立传媒经济学学科点、专业方向的情况进行统计分析，提出传媒经济人才培养的国际化目标。

与其他传媒类的行业报告相比，《中国传媒经济发展报告（2018）》具有以下特色。首先，本书是中国第一本以传媒经济为研究对象的权威报告，第一次对传媒经济的整体运行状况、市场结构、内容布局、传播格局、创新业态进行分类总结，对于传媒经济学的后续研究和传媒经济领域的商业拓展，具有重要的理论和应用意义；其次，本书为传媒量化研究收集了大量全新数据、提供了多种研究方法，在传媒影响因素实证研究、传媒评价指标体系构建等方面都分享了一系列数据翔实、论证有力的论文和报告以飨读者；最后，本书还为有志于从事传媒经济研究与教育的学者与考生讲解了国内各大高校的人才需求与培养状况，对于传媒学子的求学与就业具有较大的帮助。

关键词： 传媒经济　媒体融合　泛娱乐化　智慧媒体　移动优先

Abstract

ANNUAL REPORT ON THE DEVELOPMENT OF CHINA'S MEDIA ECONOMY (2018) is edited by the Institute of Media Economics (IME) of Communication University of China. Many experts from domestic academic, industry, and government departments contributed papers. This book focuses on the research of important issues of the development on China's media economy in many dimensions, and actively explores the phenomena of media content innovation, media industry development, media management, media production elements and other aspects, and deeply excavates the annual hot spots in 2017. Finally, this book prospects and forecasts the future development of media economy.

In the narrow sense, media economics refers to the summation of many economic issues and phenomenon that traditional media and new media are facing, such as the supply of media products, the demand of the audience, the structure of media market, the strategy of competition, the media elements market and so on. In a broad sense, the field of media economics research also includes the overall operation of media economy at the industrial level and the macro level, as well as the important powers to promote the development of media economy, such as the market, technology and capital. The main concerns of media economics at the macro level are media industry, capital operation, government regulation, technology application and so on.

Since China's access to the Internet from 1994, media economy has achieved rapid development relying on digital and internet technologies. The new ecology of media convergence has established the basic structure of China's media economy. With the release of 3G licenses in 2013, profound changes have taken place in the propagation matrix, application patterns, and business models in the mobile Internet era. The multi-screen communication context with mobile terminals shapes the developing direction of China's media economy. In recent years, with the rapid upgrading of cutting-edge technologies such as big data, Internet of things, AR/VR, and artificial intelligence, the development of media economy have entered the 5G and the intelligence media era. In this context, this book aims to review the history of intelligent media industry, mobile media consumption, media capital expansion, media economy maturity, and looks forward to the new direction of the deep integration of China's media economy and intelligent technology in the future.

This book is based on the basic research framework and logic of media economics, and reflects the current environment and context of media economic development. From the four levels of media economic development (product, media, industry, and macro), this book analyzes the current situation of China's media economy with the general report and other five chapters, including the media content, media market, media technology and capital, media governance and management , and media academic education.

In the general report, based on the five major powers (market, technology, capital, government, education) that promote the development of media economy, this book focuses on the content innovation, market competition structure and overall development trend of media economic subjects such as newspaper media, radio and television, new media and so on. At the same time, this book also categorizes and summarizes new phenomena in the media industry such as content payment, media convergence, IP operations, and short video, showing the overall picture and future trends of China's media economic development in 2017.

In the Content chapter, based on the content innovation, business management and foreign trade of diversified products, such as news information, radio and television, film and television works, digital music, animation games, net literature, this book describes the overall layout of China's media economy and explains the pan-entertainment trend that leads to the convergence of media content development.

In the Market chapter, the traditional media market, such as the TV market, the audience market, the online video market and the film market, combined with the new media market, such as short video market, knowledge paid market and so on, together to integrate as the main market structure of China's media economy. At the same time, SCP, multiple regression, and other statistical analysis models are used to quantify the market efficiency and welfare issues such as market concentration and movie box office revenue, concentrating on the "mobile priority" integration trend with mobile terminal as the core market.

In the Capital & Technical chapter, it focuses on the input, allocation and operation of the core production factors of the media. On the one hand, some papers objectively evaluates the financing efficiency and financial situation of the listed media companies, and puts forward some innovative suggestions on capital operation. On the other hand, it also makes in depth interpretations of machine production news, mobile live broadcasting, and smart reading revolutions, envisaging new directions for the application of media technologies in the future, and embodies the "intelligent media" trend of capital and technology embedded media.

In the Governance and Management chapter, taking media convergence as an entry point, some papers comprehensively interpret the development path of media convergence from multiple dimensions, including the application of media convergence technology, the construction of communication matrix, the flow of human resources and capital, the change of mediaconvergencepolicy, the evaluation of media convergence effects, and the evaluation of social benefits etc. It embodies the deep media convergence trend from "simple adding" to "deeper integration".

In the Academic Education chapter, the book summarizes the current status of academic research and talent cultivation in the field of media economics. For one thing, based on hundreds of papers about media economics published in 2017, this chapter summarizes the research achievements from four aspects: discourse mechanism, theoretical mechanism, path mechanism and media regulation. For another, taking the educational achievements of media economics as the research object, this chapter makes a statistical analysis on the situation of the establishment of the subject and professional direction of the media economics in various colleges and universities, and puts forward the international target of the training of media economics talents.

Compared with other media industry reports, *ANNUAL REPORT ON THE DEVELOPMENT OF CHINA'S MEDIA ECONOMY (2018)* has the following features. Firstly, this book is the first authoritative report on media economy in China. For the first time, it summarizes the overall operation of media economy, market structure, content layout, communication patterns, and new industry, which has the important theoretical and practical significance for the research of media economics and the commercial expansion of media economy. Secondly, this book collects a large number of new data and provides a variety of research methods for quantified media research. Finally, this book analyzes the demand and training of talents in domestic universities and colleges for the scholars and students who are interested in doing media economics research and education, and it is very helpful for the students to learn and choose their future careers.

Keywords: Media Economy; Media Convergence; Pan-entertainment; Smart Media; Mobile Priority

序　言

2018年是笔者从事中国传媒经济研究的40周年。今天呈现在读者面前的这部新书是由众多中青年传媒经济学者共同编撰的《中国传媒经济发展报告（2018）》（以下简称蓝皮书），它既是一部完整的对2017年度中国传媒经济发展过程中的成就、存在问题的客观分析与评价，又是以40年来中国传媒经济理论为基础开展的新时代传媒经济研究的新起点。我相信，由新人在新时代开展的对传媒经济发展新态势的研究一定能够取得更加辉煌的成就。

40年来（也可以说半个多世纪以来），在我国改革开放的大潮中，笔者以教学为中心，主要做了三件事：①研究和创立了一门新学科——传媒经济学；②培养了一批优秀学生；③创建了中国传媒大学传媒经济研究所以及传媒经济学教学与研究基地。为深化我国传媒经济理论研究做好了理论上、人才上和环境上的准备。

传媒经济理论研究是从20世纪70年代末开始起步的，到21世纪初，一个较完整的传媒经济理论体系已基本形成，它包括传媒经济学的综合结构体系、理论传媒经济学结构体系和应用传媒经济学结构体系。现在，传媒经济学不仅作为一门专业性课程走进了大学课堂，而且由中国传媒大学领衔的高校于1987年就开始试招传媒经济学类专业的在职学生和本科生，于1995年开始招收传媒经济学硕士研究生，于2001年开始招收传媒经济学博士研究生。与此同时，我国的传媒经济理论已逐渐与国外研究接轨，对传媒经济理论产生了重要的影响。

2006年5月16~18日，第七届世界传媒经济学术会议在北京召开，全国人大常委会副委员长许嘉璐参加了大会，他在讲话中说："传媒经济学是在经济全球化大潮和现代传媒技术迅猛发展的背景下勃然兴起的学科，十多年来，日益显示其重要性。随着世界各国经济、政治、文化的发展与变化，传媒经济学必将越来越受到各界人士的重视。”“作为在全球传媒经济学界享有盛名的世界传媒经济学术会议，第一次在亚洲以及发展中国家举行，便把会址选在了中国，表明了世界传媒经济学界对中国传媒业发展及传媒经济学研究的关注和重视。”“中国自改革开放以来，新闻事业和传媒改革取得了巨大成就，中国传媒经济已具有举足轻重的世界地位。目前，中国传媒经济总量已处于世界前列：日报总发行量世界第一、电视机拥有量世界第一、手机拥有量世界第一、收音机拥有量仅次于美国、上网人数世界第二，是全世界发行量最大的 3 本大众化杂志的故乡。中国传媒经济学研究也已取得显著成绩，全国已有近 10 所大学成立传媒经济研究中心或研究所，中国人民大学、中国传媒大学等高校已经招收传媒经济学方向的博士生。”许嘉璐副委员长最后说：“我相信，第七届世界传媒经济学术会议的召开不仅能够促进中国、亚洲和发展中国家的传媒经济学研究和传媒业的发展，也必将为推动世界传媒经济研究与发展做出新的贡献，成为世界传媒经济学术会议史上的一次历史性的盛会。”许嘉璐副委员长的讲话，对我国传媒经济学的发展过程进行了总结，肯定了我国传媒经济理论已经进入快速发展阶段。

1996 年，中国传媒大学（原北京广播学院）率先成立了我国第一家研究传媒经济理论与应用的机构——传媒经济研究所，它的前身是经原广播电影电视部教育司批准成立的“北京广播学院广播电视经济研究室”。传媒经济研究所设有传媒经济研究室、应用传播学研究室、网络经济研究中心和传媒智库研究中心等，除了在校外进行专题性定点调研外，还在重庆市、牡丹江市设立了传媒经济发展研究基地，全方位地开启了我国的传媒经济研究。

传媒经济蓝皮书是在我国传媒经济研究走过了 40 个年头后的今天才与读者见面的，好像起步晚了点，其实“晚”有它的特殊意义。正因为这样，当我看到蓝皮书的初稿时，一是高兴，二是联想多多。特别是让我回忆起了 40 年来的学术生涯，让我想起了 40 年前传媒经济研究起步时的情景和对未来的期盼；想起了 40 年来传媒经济研究过程中所发生的一个个有趣的故事；

想起了40年来支持和关心我研究的领导在关键时刻对我的嘱托；想起了40年来同事、同行大力的支持和协助，特别是1987年原北京广播学院社科部干部培训班学员们的实践支持和经验馈赠；想起了40年来出版社的编辑们对我的鼓励、期待与支持；想起了40年来中国传媒大学为我的传媒经济理论研究在研究环境和实践上的支持……蓝皮书使我想起了40年来的许许多多的往事，想起了顺境下的“疯狂”，想起了逆境下的“沉思”。“疯狂”也好，“沉思”也罢，集中到一点，即一定要营造一个良好的学术环境。40年来的研究实践告诉我：一个人要想成功地办好一件事或几件事，一定要在关注研究对象本身的同时关注所处的环境，有时候环境比研究对象本身还重要。环境是走向成功的天梯。

我国的传媒经济实践起源于1949年新中国成立以后的中国特色社会主义革命时代。传媒经济理论研究起步于1978年党的十一届三中全会前后的中国特色社会主义革命时代与中国特色社会主义改革时代的交替时期，得益于十一届三中全会到党的十六大和十七大的召开。2002年，党的十六大深刻地论述了文化二重性理论，对文化事业和文化产业发展的政策、地位、作用进行了科学的阐述，明确提出了文化事业和文化产业发展的原则和政策，把文化建设和文化体制改革当作全面建设小康社会的一项十分重要的战略任务。2007年，党的十七大进一步明确了发展公益性文化事业和文化产业对于满足人民群众的文化需求、满足居民消费需求以及推动经济结构调整的重要意义，并提出了制定“文化产业振兴规划”的基本构想。在党的十六大、十七大精神的指引下，一方面在宏观上确定了我国文化事业与文化产业发展的基本方针和政策；另一方面在微观上促进了各类文化事业和文化产业的大发展大繁荣，特别是促进了我国传媒文化事业和传媒文化产业的大发展大繁荣。2009年《文化产业振兴规划》出台，2015年我国“互联网+”行动计划推出，党的十九大报告再次强调“推动文化事业和文化产业发展”的基本指导思想。这既是我国传媒经济理论体系形成和成熟发展的标志，也是我国传媒经济常态化健康发展的保证。

中国特色社会主义已经历了两个伟大时代，即中国特色社会主义革命时代和中国特色社会主义改革时代。现在，中国特色社会主义已进入第三个时代，即中国特色社会主义新时代。同中国特色社会主义经历的两个伟大时代相适应，中国传媒经济发展也走过了两个伟大时代，即中国传媒经济革命时代和中国传媒经济改革时代。现在已进入第三个时代，即中国传媒经济新时代。

（一）传媒经济革命时代（1949～1978年）。1949年，中共中央就报刊的经费问题曾明确指出，党和政府报刊通讯社的经济来源除销售收入和广告收入外，可说明由党和政府补贴。同年12月，中央人民政府出版总署曾召开全国第一次报纸经理会议，对报纸经营问题进行了认真讨论，并在会议决议中明确指出，全国一切公私营报纸经营必须采取与贯彻企业化的方针，即公营报纸必须把报社真正作为生产事业来经营，逐步实行经济核算制，私营报纸亦须在已有的基础上进一步改善经营方法。会议决议还对造纸产业的发展、报纸的实销价格、报纸的发行、报纸的广告经营、公营报纸的编制、报纸的会计工作和报社的管理等做了明确规定。中央人民政府出版总署关于《全国报纸经理会议的决议》很快得到了中共中央的批准。在报纸企业化方针的指引下，理论界主要讨论了两个问题，一是如何贯彻报纸经营企业化方针的问题；二是关于新闻有没有商品性的问题。关于新闻有没有商品性的问题，当时就有两种截然不同的意见，但是对于报纸的商品属性问题，大家的认识基本上是一致的，即都承认报纸是具有商品属性的。在新中国成立初期，虽然在思想上和政策上都明确了传播媒介的经济属性，但是由于社会主义革命是当时的首要任务，不仅传播媒介的经营方针没有得到很好的贯彻执行，而且还把报纸、电影等传播媒介更多地视为一种“教育工具”，淡化了传播媒介的经济属性。

新中国的成立标志着人民大众已成为国家的主人，极大地调动了人民群众建设社会主义的积极性。但是，什么是社会主义革命？社会主义社会应该如何建设？不仅人民群众不明白，就是我们的党也是“摸着石头过河”，全凭“热情”。这样，在社会主义革命和社会主义建设过程中出现一些偏差或错误也是难免的，有些人对这些偏差或错误提出批评也是正常的。传媒

“工具论”就是在这种环境条件下形成的。“文化大革命”期间，传媒“工具论”已成为区分真假马克思主义者和真假革命者的标准、尺度之一。这时，传媒经济已成为一个被遗忘的概念或遭人忌讳的概念。

1976 年 10 月粉碎“四人帮”以后，为了推进我国传媒业的发展，1978 年财政部批准了《人民日报》等八家在京新闻单位试行“事业单位、企业化管理”的办报模式，对于解决当时我国传媒系统内部的经济短缺问题起到了重要作用。

（二）传媒经济改革时代（1978 ~2018 年）。在改革开放的 40 年间，我国传媒经济的发展经过了三个大的发展时期，即“破旧”、“立新”和“发展”三个时期。

1. 所谓传媒经济的“破旧”时期主要是破除陈旧的传媒观念的时期。从时间的角度分析，大致是指 1978 年党的十一届三中全会到 2001 年中国加入 WTO 的 23 年间。在这 23 年间，我们党和政府为破除陈旧的传媒观念，制定了许多可行的政策，创建了推进传媒经济发展的新思想、新观念、新理论，其中最具有代表性的就是 1983 年中共中央 37 号文件的发布和 1992 年邓小平南方谈话的公开发表。

1983 年，广播电视部召开了第十一届广播电视工作会议，明确提出了媒介应“以新闻改革为突破口，开展多种经营”的方针；同年 10 月 26 日，中共中央发布了 37 号文件，提出了“四级办广播、四级办电视、四级混合覆盖”的广播电视传媒建设方针，改变了以往四级办广播、两级办电视的格局。我国现在的广播电视规模和架构基本上就是在这一方针的指引下形成的。1992 年，邓小平在南方谈话中，科学地论述了什么是社会主义，什么是资本主义。他说：“计划经济不等于社会主义，资本主义也有计划；市场经济不等于资本主义，社会主义也有市场。计划多一点还是市场多一点，不是社会主义与资本主义的本质区别，计划和市场都是经济手段。社会主义的本质是解放生产力，发展生产力，消灭剥削，消灭两极分化，最终达到共同富裕。”邓小平关于社会主义的科学论述，一方面丰富和发展了马克思主义；另一方面为我国的改革开放指明了方向，推进了我国社会主义市场经济体制的确立，为我国传媒经济体制的建立、传媒产业的发展奠定了理论基础。

2. 所谓传媒经济的“立新”时期主要是指建立传媒新观念的时期。从时间的角度分析，大致是指 2001 年我国加入 WTO 到 2017 年党的十九大胜利召开的 17 年间。在这 17 年间，我国的传媒经济研究得到了快速发展，研究队伍不断扩大，研究成果大量涌现。在理论研究上，建立了科学的传媒经济发展的支点理论——传媒二重性理论，并形成了以传媒二重性理论为中心、以传媒产业论为基础、以新传播论为灵魂的具有中国特色的传媒经济理论体系；在实践上，一批先进的传媒实体创造了许多具有实操价值的推进文化事业和文化产业共同发展的新举措。为了建立具有中国特色社会主义传媒观，在宏观层面，随着完整的社会主义市场经济体制的建立，我国的传媒市场也得到了快速的发展。

在整体文化发展战略上，2009 年我国政府继钢铁、汽车、电子信息等十大产业的振兴规划之后又制定了第十一个产业振兴规划，即《文化产业振兴规划》。《文化产业振兴规划》的制定标志着文化产业发展已进入国家战略层面和国家战略具体实施阶段，《文化产业振兴规划》的实施为我国传媒文化产业的发展提供了重要的战略指导思想、基本原则和规划目标，提供了重要的政策措施和保障条件。

2010 年 1 月 13 日，国务院常务会议决定推动电信网、广电网、互联网互联互通，2012 年前推广广电和电信双向进入试点，2015 年全面实现三网融合发展。2015 年 9 月 6 日国务院办公厅发布《关于印发三网融合推广方案的通知》，即国办发〔2015〕65 号文件（以下简称为 65 号文件）。65 号文件指出：“推进三网融合是党中央、国务院作出的一项重大决策。近年来，各地区、各有关部门认真贯彻落实国务院关于推进三网融合总体方案和试点方案有关工作部署，试点阶段各项任务已基本完成。在总结试点经验的基础上，加快在全国全面推进三网融合，推动信息网络基础设施互联互通和资源共享，有利于促进消费升级、产业转型和民生改善。各地区、各有关部门要充分认识全面推进三网融合的重要意义，切实加强组织领导，落实工作责任，完善工作机制，扎实开展工作，确保完成推广阶段各项目标任务。国务院三网融合工作协调小组办公室要会同有关部门加强指导协调和跟踪督促，不断完善有关政策，及时解决推广工作中遇到的问题。各有关部门要进一步加强协调配合，形成合力，共同推进各项工作。”

2010 年 10 月，胡锦涛在十七届五中全会上指出，“文化是一个民族的精神和灵魂，是国家发展和民族振兴的强大力量”。同时他还强调指出，要提升国家文化软实力，满足人民群众不断增长的精神文化需求，就要“基本建成公共文化服务体系，推动文化产业成为国民经济支柱性产业，充分发挥文化引导社会、教育人民、推动发展的功能，建设中华民族共有精神家园，增强民族凝聚力和创造力”。传媒产业是文化产业的支柱产业，是文化创意产业的主体产业，它对于经济社会的发展和文化产业体系的建立都具有重要意义。

2011 年，党中央召开了以“文化”为主题的首次中央全会——第十七届六中全会，并通过了《中共中央关于深化文化体制改革推动社会主义文化大发展大繁荣若干重大问题的决定》（以下简称《决定》），提出了推动社会主义文化大发展大繁荣的指导思想，以及到 2020 年我国文化产业的发展目标，部署了深化文化体制改革、推动社会主义文化大发展大繁荣的各项重要任务，强调了加强党对文化产业发展的领导。传媒文化产业是我国一个重要的文化产业群，《决定》从宏观层面提出建设社会主义文化强国的战略目标、基本任务、指导思想、总体要求、奋斗目标、基本方针、重大举措以及我国先进文化的精髓——社会主义核心价值体系，这些文化强国举措对于我国传媒文化的发展具有重要的意义。

2014 年 8 月 18 日，习近平主持召开了第四次中央全面深化改革领导小组会议，并通过了《关于推动传统媒体和新兴媒体融合发展的指导意见》。在会议上，习近平强调：推动传统传媒和新兴传媒融合发展，要遵循新闻传播规律和新兴传媒发展规律，强化互联网思维，坚持传统传媒和新兴传媒优势互补、一体发展，坚持以先进技术为支撑、内容建设为根本，推动传统传媒和新兴传媒在内容、渠道、平台、经营、管理等方面的深度融合，着力打造一批形态多样、手段先进、具有竞争力的新型主流传媒，建成几家拥有强大实力和传播力、公信力、影响力的新型传媒集团，形成立体多样、融合发展的现代传播体系。要一手抓融合，一手抓管理，确保融合发展沿着正确方向推进。

2015 年 3 月 5 日，李克强总理在十二届全国人大三次会议上的政府工作报告中提出了“互联网 +”行动计划。

新时代传媒经济发展的理论标志主要体现在五个方面：习近平新时代中国特色社会主义思想体系的形成；强化互联网思维的理念基本形成；新型传媒集团模式已基本形成；“互联网 +”行动计划已开始实施；融合发展是未来传媒发展的基本模式。这五个方面的科学融合，构成了中国特色社会主义新时代传媒经济发展的完整的理论体系和实践体系以及未来传媒经济发展范式。

2017 年 10 月 18 日，习近平总书记在十九大报告中明确提出要“加强互联网内容建设，建立网络综合治理体系，营造清朗的网络空间”。

传媒经济革命时代和改革时代的经验证明：一个时代目标的实现和矛盾的解决必须具备三个基本条件：环境条件，即国内、国际的经济环境、政治环境和社会环境；政策条件，即国内的传媒政策和自信度；人才条件，即人才素质及其结构、组织结构以及传媒科学的普及度。在这三个基本条件中，环境条件、政治条件是外因、是保证，人才条件是基础，强化传媒人才培养是关键，在外部条件具备的情况下，人才就是决定性的因素。

3. 所谓传媒经济的“发展”时期主要是指依据新时代发展规律的要求所形成的利用科学的传媒观念进行传媒经济活动的时期。从时间的角度分析，主要是指党的十九大以后实现新时代总任务要求的一个历史时期。根据我国传媒经济发展的实际，新时代传媒经济发展应着重在三个方面做出努力：①破除陈旧的传统传媒思维方式，形成新时代传媒思维方式；②科学认知人类传播本质和传播媒介形态本质，全面开发利用传播资源和传播媒介形态资源；③深度认知传播媒介发展规律，科学建造体现传媒本质要求的叠加式传媒运营模式，充分发挥各类传播媒介在经济社会建设中的作用。

中国传媒大学是中国传媒经济理论研究的发祥地和传媒经济人才的培养基地，40 年来，中国传媒大学传媒经济研究所不仅全方位地、系统地研究了传媒经济理论，形成了具有中国特色的传媒经济理论体系，而且还培养了一大批高水平的、优秀的传媒经济理论研究者和教育工作者。他们中有的已是我国传媒经济运营专家，有的已是传媒领域的公务员，有的已是研究领域的高级研究员，有的已是高校教授（包括国家二级教授）。现在，他们虽然分散在祖国各地，但是他们仍然是一个以传媒经济为纽带的集体，他们一定会把传媒经济蓝皮书推向高峰，一定会借此推进中国传媒经济的更大发展。

是为序。

中国传媒大学周鸿铎

2018 年 6 月于北京

目 录

Ⅰ 总报告

Ⅱ 内容篇

Ⅲ　市场篇

Ⅳ　资本·技术篇

Ⅴ　管理篇

Ⅵ　学术教育篇

皮书数据库阅读使用指南

CONTENTS

I General Report

II Reports on Content Development

Ⅲ Reports on Market Development

Ⅳ Reports on Capital and Technology Development

V Reports on Governance and Management

Ⅵ Reports on Academic Education Development

总 报 告

General Report

B.1

中国传媒经济2017年发展回顾与2018年前瞻

卜彦芳 董紫薇 周长城*

摘 要： 2017年是中国传媒经济蓬勃发展的一年。在移动互联浪潮的推动下，传媒产业不断涌现出新业态与新商业模式，释放出引领整体国民经济改革发展的不竭动力。本报告以推动传媒经济发展的五大力量（市场、技术、资本、政府、教育）为基本线索，对中国传媒经济发展进行年度观察与总结，力图发掘2017年传媒经济发展的亮点、趋势与重大事件，捕捉技术与资本所推动的传媒热点现象，梳理传媒政策与传媒管理最新动态。随着2018年中国宏观经济形势向好、传媒行业法

* 卜彦芳，中国传媒大学教授、博士生导师，传媒经济研究所所长，主要研究方向为传媒经济、媒体融合、影视产业发展；董紫薇、周长城，中国传媒大学传媒经济学硕士研究生。

律制度不断完善和新技术加速更新迭代，传媒经济未来的发展前景将会更加广阔、美好。

关键词： 传媒经济　市场格局　内容创新　技术迭代　资本运营

一　传媒经济研究界定

（一）传媒经济的含义与研究范围

1. 传媒经济的含义

传媒经济以传播学和经济学理论为基础，深入研究传媒经济活动各环节的问题。一般从微观和宏观两个层面、市场和政府两种调节手段对传统媒体和新媒体所面临的经济问题进行探讨。具体研究内容涉及传媒产品供给、受众需求、传媒市场结构、竞争战略、传媒要素市场、传媒产业、集团化、资本运营、传媒体制改革、政府管制和新媒体等方面。

2. 传媒经济研究层次

本书将传媒经济的研究层次分为四类，即微观层次、媒体层次、产业层次和宏观层次。微观层次是指传媒组织利用传媒生产要素生产和销售传媒产品的行为，具体包括电视、电影、报纸等传媒产品的生产、交换、分配与消费，研究生产要素配置、双元产品模型、传媒成本定价等问题，比如移动新闻资讯的数据化生产、广播电视节目的传播策略、内容产品的价值评估与版权定价等。

媒体层次是指媒体组织为实现可持续发展而制定和实施的战略决策和经营行为，包括媒体经营与管理、集团发展、资本运营等方面，重点聚焦于管理模式、价值链、SCP 市场模型等视角，比如报业融媒体平台建设、新闻客户端竞争力分析、传媒并购重组战略等。

产业层次是指传媒市场运行、业态发展以及产业融合的状况，包括传媒产业的市场规模与结构，传统媒体和新媒体的融合态势，传媒新业态的涌现和发展，比如人工智能在新闻资讯和商业广告中的应用、短视频井喷式增长的动因和商业创新、泛娱乐背景下的 IP 改编热潮等。

宏观层次是指传媒制度与政策、新媒体治理、传媒环境等方面的内容。传媒制度与政策包括传媒体制改革、传媒法制建设和发展战略规划，比如《电影促进法》《网络安全法》《新一代人工智能发展规划》的制定和实施。新媒体治理包括净化线上舆论环境、营造清朗的网络空间、加强入口审查等，比如颁布《互联网新闻信息服务管理规定》、封禁八卦公号、开展“剑网行动”等。传媒环境方面包括对政治环境、经济环境、社会环境和技术环境的系统分析，比如移动化和碎片化的用户需求、大数据和人工智能的技术应用等。

（二）传媒经济蓝皮书框架

本蓝皮书将以推动传媒经济发展的五大力量（市场、技术、资本、政府、教育）为基本线索，对中国传媒经济发展进行年度观察与总结。本书将努力发掘 2017 年中国传媒经济发展的亮点、趋势与重大事件，捕捉技术与资本所推动的传媒热点现象，梳理传媒政策与传媒管理最新动态，盘点年度学术成果与学术活动，评析年度传媒经济管理人才培养与市场需求水平。

内容作为传媒市场供需双方交换的产品，是传媒经济研究的核心、基础与逻辑起点。内容篇主要梳理传媒产品和重点子产业的市场发展态势、热点与焦点问题，比如数字音乐等传媒内容新业态、传媒产品的多屏运营、版权交易、文化贸易、IP 改编的创新实践等。

市场力量是推动传媒经济发展的根本动力。市场篇主要对传媒市场热点、市场供需双方、市场结构、市场整合等进行观察与总结，如在移动化发展趋势下的电视市场、网络视频市场、新闻 App 市场、短视频市场、知识付费市场等。

资本和技术是推动传媒经济发展的核心驱动力量。资本篇主要梳理传媒领域的资本运营问题，包括传媒上市公司投融资与财务分析、传媒并购案例分析、文化金融热点、电视剧的版权价值评估等内容。技术篇主要对前沿技术在传媒领域带来的新的产业形式与商业模式进行观察与总结，以技术推动传媒经济变革的视角对人工智能为新闻资讯和广告行业所带来的影响、融媒体平台建设的技术应用以及移动直播的创新发展进行分析。

传媒经济的发展离不开市场与政府“两只手”的共同调节与双向博弈。管理篇主要分析传媒政策和传媒规制方面的问题，比如网络治理、线上舆论引导能力建设、如何突破信息茧房等；也着重分析传媒组织如何在融媒体环境下进行多屏运营、商业模式重建、业务流程再造（中央厨房）等，总结管理经验以及相关思考。

学术研究与教育是推动传媒经济发展的长远力量，将在理论和人才战略层面产生深远影响。学术教育篇对2017年传媒经济的学术研究成果和学术活动进行梳理，提炼新观点，提出新问题、新现象；对教育传媒机构进行观察与总结；对开设传媒经济管理专业的高校教育情况、人才培养情况和就业情况等进行分析，形成一个传媒经济管理人才培养与市场需求景气水平分析图谱。

二 2017年中国传媒经济发展态势

（一）传媒市场格局分析与热点追踪

1. 传媒市场格局：传统媒体渐趋稳定，新媒体高速发展

据统计，2017年传媒产业核心总产值为18820亿元，同比增长17.1%①。2017年传媒市场格局体现出传统媒体渐趋稳定，新媒体高速发展的特征，即：传统媒体在新媒体的冲击下痛定思痛，终于走出瓶颈期，渐渐

① 中国产业信息网：《2017年中国传媒产业总体规模持续增长》，2017年12月4日，http://www.chyxx.com/industry/201712/588903.html。

回暖，其中广播市场经历急速增长后平稳，电影市场继续增长但速度放缓，电视市场微有下滑，报纸市场已停止大幅下滑，杂志市场保持稳定；新媒体市场依旧保持高速发展，已进入下半场的互联网市场转向“精耕细作”模式，积极寻求商业模式的新转变与新突破。

（1）广播市场：逆势而上，增长趋稳

随着近几年互联网收听应用的普及和汽车保有量的增加，广播成为传统媒体中为数不多逆势而上的代表力量。根据央视市场研究（以下简称 CTR）的数据，2017 年广播的日到达率经历 2016 年的急速增长后渐渐趋稳，一线城市日到达率为27%，全国平均日到达率为22.7%①。就广告而言，广播媒体继 2016 年之后第二年引领传统媒体广告收入增速。CTR 研究报告显示，2017 年广播媒体广告刊例花费增长 6.9%，大大超过了上年增幅，同时，广播广告资源量的下降幅度也有所减小。

（2）电影市场：票房新高，亮点频现

2017 年中国电影产业在积极调整升级中重新回到了发展的快车道。数据显示，2017 年全国电影总票房收入为 559.11 亿元，增幅 13.45%，打破年度票房收入增长纪录；城市院线观影人次为 16.2 亿，增幅 18.08%。2017 年全国新增银幕 9597 块，银幕总数已达到 50776 块，中国一跃成为银幕数世界第一的国家②。

2017 年电影创作也呈现诸多亮点，《战狼 2》以 56.83 亿元的票房收入刷新了中国电影票房的新高，《冈仁波齐》《二十二》等文艺题材电影的上映也显示出我国电影市场的包容与开放，观众群体电影欣赏品位的日渐成熟，巩固了多样化的电影创作格局，取得了显著的社会效益与经济效益。

（3）电视市场：收视下滑，竞争激烈

多屏时代意味着渠道资源不再稀缺，渠道多元与移动互联方便了用户的

① 徐立军、王玉飞：《2018 年中国传媒的基本面与机会点》，《现代传播》（中国传媒大学学报）2018 年第 1 期，第 17～21 页。

② 《2017 年中国电影票房 559 亿元同比增长 13%》，2018 年 1 月 2 日，http：//www.sapprft.gov.cn/sapprft/govpublic/6951/356916.shtml。

信息搜寻，也加速了用户细分，最终推动电视市场的收视竞争走向白热化。数据显示：2017 年，全国电视观众日均收看时长为 139 分钟，同比下滑 13 分钟。同时，电视广告市场止跌回升，从 2016 年下降 3.7% 逆转为 2017 年增长 1.7%，这是一个利好消息①。

随着电视观众注意力的流失，卫视市场格局的竞争也愈发激烈。中央电视台凭借舆论引导力与权威公信力依然稳居头把交椅；在卫视市场中，第一阵营的竞争加剧，湖南卫视综艺娱乐节目的“绝对优势”越来越弱。内容所形成的平台溢价，使这些头部化媒体对广告市场的影响力进一步增强。而二、三阵营的卫视无论是在内容还是在广告收入方面，与第一阵营的差距越来越大，马太效应加剧。

（4）纸媒市场：读者流失，积极融合

移动互联传播语境下的数字经济欣欣向荣，数字阅读昭显着线下向线上迁移的用户取向，相对应的是纸媒发行量与广告收入的断崖式下滑。具体来看，一、二线城市的报纸媒体日到达率持续下滑，已从 2011 年的 61% 一举跌落至 2017 年的 15%。

严峻的生存危机倒逼纸媒积极改革，在媒体融合大势中寻求产品创新与内容变现：《人民日报》等众多纸媒打造“中央厨房”，纷纷涉足直播、短视频、无人机、H5 等诸多形式的内容产品，出品了若干流量过亿的“刷屏爆款”；《北青报》《成都商报》也试图通过社区化、多元化等经营手段扭转疲态。

（5）新媒体市场：高速发展，短视频走红

2017 年，我国的新媒体产业依然处于高速发展状态。在网民用户规模提升和新技术的推动下，新媒体市场中的媒体融合发展举措不断创新与升级，社交媒体、自媒体、传统媒体的自建平台等交错生长。新媒体市场涌现了短视频和知识付费等新增长点。

---

① 《2018 年中国媒体市场趋势：广告企稳回升，头部化格局显现》，2018 年 4 月 11 日，http://mp.weixin.qq.com/s?__biz=MjM5Mzg4NTUwMA%3D%3D&mid=2651237626&idx=1&sn=c28cb059078500c8607ddc2270c1dc7f&scene=45#wechat_redirect。

互联网用户规模的持续提升促进“互联网＋”行动计划加快发展，为我国新媒体产业发展提供了强有力的保障。CNNIC 报告显示，2017 年我国 7.53 亿人的手机网民规模占总网民数量比例达到 97.5%，网民规模达 7.72 亿人，互联网普及率为 55.8%。同时，艾瑞咨询数据也显示出互联网广告市场超出传统媒体广告市场的强劲增长势头：2017 年我国网络广告规模达到 3828.7 亿元，增长幅度超 30%。其中，搜索引擎企业营收市场规模突破 1100 亿元，增速达 24%；社交广告规模为 364.2 亿元，同比增速达到 52%[①]。

在 2017 年新媒体市场中，短视频成为最耀眼的增长点：2017 年短视频市场规模达 57.3 亿元，同比增长达 183.9%[②]。根据预测，未来 1～2 年内短视频平台将创造大量的商业化机会，流量变现将带来较大的市场规模增长，随着短视频内容营销质量的不断提升，可以预见短视频将成为新媒体市场的中流砥柱。

2. 市场热点追踪

（1）知识付费市场潜力巨大

知识付费的发展引人注目，2017 年中国知识付费产业规模约为 49.1 亿元，同比增长近 3 倍。场景化应用和用户消费习惯养成是知识付费的两大动因。艾瑞咨询数据显示，2017 年超 50% 的网民曾经或者愿意为内容付费，而这一比例在 2015 年仅为 30%[③]，用户对内容付费的接受程度在逐步提高。2017 年，知识付费市场亮点频现，无论是微信公众号付费订阅功能与 36 氪付费专栏“开氪”的上线测试、豆瓣付费内容产品“豆瓣时间”的发布，还是财新传媒付费新闻产品的正式启动，都展现出互联网与传统媒体领域均积极顺应知识付费的大趋势。但知识付费模式不是万能的，其在内容层面的赋能、复制、复购和知识泛娱乐化问题，在传播层面的把关人缺失、碎片化、知识鸿沟等问题，均是业界亟待解决的难题。

---

① 中国互联网络信息中心：《第 41 次中国互联网络发展状况统计报告》，2018 年第 1 期。

② 艾瑞咨询：《中国短视频行业研究报告》，2018 年第 1 期。

③ 艾瑞咨询：《中国在线知识付费市场研究报告》，2018 年第 3 期。

（2）媒体融合向纵深推进

2017 年，媒体融合继续成为传媒市场乃至整个行业的关注点。随着算法、人工智能、云储存等科技在媒体行业的深入使用，新旧媒体间的相互交融导致媒介生态发生强烈裂变与重构，其边界正在快速消融。

2017 年，传统媒体转型面临“端口分流”现象，自建平台还是借助平台商突围成为媒体融合的新争论点。原创媒体（澎湃、交汇点）与聚合类媒体（一点资讯、今日头条、天天快报）产生分庭抗礼之势；现象级客户端（澎湃新闻、浙江 24 小时、封面新闻）、区域性客户端（大多二、三线城市新闻客户端）、垂直客户端（成都名医、成都商报、成都儿童团）交错生长，跨界发展、融合发展、多元并存已成为传媒的新格局、新常态。

内容融合的亮点在于融媒体产品的不断创新，如人民日报社 H5《快看呐！这是我的军装照》、新华社“一带一路”动画宣传、央视微视频《初心》等，都取得了较好的传播效果。总之，随着媒体融合向纵深推进，传统媒体的融合思路更加清晰，融合手段越发多元。

（3）IP 打通内部生态链

当前优质 IP 继续为 IP 的产业化开发提供原动力，打通传媒产业的内部生态链系统。2017 年，《三生三世 · 十里桃花》《楚乔传》《择天记》等热门影视剧由网络文学作品 IP 改编而成，《王者出击》则是由热门 IP 游戏《王者荣耀》改编而推出的首个综艺节目。优质 IP 的泛娱乐化开发在影视、游戏、动漫等介质中转换内容的表达形式，可满足“粉丝”的多元化需求，扩大原生 IP 的影响力，实现行业内容生态链的完美跨界与深度融合。

（4）短视频成为下个投资风口

随着网民规模触碰到增长的天花板，互联网的人口红利期结束，开启了“下半场”的整合优化期。可以说，谁能洞悉和把握用户的需求痛点，谁就能在下一阶段的竞争中占得先机。比如，“智能手机 + 移动互联”创造出大量碎片化时间，迎合用户碎片化消费习惯与节省移动资费心理的短视频成为深受大众欢迎的信息传播方式。以抖音、快手为代表的短视频应用，通过开发趣味剪辑功能、塑造视频话题和社区等举措，将短视频与社交链接，引发了全民UGC的“玩视频”狂欢。数据显示，2017年，中国的短视频行业爆发式增长，仅第三季度，短视频用户使用总时长同比增速达311.3%，渗透率为4.1%，领跑其他所有细分行业[①]，推动了整个行业的内容沉淀和良性发展。未来，短视频领域空间巨大，成为下一个投资风口。

短视频的火爆使其成为投资风口。在互联网三巨头BAT中，腾讯投资“快手”，阿里旗下“土豆”转型短视频平台，百度投资垂直短视频社区“人人视频”。此外，内容创业者也开始将目光转向短视频内容。如“一条”“二更”等具备优质内容持续产出能力和产品迭代能力的头部内容创作者，正在受到资本市场的认可和追捧。在未来，短视频市场将继续探索多元盈利模式，产品业态也将趋于成熟。

展望2018年，在新媒体新内容不断涌现、文化消费需求日益提升、行业政策正向引导的多重驱动下，传媒市场整体发展有望持续向好。

（二）2017年中国传媒内容产品回顾

1. 电视剧：现实题材回归，IP改编沉浮

2017年中国电视剧在收视率上再攀新高，涌现出四部CMS52城收视率突破3%的电视剧（包括《人民的名义》《那年花开月正圆》《因为遇见你》《我的前半生》）。现实剧和年代剧品质出众，不断塑造精品。反腐大剧《人民的名义》以最高收视率6.695%的“现象级”影响力拉开现实主义题材强势回归的序幕；另一反映浙商创业历史的剧作《鸡毛飞上天》收视率位列同时段前三，两剧分获8.3分和8.1分的豆瓣高分，展现出现实剧收视率、口碑双丰收的大好局面。此外，《那年花开月正圆》《好家伙》《白鹿原》等品质出众的年代剧也令人瞩目，《白鹿原》获得8.8分的豆瓣高分，成为2017年口碑最佳的卫视剧[②]。

IP改编剧和翻拍剧沉浮不定。如《孤芳不自赏》《三生三世·十里

① 36氪研究院：《2017短视频行业研究报告》，2018年第3期。

② CMS52城收视率、豆瓣电影。

桃花》《楚乔传》等古装架空剧、玄幻剧、偶像剧在历史正剧之外开辟了更为广阔的市场空间，却面临着收视率与口碑两极分化的问题；翻拍剧《求婚大作战》《深夜食堂》的播出，显示了中国制作方翻拍日剧、日漫正在成为新潮流，但是部分翻拍剧生搬硬造、水土不服，遭到了冷遇。总之，这些以“高颜值 + 大 IP”为标配的 IP 改编剧和翻拍剧丰富了电视剧类型，但其剧本质量与制作水准参差不齐，引起了观众对“抠图”制作、明星天价片酬等行业乱象的热议，或将引发 IP 井喷转向业界理性思考。

2. 电视综艺：综 N 代延续热度，文化挖掘引关注

综 N 代瓜分了 2017 年电视综艺的头部市场。《奔跑吧》、《中国新歌声》（第二季）、《王牌对王牌》（第二季）、《最强大脑》（第四季）、《跨界歌王》（第二季）分别以 3.284%、2.604%、2.109%、2.066%、2.021% 的高收视率占据了年度电视综艺收视榜的前五席①。

随着政策监管强化和观众审美水平升级，国内综艺开始向“有趣并有意义”转型，文化类综艺如一股清流在卫视综艺节目市场中脱颖而出。《见字如面》（第二季）、《朗读者》、《国家宝藏》和《念念不忘》等综艺节目借助书籍、信件、日记、物件等传承中华文化，树立“书香中国”理念，弘扬家风、国风，塑造属于中华民族的文化记忆和文化自信。诸如《奔跑吧》、《极限挑战》（第三季）等版权引进综艺也通过齐唱《黄河大合唱》、佛山拜师学武艺等环节安排，在融入中华历史和文化的基础上，实现了引进模式的本土化。总之，2017 年电视综艺对文化元素的挖掘，投射了中国人讲中国文化的浓厚情感，文化类综艺的匠心制作赢得了观众的交口称赞，《见字如面》（第二季）和《国家宝藏》各自获得 9.4 分和 9.2 分豆瓣高分，被誉为“豆瓣九分神作”②。

3. 网剧：业态成熟化，向精耕细作转型

2017 年中国网络视频用户规模达到 5.65 亿人，同比增长率仅为 3.7%，

① CMS52 城收视率。

② 豆瓣电影。

呈现市场增速趋缓、人口红利终结的明显趋势①。市场的理性回归倒逼视频网站提升内容质量，再加之资本青睐和人才迁移，网剧进入了从野蛮生长向精耕细作转型的过渡期。总体上看，网剧业态的成熟化表现在以下三方面。

一是网剧播放量再创新高，2017 年播放量在 10 亿次以上的头部自制网剧多达 28 部。其中，古装剧《热血长安》播放量高达 106.1 亿次，创造了破百亿的新纪录②。二是网剧口碑跨越式提升，2017 年豆瓣评分前十的上线影视剧内容中，网络剧占 4 席（包括《白夜追凶》《无证之罪》《河神》《颤抖吧阿部》）。其中，推理剧《白夜追凶》取得 47.5 亿次网播量和 9 分豆瓣高分，树立了网剧收视率、口碑双高的新标杆③。三是网剧题材逐渐集中于三大类：古装玄幻、犯罪推理和青春校园。其代表作包括《九州·海上牧云记》《无证之罪》《春风十里不如你》等。四是网剧步入资本规模化轨道，《大军师司马懿之虎啸龙吟》和《九州·海上牧云记》的制作成本突破 3 亿元，其制作水准媲美精品电视剧。

4. 网络综艺：制作专业化，向新生代文化进军

2017 年，网络综艺总量稳中有升，新上线网络综艺节目 197 档，总播放量共计 552 亿次，同比增长 120%④。其中，排名前十的网络综艺节目播放量达 231 亿次，占总播放量的 42%，头部效应显著。《爸爸去哪儿》（第五季）、《放开我北鼻》（第二季）等综 N 代延续前作热度，把持着网络综艺头部市场。

随着网络综艺步入大资本驱动的制作专业化阶段，聚焦新生代文化的选秀类综艺开始崛起。腾讯视频的音乐选秀网络综艺《明日之子》被认为是开创网络综艺选秀元年的标杆之作，节目进行了小众审美、民谣、二次元文

① 中国网络视听节目服务协会：《2017 中国网络视听研究发展报告》，2017 年 11 月 29 日，http://www.199it.com/archives/663363.html。

② 中传传媒经济研究所：《2017 年电视剧与网剧 TOP5 盘点》，搜狐公众平台，2017 年 12 月 21 日，http://www.sohu.com/a/211933671_475889。

③ 豆瓣电影。

④《2017 网络原创节目分析发展报告》（网络综艺篇），ZNDS 资讯，2017 年 12 月 8 日，https://news.znds.com/article/28330.html。

化等多元化价值观的创新尝试，成功实现网播量突破 40 亿次、品牌赞助超 3 亿元的商业变现佳绩；爱奇艺自制选秀综艺《中国有嘻哈》以 26.8 亿次播放量收官，掀起了 Hip-hop 文化新潮，彰显当代年轻人的精神气质①。该节目媲美台湾综艺的 2 亿元高额制作成本也印证了网络综艺“高投入、高回报”是大势所趋。总之，中国网络综艺向着大制作和专业化方向发展，越来越注重以创新的节目模式挖掘和普及新生代文化。

5. 广播：加快媒体融合，探索知识付费

移动互联时代形成了传统电台和移动电台交错生长的广播市场竞争格局。传统电台向新型媒体的全面转型体现在渠道整合、流程再造、产品创新的方方面面，如浙江广电整合了网络电台、微电台、微信电台、手机电台、音频应用电台、车载移动电台等新媒体渠道；北京人电的“讯听云”融媒体平台实现了“一次采集，多种生成，多元传播”；福建广电智能车载产品“广电车盒子”、北京电台有声阅读活动“诵读小站”创造了沟通线上线下和移动场景的融媒体服务和社交品牌。

在移动电台主导的新媒体领域，喜马拉雅 FM 和蜻蜓 FM 形成双寡头局面，遥遥领先于行业的其他平台；荔枝 FM 和考拉 FM 分别以语音直播和车载广播为特色，在垂直领域持续发力。2017 年，依托有声读物、名人电台等板块共聚的核心内容价值，喜马拉雅 FM 推出包月 25 元的巅峰会员制，率先布局电台付费订阅模式。同时，喜马拉雅 FM 也开通单个音频付费业务，如《马东携奇葩天团亲授“好好说话”》《蒙曼品最美唐诗》《每天听见吴晓波》《跟着龚琳娜学唱歌》这些在 2017 年十分畅销的电台节目都具有浓厚的教育色彩，它们分别传授了演讲、诗歌、财经、音乐方面的知识，彰显了移动电台在知识付费时代的新探索颇具成效。

6. 电影：“商业化 + 主旋律”获市场肯定

在《电影产品促进法》推动国产电影全面振兴的新时期，最受瞩目的

---

① 中传传媒经济研究所：《2017 年电视综艺与网综 TOP5 盘点》，搜狐公众平台，2017 年 12 月 24 日，http：//www. sohu. com/a/212456536_ 475889。

是主旋律电影的商业化创作取得重大突破。主旋律军事动作电影《战狼2》以英雄视角聚焦撤侨事件，取得56.83亿元的超高票房收入，荣登2017年票房收入冠军宝座①；建军90周年献礼片《建军大业》从伟人视角出发，讲述了南昌起义的宏图大业；香港回归20周年献礼片《明月几时有》从平民视角出发，讲述香港游击队救助文化界名人的真实故事。三部主旋律电影采用不同历史叙事路径和人物塑造方法，呈现主旋律电影创作模式由单一到多元、创作目的由宣传向商业化拓展的变奏倾向。

纵观全年，《冈仁波齐》《嘉年华》《芳华》等文艺片投射了电影界对宗教信仰、社会现实、人性本真的人文观照，《妖猫传》《悟空传》《西游伏妖篇》等奇幻电影展现了特效技术与电影内容契合度的进一步提升，《羞羞的铁拳》等喜剧电影和《嫌疑人X的献身》等悬疑电影也有不俗表现，多元类型和题材将推动中国电影市场向细分化的新纪元迈进。

7. 新闻产品：视觉和互动效果升级

在智媒时代，社交媒体已经成为公民自由表达意见的“网络公共空间”。微博大V、微信公众号等商业自媒体作者针对热点话题不断发布新闻，助推了浩荡的网络舆论声势。自媒体文章《刘鑫，江歌带血的馄饨，好不好吃?》《刘鑫江歌案：法律可以制裁凶手，但谁来制裁人性?》等，助推“江歌案”相关话题多次登上微博热搜，引发舆论一边倒地声讨刘鑫，加剧了公众情绪的非理性。

自媒体报道的主观色彩、后真相时代的假新闻、反转新闻频出，都需要主流媒体提高新闻报道的业务水平，发挥强大的新闻传播力、影响力和舆论引导力。2017年，主流媒体报道呈现内容与技术高度融合的趋势，推动新闻产品的视觉呈现效果不断升级、用户互动体验不断改善。一方面，视频、动画、无人机、VR/AR、直播等新媒体技术广泛应用，不断提升视觉效果。例如，南方日报《不能忘却的纪念——汶川大地震九周年》使用了VR技

① 中传传媒经济研究所：《2017年电视综艺与网综TOP 5盘点》，搜狐公众平台，2017年12月24日，http://www.sohu.com/a/212456536_475889。

术；新华网在春运、漠河冰雪马拉松等新闻报道中，使用无人机航拍技术发布视频作品270余部。另一方面，交互式新闻产品的兴起极大地调动了用户的参与积极性，如人民日报社H5产品“我的军装照”将读者上传的照片自动PS成军装照，该产品发布12小时总浏览量达4.67亿人次，创下了人民日报社新媒体H5浏览量最高纪录①。

总之，“有图有真相”“无视频，不新闻”已经成为对新闻生产者的新要求，增强新闻的“游戏式”和“沉浸式”互动体验也是媒体吸引用户参与话题讨论、营造舆论声势的必然之举。未来，主流媒体应当更加注重新闻视觉效果、互动体验和深度解读的有机结合，从信息的浅加工向观点的深挖掘转变。

（三）传媒技术加速升级迭代

2017年，传媒技术加速升级迭代，人工智能、大数据、云计算、社会化媒体、VR/AR等各个领域的技术趋于融合，成为引领传媒经济健康、高速发展的利器。这种“智能科技+传媒”的组合已引起专业媒体机构的高度重视，通过一系列的布局和寻找发展的路径，催生出的智能媒体新业态正在逐步形成，从而彰显智媒时代的到来。

1. 人工智能颠覆内容生态

人工智能在互联网技术的支撑下强势入驻传媒业，使机器具备感知、思考和行动的能力，尤其是在人机交互与内容生产方面表现亮眼。在内容生产方面，人工智能通过数据抓取、挖掘、统计、分析和可视化呈现等多元技术重塑新闻生产流程，真正实现新闻推送的个性化、社交化与分众化。一点资讯、天天快报、今日头条等立足于算法推荐和智能分发的纯聚合新闻平台借此契机改变了新闻消费场景，并逐渐改变用户的新闻阅读习惯，成为不少用户接触新闻的首选渠道甚至是唯一渠道。

---

① 张志安、李霭莹：《2017年中国新闻业年度发展报告》，《新闻界》2018年第1期，第7页。

2017 年，各类应用人工智能技术的新闻机器人屡见不鲜，据不完全统计，至少有 10 家新闻媒体推出了 13 个智能新闻机器人产品或应用进行线上线下融合创新报道，如新华社机器人“i 思”“小新”，人民日报社中央厨房“小融”“小端”，深圳特区报社机器人“读特”等。2017 年 12 月 26 日，中国第一个媒体人工智能平台“媒体大脑”由新华社正式发布上线。“媒体大脑”是专为媒体机构打造的“大数据 + 人工智能”平台，面向媒体提供智能采集、分发等服务，覆盖从线索、策划、采访、生产、分发、反馈等全新闻链路，让云计算、物联网、大数据、AI 等多项技术为媒体赋能，促进媒体的深度融合、跨界融合①。2018 年“两会”期间，“媒体大脑”成功生产第一条机器新闻 MGC，成为人工智能在媒体领域发展的又一里程碑。

2. 算法推荐掀起个性化风潮

2017 年，新闻市场中算法推荐的广泛应用给新闻媒体带来了巨大的影响。积极影响包括可以抽取文章关键词和特征，找到合适的用户群体对文章进行投放分发，降低新闻媒体运营工作量，使得新闻媒体更易于专注内容生产。另外，算法推荐的广泛使用还鼓励了高点击率内容作者的积极性，用广告分成激励他们继续创作优良的新闻作品。但值得我们注意的是，算法推荐也给新闻媒体和舆论引导带来了一定的问题。首先，提高了新闻生产的成本，因为新闻生产智能化和数据引擎逐渐成为内容生产标配，媒体使用此技术的前提是必须设计出科学合理的算法，并掌握大量精准的用户数据，这大大加大了可操作化的难度，提高了新闻生产的成本。其次，算法推荐容易忽略具有一定社会价值的冷门新闻内容，造成人文价值和情感的缺失。算法推荐如果只是根据用户兴趣和热点新闻排行进行推送，容易导致新闻的过度娱乐化、低俗化与同质化。再次，算法推荐的使用也可能会导致新闻生产进入用户赋权和用户中心的困境，带来信息茧房和容积效应。最后，媒介伦理的问题，算法推荐的前提是掌握大量用户画像，这样可能会造成隐私侵犯、数

① 徐常亮：《媒体大脑：媒体与人工智能的融合重生之路》，《传媒》2018 年第 3 期，第 23 ~ 25 页。

据泄露、算法偏见等问题。

3. 大数据技术变革 IP 产业链

大数据的分析思路不仅对传统社会研究范式构成了挑战，还对传媒经济中传统 IP 内容产业运用的固定模式发起挑战，使 IP 内容产业链产生巨大变革。通过数据库和开放内容生产的集成内容运营模式，内容运营打破了传统 IP 内容产业链单一、线性的传播模式，实现了技术驱动、用户驱动、产品驱动的创新发展，并持续不断地输出优质内容，实现价值分享的共赢①。在大数据广泛应用的背景下，与市场密切相关且专业性突出的财经媒体也面临产业重构的问题。以数据见长的彭博社、路透社面临新的挑战，大数据与技术驱动下的产业链创新引发新的变革，其产业链需要再组织化与再专业化的深层次整合。

4. VR 营造媒体视觉奇效

随着摄像设备、显示屏幕和可穿戴设备等硬件的突破性革新，VR 应用成为传媒行业新的发展标配。2017 年，对 VR 的使用已经从尖端科技领域的试用转化成为众多媒体在大型活动与主题报道中的商业使用，包括中国经济网推出的“两会”VR 直播，人民网进行的“一带一路”国际合作高峰论坛 VR 直播。值得一提的还有光明网为迎接党的十九大召开，举办了主题为“砥砺奋进的五年”大型成就 VR 展，用户可以使用第一人称视角参观展览的 11 个场景，并通过镜头切换等功能实现多种角度和全视野的线上虚拟体验。在国外也有一些媒体在新闻播报中使用 VR 技术，形成动态感、代入感异常强的新闻作品。如美国有线电视新闻网（CNN）专门成立 VR 新闻部门，每周推出一期 VR 新闻报道，让用户以沉浸的方式体验了解全球大事。

总的来说，在传媒经济未来的发展中，人工智能、算法与大数据等智能科技扮演着重要角色，并受到学界的强烈关注，解读视角也日益多元化。互联网视域下智能硬件创新、技术驱动下的市场分工协作、网络直播、共享经

① 丁和根、黄贺铂：《技术驱动与全球视野：传媒经济与管理研究新趋向》，《编辑之友》2018 年第 1 期，第 44 ~49 页。

济、IP 内容独家运营等创新方向让“互联网 + 传媒”呈现各种新的指向性，与不同行业的融合也更加紧密。

（四）2017年传媒资本运营回顾

1. 传媒融资规模稳定，融资主体和渠道多元

2017 年中国传媒组织的融资态势向好，呈现融资主体泛化、融资规模稳定、融资渠道多元三大趋势。从融资主体来看，传统广电媒体、新闻媒体、出版企业、网络新媒体、传媒内容制作方等各种产业主体都在加速借助资本力量完成融媒体整合，如中国出版、掌阅科技、阅文集团等出版类、网文类品牌成功上市，搭上了资本的快车；金逸影视、芒果 TV、爱奇艺、熊猫直播等视频产业主体或上市、或借壳、或直接吸收资金，插上了资本的翅膀；今日头条、一点资讯分别完成 D 轮 10 亿美元和 E 轮 1 亿美元融资，标志着新闻资讯媒体资本运营的又一重大突破。

从融资规模上看，2017 年文化传媒市场融资并购趋于理性，融资案例数量达到 288 起，融资规模约为 29. 34 亿美元，与 2016 年相比略有回落。在细分行业中，影视音乐是年度重点关注领域，以 17. 32 亿美元融资规模居于首位，占文化传媒市场总融资规模的 59. 04%，大部分被投企业为影视内容制作公司，网络综艺、网剧等新产品备受资本青睐。此外，投资机构对文化传媒领域不断催生的新形态与新模式更加关注，短视频平台、知识付费平台、直播平台等新兴传媒业态在 2017 年的融资规模合计达到 9. 20 亿美元，占文化传媒市场总融资规模的 31. 36%①。

从融资渠道上看，以银行贷款、商业信用、债券为主要形式的债权融资和以上市、私募、政策性融资、产业基金为主要形式的股权融资均有长足进展。其中，借助上市融资和引进战略融资是 2017 年传媒股权融资的两大方式。在上市融资方面，世纪天鸿、中广天择、掌阅科技、新经典、中国出

① 卫视资源速递：《2017 文化传媒市场报告》，搜狐公众平台，2018 年 12 月 5 日，http：//www. sohu. com/a/218920683_ 750267。

版、金逸影视等品牌集团成功在国内上市；搜狗登陆纳斯达克，募集 5.85 亿美元；腾讯旗下阅文集团在港交所上市，募资总额 73 亿港元；快乐购收购湖南广电旗下的芒果 TV 等资产，本质上是芒果 TV 等借壳上市。在引进战略融资方面，今日头条、爱奇艺、快手、熊猫直播、蜻蜓 FM、网易云音乐、一点资讯、一条视频等传媒品牌分别在 A、B、C、D、E 等多轮融资的不同阶段获得了庞大的资金支持。

2. 传媒投资形成跨界融合和整合运营趋势

2017 年传统媒体的投资战略进入跨界融合的新阶段，资本跨界融合的关键在于形成“点面结合”的经营理念。点面结合，就是要在以融媒体产品生产为经营重点、核心业务的同时，向传媒相关领域乃至其他行业积极拓展业务面，完成纵向一体化、横向一体化、多元扩张的资本运营过程，在此过程中寻找新的利润增长点。例如，浙江报业集团提出“传媒控制资本、资本壮大传媒”的口号，在向其控股股东出售包括《浙江日报》《钱江晚报》在内的新闻传媒类资产后，集中发展极具潜力和盈利能力的数字娱乐及大数据产业板块，同时通过兼并、收购等方式在非报业领域开展投资经营，完成了在房地产、游戏、电视剧等多个产业的资源整合，探索出以资本为纽带的集团化经营模式。又如，重庆商报集团基于“个性化服务商”定位，投资开发了“周末去哪儿”“投资去哪儿”“重庆养老”等分行业集群的手机资讯应用，通过引进品牌合作商来一站式满足用户的旅游、生活、投资、康养等多种需求，构建了跨界融合的多元拓展模式。

传媒集团资本运营的另一突破是整合运营模式的出现。资本整合运营的思路是通过大型传媒集团牵头成立统一融通资金、立项投资、后续保值的母基金，来实现对传媒资本的集中整合运营。例如，上海报业集团联合地方财政引导资金、地方国资平台和金融机构等，发起了总规模 100 亿元、聚焦 TAT 产业投资的“众源资本”基金，是国内第一支由国有传媒集团主导发起运作的文化产业母基金；又如，北京日报报业集团联合中信建投证券股份有限公司、金汇金投资集团共同设立“网络信息安全”母基金，专注投资网络信息安全领域。此外，并购重组也是整合资源的常见方式。2017 年最引人注目的合并案是猫眼和微影时代共同组建新公司“猫眼微影”，整合为中国最大的娱乐票务平台。

总之，2017 年资本跨界融合和整合运营成为传媒投资的新趋势，尽管传媒集团资本运营面临管控严格、资金门槛高、投资风险大等诸多问题，其未来发展还有很大不确定性，但在当下不失为一种有益的尝试，有利于传统媒体从多个方面探索转型和盈利。

（五）政府治理与法律建设

传媒业政策法规作为上层建筑的重要组成部分，直接影响传媒业的发展方向。2017 年，政府出台了一系列政策法规为传媒业的健康有序发展指明方向，推动传媒业的转型升级和供给侧结构性改革，为提高舆论引导能力、弘扬社会主义核心价值观、推动媒体融合、实现社会效益和经济效益相统一构建了良好的发展生态。

1. 国家持续推动文化产业发展

2017 年 5 月 7 日，中共中央办公厅、国务院办公厅印发了《国家“十三五”时期文化发展改革规划纲要》（以下简称《纲要》），《纲要》要求牢牢把握文化发展改革的指导思想，把新发展理念贯穿于文化发展改革全过程，全面实现文化发展改革的目标任务。《纲要》明确了“十三五”时期文化发展改革的指导思想、方针原则和目标任务，包括：提高舆论引导水平，强化媒体社会责任，发展壮大主流媒体，切实提高新闻舆论传播力、引导力、影响力、公信力；繁荣文化产品创作生产，着力扶持优秀文化产品创作生产，推出更多传播当代中国价值观念、体现中华文化精神、反映中国人审美追求的精品力作等内容。将文化产业发展作为国民经济发展的重心，对于整个传媒产业来说是重大的政策优惠和利好消息，这不仅有利于积极推动传媒产业在中央和地方各级的发展，同时也利于协调与其他产业的关系，打造“文化产业和传媒产业主导、各产业联动发展”的新模式。

2. 政府驱动智能制造战略升级

2017 年，政府主导驱动智能制造战略升级，传媒的“智能时代”开始呈现清晰的发展轮廓。2017 年 7 月国务院印发《新一代人工智能发展规划》，提出了面向 2030 年我国新一代人工智能发展的指导思想、战略目标、重点任务和保障措施，部署构筑我国人工智能发展的先发优势，加快建设创新型国家和世界科技强国。12 月 14 日工信部印发《促进新一代人工智能产业发展三年行动计划（2018 ~ 2020 年）》，明确了重点智能产品 2020 年所要达到的具体目标，即深化人工智能和实体经济融合，优化产业发展环境，形成重点领域的国际竞争优势，力争到 2020 年取得人工智能标志性产品的重要突破。可以说，制定《新一代人工智能发展规划》，是培育我国经济增长新动能的必由之路，对于打造我国制造业和传媒业竞争新优势，推动制造业供给侧结构性改革具有重要战略意义。

3. 加强网络治理与舆论引导

2017 年党的十九大报告指出，要高度重视传播手段建设和创新，提高新闻舆论传播力、引导力、影响力、公信力。加强互联网内容建设，建立网络综合治理体系，营造清朗的网络空间，打造包含线上、线下、国内、国外的“四位一体”舆论空间。

面对新媒体内容的扩散传播和飞速发展，如短视频、视频直播等，国家相关部门加强了对网络视频行业内容的监管审查。5 月 1 日，网信办发布《互联网新闻信息服务管理规定》，明确“微信公众号未经允许禁止发新闻”，“非公有资本不得参与新闻采编”；6 月，原国家新闻出版广电总局印发《关于进一步加强网络视听节目创作播出管理的通知》，强调网络视听节目要与广播电视节目坚持同一标准和尺度，“挤压过度商业化、过度娱乐化和存在低俗倾向的视听节目的生存空间，将劣币逐出网络视听领域”；9 月 7 日，网信办发布《互联网用户公众账号信息服务管理规定》，要求公众号实名注册，“建立黑名单管理制度”查禁违法公众号。这些规定和办法的出台，加大了网络空间治理力度，促进了互联网信息内容管理部门依法履行行政执法职责，保护公民、法人和其他组织的合法权益，促进了互联网新闻信息服务健康有序发展。

与此同时，国家有关部门近年来持续开展打击网络侵权盗版专项治理

“剑网行动”，在版权保护与治理方面取得了一定的成效，为传媒行业发展尤其是创意内容的生产和保护营造了良好的政策环境。2017 年 1 月 25 日，原国家新闻出版广电总局签发《版权工作“十三五”规划》并正式对外印发，对《著作权法》的修订也已经被列入本届人大常委会立法规划。除了国家出台版权保护的相关政策外，传媒行业组织也自愿组成保全保护联盟，力求从源头上遏制盗版侵权行为：2017 年 4 月 26 日，包括新华社、人民日报社等在内的数十家主流媒体单位共同发起成立中国新闻媒体版权保护联盟，成为国内首家新闻行业版权保护联盟。

传媒行业的法制建设工作是我国新闻传播事业健康发展的保障，也是推进中国特色社会主义法制建设的客观需要。在传媒法律规章制度的制定过程中，我国相关部门重视创新，不断完善传媒法规相关内容，从而确保传媒业法制体系适应当前社会需求，适应新闻传播环境的变化及网络媒体的发展，并发挥规范媒体传播行为、推动新闻事业发展的作用。而整个传媒业的激活不仅需要“看得见的手”提供宏观上的指导，更需要传媒企业把握传媒业政策法规的发展趋势，实现传媒各行业的繁荣发展。

三　2018年中国传媒经济展望

（一）聚焦机构改革和网络治理，塑造制度语境

2018 年新开启的国家机构改革在传媒控制层面构建了新的制度空间。根据“两会”通过的《深化党和国家机构改革方案》，全国新闻出版工作和电影工作划归中央宣传部统一管理，同时，中央电视台（中国国际电视台）、中央人民广播电台、中国国际广播电台合并组建中央广播电视总台归中央宣传部领导，不再保留国家新闻出版广电总局。

此轮机构改革旨在提升行政管理效率和统一新闻舆论战线。一方面，改革有效解决了中宣部、新闻出版广电总局等职能机构在管理实践中存在的边界模糊问题，避免政府职能交叉、政出多门、多头管理，有利于实现政府职

能转变和优化行政管理效能；另一方面，中宣部统管新闻出版、广电、电影工作，将直接制定强化舆论引导力和打造国际传播力的大方向，对虚假新闻、低俗内容等不良信息进行管控，从而对各类媒体组织的内容生产和传播提出新要求和新尺度。

在国家机构改革统一新闻舆论战线之余，线上舆论场的净化行动也在不断升级。从2017年网信办颁布《互联网新闻信息服务管理规定》、约谈微博和今日头条等信息平台、永久封禁八卦公众号，到2018年4月责令“内涵段子”短视频App永久关停、要求抖音和快手等短视频平台自查整改，对网络传播环境的治理从新闻信息领域向视听节目领域全面推进。随着对低俗和不良视听产品的封禁和对短视频平台的监管不断推进，短视频平台的低俗取向将得到有效控制，打造清朗的网络空间势在必行。总之，2018年传媒控制层面在管理机构改革和网络环境治理方面的“双管齐下”，塑造了传媒产业的“新制度语境”，媒体组织应规范内容生产、加强自审自查，方能达到环境适配，实现可持续发展。

（二）建设5G网络和区块链媒体，引领技术革命

自2013年中国全面迈入4G时代以来，智能终端设备驶入移动互联的信息高速路，直接塑造了场景移动化、时长碎片化、实时互动的用户需求，形成了移动优先的新传播语境。2018年5G前哨战正式开打，将掀起新一轮技术革命和传播革命，开启媒联万物的崭新时代，开创传媒经济的新形态。

根据中国工信部、中国5G推进组及三大运营商的5G商用计划，我国将于2018年进行大规模试验组网，于2019年启动5G网络建设，最快于2019年实现对5G网络的商业化应用。无论是中国移动、AT&T等运营商，华为、爱立信等设备商，苹果、华为等手机厂商，还是高通、海思等芯片厂商，都面临5G争先赛的巨大机会和挑战。华为2017年投入40亿元、2018年投入50亿元打造5G端到端商用系统，吹响了5G奔向商用的冲锋号。

与此同时，区块链技术的广泛应用正在引发传统业态的全面重塑。区块链技术在数字版权保护、公民新闻审核、用户隐私保护、付费内容订阅、传

播效果统计、媒体信源认证、数字资产管理等领域的一系列应用，为媒体深度融合提供了全新的视角和颠覆性的解决方案。传统媒体积极建设和布局媒体区块链平台，将有机会改变业务流程、组织机构、治理体系和商业模式等方方面面，走出一条媒体融合的全新路径。

（三）升级资本投入和制作水准，提高产品品质

2018 年传媒内容产品在综艺、电视剧、新闻等细分市场都呈现良好的发展态势。在综艺领域，竞演类真人秀和选秀类网络综艺风生水起。在卫视市场上，于 2018 年 1 月 20 日在浙江卫视收官的演技竞演类励志综艺《演员的诞生》数次登上微博热搜榜，引发了关于演员职业操守、表演技艺的全民讨论，但节目组炒作话题、恶意剪辑、拖欠片酬等问题使其遭遇了口碑的“滑铁卢”。随后，于 2018 年 1 月 6 日在湖南卫视首播的原创声音魅力竞演秀《声临其境》，以演员配音和台词为切入点，首播就取得了同时段收视率第一的好成绩，该节目对匠人精神和艺术质感的追求使其成为一股“清流”，收获了 8.3 分的豆瓣高分。竞演类综艺的出现，回应了观众对无实力流量演员的控诉和吐槽，也使一些不受关注的实力演员获得流量出口，客观上有利于营造影视市场的良好环境。

此外，2018 年的网络综艺延续了选秀类网络综艺崛起的热潮。继 2017 年《明日之子》和《中国有嘻哈》横空出世以来，2018 年上半年已经涌现出《偶像练习生》《创造 101》等选拔练习生组建男团、女团的偶像选秀节目，《这就是街舞》《热血街舞团》等同质网络综艺产品也开始走红。如今，头部网络综艺的专业化和大制作已经是大势所趋，视频网站对选秀偶像的后续商业包装和运作是业界热议的新命题。

在电视剧领域，现实类题材持续走俏，反腐剧《纪委书记》、法治剧《阳光下的法庭》等现实主义剧作将观众对社会现实问题的关注提高到政治清明、法制建设的新高度；IP 改编热潮仍在继续，除了《斗破苍穹》《武动乾坤》《大主宰》等玄幻小说 IP 改编剧即将播出以外，《艳势番》《南烟斋笔录》《长歌行》等知名漫画 IP 也进入改编序列，体现出传媒领域泛娱乐

化的多元拓展趋势。

此外，在广播、新闻、电影等领域，新媒体技术与内容产品的融合生产如火如荼。自 2017 年 12 月 18 日国内首家人工智能实验室在湖南台成立以来，2018 年广电技术工作将加快实施“智慧广电”战略，推动大数据、云计算、互联网、人工智能等新技术与广播电视的有机结合，实现广播电视内容生产、分发传输、协同覆盖、终端服务和监测监管的全流程智能化，引领高清化、移动化、智能化的广播内容生产趋势。在新闻领域，2018 年新华社智能机器人“媒体大脑”生产发布了全球首条关于“两会”报道的 MGC（机器生产内容）视频新闻，展现了新技术对新闻内容生产的全新塑造。总之，2018 年传媒内容产品将实现资本投入规模化、IP 改编多元化、技术应用常态化，向着大制作、名 IP、新技术共融的未来不断升级。

内 容 篇

Reports on Content Development

B.2

2017年广播产业经营创新实践与探索

刘 茜　欧阳宏生*

摘　要：目前媒介环境剧变导致传统媒体广告收入下滑，但广播一枝独秀，成为广告收入增长的唯一传统媒体。2017 年上半年，全国广播广告经营收入同比涨幅 11.2%，创下近三年涨幅之最。另外，受移动电台和移动音频的冲击和影响，广播的市场格局和产业生态遭遇挑战。广播产业自身依然存在收入结构单一、产业价值链延伸不足、经营模式陈旧等问题。在移动互联时代，广播既面临挑战，也面临机遇。本报告围绕“移动化”、“场景化”与“平台化”三个关键词，分别从产

* 刘茜，博士，成都大学传媒研究院认知传播研究中心主任，副教授、硕士生导师，研究方向为传媒运营管理、营销传播、认知传播；欧阳宏生，成都大学特聘教授、传媒研究院院长，四川大学二级教授、博士生导师，研究方向为新闻学理论、广播电视理论、电视文化、电视批评理论、认知传播。

业战略布局、产品服务创新与战略组织变革三个方面对广播产业经营的创新实践进行梳理与总结，并探析未来广播产业经营的发展趋势。

关键词： 移动化 场景化 平台化 广播产业 经营创新

一 移动化：践行“移动优先”战略，积极构建移动音频新生态

2017年，移动电台等音频新品类的呈现对传统广播生态和市场格局造成冲击。传统广播践行“移动优先”战略，借助移动互联网技术，结合“声音”优势，构建移动音频新生态：一方面，发挥自身资源优势，进行差异化定位，以移动客户端的形式参与移动音频市场的竞争；另一方面，抓住新风口，布局“广播车联网”，积极抢占下一流量入口。

（一）移动时代，音频新品类——移动电台崛起，广播市场格局与产业生态嬗变

中国互联网络信息中心（CNNIC）发布的第41次《中国互联网络发展状况统计报告》显示，截至2017年12月，我国网民规模达7.72亿人，普及率达到55.8%，超过全球平均水平（51.7%）4.1个百分点，超过亚洲平均水平（46.7%）9.1个百分点。其中，手机网民规模达7.53亿人，占网民总数的97.5%。受众的信息接收行为被移动终端的普及所重塑。场景化、碎片化、个性化成为受众接收信息的主要特点。作为新媒体品类的汇聚音频定制产品的移动电台，因其碎片化、伴随性的音频定制产品极大地满足了处于移动场景中的用户对“听”的各类需求，得到了用户市场和资本市场的双重认可。“易观千帆”统计数据显示：2017年上半年，移动电台用户规模继续扩大，达到2.6亿人，月均活跃用户在6557.27万人，活跃用户规

模增长平稳；用户活跃度和用户黏性趋于稳定，移动电台人均单日启动次数与人均单日使用时长等行为数据平稳上升。在资本市场方面，2017 年 9 月 28 日，移动电台蜻蜓 FM 宣布完成由微影和百度领投的新一轮融资，总金额近 10 亿元。

尼尔森的另一项调查显示，广播的产业生态随着受众收听习惯的改变被重构。数据显示，87% 的人会收听在线音乐、有声书、自媒体、网络原创等音频内容，80% 的人会收听广播，两者兼听的占 66%。从目前的市场情况来看，聚合类音频节目更受用户青睐，移动音频与传统广播的交叉收听会是主流。艾瑞咨询发布的《2017 年中国车载媒介场景白皮书》数据显示，针对传统广播用户，67% 的用户在知晓移动音频后有选择迁移的意向；40.5% 的车主用户选择在行车中收听移动音频，且未来会有更多的车主选择收听移动音频。综合分析，广播媒体生态圈已逐渐从传统模式向移动场景模式转变，广播行业的发力点聚焦于跨场景的聚合音频。

（二）各级广播以移动客户端建设为重点，积极参与移动市场竞争

中宣部领导在 2017 年初召开的“推进媒体深度融合工作座谈会”上明确指出，“要确立移动优先战略，创新移动新闻产品，打造移动传播矩阵”。在 2017 年 8 月召开的“2017 媒体融合发展论坛”上，中宣部领导再次明确指出，“融合发展必须顺应移动化大趋势，强化移动优先意识，把新闻客户端建设作为重点，形成载体多样、渠道丰富、覆盖广泛的移动传播矩阵”①。移动优先，作为传媒组织适应移动时代媒介新生态的战略智慧，明确指出了媒介融合走向深入的战略方向。在业界，以移动客户端建设为重点，完善移动传播矩阵，构建移动音频新生态的产业发展路径也已成为共识。2017 年，各级广播充分利用自身优势，借助移动技术，打造特色移动客户端，抢占移动传播阵地。

① 庹震：《推进媒体融合发展是时代赋予的重大责任》，人民网 - 传媒频道，2017 年 8 月 19 日，http：//media. people. com. cn/n1/2017/0819/c120837 - 29480919. html。

紧跟国际传播媒体的变化和发展，中国国际广播电台根据自身媒体特色，进行媒体建设和品牌打造，整合全台多语种内容资源，以建设聚合型移动客户端为统领，统筹推进媒体融合发展。2017 年 3 月，推出多语种移动音频客户端 ChinaRadio。该产品覆盖全球用户，提供多语种电台节目的直播、点播服务以及涵盖资讯、音乐、娱乐、语言学习等多类型的特色化音频服务。

粤语移动电台——“粤听”App 在 2017 年 9 月上线。该产品主打原创音频内容聚合平台，以粤语为特色，以岭南文化和情怀为卖点，实现区域化和垂直化服务，在移动电台市场的红海中拓展出自己的蓝海。借助“粤听”App，广东广播在内容生产上进行流程再造，参与联网式音频内容生产，分享音频原创节目版权收益，同时借此机会整合布局车联网、人工智能市场。

南京广电根据自身定位，结合电台优势开发城市广播发展新模式，打造社群经济，变听众为用户、变广告主为合作伙伴，推出了“在南京”的客户端。另外，基于此还形成了一套可异地复制的“在城市”运营模式。2017 年，“在城市”系列在南京周边城市不断推广复制，为城市广播客户端的生存开辟了一个广阔的新空间①。

（三）传统广播布局“车联网 + 广播”新风口，抢占下一流量入口

纵观广播的发展历程，从车载广播到移动电台，广播与移动的结合，展现出声音媒体的独特魅力。随着移动技术的进一步推进，新型移动终端的出现诞生了广播新风口。在这一轮风口下，传统广播尽管孵化出了阿基米德 FM 等不错的移动电台 App，但整体而言，由于未能抢占先机，在移动电台市场迈入成熟期的阶段，传统广播作为后进者已经难以扭转其在移动电台整体市场格局中的弱势地位。

“车联网 + 广播”是业界公认的可能重塑移动广播产业格局的新风口，

---

① 陈丽君：《“空隙”与“空间”，城市台新媒体突破的方向——以“在南京”客户端为例》，《中国广播》2017 年第 9 期，第 51 ~ 53 页。

智能汽车将会成为智能手机之后的又一超级流量入口，作为信息交换媒介的声音在其中发挥了重要作用。一方面，智能汽车对信息的碎片化需求相对减弱，在驾驶时间较长的场景下，伴随切换频率的降低，传统广播的精品内容优势可以得到进一步凸显；另一方面，虽然喜马拉雅FM、考拉FM等移动电台都已经在车联网领域提前布局，但布局方式还处于将收听客户端植入车载硬件或者软件的初级阶段，车联网领域的广播市场格局并未形成，传统广播还有可以开拓的空间。因此，提前布局“车联网+广播”新风口，抢占下一流量入口，成为传统广播构建移动音频生态的重要战略。

2017年6月，中央人民广播电台官方音频客户端产品“中国广播”与百度CarLife达成战略合作伙伴关系，延续了布局车联网的发展蓝图。“中国广播”拥有全国各地广播电台、版权节目制作单位、播客团体等提供的百万部音频节目，凭借强大的精品内容服务能力，将为CarLife车主提供高质量的车内收听解决方案。

福建省广播影视集团推出了“广电车盒子”，从云后视镜产品切入车联网市场。该产品在现有云后视镜的基础上，通过人工智能的语音互动实现与电台节目的交互，改变了开车时要通过手机才能与电台交互的模式，开启了全新运作模式。这款产品于2017年9月进入中国移动公司的物联网产品库，通过与中国移动的合作，在短短3个月时间里，仅福建市场就占领了近3万辆汽车的车联网入口。

二　场景化：引领广播产品与服务创新，助力商业价值变现

随着移动音频新生态的逐步建立，受众不再满足于广播产品提供给他们的内容价值和社交价值，还希望内容和社交符合他们的实时需求。“场景”已经成为我们洞察受众需求的重要变量。广播想要在移动互联时代占据竞争优势，需要提供更多的场景价值，创新性地将场景要素有效地运用到其产品和服务中。目前已有不少广播电台开启场景化传播，基于用户场景的动态变

化而制定相应的信息适配策略，以满足用户的实时信息需求与服务需求。场景化的内容传播在满足用户场景需求的同时构建了不同的场景关系，将其延伸到消费领域就会形成特定的消费场景与消费市场。以为受众提供具有场景适配性的内容产品为开端，基于某种生活场景聚集起具有相同特征和需求的受众群体，则有助于为广告主提供精准的广告投放渠道，助力广播商业价值的变现。

（一）借力传统内容生产体系，建立广播工作室，推动广播产品与服务创新，满足受众的场景化需求

场景适配是场景化传播的关键，提供满足受众场景需求的优质内容是进行精准场景适配的基础。身处移动互联时代，受众阅听的时空行为呈现碎片化的特点，大量为沉浸式内容消费环境而设计的具备大时段、大容量特征的内容产品确实不太符合移动时代场景化的内容消费需求。因此，广播想要在场景化传播中占据优势，必须整合更多满足用户场景需求的内容产品。或是对传统广播内容产品进行改造，或是成立专门的工作室进行新产品孵化，各大广播电台基于自身实际进行了创新性探索。

目前，许多传统广播电台采用存量创新模式，在传统内容生产体系的基础上，对传统内容产品进行场景化改造，使其适合移动传播。上海广播电视台东方广播中心提出的短音频战略就是一次创新性的探索。首先将传统广播节目中的精彩亮点抽取出来，制作成 3～10 分钟的短音频。然后将短音频产品系列化、版权化、细分化，并为这些产品打上适合移动传播的各类标签，再以其移动电台——阿基米德 FM 为第一落点实现全网传播。上海广播每天有 293 档节目，每档节目精选出 3～5 条短音频，一年就有近 40 万条。通过借力传统内容生产体系，阿基米德 FM 的内容质量和规模获得快速提升，成为唯一进入全国前十的脱胎于传统广播的移动电台。

为对抗组织内部对颠覆性创新发展的阻碍，不少传统广播电台则采用了建立广播工作室或专项基金，扶持头部内容，培养全新业务的模式。广播工作室的建立，以主持人或品牌节目为营销点，以商业化管理方式为基础，成

为传统广播真正的“市场尖兵”。例如，广东台成立“黎婉仪财富管理工作室”，北京台组建“吃喝玩乐大搜索”团队。又如，上海东方广播中心则通过设立“阿尔法基金”来鼓励新媒体内容产品的创新。从 2016 年下半年到 2017 年第一季度，通过内部激励，有近 200 位员工积极参与，申报了近 40 个内容创业项目，从中挑选出优质内容进行扶持孵化，孵化了“动感 101”、“101 泡菜电台”和“话匣子”等多个独立的新媒体内容产品，截至 2017 年 7 月 7 日，“动感 101”广告创收破 2 亿元。

（二）强化社群运营，引导价值共创，提升用户黏性，助力广播价值变现

在移动互联时代，受众的信息接收行为碎片化，注意力资源分散化。相较于满足沉浸式内容消费需求的“长内容”而言，符合场景需求的碎片化内容难以聚合受众的注意力。受众的“关注度”和“转化率”成为场景化传播要解决的难点问题，“用户黏性”则成为评价广播商业价值的一个关键指标。广播与受众之间的连接范围和规模越大，连接的频度和强度越高，对受众的洞察才可能越深入，创造出越多的连接红利与场景价值。在场景化传播中，“社群运营”与“价值共创”成为广播电台提升用户黏性、助力价值变现的重要方式。

以提供具有场景适配性的内容产品为开端，基于某种生活场景聚集具有相同特征和需求的受众，建立节目社区，以“主播 + 直播”的方式强化社群运营，增强用户黏性，提高转化率，这是很多广播电台进行价值变现的手段。例如，阿基米德 FM 通过聚集有相同兴趣的人，依靠社群经济促进商业价值的提升。在节目社区的基础上，让广告以服务的方式高效地呈现出来。阿基米德 FM 有一个电商平台“M 店”，用户可以边听节目边在阿基米德“M 店”下单，实现了从广告到销售的闭环。

将受众纳入价值创造主体的范畴，构建个性化场景体验，以共同解决问题的方式来提升用户黏性的价值共创模式也是移动时代广播与受众建立深度连接的重要方式。江苏广播的“大蓝鲸”系统基于信息流形态的互动

社交平台，为每个节目成为独立的小“社区”，用户通过多种交互方式参与广播主持人主导的话题讨论，也可以自发主题以主角身份展开互动社交，产生众多包含 PGC 和 UGC 的内容，反哺节目生产。“大蓝鲸”系统成为用户聚集的平台，最大化地满足了规模用户的参与需求，强化了广播的交互属性，使得广播更深入地介入用户社交圈，提升了用户黏性。江苏广播通过“大蓝鲸”系统组建社群，进行集客、为电商导流，积极探索“广播直播 + 视频直播 + 电商”的运营模式。其首创广播商业定制新媒体视频直播营销产品《荔枝逛逛》，让广告营销人员通过视频进行微营销，受到广告主的青睐①。

（三）场景化传播亟待场景技术的升级与场景思维的转换

场景化传播的关键是场景适配，根据用户的浏览历史、阅听时间、评论互动、实时位置等信息进行大数据分析，精准分析用户的需求，有针对性地为用户提供广播产品和服务。场景适配力是决定场景化传播效果的核心因素。客观而言，目前广播开启的场景化传播还处于初级阶段，用户体验欠佳。目前的场景化传播模式大多是按照应用场景来设计和生产内容和服务并进行货柜式陈列，但是在用户需求的“识别度”和内容适配的“精准度”方面都还有待提高。如何将新兴技术运用于场景化传播，提升场景适配水平将成为下一阶段移动市场竞争的着力点。

提升场景适配水平需要建立场景思维，即从受众实际使用角度出发，将时间、空间等客观性场景要素与影响受众场景感知的对象、目的、事件等主观性场景要素综合起来考虑。在移动互联时代，广播产品的设计不能只考虑受众需求与内容的匹配，还需要考虑受众场景与广播内容的适配，需要全面考虑在什么“时间”什么“地点”，什么“人”基于什么“目的”需要什么“内容”以及可能进行什么“消费”。利用广播场景化传播进行价值创造

---

① 郭成涛：《“大蓝鲸”系统：打造增强型的新广播》，《中国广播》2017 年第 10 期，第 20 ~ 22 页。

的关键在于让内容与服务去匹配典型场景。2017 年，移动电台喜马拉雅 FM 按照场景化思路将产品线调整为“清晨”“卫生间”“厨房”“在路上”“深夜”“家有宝宝”“家有老人”七个场景的创新探索就为传统广播提供了可资借鉴的范例。

三　平台化：建立媒体融合云平台，推动广播融合跨越发展

钱德勒的命题“结构跟随战略”为我们揭示了经营战略与组织结构的相互作用关系：组织的经营战略决定着组织结构模式的设计与选择；反过来，组织经营战略实施的过程及效果又受到其所采取的组织结构模式的制约。移动互联时代传统广播积极进行战略变革与业务创新，探索跨越式融合发展的有效路径；要适应现阶段广播产业经营的现实需求，原有的技术体系、业务流程、组织结构都需要做适应性调整。而构建既拥有媒体的专业编辑权威性，又可以向所有内容提供者、服务提供者开放且具备清晰规则和把关能力的数字内容实体——平台型媒体（Platisher）成为业界共识。平台型媒体的构建以互联网技术为支撑，具备柔性、开放、并联的特征，不仅能够提高资源配置效率和组织效能，还能够激活员工个体活力和创新精神。

2017 年，各级广播建立起媒体融合云平台，为平台型媒体的构建与运营扫清技术障碍；同时，又以全流程再造为手段优化资源配置方式，提高组织效能。2018 年，传统广播融合跨越发展又迎来中央三台合并的重要机遇，新的机构改革更能顺应体制机制改革的要求，更有利于广电媒体的平台化重构与整合。

（一）各级广播着力建立媒体融合云平台，以技术支撑广播的融合发展

2017 年，各级广播都以媒体融合云平台建设为抓手，推动传统广播的

平台化转型，实现融合式发展。传统广播转型为平台型媒体，走融合发展之路的短板就是技术。大数据、云计算等新技术助力传统媒体进行自身“救赎”，广播产业也需要借助技术力量进行有效的生产和运营。媒体融合云平台借力和集成新型内容生产、大数据运营、人工智能等应用，解决广播融合发展过程中的技术难题。从选题策划、采编生产、分发传播、盈利分成全流程突破融合瓶颈，重新获取内容创作的核心竞争力。

根据《新闻出版广播影视“十三五”发展规划》要求，在媒体融合践行中，中央媒体和省级媒体要走在前面、率先突破，取得融合一体化的实质飞跃。首先列入广播电视传统媒体与新兴媒体融合发展工程的中央级融合媒体云平台为“中国广播云平台”和“中华云平台”。其中，“中国广播云平台”以中央人民广播电台为主体，建设广播行业云采编系统，以“中国广播 Radio. cn”为原型，构建移动互联网网络平台，打造具有中国广播特色的新闻、音频和全媒体客户端产品、社交媒体矩阵，面向移动互联网用户提供新闻资讯、声音媒体和社交等新媒体服务。而“中华云平台”以中国国际广播电台为主体，建设统一技术支撑平台，打造“中华”系列品牌媒体产品，建设全球用户评估系统，实现智能内容聚合、用户引导，为国际传播和国家决策提供舆情参考。通过云平台的建立为广播的融合发展扫清技术障碍、提供重要支撑①。

省级媒体也加快建设融合媒体云平台。“大蓝鲸”系统将江苏广播的传统广播与微信、微博、江苏广播网、江苏广播客户端整合起来，自主研发互联网化的产品和工具，实现平台整合的同时，也实现了用户的整合和打通，大大增强了广播的影响力。湖北广播电视台联合全省各级媒体，共同打造“长江云”移动政务新媒体平台，探索出“建设区域性生态级媒体平台”的湖北模式，以此推动全省各级媒体及省市县三级党政部门政务新媒体共同探索融合发展之路。2017 年 3 月，“津云”中央厨房的成立，融合中央驻津媒

---

① 《国家新闻出版广电总局关于印发〈新闻出版广播影视“十三五”发展规划〉的通知》，2017 年 9 月 27 日，http：//www. gapp. gov. cn/sapprft/contents/6588/350248. shtml。

体、《天津日报》、《今晚报》、天津广播电视台、北方网等主流媒体的优质资源，实现了天津市“播、视、报、网”的全媒体融合，在全国媒体融合发展方面堪称首创之举。

中央级和省级媒体融合云平台的建立，对重构广播的内容生产流程，生产全媒体产品，提高内容供给、产品生产、信息传播和服务能力等方面都起到了重要的支撑作用。

（二）按照中央厨房理念，再造广播生产流程，优化资源配置，提高组织效能

以媒体融合云平台为技术支撑，汇聚各种资源素材，按照中央厨房的理念，实现“一次采集，多次分发”，有利于资源效能和沟通效率的最大化，也有利于创意效果的最优化。央广网以云平台为技术支撑，发挥全媒体报道优势，打造“台、网、微、端”融媒体综合传播体系，提升原创内容生产力。截至2017年11月，央广网全年累计策划完成重大选题报道10个，自主策划生产H5产品28个，微视频产品20余个，网络专题近130个，央广新闻客户端直播400余场；刊发原创采访报道2200篇，台网互动稿件22700篇，原创评论文章700余篇，原创理论文章100余篇；微信公众号文章4000余篇，阅读量达4600万人次，单篇阅读量最高超16万人次；微博1万余条，阅读量达3.2亿人次，单条阅读量最高2288万人次；海外社交媒体账号推送帖文7000余条，覆盖200多万人，单篇阅读量最高超13万人次；央广新闻客户端累计用户450万人，央广新闻微信公众号累计用户46万人，中央人民广播电台与央广网官方微博累计用户605万人。

云平台不仅在重塑广播内容生产流程方面具有重要的支撑作用，还能够汇聚各终端用户数据，方便进行用户画像，建立用户的兴趣图谱，为广播的定向生产、精准营销带来巨大价值。“大蓝鲸”系统的用户数据中心汇聚了超过334万人的用户资料，而占有千万级用户数据的阿基米德还建立专门的数据实验室，利用平台数据帮助电台节目精准化编排。该平台会实时为入驻节目提供数据分析报告，从而为节目生产提供指导。通过充分发挥大数据的

作用，阿基米德在数据分析上取得了不错成绩，并开始着手准备程序化广告业务，尝试媒体资源的自动化、数字化售卖与采购。

（三）中央广播电视总台的组建，将为广电媒体的平台化转型和融合跨越式发展提供有力的组织保障

2018 年 3 月 21 日，中共中央印发《深化党和国家机构改革方案》，将国家新闻出版广电总局一分为三，原广电总局旗下的中央电视台（中国国际电视台）、中央人民广播电台、中国国际广播电台整合组建中央广播电视总台。在这样的组织领导和顶层设计下，中央广播电视总台更有条件加强广电和全媒体互动内容的立体策划，推动演播室、直播间与互联网、移动客户端等全媒体平台的多维、深度互动，有利于原“中央三台”的各类资源顺畅流动、重新配置，深度释放广播电视事业产业发展潜力，真正把内容优势转化成为用户优势。这也是移动互联时代巩固扩大广播电视主流媒体地位的重要举措：对外采用“中国之声”，将影响力集中于一点；对内则有利于将主流媒体的影响力延伸到新媒体竞争中。

四　结语

2017 年，在中央“移动优先”和“推动传统媒体与新兴媒体深度融合”的战略指导下，传统广播在产业战略布局、产品服务创新与战略组织变革三个方面都进行了很多创新性的探索。在产业战略布局方面，传统广播以移动客户端建设为重点，并布局“广播 + 车联网”新风口，积极构建移动音频新生态以应对挑战。在产品服务创新方面，传统广播开启场景化传播模式，并以场景化传播引领广播产品与服务创新，助力广播商业价值变现。在战略组织变革方面，“平台型媒体”成为业界、学界关于广播组织变革方向的共识。传统广播以媒体融合云平台建设为抓手，按照中央厨房理念，再造广播生产流程，优化资源配置；而中央广播电视总台的组建，则将为广电媒体的平台化转型提供有力的组织保障。

B.3

2017年中国对外文化贸易状况与新特点*

李怀亮**

摘　要： 当前，中国文化产品出口的高速增长已成为国际文化贸易领域的一道亮丽风景线，文化贸易、文化交流与文化传播良性互动，开创了中国文化“走出去”的新格局。但同时，文化服务出口数量少、质量低、增长慢，也是中国对外文化贸易中不可忽视的“短板”。随着“一带一路”倡议的展开和数字技术的飞速发展，对外文化贸易领域出现了许多新的亮点，也面临许多新的机遇和挑战。本报告在分析我国对外文化贸易六大升级趋势和特征的基础上，提出在“一带一路”主导区域经济升级与贸易秩序重建的新时代，我们应扩大文化服务出口，从市场竞争力、社会影响力和价值引导力三个维度扎实推进中国文化“走出去”。

关键词： 对外文化贸易　文化服务　“一带一路”　中国文化　贸易战略

---

* 本报告是2017年国家社科基金重点课题“中国文化‘走出去’效果评估研究”（项目编号：17AZD035）的阶段性成果之一。

** 李怀亮，博士，中国传媒大学文法学部学部长，教授，博士生导师，主要研究方向为国际文化贸易、传媒经济。

近年来，中国对外文化贸易持续高速增长，呈现良好的发展势头。党和国家高度重视文化“走出去”工作，出台了一系列鼓励和促进对外文化贸易的政策。贸易政策作用显著，推动中国文化产品的国际市场份额持续扩大，文化产品影响力与竞争力显著增强。随着“一带一路”倡议的展开和数字技术的飞速发展，对外文化贸易领域出现了许多新的亮点，也面临许多新的机遇和挑战。在“一带一路”主导区域经济升级与贸易秩序重建的新时代，对外文化贸易以“两个转变”为重点：一是从注重文化产品出口向注重文化服务出口的转变；二是将国际社会影响力和价值引导力优先于市场占有率来考虑。

一　我国对外文化贸易的升级趋势和特征总结

（一）在国际文化市场总体格局中的份额持续扩大，快速增长，文化产品出口已稳居世界第一

中国文化产品出口额的连年高速增长已经引起全世界的关注。联合国教科文组织的报告显示，2013 年中国文化产品出口总额达到 601 亿美元，位列世界第一大文化产品出口国，高出排名第二的美国（279 亿美元）一倍多。商务部数据也展现了文化贸易的良好势头：2017 年我国文化产业进出口总额达到 1265 亿美元，其中文化产品和文化服务总出口额 943.6 亿美元，文化产品出口额 881.9 亿美元，文化产品贸易顺差 792.6 亿美元（见表 1）。国际版权组织衡量一个国家文化产业竞争力的指标总共有三个：文化产业在 GDP 中所占比重、文化产业就业人口数量和文化产业出口能力。我国文化产业总出口额近千亿美元，这是一个很大的成就，这个数字接近 21 世纪初全球文化产品出口额的总和，接近于 2013 年全球文化产品总出口额的一半，表明我国文化产品的国际市场占有率和国际市场竞争力已经得到了很大提升，也从一个方面说明我国文化产业发展水平已经迈上了一个新台阶。

表1　2017年中国文化贸易数据

单位：百万美元，%

文化产品进口额	文化产品出口额	文化产品贸易总额	增长率	文化产品贸易差额	文化产业进出口总额	增长率
8930	88190	97120	10.2	19260	126510	11.1

资料来源：商务部。

近十年来，欧美国家在国际文化市场结构中所占份额呈现逐渐缩小的态势，增长速度也在放缓；金砖国家等新兴市场国家在国际文化市场中的比重逐步提升，增长速度较快。而中国文化产品在国际文化市场中的比重迅速提升，增长速度是全球最快的。

（二）文化贸易、文化交流与文化传播良性互动，共同促进中国文化“走出去”，开创了中国文化“走出去”的新格局

中国文化“走出去”是一个系统工程，我们应当把中国文化“走出去”放在人类文化交往的大背景上来理解。文化交往是不同文化经过地域传递和人群交流而相互影响和作用的过程，不同文化在冲突融合、兼容并包中能取得去除杂质、洗练精华的蜕变，共同营造人类文化的大发展与大繁荣。作为实现文化交往的重要手段，文化贸易的作用越来越突出，但文化贸易不能孤立地进行，必须和文化交流、文化传播形成良性互动。

我国举办的大型文化活动如中法文化年、中俄文化年、北京奥运会等都对中国文化走向海外起到了重要促进作用，让世界人民更多地了解了中国文化，可以被视为中国文化“走出去”的基础性工程。到目前为止，中国已经在30多个国家设立了中国文化中心，中国国家电视网CGTN也在许多国家落地，对中国文化的国际传播发挥了重要作用。特别值得一提的是遍布全球的孔子学院，对中国文化的“走出去”起到了不可或缺的基础性支撑作用。

表 2　2006～2016 年孔子学院相关数据

指标	2006年	2007年	2008年	2009年	2010年	2011年	2012年	2013年	2014年	2015年	2016年
投资金额(亿美元)	0.44	0.61	1.18	1.19	1.38	1.64	1.96	2.78	3.00	3.11	3.14
孔子学院数量(个)	122	226	249	282	332	385	400	440	475	500	513
课堂数量(个)	—	—	56	272	369	340	535	646	851	1000	1075
教师数量(万人)	0.1	0.2	0.2	0.3	0.4	1.0	2.0	2.9	3.4	4.4	4.6
获奖学金学生数量(万人)	—	0.1	0.1	0.4	0.4	0.7	0.6	1	0.8	0.9	0.9
汉语考试人数(万人)	7.3	13.8	31	54.8	68.9	201	352	502	542	600	600
注册学生人数(万人)	1.3	4.6	13	26	36	50	65.5	85	110	139.4	150

资料来源：根据国家汉办官网资料整理。

如表 2 所示，孔子学院在 2006 年共投入 0.44 亿美元，到 2016 年这一数字上升至 3.14 亿美元，相较 2006 年增长了 614%；孔子学院的数量在 2006 年仅为 122 家，到 2016 年攀升至 513 家，增长了 320%；孔子学院的注册学生数在 2006 年为 1.3 万人，2016 年上涨至 150 万人，增长率高达 11438%；参加汉语考试人数在 2006 年为 7.3 万人，2016 年增长至 600 万人，增长了 8119%。由这组数据可以看出，孔子学院有效地带动了汉语和中国文化的国际传播，唤起对外文化贸易的勃兴。

（三）数字技术带动文化出口，游戏和数字内容成为中国文化出口的新亮点

科学技术革命是文化产业振兴的源源不断的驱动力。科技创新推动文化产业转型升级和提质增效，催生新的文化业态，改变文化产业的商业模式和贸易方式，带来了文化贸易新的增长点。移动互联与数据纪元的新商业拓展，标志着新技术的应用从孤立萌发进入广泛迸发阶段。媒体业务的融合运营，用户消费的个性升级，制度创新的引领作用，都使中国文化产业发生了质的飞跃。在智媒时代，无人机、大数据、区块链、5G 通信、人工智能及虚拟现实等技术值得关注，文化产业和文化贸易如虎添翼。

在“互联网 +”“和文化 +”的产业激荡中，游戏产业和数字内容产业

异军突起，成为中国文化“走出去”阵营中新的亮点。从 2008 年到 2017 年，中国游戏产业的实际销售收入增长了约 11 倍，中国自主研发网络游戏的海外市场销售收入同期增长了 118 倍，在所有文化产业门类中是增长最快的。2017 年全球游戏 TOP 10 如表 3 所示。在数字内容出口方面，数字影视内容、网络文学和数字音乐增长较快。网络文学规模从 2012 年的 26 亿元迅速增长到 2017 年的 130 亿元。2016 年中国网络文学以一种意想不到的方式在海外迅速走红。中国网络小说正在成为一种蓬勃兴起的文化现象，成为一种正在代表中国、影响世界的新文化标签。

表 3　2017 年全球游戏 TOP10

收入排行	游戏	公司
1	王者荣耀	腾讯(中国) Netmarble(韩国) Garena Online(新加坡)
2	梦幻西游	网易(中国) Garena Online(新加坡)
3	皇室战争/Clash Royale	腾讯(中国)
4	怪物弹珠/Monster Strike	Mixi(日本)
5	Fate/Grand Order	Sony(日本) 智冠科技(中国台湾) 哔哩哔哩(中国)
6	Ghost	—(中国/中国台湾)
7	部落冲突/Clash of Clans	腾讯(中国)
8	神话永恒/Eternal Myth	CMGE 中手游(中国)
9	糖果粉碎传奇/Candy Crush Saga	腾讯(中国) Activision Blizzard(美国)
10	天龙八部手游	腾讯(中国)

资料来源：App Annie 发布的全球手游收入排行榜。

腾讯作为行业“领头羊”，强势带动和引领网络游戏和数字内容出口的繁荣。在网络游戏领域，腾讯通过海外投资与并购游戏公司来开拓国际市场，网罗了多家顶尖游戏制作公司。毫无疑问，腾讯公司将因此占领国际游戏产业的制高点。在数字内容方面，目前，我国网络文学等新兴业态的创新全球领先，内容和服务模式几乎成熟。值此良机，腾讯凭借阅文集团垄断国内一流文学 IP 资源，并将目光转向国外开拓新的消费市场，在沉迷中国仙侠、穿越文学的国外网络文学读者中扩大影响力。可以想见，腾讯将进一步严格筛选原创 IP，将真正具备国际化思维的有潜质的 IP 递送给具备国际化制作能力的团队，从全球领域去思考 IP 的衍生和变现。2008 ~2017 年中国游戏产业相关数据如表 4 所示。

表 4 2008 ~2017 年中国游戏产业数据

指标	2008年	2009年	2010年	2011年	2012年	2013年	2014年	2015年	2016年	2017年
游戏市场实际销售收入(亿元)	185. 6	262. 8	333. 0	446. 1	602. 8	831. 7	1144. 8	1407. 0	1655. 7	2036. 1
中国自主研发网络游戏海外市场销售收入(亿美元)	0. 7	1. 1	2. 3	3. 6	5. 7	18. 2	30. 76	53. 1	72. 3	82. 8

资料来源：《2016 中国游戏产业报告》《2017 中国游戏产业报告》。

（四）“一带一路”沿线国家成为中国对外文化贸易新热点

“一带一路”以构建自由贸易网络、促进全球自由贸易进程为全新目标与历史使命，是中国引导全球共商、共建、共享的大平台，也是推进新的经济全球化的重要驱动力。目前，“一带一路”倡议得到了广泛的国际共识，构建开放、包容、共享、均衡的全球经济，已经成为世界各国的共同愿景。

中国对“一带一路”沿线国家进行源源不断的生产要素投资与贸易合作，叠加了外国人民对中国历史文化、生活方式、特色民俗的热情与好奇，共同引致“一带一路”沿线国家对中国文化产品和服务（主要是电影电视、戏剧演艺、动漫游戏、文化创意等）的强劲需求，塑造中国对“一带一路”沿线国家文化出口的爆发式增长趋势。

为了在供给侧改革方面迎合“一带一路”沿线的贸易需求，文化部制定了《“一带一路”文化发展行动计划（2016～2020年）》，主要是在签署政府间文件、深化合作机制（人文合作委员会、文化联委会等）、加强高级别文化磋商（上海合作组织成员国文化部长会晤、中国—中东欧国家文化部长会议、中阿文化部长论坛、中国与东盟“10+1”文化部长会议）等方面为“一带一路”文化贸易战略的实施提供有效保障。目前，面向“一带一路”国际文化市场的文化产业发展格局初步形成，文化企业规模不断壮大，文化贸易渠道持续拓展，服务体系建设初见成效。

（五）政府支持和鼓励文化出口的一系列政策持续发力

中国文化“走出去”的发展与进步，得益于有关政策的大力推动塑造了文化产业发展的“新制度语境”，产业整体实力增长为文化“走出去”打牢基石。

2006年至今，中国进入了对外文化贸易战略的快速推进阶段，对外文化贸易政策在针对性、适用性、现实性和颁布数量上均有所提升。国务院连续颁布了《关于鼓励和支持文化产品和服务出口的若干政策》（2006年11月5日）、《国家“十一五”时期文化发展规划纲要》（2006年9月13日）、《国务院关于同意建立扶持动漫产业发展部际联席会议制度的批复》（2006年7月19日）、《2006～2020年国家信息化发展战略》（2006年5月8日）、《国务院办公厅转发财政部等部门关于推动我国动漫产业发展若干意见的通知》（2006年4月25日）等一系列政策法规，以上政策法规有些专门针对中国文化产品“走出去”问题，有些是文化、信息等行业的发展规划，对外文化贸易问题在这些文件中所占的篇幅有所增加，表述具体性有所提升。2014年3月，国务院颁布了《关于加快发展对外文化贸易的意见》，2016年11月，中央全面深化改革领导小组审议通过了《关于进一步加强和改进中华文化走出去工作的指导意见》。总之，21世纪以来国家层面出台的文化“走出去”促进政策近百项。政策主旨可以概括为：以抓好文化“走出去”重大工程的实施为导向，利用国际、国内两个市场的资源，在国际合作和竞争中加强对外文化交流与扩大对外文化贸易，进而改变我国文化产品贸易逆差较大的被动局面，形成以民族文化为主体、吸收外来有益文化、推动中华文化走向世界的文化开放格局。

（六）文化服务出口构成中国对外文化贸易的“短板”

在中国文化产品出口多年来持续高速增长的同时，中国文化服务出口却一直徘徊不前。根据2016年3月联合国教科文组织发布的《文化贸易全球化：文化消费的转变——2004～2013年文化产品与服务的国际流动》报告，2004～2013年全球文化产品贸易增长最快的国家是中国，中国文化产品出口已稳居世界第一。形成强烈反差的是，在这期间全球文化服务出口前13个国家分别是：美国、英国、法国、加拿大、荷兰、瑞典、爱尔兰、比利时、韩国、意大利、芬兰、匈牙利和奥地利。中国文化服务出口排名在20名之外。时至今日，中国文化服务出口的状况并没有得到很大改善。2017年，中国文化服务出口额只有61.7亿美元，不到文化产品出口额的1/10，文化服务贸易逆差为170.5亿美元（见表5）。

表5　2017年中国文化服务贸易数据

单位：百万美元，%

文化服务进口额	文化服务出口额	文化服务贸易总额	增长率	文化服务贸易差额
23220	6170	29390	14.4	-17050

资料来源：商务部。

中国文化服务出口数量少、质量低、增长慢，反映出中国对外文化贸易结构不合理、发展不平衡的问题。中国文化产品出口结构中，乐器、工艺品、珠宝首饰特别是黄金饰品占了很大比例，由于金价上涨，客观上推高了中国文化产品的出口总额。在我国出口文化产品中，缺少以内容为核心的产品，电影电视剧等视听产品和音乐类录音制品所占比例很小。这充分反映出我国文化产业在创意性、思想性、感染力、影响力和价值引导力方面严重不足。

二 对中国文化出口的两点建议

从2009年开始，中国文化出口出现了持续高速增长的态势，短时间内成为文化出口第一大国。2005年以来我国颁布的近百项旨在促进文化出口的对外文化贸易政策持续发力，不断出现新亮点和新热点，对外文化贸易工作已经整体迈上了一个新台阶。面对文化贸易工作的新形势，我们应该对以往的工作进行认真总结和客观评估，积极调整战略，促进中国对外文化贸易从注重产品贸易向注重文化服务贸易转变，从注重市场占有率向注重国际社会价值引导力转变。

（一）“大力发展文化服务贸易”应纳入国家服务贸易整体战略

服务贸易越来越成为国际贸易的新重点、推动全球自由贸易进程的新动力和全球贸易投资规则的重点领域。由于全球自由贸易进程与投资新规则对服务贸易的依赖加深，本国服务贸易市场开放度直接关系到全球投资流向、双多边贸易合作等关键问题。

目前，我国服务贸易处于规模不断扩大的发展上升期。然而，以资源和劳动密集型产业为主的不平衡的服务产业结构，以运输、旅游及建筑三大传统行业为结构主体的不合理的服务贸易结构，严重制约了我国服务贸易的升级和转型。唯有提升知识与技术密集型行业，如金融保险、戏剧演艺等产业占服务贸易总额的比重，才能超越服务贸易的初级阶段，取得更高的附加值和经济效益。

制约我国服务贸易发展的因素很多，比如：我国服务业基础薄弱，服务业的发展相对滞后；国民对服务业的认识停留在旅游等初级部门的层面，存在对现代知识与技术服务业的认知偏差；尖端技术和人才缺失，尤其缺乏“国际背景+服务业”的复合型人才；等等。重中之重的一点在于，服务贸易市场准入限制高与开放度不足。通信、金融、航空、影视等产业大部分为垄断经营，国有企业对人才的激励缺乏，产权保护不力，缺乏创新创业与转型升级的动力。在《世界竞争力报告2015～2016》中，我国知识产权保护程度排在全球第63位，远远落后于发达国家。

文化服务贸易是技术密集、知识密集、文化密集、创意密集和内容密集行业，在所有服务贸易项目中处于高端位置。同时，文化服务贸易还能反映当代中国人民的精神风貌和生活方式，还能提升文化软实力和宣传国家形象，因此必须放在服务贸易战略的优先发展地位。

（二）中国对外文化贸易，必须实现从市场占有率向国际社会价值引导力的转变

《关于深化文化体制改革推动社会主义文化大发展大繁荣若干重大问题的决定》和《关于进一步加强和改进中华文化走出去工作的指导意见》，明确中国文化“走出去”的目标是“增强中华文化的亲和力、感染力、吸引力、竞争力，向世界阐释推介更多具有中国特色、体现中国精神、蕴藏中国智慧的优秀文化，提高国家文化软实力”。按照总体目标的要求，应该从中国文化的国际市场竞争力、国际社会影响力和国际价值引导力三方面对中国对外文化贸易工作进行衡量。

第一，中国文化国际市场竞争力包括广度、市场占比、用户规模、参观旅游人次、覆盖率、受众构成、访问量、订阅数、点击率等，是一个越多越好的概念。

第二，中国文化国际社会影响力，则包括需求偏好、用户黏性、接触频度、持续时长、深度收看率、深度访问率等。这两个指标体系的可量化度是比较高的，但是市场竞争力（认知）和社会影响力（态度）还属于浅层效果。

第三，中国文化国际价值引导力（行为）是指在更深层次上所引起的用户行为改变。国际价值引导力是中国文化“走出去”效果评估的最高维度，衡量的是中国文化传播意图对国际受众行为的强化程度。所谓强化，指的是接收者对与本身既有观点相符的内容进行选择，并付出持续注意力所造成的结果。

中国对外文化贸易工作虽然已经取得了显著的成绩，但根据总目标的要求来判断，中国对外文化贸易的整体现状与我国经济实力和国际地位还不相适应，与我国深厚的文化底蕴和丰富的文化资源还不相适应，特别是与综合国力竞争日趋激烈的严峻形势还不相适应。我们应该按照总体目标的要求，把大力推进具有中国特色、中国气派、中国作风的优秀文化“走出去”，促进世界文明的互鉴，为实现“两个一百年”奋斗目标和中华民族伟大复兴的中国梦创造有利于我国的国际文化环境作为对外文化贸易的指导思想，从市场竞争力、社会影响力和价值引导力三个维度扎实推进中国文化“走出去”的伟大事业。

B.4 2017年中国纸媒业内容生产状况与优化路径

漆亚林　孙 敏*

摘　要： 移动优先是中国媒体迈向媒介融合的新阶段。传统纸媒的内容生产面临移动传播带来的新挑战。2017 年传统纸媒在内容优化过程中呈现出一些新特征和新路向：内容采集建构大数据主导多元化生产机制，内容形态重视以融媒体文本为核心打造平台化产品，内容语态向分众传播和场景体验转向，内容定位聚焦价值重构的入口分流。中国纸媒内容生产适配移动场景的过程中还存在体制接入、技术融合、价值取向等方面的问题亟须解决。

关键词： 移动优先　传统纸媒　媒体融合　沉浸体验

第五次媒介革命打破了信息传播的时空枷锁，移动互联网和智能技术更是将传播带入万物皆媒的媒介生态，移动化、社交化、智能化、视觉化极大地拓展了传播的时空张力，开放式内容平台从 2.0 版向 3.0 版进发，驱动移动传播的裂变式发展，移动优先日益环境化。第 41 次《中国互联网络发展状况统计报告》数据显示：截至 2017 年 12 月，我国网民规模达 7.72 亿人，

* 漆亚林，博士，中国社会科学院大学媒体学院负责人、教授，主要研究方向为新闻实务、传媒经济、广电艺术；孙敏，中南大学文学与传播学院硕士研究生，专业为新闻传播学，研究方向为网络与新媒体传播。

其中手机网民规模达7.53亿人，网民中使用手机上网人群的占比由2016年的96.1%提升至97.5%[①]。受众（用户）的移动化改变了舆论引导格局，移动媒体成为传播的主渠道和舆论的主阵地。2017年1月，中宣部召开推进媒体深度融合工作座谈会，“移动优先”成为国家推动媒体融合的核心战略。

移动优先环境下纸媒的内容生产面临更为严重的有效性不足、识别度不高的发展困境，其升级改造显得尤其紧迫。如何建设高效的内容产品，完善内容生产体系，实现内容优化，是本报告的主要研究对象。

一　中国纸媒业内容生产现状

2017年，中国纸媒业从平台、组织、流程、技术、经营、管理等业务单元出发，以内容生产的移动化为核心进行全面升级转型。纸媒的内容生产在四个维度发生了显著变化：内容采集不再完全依赖专业从业人员，而是依托大数据和用户生产建立了“PGC + UGC + OGC”的多元化生产机制；内容形态不再局限于二维平面，而是融合了文字、视频、音频、视觉小应用等多重样态；内容表达语态凸显开放性视角、技术性话语、场景化叙事和视觉化修辞；内容定位分层，实现价值重构和入口分流。基于此，纸媒业的内容生产呈现新的发展态势。

（一）内容采集：大数据主导多元化生产机制

强势主流纸媒基于用户思维和内容开发逐渐形成多元化生产机制。一是在信源获取上，人民日报社、浙江日报报业集团、羊城晚报报业集团、广州日报报业集团等媒体（集团）对记者提供的信源以及来自受众（用户）、自媒体、网络媒体、社交媒体、机构媒体甚至境外信息管道的信源进行整合、分析、利用，建构成信源库，根据受众（用户）需要进行采写和内容供给。传统纸媒内容生产过程中来自网络社区、社交平台、商业门户、垂直网站、

① 中国互联网络信息中心：第41次《中国互联网络发展状况统计报告》，2018年1月。

机构媒体等新媒体和新新媒体的信源量日益增加，尤其是来自“两微一端”等移动平台的信息源为传统媒体记者采访与编辑整合报道提供了丰富的素材。根据相关学者调查，传统媒体的内容素材已经突破了专业记者提供模式的局限，“受众来源”与“网络来源”的信息提供力日益凸显，虽然记者的专业生产仍然是纸媒业获取、编辑内容的主要方式，但是新媒体在素材获取环节的认可度已经有了大幅提升（如表1所示）。

表1　内容素材获取方式的有效性

	计数	均值
记者个人渠道采访	5883	4.0398
受众主动提供线索	5880	3.8206
传统媒体获取	5873	3.5546
网络媒体的报道	5879	3.8285
社交媒体官方平台	5877	3.8287
社交媒体用户发布信息	5872	3.6439
合作机构单位提供	5859	3.4753
有效的N(列表状态)	5831	

注：均值越高表示受认可度越高，即越有效。

资料来源：严三九《中国传统媒体与新兴媒体内容融合发展研究》，《新闻与传播研究》2017年第3期，第101～118页、第128页。

二是建构以大数据和智能技术为核心的融媒体中心，实时监测国内外不同地区的信息热点和滚动数据，整合不同媒体和平台的信源和内容。诸多纸媒纷纷建立“微博+微信+客户端+网站+线下纸媒”的全媒体矩阵，在新闻采编上，依托大数据对各平台用户的行为偏好进行精确量化，以实现内容的有效生产与传播。人民日报社、浙江日报报业集团、羊城晚报报业集团、广州日报报业集团、深圳报业集团等主流媒体集团建构了大数据融媒体中心（中央厨房），运用大数据挖掘受众（用户）的需要，进行兴趣化采写、个性化匹配、多平台分发和技术化推广。人民日报社全媒体融合矩阵和中央厨房运营模式成为纸媒业转型发展的范本模型。浙江日报报业集团的融媒体智能传播服务平台（简称“媒立方”）拥有超过6.6亿人的用户数据，

“从架构上将集团的内容数据、流程数据与用户数据进行全面集中、关联和深度挖掘……通过整合多端多平台用户数据，对用户进行精准分析，为集团采编业务、运营与经营部门提供数据服务”①。2017 年《成都商报》《北京青年报》《楚天都市报》《温州都市报》等纸媒的内容发布已经建立起移动端优先的发布机制。

三是建构内容原创和新闻聚合的移动平台，逐渐形成“PGC + UGC + OGC”的内容集成模式。强势纸媒打造的“两微一端”逐渐形成内容原创和聚合平台，尤其是纸媒移动端的内容聚合能力日益增强。澎湃新闻、封面新闻、界面新闻、并读新闻、21 财经、浙江 24 小时等报业移动端除了发布记者采写的原创内容（PGC）之外，还打造成内容聚合平台，通过基于大数据和智能技术的机器算法进行全网数据抓取和内容采集，并进行个性化推荐，大量用户生产的内容（UGC）和职业机构生产的内容（OGC）被吸纳进移动平台，能够极大地满足受众（用户）日益增长的阅读需要。

（二）内容形态：以融媒体文本为核心打造平台化产品

在移动优先环境中，纸媒的内容形态与时俱进，变化甚大，多体裁、多技术、多符号建构的融媒体文本成为高热的内容形态，视觉符号更为突出的数据新闻、图像新闻、动漫新闻、视频新闻和更适应移动体验的音频新闻等融媒体内容形态频频出现。《钱江晚报》的“图视绘”板块、《中国青年报》的“青年调查”板块、《人民日报》的“听播报”板块、《成都商报》的“直播”板块等都是纸媒内容形态融合化的典型代表，数据新闻、视频新闻、音频新闻已与传统文字新闻呈“四足鼎立”之势。新闻内容由文字向可视化、可听化形态的转变，表现了纸媒在内容创作上注重直接的传播效能，减少后期的符号转码与编辑加工。融媒体文本具有较强的视听性、移动性和交互性，因而在移动传播空间具有更强的亲近性和流动性，更容易激活

① 徐园、李伟忠：《数据驱动新闻　智能重构媒体——浙报集团“媒立方”技术平台建设的实践与思考》，《新闻与写作》2018 年第 1 期，第 97～101 页。

用户的选择性机制，顺应价值判断与试听审美的心理图式。

在新兴新闻形态的基础上，纸媒的内容创作与排版设计趋于平台化、差异化，即与不同平台的载体功能与技术风格契合度更高，内容选择与发布也越来越依赖于发布平台的特质。如《人民日报》在“两微一端”及线下报纸的内容生产中就有十分明显的区隔。其微博以图片和视频为主，文字为辅，语态呈现口语化、通俗化的特征；微信则是以文字和图片为主，视频、音频“保驾护航”，新闻内容更有深度和可读性；线下报纸以文字为主，多为深度报道、新闻评论或长篇通讯，体现出主流大报的高度、重度与厚度；客户端上的内容则更具有多样化、融合性的特点，几乎囊括了微博、微信、线下报纸的所有内容，更是大力发展视频、直播、音频等新闻形式（见图1）。差异化的内容分布可以提升纸媒与不同平台的融合度，也有利于细分受众（用户）需求，精准培养不同平台用户的应用黏性和忠诚度。

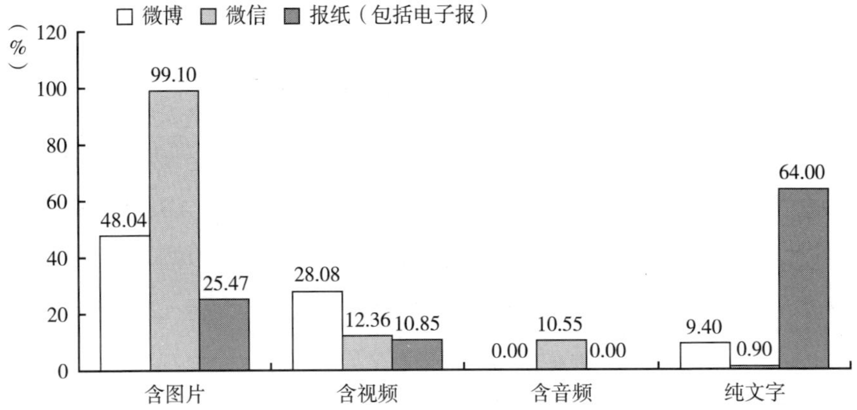

图1　《人民日报》微信、微博、报纸的内容分析

（三）内容语态：向分众传播和场景体验转向

2017年纸媒内容表达语态日益匹配分众传播和移动传播的特点，凸显差异化题材、技术性话语、视觉化修辞和场景化体验。从新闻报道题材来看，纸媒的题材选择仍然偏向政治性、经济性、人物典型性题材，但网络叙事相对报纸而言更加休闲化、生活化和娱乐化，如《人民日报》微博上的社会民生新闻和文教卫新闻所占比例远大于报纸上同类型新闻所占比例（见图2）。线下新闻与线上新闻的叙事方式也有较大差别，线下报纸的叙事习惯仍是单向叙事，而移动网络媒体的叙事逻辑则一改单向线性叙事方式，转变为非线性、圈层、超链接的方式①，以增强受众的参与性和互动性。线下报纸通过缩版减少叙事容量，甚至停止线下文本，比如《东方早报》全体转向澎湃新闻、壹读杂志只出网络版和移动版等。

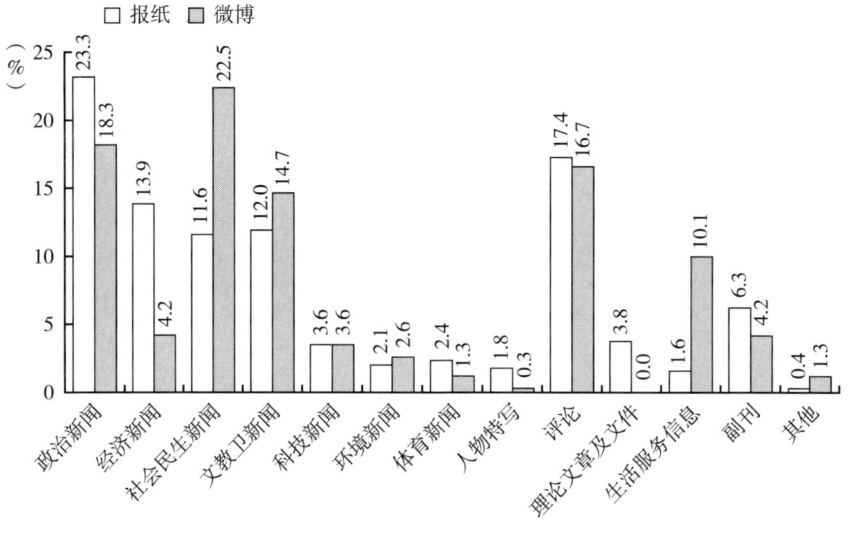

图2　不同媒体的不同内容题材频率统计

资料来源：宋书晔《〈人民日报〉报纸与@人民日报新浪官方微博内容传播框架之比较研究》，上海交通大学硕士学位论文，2014。

纸媒的新媒体内容形态则增强了技术话语和视觉修辞。诸多纸媒集团通过媒体融合建构了新型主流媒体，增强了“两微一端”、新闻网站等新兴媒体的技术话语，凸显新闻报道的视觉机制。随着人工智能、VR/AR/MR（虚拟现实/增强现实/混合现实）、大数据、云平台、机器算法、机器写作

① 陈力丹：《以互联网思维看互联网和关于互联网的研究》，《新闻界》2015年第20期，第21~24页、第42页。

等技术应用驱动技术话语不断演进，纸媒开启了“大数据+”“AI+”“直播+”等技术话语形态，创新视觉修辞，强化场景体验和沉浸传播。《人民日报》客户端、封面新闻、浙江24小时、并读、财新网等移动端通过大数据平台打造智能化媒体，将人工智能和虚拟现实等技术与新闻内容形态相结合，生产了增强场景体验、沉浸感知和视觉渲染的VR新闻、AR新闻，重构了感知、语法和视角①。机器人写作、无人机应用也逐渐增多。《人民日报》《新京报》、光明网、澎湃新闻等主流媒体相继开启了“直播+新闻”模式，在多终端、多屏互动、矩阵联动的融媒环境下，诸多新闻事件通过移动直播进行了跨媒介叙事传播。全国“两会”报道成为融媒体隆重展示的重要场域，微视频、H5、图表、直播、VR等新形态逐渐崛起，直播化、移动化和产品化成为2018年“两会”新闻报道新趋势②。

在内容编排上，纸媒比纸质媒介时代更注重标题和新闻导图的作用。总体来看，纸媒的新闻语态都呈下沉趋势，对话式新闻多见，宣传式语态减少，生活化、代入式新闻成为移动传播时代的主流内容。纸媒融媒体内容创作试图消除早期大众传媒远距离、跨时间传播带给受众的距离感，重返前技术时代面对面传播的现实生活情景，获得了较好的传播效果。

（四）内容定位：基于价值重构的入口分流

在移动传播过程中，媒体内容的定位与其价值诉求具有直接关系。移动技术驱动“后真相”时代的来临，移动场域情感左右真相，观点超越事实。但是受众（用户）对媒体内容定位的认可程度最高的仍然是“权威性”，此外，“趣味性”“话题性”“移动化”的认可程度也很高③。这表明对于新闻而言，用户还是更青睐权威媒体发布的内容，真实性、权威性和公信力依然

① 张超、丁园园：《新闻业的沉浸偏向：VR新闻生产的变革、问题与思路》，《中国出版》2016年第17期，第38～41页。

② 王小娟等：《2018全国两会媒体报道的“融”与“变”》，《传媒》2018年第7期，第3页。

③ 严三九：《中国传统媒体与新兴媒体融合发展的现状、问题与创新路径》，《华东师范大学学报》（哲学社会科学版）2018年第1期，第89～101页、第179页。

是用户对新闻最重要的要求和标准。而移动传播对于新闻实用价值、服务价值和娱乐价值的影响最为突出，具有话题性和趣味性的媒体内容也能在心理上消弭数码空间与三维世界的距离，满足现实生活的人际传播需求和信息获取需求。纸媒集团正在努力打造新型主流媒体价值体系，即如何通过意识形态功能来实现政治价值，如何通过弥合社会分歧来实现社会价值，如何通过传承主流文化和文明来实现文化价值，如何通过创新服务方式和盈利模式来实现市场价值等，并通过线下纸媒、“两微一端”和社交平台等渠道重构价值实现路径。

纸媒融媒体中不同入口的定位不同，其传播效果和价值诉求亦各异。对比纸媒内容在各渠道的传播效果，微信、微博和客户端的定位不同，传播力也不同。微信的封闭性主要体现社交属性，微博的开放性彰显媒体功能，但是微博、微信的流量由平台方控制，难以变现。客户端具有综合性和专属性，传播力不如微博、微信，社交因素对新闻内容的影响相对较大，而对于有纸质阅读习惯的用户来说，他们更偏向于线下阅读新闻，线上发表评论，就内容的到达率和转化率而言，微博、微信的作用相对突出。2017 年各大纸媒持续重视社交平台和新闻聚合平台上新闻内容的建设，今日头条、腾讯新闻、一点资讯、搜狐新闻、新浪新闻、爱奇艺、秒拍等网络媒体与聚合平台成为重要的合作平台。不仅发布短小资讯，更逐步将线下深度内容转移至线上，以求在移动领域首先扩大影响力（见图3）。可见，在移动优先战略下，传统纸媒将更加重视入口分流，使媒体内容的传播效果最大化。移动客户端重新定位，实行端口分流，形成具有全国影响力的现象级客户端，如《人民日报》、《环球时报》、澎湃新闻、浙江 24 小时、红星新闻、封面新闻、并读、财新网、每日经济新闻等客户端；具有区域影响力的客户端，大多是二、三线城市新闻媒体客户端；具有行业影响力的垂直客户端，如《成都商报》全力打造垂直 App 领域，布局专业场景，创建了成都儿童团、谈资、四川名医等具有行业影响力的移动平台化产品。

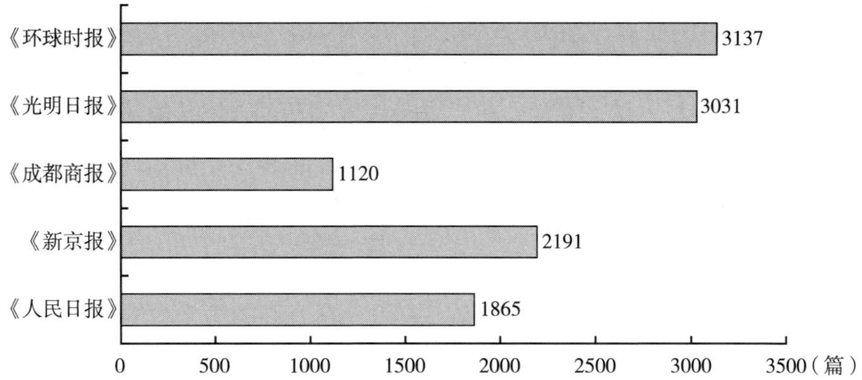

图3　传统纸媒官方微博深度长文数量

注：数据截至2018年4月15日，资料来源于新浪微博数据统计。

二　中国纸媒业内容生产的问题分析

（一）技术变现率亟待提高，内容有效性不断降低

根据《2017年中国报纸融合发展报告》①，中国传统纸媒的融合体系不断完善，跨界发展成为主流，各大媒体都十分注重对技术的开发与应用，希望加快智能化进程，但在融合浪潮下，传统纸质媒体的技术短板逐渐凸显出来。首先是传统纸媒的技术创新速度与运用普及速度不匹配，部分新闻产品停留在信息浅加工阶段，年轻化内容和新形态内容的产能不足，新内容形态的普及率和受众接受率较低，年轻受众对新闻媒介的接触率不高。《新京报》《成都商报》等纸媒的内容变现模式尚未普及，传统纸媒的“两微一端”大多没有形成成熟的商业模式，“只赚吆喝不赚钱”。高投入与低变现的落差无法为传统纸媒带来实质上的盈利效果，无法获得资本的青睐，甚至成为一些纸媒的“鸡肋”。

① 黄楚新：《2017年中国报纸融合发展报告》，《传媒》2018年第1期，第22~26页。

技术变现率不高带来的后果是内容的有效性无法得到提高，传播价值难以实现，许多纸媒对于可视化和可听化内容的呈现度不高、表现力不强，技术话语与深度叙事的结合度不够，用户的阅读或观看体验未能得到提升。同时由于移动网络与免费 Wi - Fi 的覆盖面与资费问题，音频、视频、直播等具有较强吸引力的内容不能满足用户随时随地观看收听的需求，内容的有效性大大降低。不具备高利用率的内容将错失用户在移动时间的流量，将为纸媒的内容创新带来新一轮困境。

（二）流量 VS 专业：传统纸媒与社交平台的博弈与融合

目前，社交平台对新闻媒体的融合速度远大于新闻媒体自身的发展速度，换言之，社交平台逐渐增强媒体功能，拓展新闻信息，产生了大量社交化新闻（包括传统媒体提供的 PGC）。传统媒体生产的新闻为社交平台以及今日头条、一点资讯等新闻聚合平台提供了重要的流量保障，使新闻媒体成为服务于社交平台、完善其内容体系的桥梁，而传统媒体却难以利用社交平台改善自身的内容生产机制和传播模式，即无法使用户的社交需求服务于自身的内容生产与传播。除了少数主流媒体通过“AI +”模式将媒体内容与聚合平台相结合，将机器算法、个性化推荐、机器人写作等互联网基因融入内容生产外，大多数传统纸媒的专业内容技术话语较弱、产能不足，生产速度与传播速度远低于社交平台上简单信息的输出与传播，社交平台意见领袖所供给的内容量和传播力与传统纸媒相比有明显优势。在移动传播碎片化阅读时代，流量信息与价值新闻产生冲突，流量信息简短、浅表意、休闲性的特点显然更符合社交的需求，而价值新闻为了适应社交，不断将自身拆分，以简之又简、精之又精的形式存在于社交平台，这就使价值新闻有沦为流量信息的可能，也使用户逐步习惯混淆新闻与信息，新闻内容的价值将难以凸显。

在社交融合中，受众的转发率也对纸媒的内容生产观念产生了潜移默化的影响。据调查，在微信平台中，用户更乐于阅读新闻资讯（见表 2），但大部分人的阅读来源源自朋友圈的转发。微博的阅读面相对较广，但用户也会先注意到自己关注对象的内容，这使纸媒的内容生产重点发生了偏移，即从生产专业新闻偏移至生产具有“转发性”或“传播性”的新闻。客观上来看，专业新闻与具有“转发性”“传播性”的新闻并不冲突，两者也并非不可兼得，但此类新闻的创作要求相对较高，生产周期也相对较长，为了满足用户“短、平、快”的阅读方式，不少纸媒放弃了新闻的专业性、深度性和严肃性，大量生产高转发量的新闻内容。纸媒的内容编排方式也向朋友圈或微博中“爆款图文”趋近，标题党、震惊体新闻、鸡汤式新闻乃至文题不符式新闻亦不鲜见，为了追求流量效应，一些媒体甚至主动降低了新闻内容的生产标准，舍本逐末无法为媒体转型和内容创新指向正确的路径。

表 2　微信碎片化信息阅读的信息内容类型

单位：%

选项	选择率(您平时通过微信平台阅读哪些内容?)
学术文章	31.9
新闻资讯	52.33
心灵鸡汤	27.96
娱乐八卦	51.97
文学类	33.33
实用类信息,如食谱、养生、家居	41.58
军事、地理、历史、任务等知识类	27.96
互联网、手机、机器人等科技类	39.78
其他(请注明)	3.94

资料来源：陈航、徐蔡余、王曰芬《微信碎片化信息阅读行为特点与影响因素研究》,《图书与情报》2017 年第 3 期，第 26～35 页。

（三）泛娱乐化现象严重，内容创新空间较大

由于用户偏爱具有娱乐性、趣味性的新闻，一些纸媒在信息输出上过度迎合用户，网络空间被泛娱乐化的题材、标题、图片、话题、视频和叙事方式充斥，出现全民狂欢、“娱乐至死”的传播景象。过于泛娱乐化的内容产品容易导致新闻媒体的内容生产深受技术主义和商业主义的影响，以至于责

任丢失、价值迷失，媒体具有的喉舌功能、主流文化传承功能、公共利益维护功能逐渐淡化，沦为娱乐消费商品。一些纸媒对于严肃性新闻和公共利益的坚守在娱乐大势下显得信心不足、行动不力。2017 年《京华时报》和《东方早报》的停刊给不少纸媒敲响了警钟，面对用户向平台的迁移，纸媒的内容选择和用户的阅读偏好存在一定的矛盾，“新闻共同体把两份报纸的关闭界定为一个危险信号，这不是两份报纸的个体失败，而是报业坚守的新闻范式正在遭到在线新闻的挑战，需要通过二级修补（second-order paradigm repair）来保卫它的核心价值”①。为了找回离散的受众，纸媒纷纷进行内容创新，但创新速度与受众需求的变化速度还无法保持一致，使大量新闻内容既无法吸引年轻用户，也不合老用户的口味。而内容创新不足带来的直接后果是纸媒在新闻选择上处于被动状态，大量同质化的新闻内容被生产出来，无法为用户提供更为多元的价值新闻，致使用户进一步流失。如何在坚持自身品牌理念和价值优势的同时进行符合时代变迁的内容创新，是当下传统纸媒内容生产面临的一大难题，怎样在创新的同时保持新闻的严肃性和内容深度，更是纸媒在数字化升级时应该着重考虑的问题。

（四）机制融合有待深化，PGC 与 UGC 生产尚需适配

机制融合是内容融合的重要保障，一些纸媒集团在机制融合方面的探索取得了一些成果，但是成为可资借鉴的范例尚不多见。人才引进与培养机制、考核机制、薪酬机制、员工责任感建构和发展机制等还缺乏与新媒体时代适配的系统改革体系，进而影响与新兴媒体在技术、组织、文化等方面的深化融合，最终会影响内容生产的效果与价值。纸媒原有的深度报道、调查性新闻等高成本、高风险但具有职业荣光与深远影响的报道范式被弱化或者边缘化，部分职业记者徘徊在现实与理想之间。不同媒体之间人员流动加速，导致传统纸媒内部的新媒体、全媒体人才十分紧缺，中高端人才更是稀

① 白红义：《“正在消失的报纸”：基于两起停刊事件的元新闻话语研究——以〈东方早报〉和〈京华时报〉为例》，《新闻记者》2017 年第 4 期，第 11 ~25 页。

缺，记者职业认同感下降，内容生产队伍的稳定性不足[①]。这直接导致纸媒的 PGC 内容原创力不足，加大了内容变现和版权溢价的难度。“后真相时代”权威解读、真相核查、主流价值的内容生产机制是新闻媒体的核心竞争力，若无法从体制机制上保障媒体活力释放空间，便会影响纸媒的可持续发展。

网络 UGC 对新闻内容的反哺令人瞩目。一方面，大量用户原创内容为新闻提供了鲜活的素材，社会化传播者大量涌现，自媒体人、政务微信编辑团队、机器人记者等非专业人员充当了传播者的角色，为用户带来了多元化的信息[②]；另一方面，网络来源并非完全真实可信，且核实难度较大，纸媒在信源选择上有一定难度，稍有不慎，就会弄巧成拙，损伤媒体本身的公信力。同时，UGC 生产的新闻内容与专业记者生产的内容的价值取向和话语表达存在较大差距，盲目混搭将导致新闻产品质量参差不齐，影响读者的阅读感受。怎样进行双向调适与转化，使 UGC 与 PGC 的内容经过融合锤炼达到最优效果，也是对当代纸媒的考验。

三　中国纸媒业内容生产的优化路径

（一）强化战略思维，打通内容生产全流程

要实现内容优化，找到纸媒业内容生产的新出路，就必须具有全局的观念和战略的思维，全面整合升级内容、技术、体制、组织、商业理念。纸媒要树立全产业转型的观念。第一，在用户需求环节依靠大数据分析，精准掌握各类型用户的需求，对不同用户的信息偏好进行个性化推荐，有的放矢地进行内容生产和新闻定制。第二，要在信源采集单元，成立专业的数字核查

① 严三九：《中国传统媒体与新兴媒体内容融合发展研究》，《新闻与传播研究》2017 年第 3 期，第 101 ~ 118 页、第 128 页。

② 张志安、李霭莹：《2017 年中国新闻业年度发展报告》，《新闻界》2018 年第 1 期，第 4 ~ 11 页，第 73 页。

团队，由具有经验和新媒体操作能力的专业从业者借用现代技术手段对移动网络信源进行查实、甄别，必要时可选择与第三方平台合作，成立事实核查联盟，以降低信息来源的风险。第三，在新闻采写环节充分运用多媒体技术，将专业记者与机器人写作相结合，提升新媒体写作技能，在确保新闻真实性、全面性、客观性、公正性的基础上，通过叙事角度、视觉修辞、话语方式、情感态度的创新增强其表达语态的趣味性和鲜活性，强化新闻文本的试听化，提升内容的有效性。第四，在新闻编辑与传播环节，培养一批多技能传播人才，擅长对文字新闻、视频新闻、音频新闻、VR/AR 新闻及 H5 应用进行多版本、多模态的编辑制作。编辑能够使新闻内容更好地契合各平台要求，针对不同平台的特性制作多重版本，打造以移动优先为核心的全媒体团队体系。第五，在内容反馈环节设立数据分析师，其不仅善于分析内容传播效果和目标受众，还善于不断寻找内容缺口、捕捉舆论热点、预测新闻走向，并能够提供媒介技术迭代的路向报告。

（二）打造全媒体原创矩阵，加强内容提供与聚合平台体系建设

现阶段各平台特性、用户习惯、内容产品偏好都有较大差别，分众化明显，内容个性突出，传统纸媒要在数字领域寻求支撑，就需要掌握各大平台或媒体的流量数据，组建全媒体内容建设平台，源源不断地为各平台用户输送新鲜、多样、有深度的原创内容。《新京报》为传统媒体的内容建设提供了有效案例，建构了内容提供商的范本模式，通过内容输出和版权保护重构价值模式和盈利模式。数据显示，在原创内容的建设上，移动端成为新的传播主场，超过 50% 的内容通过移动端首发。《新京报》依据线上线下各平台的内容需求和平台特色，组成了以《新京报》报纸、新京报网、拍者网、《新京报》官方微博、《新京报》数字版、《新京报》客户端、《新京报》微信矩阵为核心的环状全媒体原创内容平台，其内容体系包含多元化原创内容，平台体系囊括新闻网站、微博、微信、客户端等全数字化平台，并与腾讯网、搜狐、今日头条、一点资讯、秒拍、爱奇艺等各类型数字媒体合作，日生产超过 330 条原创内容，真正实现了全方面、多媒体的内容共创、共享

及分发。此外，成都传媒集团的红星新闻、《每日经济新闻》客户端，上海报业集团的澎湃新闻、界面客户端等在原创内容提供商方面的探索也具有重要的标本意义。

但在移动互联网时代，仅仅靠内容的原创性难以满足受众（用户）的多种需要，以原创内容为核心建设大数据支撑下的“新闻 + AI”“新闻 + 服务”“新闻 + 社交”“新闻 + 直播”的信息聚合平台，也是传统纸媒内容优化的重要路径之一。封面新闻、并读新闻、九派新闻、上游新闻、浙江 24 小时等客户端通过 AI 技术、云平台、机器算法等新媒体技术进行用户画像和个性分发，有效地吸收了社会化媒体的技术优势和资本优势。

（三）建构多模态产品形态，营造沉浸式场景体验

在移动传播时代，数字战略引领传媒内容的再次升级，场景思维主导的沉浸式传播成为各大媒体内容优化的另一条路径。构成场景的基本要素包括空间与环境、用户实时状态、用户生活惯性、社交氛围，移动媒体服务的核心目标则是与场景完美适配①。为了提升用户的沉浸体验，适配用户的时空场景与生活场景，传统纸媒亟须在传统文本的基础上，拓展不同平台和终端的符号链和文本链，将冷媒介和热媒介、时间媒体和空间媒体、听觉媒介和视觉媒介的优势有机融合，建构具有内在逻辑的集文字、图片、视频、音频、动漫、表情包为一体的超文本、多模态产品形态。在移动场景中，用户更注重视觉呈现和听觉浸润，调动用户情感体验和通感体验，通过“参与式文化”激发用户的自主性和互动性也是媒体内容建设的主要方向。近年来微视频、VR 报道、直播、新闻播客、交互式新闻成为纸媒内容融合的重点，《人民日报》《南方日报》《广州日报》等主流媒体的多模态内容建设也取得了一些显性的成果（见表 3），在新闻文本中插入视频、音频、动图、表情包等成为常态。比如，南方网制作的喜迎十九大融媒体产品矩阵就融合了视频播报、音频、动漫、手绘 H5、快闪音乐、微电影、滚动网页等多种

① 彭兰：《场景：移动时代媒体的新要素》，《新闻记者》2015 年第 3 期，第 20 ~ 27 页。

文本链，构建了多模态产品形态。就传播效果而言，多模态新闻产品的传播力和影响力日益增强，但是高质量产品还不多见，爆款产品更是稀少。就产业发展现状而言，亟待传统纸媒专注新型产品形态的精品建设，利用超文本形态形成口碑产品链，满足用户的跨媒介场景需求，从而突破单一内容符号的困局，打造全新移动体验。

表 3　主流媒体融媒体产品举例

产品类型	媒体	内容产品
直播	《人民日报》《中国青年报》《新京报》	人民直播：直通十九大；中青在线直播：6 小时全景直播铁路青年服务复兴号；我们视频直播：太空生活指南：探秘“月宫一号”
微视频	《南方日报》《广州日报》	喜迎十九大；新闻微视频
VR 报道	《南方日报》、财新网	不能忘却的纪念——汶川大地震 9 周年；“5·12”地震回望系列 VR 纪录片
音频	《人民日报》	党的十九大报告电子书
交互式内容	《光明日报》《人民日报》	全国“两会”知识机器人“小明”“小端”等
H5	《人民日报》《羊城晚报》	我的军装照“广东好拼”互动型 H5 产品

资料来源：张志安、李霭莹《2017 年中国新闻业年度发展报告》，《新闻界》2018 年第 1 期，第 4～11 页、第 73 页。

在移动优先战略下，传统纸媒要突破单一的内容形态，强化技术融合与机制融合，通过大数据捕捉受众需求变化，生产独特的主流质感内容，以具有高识别度的优质产品带动新型主流媒体的发展，以全媒体矩阵为移动受众（用户）输送新生代融媒体产品，运用场景思维布局内容生产，营造沉浸体验打造内容品牌，运用多模态技术创新多元化产品，实现移动数字化转型，重建纸媒与受众（用户）的连接。

B.5
2017年中国网络视听媒体内容创新报告

陈鹏　郑玄*

摘　要： 我们正处于快速发展变化的全媒体时代，中国视听媒体形式不断迭代发展，与此同时，技术和载体的革新也推动了媒体内容的多元创新，使得中国视听产业的发展充满了活力。现阶段中国视听产业吸引众多资金、受到市场追捧的重要原因就在于视听媒体优质的内容和便捷的平台吸引了大量的终端用户和流量，而媒体的内容创新正是保持产业长盛不衰的关键。本报告重点关注网络剧、网络大电影、网络综艺节目、网络短视频、网络音频等行业的内容创新和产业成长，结合具体的视听媒体内容创新产品，对视听媒体的最新动态、行业创新发展的趋势以及现有的问题进行分析和探究。

关键词： 网络视听媒体　内容创新　精准营销　衍生开发

一　2017年网络视听内容发展基本状况

2017 年我国的视听媒体呈现内容井喷的现象，多种视听节目创新发展，

---

* 陈鹏，南开大学传播学系主任，兼任北京文化发展中心智库专家，法制网舆情监测中心特邀研究员，CC-Smart 新传智库研究顾问，“网络视听蓝皮书”主编，“影视蓝皮书”执行主编；郑玄，南开大学新闻传播学系研究生，研究方向为影视传授、传媒产业。

极大地丰富了我国的大众文化传播市场，这背后隐藏的是巨大的市场资本投入和亟待满足的对优质视听媒体产品的消费需求。视听媒体内容的创新带来了各类媒体产品的数量增加、产业规模扩大，我们需要持续关注现有视听媒体市场的发展动态，从而把脉行业前沿，规避市场问题，找到持续创新发展的动力。中国视听媒体产业的创新发展在网络视听媒体领域表现得尤为突出，诞生了很多的现象级产品，占据了中国视听媒体市场的大部，这也是本报告着重要探讨的。

网络剧发展迅速，从数量扩张向质量优化转变。精品网络剧在市场竞争中脱颖而出，吸引更多的流量。据统计（见图 1 和图 2），2015 年共上线网络剧 379 部，前台总播放量 274.4 亿次，平均每部剧的前台播放量为 0.72 亿次；2016 年共上线 349 部，前台总播放量 892.5 亿次，平均每部 2.56 亿次；2017 年共上线 295 部，前台总播放量 1631.3 亿次，平均每部高达 5.53 亿次[①]。仅 2017 年 6～8 月的暑假档，就累计收获 371.62 亿次播放量，质量较高的网络剧在假期档集中发力，有力拉动了网络剧播放量[②]。我们可以看到近三年来网络剧总数量呈现逐年递减的趋势，但是每年的网络剧前台总播放量则呈倍数增长趋势。这说明市场中的网络剧在朝着影视精品的方向发展，在市场和政策的双重作用下“头部”和“腰部”剧成为发展热点，网络剧产业在向上发展。

网络大电影在网络分账机制进一步优化的背景下得以发展。2017 年中国电影市场表现出回归理性、走向成熟、质量带动、整体繁荣的发展趋势。网络电影市场相比于院线电影市场表现出较大差异性，2017 年网络大电影市场经历了更激烈的专业化和结构升级的洗牌，低俗、粗制滥造的网络大电影数量减少，相当数量的网络大电影被淘汰出局，题材创新、制作优良、定位准确的网络大电影往往成为“头部”或者“腰部”内容产品主力，更加容易满足用户需求、获取市场融资、占据市场份额。高口碑、高关注度的网

① 骨朵数据：《2017 年网络剧报告：年度总播放量猛增，口碑剧频出，好故事成制胜关键》，http://k.sina.com.cn/article_3840084769_e4e30b21019005431.html。

② 陈鹏主编《中国互联网视听行业发展报告（2018）》，社会科学文献出版社，2018，第 26 页。

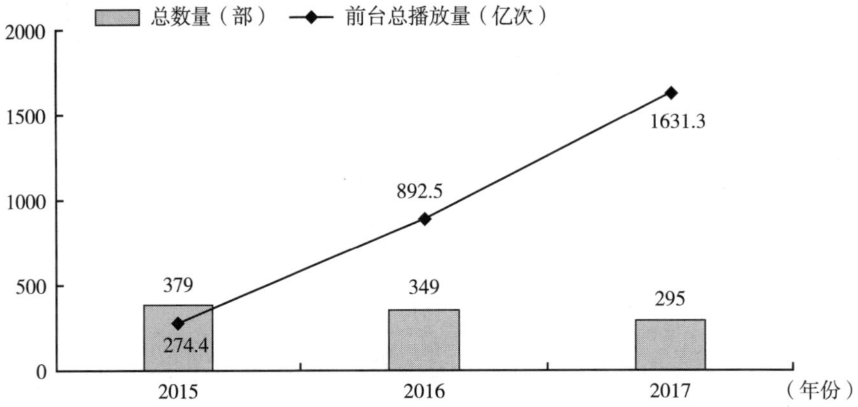

图1　2015～2017年网络剧总数量和前台总播放量

资料来源：骨朵数据《2017年网络剧报告：年度总播放量猛增，口碑剧频出，好故事成制胜关键》，http：//k. sina. com. cn/article_ 3840084769_ e4e30b21019005431. html。

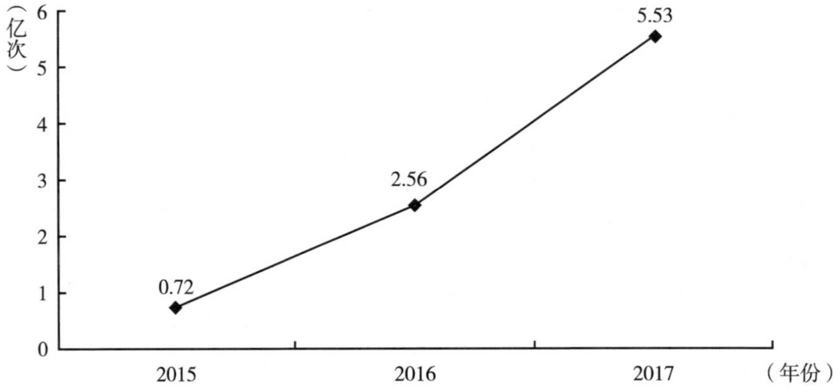

图2　2015～2017年单部网络剧平均前台播放量

资料来源：骨朵数据《2017年网络剧报告：年度总播放量猛增，口碑剧频出，好故事成制胜关键》，http：//k. sina. com. cn/article_ 3840084769_ e4e30b21019005431. html。

络大电影在2017年实现了大发展，自2016年10月至2017年8月，网络大电影累计上线2072部。其中，2017年1～8月累计上线1412部，总播放量突破159亿次，并且实现了由“野蛮生长”向精品化转变的进步，单片播放量稳步提高（见图3）。

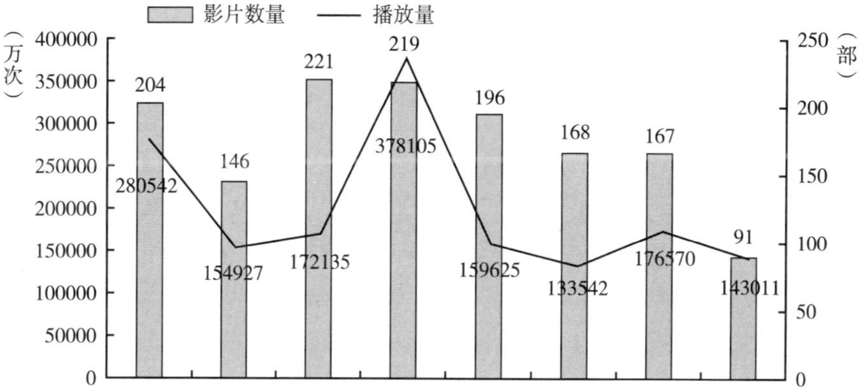

图3　2017年1~8月网络大电影影片数量与播放量

资料来源：陈鹏主编《中国互联网视听行业发展报告（2018）》，社会科学文献出版社，2018，第3页。

网络综艺节目市场持续发力、规模扩大、爆款频出，网络综艺的发展已经进入“大投入、精制作”时代，网络综艺有着更为成熟的制作发行、营销体系，在节目内容的制作上更加体系化和专业化。优质内容制作团队的涌入，头部视频网站与专业化内容制作公司的合作保证了节目质量，造就了优质网络综艺节目的口碑传播。相比之下，2017年的电视综艺节目则略显势微，之前炒得火热的《中国新歌声》（第二季）、《极限挑战》（第三季）播出后市场表现较为平淡。在这种背景下，很多年轻观众将热情转移到了网络综艺节目上，而网络平台与制作团队的结合也使得多档网络综艺节目爆款出现，进一步激活了“网生群体”的热情。吴亦凡的“freestyle”让《中国有嘻哈》大火，《明日之子》、《2017快乐男声》、《火星情报局》（第三季）、《奇葩说》（第四季）等成为网络综艺节目新秀。网络综艺节目的另一个发展表现为垂直细分更加明显，朝着类型化方向迈进。2016年10月至2017年9月新上125档（包括4档被下架节目），可以分为真人秀、脱口秀、访谈、选秀、文化、纪实、喜剧、资讯等类型，其中真人秀节目42档，脱口秀节目25档，访谈节目19档，选秀节目13档，这四大类型成为网络综艺节目的主要类型。2017年网络综艺节目的发展在数量和投入上已趋于稳定，在内容制作水平与创意上上了一个新台阶。

2017 年网络短视频发展迅速，短视频行业多个强势平台亮相，内容资源向短视频的聚集效应逐渐明显。网络短视频的发展表现在垂直细分内容的爆发，短视频的发展已经渐渐深入每个人的生活。短视频行业马太效应极其明显，金字塔尖的“头部”节目占据了短视频播放市场的主要份额，从图 4 中可以看到各档节目与播放量的占比不均衡，“头部”节目吸引了播放量的一大部分，而更大数量处于金字塔底端的内容的播放量加起来不超过 50%。

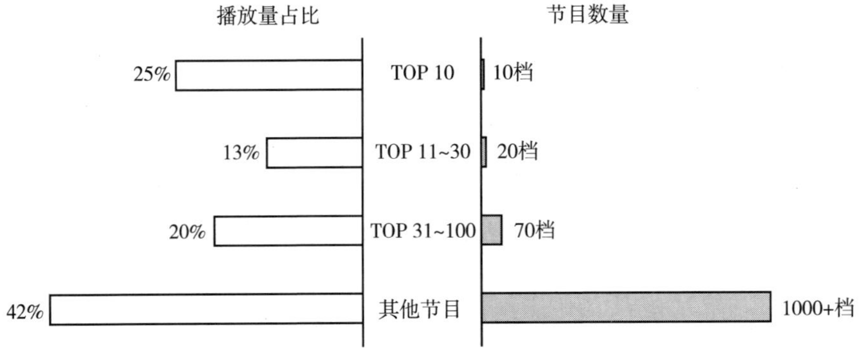

图 4　2017 年全网短视频播放量占比与节目数量
（截至 2017 年 7 月）

资料来源：卡思数据《短视频的发展前景如何?》，https：//www.zhihu.com/question/24065542。

网络音频凭借独特的感官优势保持着自身的市场地位，移动收听、车内收听、伴随收听等多元化的使用情景为网络音频市场博得了 2.5 亿名受众的喜爱。随着技术手段和发展模式的变化，网络音频领域开始发展付费内容，积极实现内容的变现。喜马拉雅 FM、蜻蜓 FM 和荔枝 FM 三款互联网音频产品在 2016 ~ 2017 年拥有较高的搜索关注度，用户优势明显。多家网络音频企业发力，创新内容生产和运营模式，使得网络音频市场进一步发展。

二　网络视听媒体内容多元创新

（一）网络剧口碑剧频出，好故事成制胜关键

2017年网络剧呈现蓬勃发展趋势，而口碑剧也是层出不穷，网络IP剧和原创剧凭借各自的优势占据了网络剧的大部分市场，根本原因在于内容上的创新发展，好故事、好演技、用心制作的精品网络剧更加受到市场追捧。现下的网络剧市场中吸引观众注意力的主要还是由IP改编或衍生而成的网络剧，同时需要注意的是IP网络剧的发展模式有了很大的变化，IP自身的优势在于其拍摄成电视剧之前具有的“粉丝”基础和市场预设优势，但现下IP剧的发展并不是一味地依靠“粉丝”效应去赚取点击量，而是靠精品内容赢得观众，实现了从追求“粉丝”效应到注重内容深耕的转变。把故事讲好、把画面拍美、把演技变好成为获取长久受众关注的关键。在从过度挖掘IP向创造原创IP的内容生产模式转变过程中，IP原创与IP深加工是网络视听内容生产原动力的法则一再被市场证明，越来越受到重视。专业网络剧制作机构加入，题材多元化，清晰定位于年轻用户市场等，这些都成为优质内容建构的有利条件，也是口碑剧诞生的重要前提。

2017年的IP网络剧，如武侠剧《射雕英雄传》高度还原金庸原著，畅快淋漓地抒发英雄气概、家国情怀，拍出了不同于以往电视剧的新意，受到网民热捧；《河神》则对天下霸唱的原著进行了“天翻地覆”的改编，讲述了一个充满新意的故事，吸引了大量“粉丝”关注。还有些网络剧在提取原著精髓的基础上，做了深度改编，如《无证之罪》《镇魂街》《端脑》等，凭借新颖独特的故事获取了大量受众青睐。不得不说的是，《琅琊榜之风起长林》《九州·海上牧云记》堪称2017年的超级网络剧。优质的故事内容、演员的超强演技、精致画面的张力，以及自身的“粉丝”基础都使得IP剧成为爆款。

除了 IP 剧，部分原创网络剧凭借优质的故事内容也获得了网络剧市场受众的青睐，其根源在于对优质内容的挖掘和准确的市场定位。如图 5 所示，原创网络剧数量缩减，但是前台总播放量大幅上升，2017 年 221 部原创网络剧获得 723.7 亿次播放量，背后的推手便是优质内容的拉动作用。原创网络剧更加注重多题材开发和发展，避免同质化发展倾向。根据骨朵数据统计，在前台播放量过亿的 66 部原创网络剧中，覆盖了 17 种不同类型，2 部历史剧的平均前台播放量最高，达到 43.3 亿次/部（见图 6）。历史剧的拍摄难度较大、投资较多，但更容易对其内容进行深耕，一旦打造为精品，则很容易获得市场青睐，抢夺市场流量。单部网络剧的播放量是其竞争力的体现，除了古装剧外，单部播放量靠前的类型是罪案剧、警匪剧、悬疑推理剧、古代传奇剧、娱乐圈剧、爱情剧、喜剧等，它们的平均前台播放量分别为 25.2 亿次/部、18.5 亿次/部、15.7 亿次/部、13.4 亿次/部、12.4 亿次/部、6.6 亿次/部、6.5 亿次/部。在类型化路线上开发优质故事是打造精品网络剧的关键，这也是 2017 年爆款网络剧的共有特质。

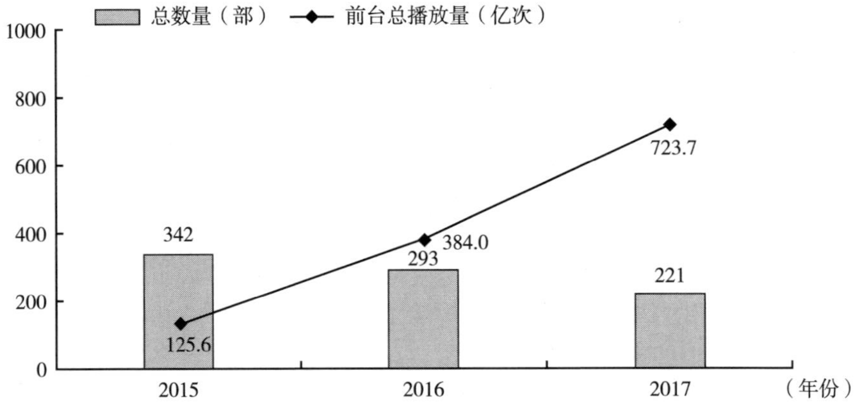

图 5　2015～2017 年原创网络剧数量与前台总播放量

资料来源：骨朵数据《2017 年网络剧报告：年度总播放量猛增，口碑剧频出，好故事成制胜关键》，http：//k. sina. com. cn/article_ 3840084769_ e4e30b2101900543l. html。

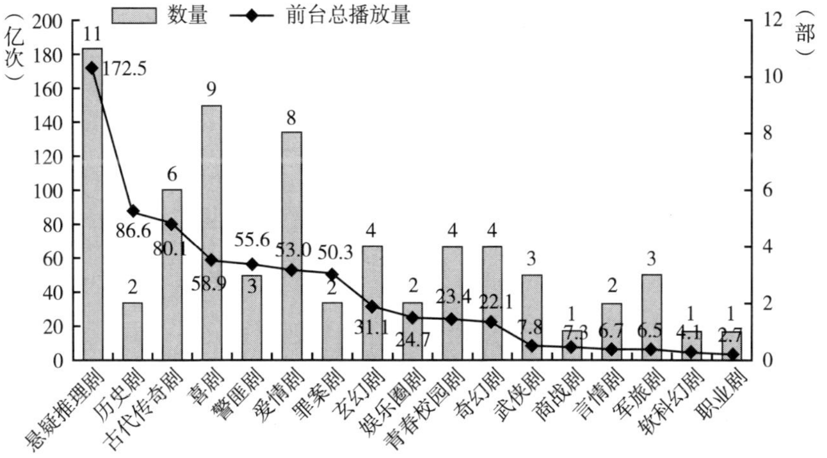

图6　2017 年原创网络剧类型数量及前台总播放量

资料来源：骨朵数据《2017 年网络剧报告：年度总播放量猛增，口碑剧频出，好故事成制胜关键》，http：//k. sina. com. cn/article_ 3840084769_ e4e30b21019005431. html。

（二）网络大电影更加注重精准营销：内容品质和商业变现获得双赢

进入 2017 年，网络大电影的发展进入一个成熟期，相比于前两年的数量激增，2017 年网络大电影的发展更加理性，单部播放量和好评度都得到了提升，实现效益优化的重要原因是产品制作更加注重内容产品的精准定位和市场营销。在网络大电影领域，“头部”内容依然是市场主力，成为行业的标杆。除此之外，精心打造、准确定位的“腰部”内容同样热度不减，分享着网络大电影市场的较多利润。大批优秀青年影视人才和团队加盟网络大电影行业，更加注重满足用户的多元需求，在拓宽市场空间、创新电影融资等领域都有新颖的思路，这也使得网络大电影内容品质的商业变现过程更加顺畅。

精准营销是网络大电影高回报的关键，开拓了更大的市场，通过高效、精准地反哺优质内容的创作者，网络大电影的良性盈利机制开始显现，带动了精品网络大电影的诞生和播放量的提升。2017 年爱奇艺合作伙伴对网络大电影的营销方式除了常规的微博、微信、自媒体分发、App 投放、导航网站投放、线下硬广告、用户落地活动、事件营销、直播、PGC 节目、短视频分发、异业合作外，还使用了如线下快闪、校园推广和综艺推广的新方式，营销手段"吸睛"效果十足①。以《陈翔 6 点半废话少说》为例，最早被爱奇艺定级 B 级独播，片方持续有效的营销导流不断激活影片的生命力，创新的营销策略实现了各个内容平台之间的沟通，最大化地实现了网络大电影的多平台导流，创造了大批网络播放量。

此外，纯网生内容公司品牌初步形成，品牌制片机构和团队纷纷布局，加剧了网络大电影领域的竞争。系列化、IP 化内容展现出强大的市场号召力，刺激淘梦、映美、奇树有鱼等网生内容公司积极进行市场精准定位和品牌化发展的探索，积极参与到网络大电影产品制作的队伍中。众多机构和团队的参与使得不少网络大电影作品被打上了品牌标签，品牌化发展态势初步形成并逐渐壮大。依托优质内容形成的品牌化成长模式，正在深刻影响网络大电影的市场格局。

网络大电影的受众对内容存在不同的偏好，网络大电影的内容制作需要找准类型、找准观众、找准平台进行定位。根据统计发现，内容独特、演员吸引力还有产品类型等对于不同受众的吸引力不同（见图 7）。相比于 2015 年、2016 年网络大电影的疯狂生长，2017 年的网络大电影表现出更加注重市场需求、精准定位和制作，这是一种理性的回归，内容品质和商业变现成为统一战线，最终获得双赢。

（三）网络综艺嫁接直播模式，创新节目传播形式

随着技术的不断进步，网络综艺节目在形式上也屡有创新。2016 年，网络直播元年开启。随后，网络直播进入飞速发展阶段，各类平台呈井喷式增长，网络主播和用户大量涌入其中。网络直播不仅成为资本着力争夺的又

① 爱奇艺：《2017 年网络大电影行业发展报告》，http：//www. ce. cn/culture/gd/201801/12/t20180112_ 27699920. shtml。

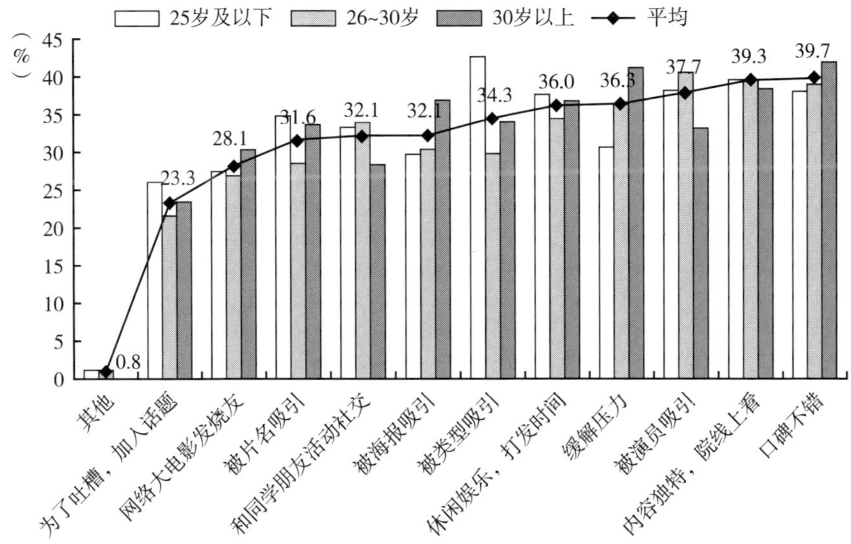

图7　网络大电影受众观看目的和年龄差异

资料来源：陈鹏主编《中国互联网视听行业发展报告（2018）》，社会科学文献出版社，2018，第115页。

一个“红海”，也为网络综艺节目提供了创新传播的思路，丰富了节目的内容与形式。

2017年，“直播综艺”是视听传播创新的一大亮点。其中，爱奇艺的《十三亿分贝》引入了直播，将音乐综艺玩出了新花样，并获得“2016～2017年度十大品牌影响力网络综艺节目”的奖项。此外，马东的新节目《饭局的诱惑》（第二季）登陆斗鱼直播，酷狗也推出了一档直播综艺秀《跨界也疯狂》，另一档节目《美人尖叫秀》更凭借高颜值人气网红、趣味游戏、网络实时互动的优势，获得了超过160万名网友关注。

另外，一些直播平台也相应推出自己的直播综艺节目，有些获得了不俗的人气。数据显示，直播平台上的综艺内容颇受用户追捧，有26.7%的用户对综艺直播表示好感。像斗鱼TV的《超神偶像》、虎牙直播的《超能力恋人》等自制直播综艺都十分热门。

一方面，直播模式的介入，打破了原来网络综艺节目的总体时长限制以及每个人所能获得播出的时长限制；另一方面，它可谓与受众直接互动的优选。例如竞技、选秀类网络综艺节目因具有对抗性和未知性而自带悬念，以网络直播模式推出节目，可以让受众在观看时获得竞技的满足感，并能通过互动推进节目进程。2017 年 10 月 15 日，在腾讯视频直播的明星抓捕素人节目《看你往哪跑》中，观众通过互动弹幕可以决定抓捕走向。《2017 快乐男声》节目也在 7 进 6 时采用了直播模式。除了竞技、选秀外，情感话题也是直播的一大热点，《开心相对论》《爱 in 思谈》两档情感类节目就采用了“直播 + 点播”的形式播出。

网络直播的优势在于实时性与互动性，弊端在于大多数时候直播只有一个摄像机位，并缺少后期制作。观众在观看网络综艺节目时，因为有镜头切换以及后期制作添加的字幕、音效等，可以缓解疲劳、减少尴尬，但观看直播时可能会因长镜头和无后期制作而感到审美疲劳。因此，在经过网络综艺直播探索之后，2017 年网络综艺节目基本告别单一视角的全程网络直播，而是选择对某一适合的类型，或者是网络综艺节目某些适合的环节进行直播。在这些新理念的影响下，网络综艺直播的方式也不再拘泥于一整季直播，对网络综艺节目的某一环节、某一期（一般是收官期）或某几期进行直播的形式，更加常见。

对直播模式的灵活应用，抓住年轻受众的兴趣点，建立起节目与观众的互动联系，2017 年的网络综艺节目为观众提供了更有代入感的观看体验。

（四）网络短视频朝垂直内容转型，受众群体进一步细分

随着短视频市场的不断扩大，能够挖掘用户兴趣点的短视频内容才更具流量价值，因而内容的垂直化倾向越来越明显。以西瓜视频为例，其在垂直内容的打造上别出心裁。西瓜视频根据后台大数据统计发现，汽车类短视频大受用户的欢迎。在日均活跃用户中，带“汽车”兴趣标签的用户占比达 54%，日均汽车视频播放量在 3700 万次以上。从 2017 年 1 月至今，日均汽车视频发布量增长了 2.14 倍。因此，西瓜视频在爆发式增长中挖掘了一些

优秀汽车类PGC①。比如，“车若初见”入驻2个月，发布原创视频作品13部，单支视频播放量超过30万次的有10部，总播放量超过560万次。

2017年，美妆、美食、生活方式等垂直领域的创作者集中发力，越来越多的短视频创作者开始尝试制作垂直类内容，并且在传统的美食、萌宠等垂直领域基础之上寻求创新与突破。2017年2月以来，火爆全网的新晋网络红人“办公室小野”，用创新搞怪的方式在办公室利用各种办公用品烹饪美食，既满足了观众的猎奇心理，又凭借“美食+职场”的跨界创新，优先占有了内容领域的空白地带。另外，在垂直化、专业化内容不短涌现的同时，短视频面向的用户群体也更加细分。秒拍和二更先后成立区域划分部、分公司，推出方言类短视频。

然而，因为对网络视听内容的管理和规范正在摸索过程中，蹭热点、低俗、抄袭等现象频出，带来了一些社会问题。在经历野蛮生长之后，2017年以来，对短视频领域的整顿逐渐提上日程。2017年6月22日，国家新闻出版广电总局发布通知称，针对新浪微博、ACFUN、凤凰网等网站在不具备《信息网络传播视听节目许可证》的情况下开展视听节目服务，并且大量播放不符合国家规定的时政类视听节目和宣扬负面言论的社会评论性节目，国家新闻出版广电总局于近日发函责成属地管理部门，采取有效措施关停上述网站上的视听节目服务，进行全面整改。2017年9月7日，国家互联网信息办公室印发了《互联网用户公众账号信息服务管理规定》，在秒拍、快手等短视频平台开设的用户公众账号等都在上述规定管理范围之内。2018年3月22日，国家新闻出版广电总局下发特急文件《国家新闻出版广电总局办公厅关于进一步规范网络视听节目传播秩序的通知》（新广电办发〔2018〕21号），叫停了歪曲、恶搞经典文艺作品，截取若干节目片段拼接成新节目播出，“标题党”，以低俗创意吸引点击量等违规行为。2018年4月10日，国家广电总局门户网站发布消息称，在督察“今日头条”网站整

① PGC（Professional Generated Content），指专业生产内容，与UGC（User Generated Content，用户生产内容）相对应。

改工作中，发现该公司组织推送的“内涵段子”客户端软件和相关公众号存在导向不正、格调低俗等突出问题，引发网民强烈反感，责令“今日头条”永久关停“内涵段子”客户端软件及公众号。一连串的整顿措施给一度野蛮生长的短视频行业树立了底线思维，内容规范也将成为下一阶段发展的趋势。

（五）网络音频搭上知识付费快车，实现流量与盈利双丰收

近年来，互联网用户经历了视频、有声文艺的消费习惯培养后，已经开始熟悉新的互联网平台上的内容产品，并且对多元化的内容消费模式产生了需求，在这个背景下，通过打赏、收费等方式为高质量音频知识付费的模式可谓水到渠成。2016 年被业界称为“知识付费元年”，知乎、喜马拉雅 FM 等多个有影响力的平台推出了知识付费类音频节目。2017 年以来，这一趋势愈发明显，豆瓣网推出了其首款付费产品“豆瓣时间”，蜻蜓 FM 和喜马拉雅 FM 也相继推出了大量付费产品。其中，喜马拉雅 FM 整合内容资源，提供了马东、乐嘉、华少等 2000 多名“知识网红”的付费音频，上线的付费课程超过 10 万节；蜻蜓 FM 的付费节目在数量上不落人后，在产品内容方面既有面向大众的名家作品如《金庸经典全集》《蒋勋细说红楼梦》《张大春说三国》等，而且尝试精准定位，进行节目自制，联合 20 多位创业者制作完成《第一个 1000 万》，以小众内容彰显平台创新活力。

目前，“名人＋课程化内容”是不少互联网音频平台的“制胜法宝”。例如，北岛、白先勇等文化名人，凭借自身的号召力和文化内涵，促成了“豆瓣时间”的成功。2017 年 8 月，蜻蜓 FM 与高晓松联合出品的付费音频节目《矮大紧指北》开播。上线首月，付费用户就超过 10 万人，总收入超过 2000 万元。

而“得到”App 不仅是网络音频领域内容付费的坚定簇拥者，同时也是标杆。该 App 聚集了吴伯凡、李笑来、李翔等知识大 V，打造“知识分子贩卖知识解读”的封闭渠道，这些拥有个人 IP、具有自建渠道能力的大 V 围绕在“得到”App 周围，融入知识解读圈子，和内容产品经理人形成良

性共生关系。因此就有了李笑来《通往财富自由之路》专栏在推出7个月内就吸引13万名用户订阅的不小成就，而该专栏的销售额更是达到2546万元。

在网络音频领域，知识类的付费内容正成为一种风尚，被大多数用户所接受。搭上知识付费快车的网络音频，将名人的个人IP价值延续到音频内容领域，实现双方的合作双赢，音频平台一并收获有口碑、有质量的内容，同时包揽了流量，实现了盈利。

三　视听媒体产业长效发展的对策与建议

随着中国经济和技术的不断发展进步，中国的视听媒体经历了一次又一次的变革。中国网络视听媒体的发展走过了20多个年头，在互联网深刻影响社会的今天，网络视听媒体的强势崛起成为必然，与传统视听媒体的发展形成互动是未来的趋势。随着人们对网络媒介依赖度的提升，对网络视听媒体内容产品的需求呈爆发式增长，网络视听媒体往往由于具有更加开放多元的制作空间、聚集了更加丰富的制作资源、结合了更加先进的媒体技术、共享了更加自由竞争的市场，因而产生了更多创新型的视听媒体内容产品。在庞大的市场需求下，网络视听新媒体集聚了大量优质视听资源，这使得网络视听节目反哺传统视听节目的台网融合成为一种常态，这些新变化都要求我们更加关注网络视听媒体的内容创新和产业变革成果。但中国的视听节目发展依然存在一些问题，巨大的视听产品库存、产品盈利困境、社会公责与市场利益的矛盾等一系列问题都影响着中国视听产业的长效发展，我们需要寻求更好的发展策略。

（一）顺应内容主导发行模式的网络独播化趋势

2017年视听媒体产品在进行内容输出的时候更加注重独播模式，独播模式已经成为网络剧、网络大电影和网络短视频等视听产品的主要发行方式。独播模式的背后体现了中国视听媒体市场竞争的白热化，也体现了中国视听媒体组织对自身内容产品市场价值的自信。独播的发行模式可以更好地争夺流量、聚合受众，会直接影响媒体组织的盈利模式和市场占有率，所以各大媒体组织积极进行独播战略布局。以网络剧发展为例，据统计，2016年10月1日至2017年8月31日，共上线独播剧254部，占比达95.13%，多平台剧13部，占比仅为4.87%。同时独播剧的播放量共计1138.66亿次，占比达90%[①]，内容独播模式成为网络剧主要的发行模式。

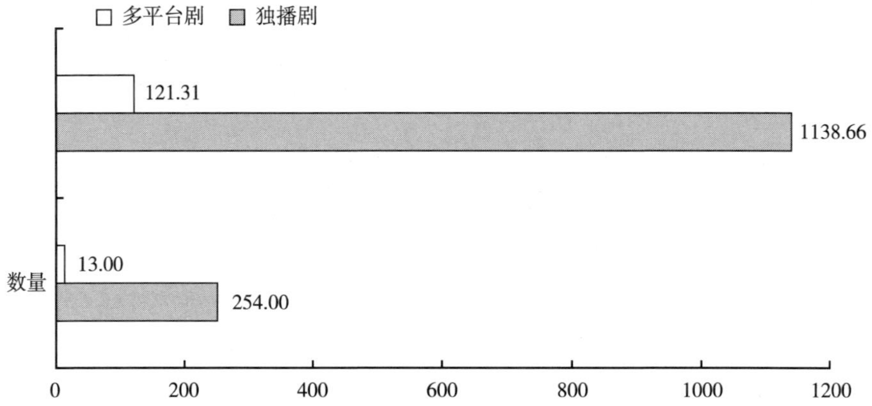

图8　2016～2017年网络剧独播/多平台播放情况统计

网络独播促进付费会员的发展，增强用户黏性。各大视频网站积极抢占优质独播资源，推进网络独播，本质原因在于独播模式能够增加付费会员、提升用户活跃度和拓展平台价值，有利于改变视频网站盈利困难的局面。会员的数量增长和用户的忠诚度提升，带动了媒体组织其他视听产品的继发性增长，形成一种良性循环。独播给视频网站和媒体带来流量和新的会员，应该利用独播带来的特定受众资源更好地实现产品的衍生开发和内容输出。

独播模式下要更加注重对内容的深度开发。媒体平台应该思考的是如何充分地挖掘优质独播资源的多方面价值，而不是单纯地利用独播内容圈住固

① 陈鹏主编《中国互联网视听行业发展报告（2018）》，社会科学文献出版社，2018，第32～33页。

定的会员。腾讯视频十分重视独播模式的开发，其购买了《演员的诞生》的独家版权，使用三级开发模式对独播和版权进行了充分挖掘：其一，经典作品的重演使很多观众愿意提前看原片唤起集体记忆，播出节目和重演作品的比对实现了二次传播；其二，扎根于独播内容和 IP 资源，推出“花絮”“纯享版”“独家”等主题突出的系列短视频；其三，对独播产品中的高话题度演员进行系列专访视频的制作。这三个层级的独播内容开发使《演员的诞生》的独家价值得到最大化开发。媒体应该更加注重秉持分层开发、多种营销、整合投放的理念，积极创新独播模式、丰富节目内容，使得用户可以持续关注，提升用户好评度和黏性，在维持既有客户群的同时吸引新增潜在用户群。

（二）更加注重精准营销，注重垂直行业差异化发展

中国的视听媒体内容产品在 2017 年呈现数量和质量的双面提升，现下节目总数较多、优质节目较多、头部节目很强，但是仍然存在不同题材的内容产品发展不均衡、同类型的内容作品过于集中等问题。应该在策划制作之初就找准自身定位、明确受众群体，不应该盲目追随市场热度进行产品生产。盲目追求热点风险较大，一方面，在既有市场领域被对方先声夺人，处于劣势地位；另一方面，市场风向一旦转变，就会成为市场的弃儿。因此，视听行业的发展应该更好地找准市场切口，更加注重垂直领域的产品细分，更好地了解不同人群的口味和需求，实现精准制作、准确营销，更加准确地把握市场的风向，从盲目追随市场向引领市场风向转变。要做到这一点，就需要全行业有专业水平较高的市场和受众研究机构，企业依托此类机构进行生产、投放和营销。大的网络视听机构也可以在企业内部建立市场与受众咨询的相关部门，持续收集市场研究数据，为企业决策服务。

当下中国网络视听市场呈现百花齐放的景象，受众可以接触到各种类型的内容产品。但受众对不同类型的产品有着不同的偏好，这是内容生产决策者在制定拍摄计划时应该着重考虑的。根据调研可以发现，就网络剧的类型偏好情况来看，排在受众喜爱的网络剧类型前三位的分别是爱情剧、热门小

说改编剧和穿越剧（见图9）。因性别的差异，观剧喜好也出现了差异。对于女性群体而言，她们更偏爱青春偶像剧、爱情剧、穿越剧；而男性群体更倾向于选择科幻剧、军事励志剧、搞笑喜剧、惊悚悬疑剧。从年龄段来看，年龄在18岁以下的观众更偏爱搞笑喜剧；18～25岁的观众更偏爱爱情剧和奇幻剧；26～30岁的观众更偏爱热门小说改编剧和穿越剧；31～40岁的观众更偏爱军事励志剧和悬疑罪案剧；41岁及以上的观众更偏爱搞笑喜剧（见图10）。这要求网络视听产品制作方综合考量内容产品定位，更好地判断受众喜好，从而实现精准营销和投放，以较低的成本获得较高的回报。

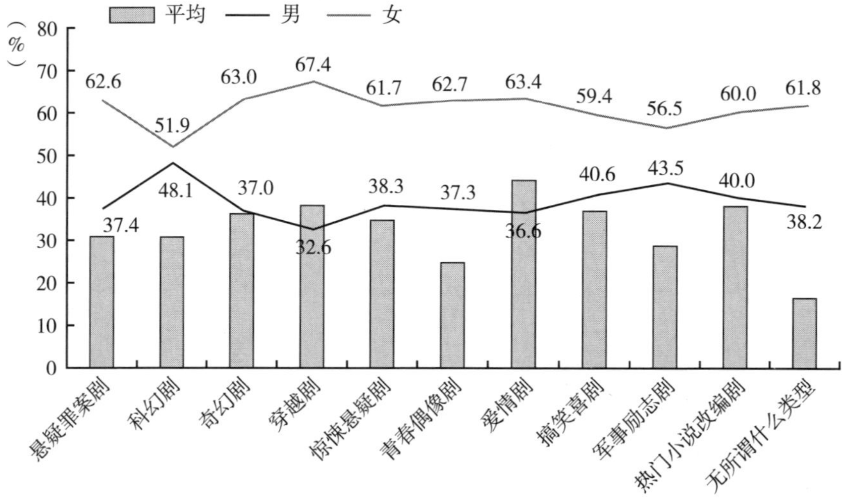

图9　不同性别网络剧受众的类型偏好情况

资料来源：陈鹏主编《中国互联网视听行业发展报告（2018）》，社会科学文献出版社，2018，第67页。

网络视听产品应该努力避免陷入同质化竞争的怪圈，应注重对垂直领域不同题材的挖掘，找到更好的市场出路，这种探索应该基于市场调研和影视风控的前提展开。在“头部”产品更加容易商业化的情况下，网络视听产品应该探索差异化的热门题材。以目前国内短视频行业发展为例，娱乐节目、生活资讯类节目、少儿节目、游戏节目竞争激烈，但是时尚美妆类节目、母婴节目、运动健康节目、文艺评论类节目和财经节目较少，存在很大

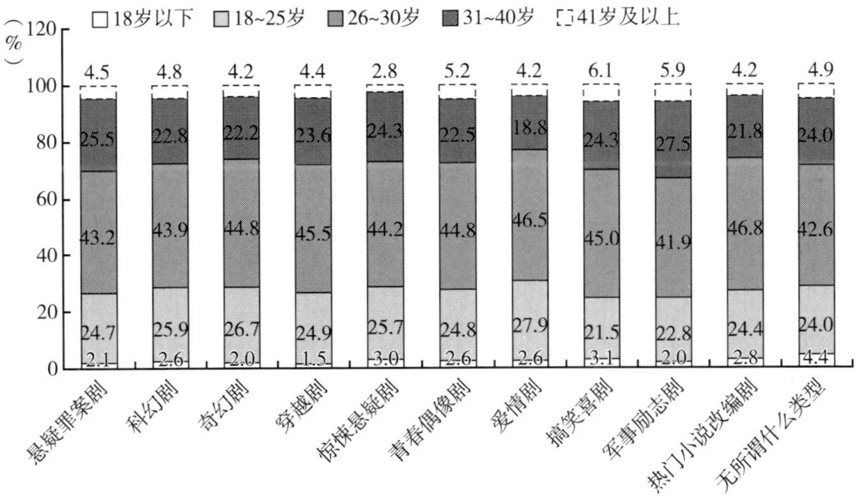

图 10　不同年龄段网络剧受众的类型偏好情况

资料来源：陈鹏主编《中国互联网视听行业发展报告（2018）》，社会科学文献出版社，2018，第 67 页。

的发展空间，而且可以很好地进行产业链的延伸，实现节目内容的流量聚合和产品的线下变现。垂直细分视听内容的爆发是未来的必然发展方向，网络视听媒体在进行决策的时候应该把眼光放得更加长远，而不要只局限在个别市场热点之上。

（三）更加注重视听产品的全产业链延伸和开发

2017 年中国视听领域的产业整合进一步发展，但仍然存在产业链条不完善、整合力度不足等问题。视频网站、制作公司都应该有产业链经营的意识，注重产业分工，注重产品的上游培育和发掘，强调下游的内容衍生创造。如果是全产业链的企业，不应该局限在某个制作环节，而应该有全局意识，试图在某个节点实现横向扩张和产业衍生。而对于一些中小网络视听机构，则可以专注于产业链上的某个环节，提高专业化水平。即便如此，也应该在全产业链视野下审视某个产业环节，做好与其他环节的“接口”，实现多元开发的市场产品弹性。现有的大型网络视听媒体组织已经完成了从单一的媒体播出平台到制播一体化平台的转型，在此基础上，还应该积极开拓关联产业，比如动漫、体育、文学、音乐、游戏等泛娱乐产业，注重内容产品的平台化和系列化开发与投放。当某一种产品成为现象级之后，应该积极地推进相关行业领域的横向和纵向开发。纵向开发主要是指对这一视听产品的后续产品进行开发，对 IP 进行持续挖掘。横向开发指的是从单一媒体形态向多元产品形态的扩张，比如在《三生三世·十里桃花》大火之后，相关企业开发了系列网游、大电影等衍生产品。横向开发的立足点在于产品本身的深度和张力足够，这样才可以支撑不同环节的衍生价值。

网络视听内容产品要更加注重对衍生内容 IP 价值的培育，不能够单纯地依靠寻找 IP 资源这一种模式。网络视听内容产品现有的一大问题就在于不能很好地开发已有的 IP 资源，产业开发体系尚不成熟，很多优质的现象级 IP 产品后续作用力不足。视听产品市场上的 IP 资源终究有限，已有的开发不完善，足够优秀的 IP 找不到，形成了两难的困境。在今后的发展中应该更加注意全产业链的价值流转与价值衍生，对现有 IP 进行更好的开发利用，实现最大限度的价值变现。好莱坞的系列电影模式、综艺娱乐节目的“综 N 代”模式等已经成为很好的范例，网络视听内容在这方面有很大的运作空间。当然，我们也绝不能局限在寻找 IP、开发 IP 这一条道路上，还必须从原创内容出发，形成良性激励机制，创造新产品、新价值，不断地培育视听产品创造、创新的能力，这才是长效发展之路。有了好的 IP 或原创内容，匹配适合的创作团队和必要的资源进行精耕细作是网络视听内容价值升级的核心，匹配不当会造成极为严重的资源浪费。比如《鬼吹灯》系列 IP 本身有很大知名度，但后续部分剧集开发不够，使得产业链断层、掉线，浪费了优质 IP 资源的部分价值，这也是值得行业深思的。

四 结语

随着中国视听市场的扩大，中国视听新媒体内容的创新在不断进行中，这是中国视听行业积极探索、蓬勃发展的表现。但是与此同时，我们需要注意的是规避发展陷阱，警惕虚假繁荣，更好地实现中国网络视听行业的规范化、专业化、体系化和持续化发展。大量资金、人才以及制作公司涌入视听新媒体市场，各大视频网站和上市公司积极寻求优质视听资源，试图在视听媒体市场占领先机，越是在这样的背景下，越需要专业化的风控体系和市场研究来把脉市场，为高速发展的行业保驾护航，目前亟须加强这方面的建设。中国网络视听市场经历了几十年的高速发展，如今一大批网络视听媒体机构强势崛起，使得市场竞争更加激烈，产业的进入门槛不断提高。但机遇与挑战并存，一些企业也在寻找新的突破口，整合优势资源，实现优势互补，为实现新的崛起创造条件。内容产业长盛不衰的关键点就在于可持续的内容创新能力、不断优化的产业结构、更新迭代的发展模式，应坚持在这样的道路上改革创新，不断做大“蛋糕”、拓展市场空间、创造受众更加美好的生活。

B.6 2017年中国电视剧网络传播大数据特征与趋势

崔燕振　陈　洲　杨丹华*

摘　要： 十九大以来，如何准确把握广大人民群众对广播影视的新需求、解决广播影视发展中存在的不平衡不充分问题成为当前广播影视工作的重中之重。随着我国电视剧①和网剧②的快速发展，正确认知我国电视剧与网剧的网络传播影响力新态势，对于进一步提升电视剧竞争力，建立并维护电视剧行业良好的市场秩序意义重大。

关键词： 媒体融合　跨屏　创新　电视剧　网剧

作为最受我国居民喜爱的节目类型，电视剧永不过时。

电视剧是国人平凡生活的缩影，是一个民族性情的展示，是一个个小社会的缩影。美兰德 2017 年 7 ~8 月调查数据显示，我国网络视频用户中喜爱观看电视剧的用户占比达到 60.3%，反映出中国网络视频用户对电视剧具有超高的热情。

---

* 崔燕振，北京美兰德媒体传播策略咨询有限公司董事总经理；陈洲，北京美兰德媒体传播策略咨询有限公司总经理助理兼研究部总监；杨丹华，北京美兰德媒体传播策略咨询有限公司研究经理。

① 电视剧：指以电视媒体首播或者以电视台播出为主，分销网络播出版权的剧目。

② 网剧：指随着视频网站的崛起，以网络为首要播出渠道的剧目。包含网络自制剧（由网络公司出品投资或参与制作的剧目）、网络引进剧（网络自由引进的境外剧目）、网络反向输出剧（在网络渠道播出后，又在电视媒体上播出的剧目）。

2018年第一季度，全网电视剧流量达1912.6亿次，低于2017年同期表现（1989.7亿次）。在市场、政策等因素影响下，2018年第一季度中古装大剧缺席，都市情感剧与年代谍战剧轮番登场，台网共赢的现象级爆款电视剧尚未出现。具体来看，2018年第一季度在播电视剧点击总量为1170.1亿次，低于2017年同期表现（1460.2亿次），但仍贡献了全网唯一一部点击量破百亿的剧目《恋爱先生》；2018年第一季度网剧引流能力相对在播电视剧依然较弱，但其贡献的463.0亿次点击总量相对于2017年同期表现（263.9亿次）来说增长稳健。

站在2018年回望2017年的中国电视剧市场，更能感受到中国电视剧的迅猛发展。2017年全网视频点击总量高达12170.6亿次，其中电视剧类视频点击总量为8167.4亿次，占比达到67.1%，连续多年成为全网视频点击量最大的内容品类。电视剧类视频之所以具有强大的引流能力，一方面，在于电视台积极推进媒体融合发展，适应信息技术和媒体变革趋势，加快媒体改革创新，提升传播力、引导力、影响力、公信力；另一方面，各大商业视频网站不断整合资源，从人才、分红、用户等方面入手，吸引了专业制作团队、大量资本、优秀演员等进入网剧市场，网剧质量得到不断提升。

当下，受众在电视和网络上的观剧习惯均具有不容忽视的价值，台网受众存在一定程度的交叉和重叠。有鉴于此，电视台自2017年以来越发重视在年轻市场上持续发力，排播年轻演员的作品或新鲜题材的作品，推动受众结构年轻化；视频网站则加大在版权上的投入，争夺热门版权剧，同时专注自制剧制作，积极打造具有高口碑、高品质的超级网剧。整体来看，台网双方需通力协作打造高品质剧目，发挥跨平台传播的优势，这样才能充分满足受众需求，从而实现优质剧目价值最大化，达到优势互补、合作共赢的效果。在视频平台与电视媒体两股力量竞争、合作的大背景下，中国电视剧产业已经踏上了融合发展的新征程。

一　2017年中国电视剧网络影响力整体特征

综观2017年中国电视剧市场表现可见：受众跨屏观看视频的行为日益

普遍，带动媒体融合继续深化；电视剧题材丰富，尤其是现实主义风格电视剧颇有亮点；卫视周播剧场持续发力，季播剧热度不减；社交媒体凭借互动性强、分享便捷等特点备受瞩目，成为热门大剧营销必备；原创高质量好剧不断涌现，IP 剧发展趋于理智。湖南卫视大剧运作实力不容置疑，多个独播剧目名列前茅；东方卫视、浙江卫视、江苏卫视、北京卫视等电视台播出的多部联播剧亦颇具吸引力。随着多方资源流入网剧市场，网剧质量不断提升，推动视频网站付费会员规模扩大。网剧进入平稳发展期，优质作品不断赢得认可。

如图 1 所示，在美兰德 2017 年电视剧网络传播影响力综合得分 TOP30 中，上榜电视首播剧 24 部，低于 2016 年的 27 部及 2015 年的 28 部；上榜网剧 3 部，高于 2016 年的 1 部及 2015 年的 1 部；先网后台播出的剧有 3 部，高于 2016 年的 1 部及 2015 年的 1 部。海外引进剧数量则受政策影响急速收缩，2017 年无引进剧上榜。

就 2017 年涌现的优秀电视剧来看，其普遍具备品质上乘、关注现实生活的特点，不但能够引发观看狂潮，更能在社交媒体中形成刷屏之势。而借助社交媒体对内容进行宣推、互动等一系列做法，更是在剧目的网络影响力传播方面发挥了不容忽视的作用。

（一）受众跨屏观看行为日益普遍，电视剧跨屏传播成为共识

随着内容分发渠道增多，内容跨屏传播成为一种新常态。互联网环境下新的用户行为习惯改变着传统电视剧的市场格局，也重塑了电视剧的基本传播形态。如图 2 所示，2017 年，受众在晚间黄金时段对电视的平均接触率高达 71.0%，远超其他媒体；在 10：00～22：00 时段对移动终端的接触率均超过 24.0%，具有持续性的传播价值与营销优势。全国电视人口移动终端接触率连续 4 年稳步上升，表现出渗透并影响我国居民日常生活的巨大潜力。以“跨屏”为纽带，利用电视屏与网络屏的互补性，展开多元化内容传播及品牌营销，将是电视剧市场发展的重要趋势之一。

排名	类别	剧名	网络影响力综合得分	首播平台
1	电视首播	楚乔传	90.3	湖南卫视
2	电视首播	人民的名义	89.4	湖南卫视
3	电视首播	三生三世·十里桃花	88.9	东方卫视；浙江卫视
4	电视首播	择天记	79.3	湖南卫视
5	电视首播	我们的少年时代	78.2	湖南卫视
6	电视首播	欢乐颂2	77.1	东方卫视；浙江卫视
7	电视首播	我的前半生	74.0	东方卫视；北京卫视
8	电视首播	孤芳不自赏	73.0	湖南卫视
9	电视首播	那年花开月正圆	71.4	东方卫视；江苏卫视
10	电视首播	猎场	66.6	湖南卫视
11	电视首播	醉玲珑	64.9	东方卫视
12	电视首播	思美人	61.8	湖南卫视
13	电视首播	夏至未至	61.1	湖南卫视
14	先网后台	军师联盟	60.0	江苏卫视；安徽卫视；优酷
15	电视首播	大唐荣耀	58.3	北京卫视；安徽卫视
16	先网后台	春风十里不如你	55.1	山东卫视；优酷
17	网络首播	九州·海上牧云记	54.8	爱奇艺；腾讯视频；优酷
18	网络首播	白夜追凶	54.8	优酷
19	电视首播	漂亮的李慧珍	54.7	湖南卫视
20	电视首播	外科风云	54.2	北京卫视；浙江卫视
21	电视首播	射雕英雄传	53.9	东方卫视
22	电视首播	因为遇见你	51.3	湖南卫视
23	电视首播	急诊科医生	49.7	东方卫视；北京卫视
24	网络首播	热血长安	49.5	优酷
25	电视首播	白鹿原	49.2	安徽卫视；江苏卫视
26	电视首播	求婚大作战	48.1	东方卫视
27	电视首播	深夜食堂	47.5	北京卫视；浙江卫视
28	电视首播	守护丽人	47.4	深圳卫视；东方卫视
29	电视首播	人间至味是清欢	46.4	湖南卫视
30	先网后台	秦时丽人明月心	45.7	浙江卫视；优酷

图1　2017年电视剧网络影响力综合得分TOP30

资料来源：美兰德·视频网络传播监测与研究数据库。

从2017年热播电视剧来看，其均在电视端、移动端上拥有极强的传播能力。近代传奇女性励志大剧《那年花开月正圆》凭借精心打磨的原创剧本和扎实的演员演技，卫视联播收视率持续走高，腾讯视频独播点击量破百亿，引发全民热议。而《三生三世·十里桃花》《人民的名义》等则以其精良制作和实力主创团队为基础，在卫视联播及多家网络平台播出后覆盖人群广泛，成为高口碑、高收视和高播放量的“三高”爆款。电视剧跨屏联动传播有助于实现多屏用户互补、地域互补、传播周期互补，对充分挖掘电视剧传播优势和商业价值意义重大。

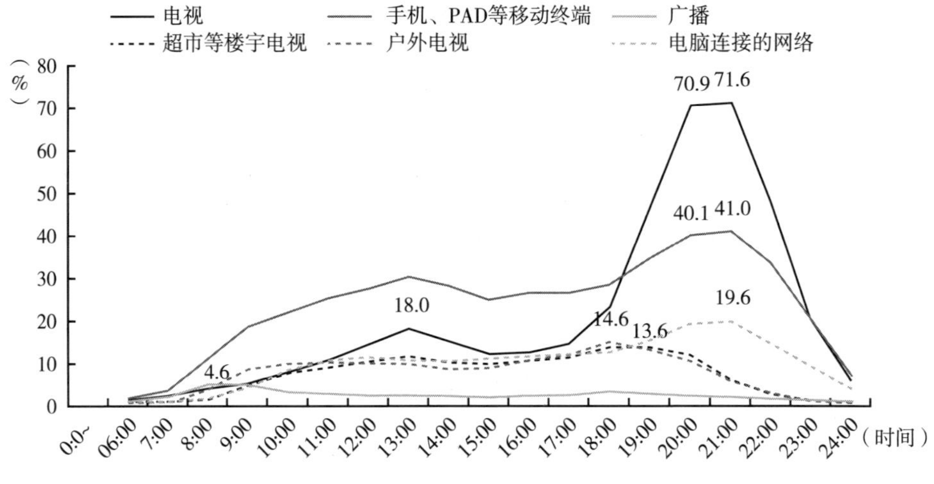

图2　2017年全国电视人口接触主要媒体的时间段分布

资料来源：美兰德·中国电视覆盖与收视状况调查数据库。

（二）剧目题材丰富，现实题材剧颇有亮点

在2017年全网电视剧视频点击量TOP30榜单中，当代都市剧和古装剧均占比40.0%，最受欢迎；偶像言情剧以13.4%的占比排名第三，年代剧和当代反腐剧则分别占3.3%。以传奇、言情、玄幻、宫廷为主要元素的古装剧持续获得受众青睐，具有现实主义风格的剧目亦表现出彩，其通过探讨当下社会婚恋形态、职场两性关系、医患纠纷、正风反腐等现实问题，表现

出对当下中国社会的深刻体察和感知，引发受众的思考和共鸣，从而带来无数社会热点话题。

在近年来良好的反腐舆论环境下，湖南卫视顺应形势推出反腐剧目《人民的名义》，在2017年形成了燃爆荧屏之势。该剧重视打磨品质，演员表演到位，以真实案例为蓝本，直面当下中国政坛的现实及官场生态。剧中张丰毅、吴刚、侯勇等诸多老戏骨的倾情加盟，在保证了该剧演技在线的同时也成为引爆网络话题的重要因素。从2017年3月28日开播至4月28日结束，《人民的名义》以网媒关注度超8万条、微博提及量超120万条、微信公众号刊发量近2万篇、视频点击量超142亿次的成绩彻底燃爆网络，成为近年来不可多得的内容精彩、演技上乘的现象级剧目。

（三）周播剧场持续发展，季播剧热度不减

2017年卫视周播剧数量较2016年有明显增加，其中湖南卫视“青春进行时”周播剧场聚焦年轻受众，推出《择天记》《楚乔传》《浪花一朵朵》等大量精彩剧目，覆盖青春偶像、都市情感、古代传奇、古装玄幻等多种题材；东方卫视主打玄幻、武侠、架空的古装题材，推出《醉玲珑》《射雕英雄传》《琅琊榜之风起长林》等作品；北京卫视和安徽卫视周播剧场共同播出《大唐荣耀》《通天狄仁杰》《琅琊榜之风起长林》《青云志2》四部剧，以“联播”策略增强播出热度；浙江卫视正式开辟中国蓝周播剧场，加入卫视周播剧场战局，其暑期档电视剧《秦时丽人明月心》表现出彩。

2017年多部季播剧先后开播，吸引了各方的诸多关注。分季制播电视剧优势明显，不但有助于培养受众、提升后续剧目的市场价值，还能在保持剧目新鲜度和吸引力的同时使制作资源得到最大化的利用。古装大剧《大军师司马懿之虎啸龙吟》和《琅琊榜之风起长林》均因首部作品积累的好口碑收获了较高的关注度及期待；都市情感大戏《欢乐颂2》作为曾掀起舆论热潮的《欢乐颂》的续作，在2017上半年一经播出便迅速走红。该剧从现实出发打造女性群戏，以当代都市女性的友情、爱情、亲情和理想作为切入点，直击当下都市女性的痛点、笑点、泪点，微博中正面评价占比为45.2%。刘涛、

蒋欣、杨紫、王子文、乔欣所组成的性格、年龄各异的“欢乐颂五美”，完美契合剧中角色的不同气质。该剧的网络传播四项指标均表现抢眼，仅在2017年1月1日至6月20日，网媒关注度就达44866条、微博提及量达398.2万条、微信公众号刊发量达33010篇、视频点击量达176.9亿次。

（四）原创高质量好剧不断涌现，IP剧发展趋于理智

相较于2016年，2017年的IP剧市场趋于理智，更注重品质。在2017年全网电视剧视频点击量TOP30榜单中，上榜的IP改编剧共17部且流量合计占比近70%。古装剧《楚乔传》改编自潇湘冬儿的《11处特工皇妃》，剧目整体制作精良、演员表演到位，获得强烈反响，截至2017年12月31日收获近400亿次点击量；《择天记》根据猫腻同名小说改编，画风唯美清新，并传递了平等、自信、奋斗和向上的价值观，亦引发社会热议；《大秦帝国之崛起》拒绝戏说、尊史重实，严谨地还原史实并观照当下，获得网民高度认可。

与此同时，2017年也涌现了一批高质量的原创剧。其中《那年花开月正圆》《外科风云》《猎场》等剧以强内容、强演员和强制作，夺得不俗的点击量和好口碑；《因为遇见你》以刺绣为主题，在时尚的青春剧中加入厚重的文化底蕴，成功打造出原创国粹精品；网剧《热血长安》《白夜追凶》等虽无大IP的加持，但剧情紧凑、质感十足。

以2017年CCTV-1播出的历史题材剧《大秦帝国之崛起》为例，该剧避开了历史正剧宏大叙事的惯性，更加注重历史事实和制作品质，创新进入B站及豆瓣等垂直渠道，赢得众多年轻网友的喜爱。该剧播出期间，吸引大量“80后”“90后”通过弹幕留言创造话题进行互动。诸多网友对剧目的自发传播不仅带动了该剧迅速走红，也在一定程度上改变了网民对“正剧太正”的刻板印象。

（五）多方资源流入带动网剧质量再度提升，台网合作共赢仍需探索

随着网剧市场开始实现由数量到质量的转变，网剧在投资、制作、营销

和发行等多个环节创新升级，审核监管的标准持续提升，优秀网剧开始涌现。2017 年《热血长安》《春风十里不如你》《双世宠妃》三部网剧成功跻身全网电视剧视频点击量 TOP30 榜单。越来越多的优秀导演、编剧、演员和制作团队进入网剧市场，如知名电影人韩三平、唐季礼，知名电影机构工夫影业以及天池表演工坊等，均积极为制作高水平的网剧提供助力。未来 IP、网剧、动漫、游戏等多方联动发力，将成为助推影视内容价值最大化的重要运作模式。

2017 年，网剧频频由网络端向电视台进行反向输出，如优酷首播的《春风十里不如你》、爱奇艺首播的《云巅之上》、腾讯视频首播的《狐狸的夏天》和《警察锅哥》分别在山东卫视、深圳卫视、四川卫视和安徽卫视播出。2017 年底，爱奇艺首播的《你好，旧时光》也出现在四川卫视 2018 年备播剧中，并得到台网联合宣传。尽管“先网后台”甚至“只网不台”或被认为是视频网站的胜利，但传统电视媒体依然是目前受众覆盖面最广的媒体，其竞争潜力仍在。视频网站只有在联合优质内容并积极携手电视媒体跨屏传播的基础上，才能使剧目具有更强的引爆能力。

二 2017年中国网剧网络影响力状况分析

2017 年我国网剧在数量和质量上都有新突破，多部高品质网剧引起网络热议，斩获好评。整体来看，一方面，依托 BAT 资源优势，优酷、腾讯视频、爱奇艺不但拥有大量优质网剧，还采取热剧会员抢先看、会员独享模式等策略发展付费会员，使得网剧市场竞争激烈；另一方面，视频网站重视网剧质量提升，创新、完善平台方和内容方的合作模式、分成制度，从而形成以内容创作为核心的利益共同体，为用户提供了更多观剧选择。与此同时，各视频平台亦意识到 IP 剧系列化开发的重要性，开始酝酿系列网剧的“品牌效应”。2017 年网络自制剧网络影响力综合得分 Top10 如图 3 所示。

各大视频网站在创新商业盈利模式的道路上，均积极发展付费会员业务。美兰德咨询统计数据显示，未来半年有意向为视频网站会员/影视资源点播付费的用户比例由 2016 年的 41.5% 提高到 2017 年的 47.8%。网络视频用户付费意愿的提升除了得益于多类型优质视频内容的持续增多，也得益于视频网站所属生态体系引发的协同效应（如阿里电商的活跃买家为优酷发展视频业务会员提供了流量入口），还得益于采用“全明星代言”方式吸引粉丝的可持续策略（如爱奇艺先后邀请陈伟霆、赵丽颖、林更新和吴亦凡加入爱奇艺明星事业部，担任 VIP 会员代言人）。

排名	剧名	得分	视频点击量（亿次）	网媒关注度（条）	微博提及量（万条）	微信公众号刊发量（篇）	播出平台
1	春风十里不如你	55.06	52.4	26550	148.1	8342	优酷
2	九州・海上牧云记	54.76	73.0	21658	31.5	9225	爱奇艺；腾讯视频；优酷
3	白夜追凶	54.75	40.7	32301	19.5	8400	优酷
4	热血长安	49.46	86.6	5193	92.5	2003	优酷
5	鬼吹灯之精绝古城	45.02	35.2	16224	12.0	8682	腾讯视频
6	双世宠妃	42.38	41.4	9101	83.6	3059	腾讯视频
7	将军在上	42.13	42.9	8037	95.5	2191	优酷
8	河神	41.7	23.8	15068	27.6	5356	爱奇艺
9	天泪传奇之凤凰无双	40.27	59.3	2348	4.6	392	爱奇艺
10	致我们单纯的小美好	36.3	26.0	6801	101.3	2729	腾讯视频

图 3　2017 年网络自制剧网络影响力综合得分 TOP10

资料来源：美兰德・视频网络传播监测与研究数据库。

（一）优酷、腾讯视频处于领先地位，网剧流量居高不下

2017 年全网网剧视频点击总量高达 1277.2 亿次，相比 2016 年同期表现（402.0 亿次）增长迅猛。分播出平台来看，优酷表现最佳，以 478.9 亿次网剧视频点击总量成为最吸睛的网剧播放平台。腾讯视频紧随其后以 422.0 亿次网剧视频点击总量位列第二。两者在 2017 年全网网剧视频点击总量中的占比分别为 37.5%、33.0%，累计占比超 70%。爱奇艺紧随其后，

收获 266.6 亿次视频点击量。

从 2017 年网剧视频点击量 TOP20 上榜剧目看，优酷独播网剧颇具竞争优势，共有 6 部独播网剧上榜，视频点击总量达到 274.2 亿次，在网剧 TOP20 视频点击总量中的占比为 37.7%。腾讯视频和爱奇艺分别有 8 部和 3 部独播网剧上榜，在网剧 TOP20 视频点击总量中的占比分别为 31.0% 和 14.1%。

2017 年各大视频网站在运营定位和策略上各有侧重，涌现一系列高品质网剧。优酷主打“3 + X”剧集策略，聚焦欢乐喜剧、热血青春剧、纯美绝恋剧三大类型剧，重点打磨《春风十里不如你》《白夜追凶》等超级剧。在获得阿里影业、阿里文学等阿里大文娱资源大力支持的基础上，优酷继续深化“文娱 + 电商”的生态融合模式，从剧目的单一播出升级到剧目“全链路营销”；腾讯视频 2017 年加大了对自制剧的投入，围绕 IP 与影视制作公司打造多部精品自制剧，将企鹅影视和腾讯游戏、小说、动漫等组合在一起全方位布局影游联动；爱奇艺继续倡导精品化、现象级内容理念，打造对标美剧的超级网剧，在自制剧方面更注重“故事性”，并启动“海豚计划”、“幼虎计划”和“天鹅计划”，注重对导演、编剧、制片人等影视核心人才的发掘培养，助推网剧向电影工业化水准靠近。

（二）题材多元丰富，满足网生代不同观赏偏好

与电视平台相比，网剧题材涉猎更加广泛多元，有利于满足不同受众的兴趣。在 2017 年网剧视频点击量 TOP20 榜单中，古装剧占 45.0%，位列第一，偶像言情剧占 25.0%，排名第二，现代传奇剧占 10.0%，跻身第三位，而近代传奇剧、当代悬疑剧、当代农村剧、涉案犯罪剧也均有 5.0% 的占比。细分来看，网剧各题材持续创新、勇于突破。就古装网剧而言，多元素混搭较受欢迎，为网剧增加了卖点和吸引力。例如，点击量居高不下的《热血长安》虽是古装探案题材，但融合了喜剧、偶像、科幻等年轻人喜爱的元素；VIP 付费观看的《双世宠妃》融合了甜宠、穿越、玄幻、喜剧、宫

廷等多个元素，获得了较高的关注度。

作为最受欢迎的网剧题材，古装网剧制作精良、网感十足，竞争力不断提升。《九州·海上牧云记》斥资4亿元，由著名导演曹盾执导，强大主演阵容和超百人特效团队成果显著；《热血长安》历时3年、投资近亿元，通过大手笔视效再现初唐盛世；《颤抖吧阿部》将古装和科幻题材相结合，融合穿越、外星人、萌宠元素；《双世宠妃》由“七小福”之一的香港导演元德执导，凭借鲜明的“甜宠”风格成为2017暑期档网剧黑马。随着超强制作班底和资源支持将古装网剧的画面美感提升到新高度，拥有高水准镜头语言、服装设计、后期特效和演员演技的古装网剧的网络传播效果将不断增强。

（三）好故事、好制作、好演技作用突出，高品质网剧表现出色

2017年涌现多部“叫好又卖座”的作品，网剧在口碑上迎来“大爆发”。在网剧视频点击量TOP10榜单中，有7部作品的微博正面评价占比均超80%。

具体来看，这些高品质剧目在内容打磨、制作、演员选择方面均表现突出。在撰写原创剧本或改编IP方面，故事架构完成度高，剧情走向吸引力强，形成的好故事为网剧制作提供了前提和基础。如《白夜追凶》的编剧出身法学世家，所写剧本既专业又贴近现实。在制作方面，利用大资本、大制作为网剧的精品化提供坚实保障，吸引优秀导演和摄制团队涌入网剧市场，甚至在配乐、摄像、剪辑、服装、美术等方面也有大师加盟。如《春风十里不如你》就会聚了青年导演马进、编剧周涌、音乐人窦鹏和李健等组成强大的幕后班底。在演员方面，选择演技过关的演员是赢得网剧好口碑的一大关键，如《白夜追凶》的主演潘粤明、《河神》的主演新生代演员李现的演技均成为网民津津乐道的话题。

（四）优质网剧热衷推出续集，逐步酝酿品牌效应

2017年《乡村爱情9》《狐狸的夏天2》《使徒行者2》《无心法师2》

等多部系列网剧开播后持续获得网民较高的关注和良好的网络传播效果。有鉴于此，各大视频网站进一步意识到强IP系列化开发的重要性，开始对获得市场高度认可的网剧进行系列化开发，注重将“一次性播出完结”转化为“持续性品牌效应”，以季播模式延续其热度，从而实现网剧价值最大化。2018年有多部网剧已经启动或拍摄完成续集：夺得2017年网剧视频点击量榜首的《热血长安》将与已完成拍摄的《热血书院》等形成“热血系列”；火爆暑期档的《双世宠妃》将延续原班人马带来续篇；创造了高口碑、高播放量的《白夜追凶》公开宣布会有续作推出；凭借第一部和第二部积累了庞大粉丝群的《恶魔少爷别吻我》（第三部）已经杀青。

（五）拓展视频网站的渠道价值，多网站联播、晚间黄金档编播提升网剧热度

在2017年网剧视频点击量TOP20榜单中，有3部作品选择了双平台甚至多网站联播，均有不俗的表现。多网站联合播出网剧的编排方式有助于发挥各网站的独特优势，起到拓展网站渠道价值、扩大网剧受众覆盖面的积极效果。随着网剧从独播走向联播的成功案例逐渐增多，多网站联播将成为未来网剧热度快速提升的常规选择。

《九州·海上牧云记》在优酷、腾讯视频和爱奇艺三大平台联合播出，开播4小时全网点击量即破亿。《亲爱的王子大人》作为搜狐视频《亲爱的，公主病》的续作，其目标人群与芒果TV平台用户属性高度契合。因此搜狐视频和芒果TV联播该剧，又搭配主演弹幕互动、直播推广、校园推广活动等“花式营销”助攻引流，最终成就了该剧点击量、口碑双丰收。

2017年播出的网络剧中，超过50部网剧选择在20点更新。而在网剧视频点击量TOP10榜单中，有60%的上榜剧目选择在20点的黄金时段播出。由此可见，在20点黄金时段更新网剧吸睛效果显著。具体来看，2017年腾讯视频独播网剧中有超20部于20点更新，爱奇艺独播网剧中则有超10部选择了在晚间黄金时段进行更新。

三　2018年中国电视剧网络传播发展趋势展望

随着2018年各大卫视、视频网站的备播剧目及编排策略相继公布，热门IP剧、优质原创剧、周播剧、现实题材剧等亮点纷呈、看点多多。实力明星阵容与高水准制作团队的强强联合自带吸睛效果，未播先火。

年轻受众依然是主要的收看群体。在台网融合进一步深化的背景下，电视台与视频网站积极在内容制作、宣传推广等领域协同合作，双方优势互补，致力于实现优质内容价值最大化。

（一）迎接“两会”、改革开放40周年等重大宣传节点，主旋律电视剧彰显中国文化自信

主旋律电视剧往往坚持以人民为中心的创作导向，聆听时代的声音。2018年是改革开放40周年，正午阳光出品的《大江大河》反映中国改革开放40年的历史进程，是献礼改革开放40周年的重要剧作；2018年最高人民检察院推出又一反腐力作《拼图》；公安部门联合《重案六组》创作团队与腾讯影业打造反电信诈骗题材剧《天下无诈》……综合来看，2018年主旋律电视剧更加贴近现实，主打悬念迭起的内容，而官方机构加盟的作品更能激发受众的观看兴趣，或将涌现一批高口碑、高收视率、高话题度的热门好剧。

（二）台网融合优势互补，大剧跨屏传播正当时

虽然视频网站的崛起对电视台造成一定冲击，但电视平台具备的强大传播聚合力和影响力，非视频平台短期内可比拟。只有重视台网融合实现强强联合，达到优势互补的效果，才能成功打造真正的全民爆款剧目。

一部好剧的成功往往得益于优质的内容创作，但也离不开平台赋能和跨屏宣推。2018年，多部由“优质制作团队+小说IP+视频网站+强势电视媒体”打造的剧目备受瞩目，其中柠萌影业联手腾讯视频制作的古装大剧《扶摇》改编自天下归元的热门小说《扶摇皇后》，将于浙江卫视独播；芒

果 TV 与捷成世纪联合制作的《火王之破晓之战》改编自游素兰的漫画《火王》，将于湖南卫视钻石独播剧场播出……台网强强联合的大剧或将激发网民的浓厚兴趣，有助于形成刷屏之势。

（三）内容创新和宣推创新成为驱动电视剧繁荣发展的主要动力

在影视作品数量众多且注意力资源高度稀缺的当下，一部爆款电视剧的诞生，往往是内容品质与宣推策略双重创新的结果。只关注电视剧内容品质优势而忽视宣推价值，或者只依赖宣推效果而不重视剧目品质的做法都难以真正推动电视剧繁荣。

要想在海量影视作品中脱颖而出，电视剧需要在题材选择、内容设置、播出形式等方面不断求新、求变，通过差异化优质内容的提供，提升用户黏性，打造品牌差异化战略，用人设创新、叙事创新等新形式做出新表达。与此同时，电视剧还需要根据网民信息接触特点，在网络宣传推广方面努力弥合内容、入口的割裂，整合“内容”与“入口”，建立生态型、矩阵式传播渠道组合。刷屏表情包、主演微博互动、微信自媒体发剧评等做法均具有较好的效果。只有重视台网融合，实现强强联合，达到优势互补的效果，才能成功打造真正的全民爆款剧集。

（四）原创剧与 IP 改编剧共同发展，现实题材剧目竞争激烈

在 2018 年 9 家卫视公布的备播剧目中，61.8% 的剧目为原创剧，38.2% 的剧目为 IP 改编剧。原创与 IP 改编剧共同发展，助推我国电视剧市场的多元繁荣。其中《远大前程》《天衣无缝》《中国式合伙人》《蚀日风暴》《归还世界给你》等都是根据原创剧本制作的作品，备受期待；《知否知否应是绿肥红瘦》《一路繁花相送》《大明皇妃》等热门 IP 剧则吸引影视公司和视频网站竞相争抢。

与此同时，湖南卫视、浙江卫视、北京卫视、安徽卫视等电视台同样看重现实原创题材剧目，加大了该类题材电视剧排播数目。如东方卫视已公布的 2018 年播出剧集中有近半为现实题材电视剧，其中包括《一路繁花相送》《恋爱

先生》《美好生活》等讲述都市群体情感生活的现实剧目，以及《橙红年代》《破冰者》《拼图》这类涉及刑侦、反腐的主旋律电视剧，还有《创业时代》《大江大河》这种反映互联网创业以及大时代浪潮中小人物成长历程的剧目。

四　2018年中国电视剧多屏传播优化策略

整体来看，2018 年我国电视剧市场竞争激烈，各大卫视和视频网站纷纷加大宣推力度，精心排播剧目资源。社交媒体的繁荣发展，人类的交往方式、传播形态发生巨大变化，也对优质电视剧的宣传推广提出了更高的要求。充分利用自身丰富的媒体资源优势培养高品质独家 IP 剧、电视媒体与商业视频网站合作优势互补、打造电视剧社交媒体传播优势进行跨平台创新合作等均成为电视剧市场竞争的重点。

（一）关注受众新变化，不断释放受众新价值

当前主流网络受众群体已经逐渐转变为“90 后”“95 后”“00 后”，这类人群追求自我、特立独行，热衷与兴趣相投的人交往，喜爱新鲜、流行、有趣的互动沟通方式，是成长中的“互联网原住民”。相较于大众文化，这类人群更青睐垂直细分的二次元文化或圈层文化等，且愿意为之付费。而借力大数据实现精准用户画像，及时洞察受众新变化，对传统电视剧编播思路进行调整，将成为深度挖掘电视剧受众价值的重要举措。

随着中国特色社会主义进入新时代，用户对电视剧的需求也在升级。电视剧播出平台应时刻跟进受众新需求，科学选取、播出受众喜爱的剧目内容、剧目题材；积极发掘受众喜爱的剧目传播爆点，引导网友讨论关注；发挥电视剧网络传播的议程设置功能，引发受众思考，促进我国社会主义核心价值观建设，提升播剧平台的商业价值。

（二）重视社交媒体宣传推广，打造热剧宣传推广品牌

伴随着社交媒体的发展，“社交”的理念越来越普及。当前微信、微

博、豆瓣、知乎、B 站、直播 App、秒拍等发展火热，共同打造出复杂的社交传播体系。社交媒体的发展开始逐渐改变人类的交往方式和传播生态。

在此大背景下，电视剧播出平台也要重视社交媒体手段的应用，针对不同社交媒体的特点，采用多样的传播形式、传播策略，快速打造电视剧播出平台网络传播品牌。比如在短视频平台投放剧场花絮、剧目拍摄纪录片视频等，激发网友的观看兴趣；在微博平台定期发文、发视频进行宣传推广，注重与网友的良性互动；也可根据剧情主动发起微博话题，引发网友讨论，扩大传播范围。

（三）整合电视剧播出平台各方资源，培养独家、优质、高价值 IP 剧

以影视剧为起点的 IP 孵化与开发，往往能够带动与之相关的动漫、小说、网络游戏，甚至是版权授权、文化地产、周边衍生产品等多种形态的产品增值。而通过培养独家、优质的 IP 剧集，可实现 IP 资源运作价值最大化，有利于增强播出平台的用户黏度，提升平台价值。

电视剧播出平台可尝试整合自身资源，主动创作拥有独家版权的优质 IP 剧，对文学、动漫为主的上游 IP 孵化层，电影、电视剧主导的中游 IP 运营层，游戏、衍生品为主的下游 IP 变现层持续发力，各个层面联合创造高水准的 IP 价值。在这一过程中，应特别注意对 IP 的选择，在 IP 制作过程中予以监督，从而确保 IP 剧的播出不会对平台造成声誉伤害，进而打造出一系列优质的 IP 剧目。

在实现 IP 剧价值最大化问题上，季播剧或将是一种重要的推动形式。一方面，分季制作电视剧在经典美剧、英剧甚至网剧上较为普遍，具有较高可行性；另一方面，季播剧不但可以全面诠释 IP 的原作细节，积累受众，也可强化受众互动，根据受众的反馈调整电视剧制作思路，以更好地提高目标受众的观看热情与黏性。

（四）电视媒体与商业视频网站创新合作，拓展跨平台优势

在现今媒介融合的大背景下，电视媒体与商业视频网站各具优势。电视

媒体极具穿透圈层的传播价值，拥有庞大的受众群体，掌握顶尖的媒体资源；商业视频网站则资金实力雄厚，囊括一批高品质的剧目资源，熟悉年轻用户的心理，且宣传推广能力很强。电视媒体需要全力挖掘自身优势，展现自我平台强大的传播力与影响力，并合理利用商业视频网站的用户运营经验、策略，发挥跨平台传播的优势，达到两者优势互补、合作共赢的效果，进一步提升电视剧的独家影响力。

2018 年，各大电视台在布局重磅 IP 古装剧的同时积极推出现实主义题材剧，后者所涉及领域更加广泛，细分类型也更加丰富。爱奇艺、腾讯视频和优酷三大视频网站除了抢购电视台大剧的版权外，播剧发力方向也更加清晰，如优酷的“多元化超级剧集”，爱奇艺的“小众文化共振大众娱乐”，腾讯视频的“覆盖头部大剧、构建多元矩阵”。可以看出，在剧目编播上采取兼顾“重磅 IP”与“垂直分众”的策略，已经成为台网内容布局上的一种共识。

随着电视台与视频网站的联动优势不断凸显，电视剧资源的跨屏双向输出将成为新常态，台网既有竞争也有合作，台网互动进一步深化。未来，中国电视剧将继续加大创新力度，坚守品质路线，不断满足人民群众在影视内容方面日益增长的新需求。

B.7
2017年中国数字音乐产业报告

司思　罗蕾*

摘　要： 随着数字流媒体技术的进步升级，中国的数字音乐产业经历了技术的迭代革新、内容的爆发式增长、版权付费的革命和产业的结构性调整。在经历了传统唱片行业不景气的十几年发展历程后，一方面基于中国的庞大数字互联网用户，另一方面基于国家在政策上给予数字音乐版权的保护，2017年以来，中国的数字音乐产业走过了创新、整合、共享、繁荣的一年。本报告以产业数据和产业热点为支撑，梳理过去一年的产业状况，剖析典型的数字音乐平台案例，并展望中国数字音乐产业未来的发展前景和趋势。

关键词： 数字音乐　在线音乐平台　数字版权保护　泛音乐生态圈

音乐产业是文化产业的重要组成门类之一，其主要范畴涵盖传统音像业、音乐演出、数字音乐业等以音乐作品商业化为核心的产业。在文化产业大发展大繁荣的背景下，一方面，音乐产业需要依靠周边关联产业的技术来发展自己，与这些产业相互融合、共同发展；另一方面，音乐产业依托数字技术呈现一个相对独立的也较为完善的产业结构系统。从传统唱片、传统磁

---

* 司思，博士，中国音乐学院艺术管理系副教授，艺术营销与传播教研室主任，牛津大学路透新闻研究所访问研究员；罗蕾，中国传媒大学传媒经济学硕士研究生，研究方向为文化产业管理。

带，到CD、蓝光磁碟，再到数码的MP3等，音乐产业的产品介质几经变迁和发展。音乐产业发展到今天，已经形成了一个以音乐表演业、音乐印刷业、音乐唱片业、数字音乐业四大产业为核心的立体化的、完整的产业系统结构，这为中国音乐产业提供了发展空间和产业基础。

数字音乐，是指以数字化的技术手段进行创作、编辑、存储，通过传统互联网和移动互联网传播的音乐内容形式，发展成为在线音乐和移动音乐两大类。在线音乐指用户从在线音乐平台上获取的以在线演艺为主的数字音乐服务；而移动音乐是指依托手机、平板电脑等移动终端设备，通过移动通信网络进行传播的音乐。其广义定义包含电信增值业务，狭义定义则仅指以移动客户端为载体的涵盖音乐播放器、音乐电台、K歌娱乐等层面的音乐服务①。本报告是基于数字音乐产业的狭义定义（不包含电信增值业务）的产业研究报告。

一　数字音乐产业发展环境分析

（一）国际环境

根据国际唱片业协会（IFPI）每年发布的音乐产业报告，2017年全球录制音乐市场规模增长了8.1%，较2016年5.9%的增幅更大，这也是1997年国际唱片业协会开始跟踪市场以来连续第三年攀升。2017年全球录制音乐总收入为173亿美元。流媒体是拉动增长的主要动力，并且首次成为最大的收入来源，同比增长41.1%，付费订阅流媒体用户数达1.76亿人。其中流媒体收入在录制音乐总收入中的份额高达38.4%②。

根据以上市场数据，可见全球数字音乐市场呈现快速稳步增长的态势。传统的唱片公司经过十几年的市场不景气，在坚守核心业务的同时，适应

① 鲁洋：《2018年中国数字音乐行业分析报告》，上海青亭咨询公司，2017。
② 国际唱片业协会IFPI：《2018全球音乐报告》，IFPI北京办事处，2018。

科技的进步，推动自身的数字化革新，与数字服务商合作，并创建与之适应的基础设施和数字系统。可见，全球音乐市场，是朝着数字化的方向发展的。

（二）行业环境

长期以来，音乐产品由于复刻、转发容易，复制成本低，行业监管不严等原因，侵权现象泛滥，同时音乐产品创作成本高、创作周期长，亟待国家、政府、行业以及全社会的共同版权保护。曾几何时，为了获取用户和抢占市场，各大平台音乐产品同质化现象严重，音乐侵权现象屡见不鲜。针对音乐版权市场的种种问题，国家出台了一系列保障音乐版权的相关政策法规。2015 年，国家版权局发布了《关于责令网络音乐服务商停止未经授权传播音乐作品的通知》，被称为互联网音乐“史上最严版权令”。此后，各大互联网音乐平台在巨额版权费的压力下纷纷选择合并、联盟、共享等方式整合平台音乐资源，并限制部分音乐在线播放和下载权限，引导用户付费。自此，中国在线音乐进入“付费时代”，行业环境逐渐肃清。

2014 年，QQ 音乐首次以数字专辑形式独家发行周杰伦专辑《哎呦，不错哦》，定价 20 元，一年内累计售出 16 万张。韩国天团 BIGBANG 的数字专辑《E》在中国市场上一个小时的销量可达 45 万张。数字音乐专辑在线发行的模式在行业内引发连锁反应，中国数字音乐正在从盗版免费时代进入正版付费时代。

（三）技术环境

音乐与科技的紧密结合，得益于数字音乐产业的技术环境。随着技术的进步，基于移动互联网和人工智能等的新型业态已成为文化产业快速发展的新引擎。此外，由于信息与通信技术的迅猛发展，形成了数字音乐产业与移动端以及数字通信服务的有机结合。在未来，“音乐 +”将是基于数字技术的在线生活方式，用户在传统互联网或移动互联网的环境下，可以通过电视、电脑、手机、平板设备等终端，实现收听、社交、参与、分享等音乐内容的在线切换，通过大数据技术的支持，能够实现深度用户服务，使在线音乐的推荐、播放、分享更加快速、便捷，由此也带来数字音乐流媒体技术支持的数字音乐产业的迭代发展。

二 中国数字音乐产业发展概况

（一）数字音乐产业规模持续增长

中国的数字音乐产业起步较晚，但发展较快，经历几番技术革新后，产业总体规模持续快速稳步增长。《中国音乐产业发展报告》显示，2017 年，中国数字音乐的产业规模达到 580 亿元，同比增长 9.59%（见图 1）。其中 PC 端与移动端的总产值达到 180 亿元，同比增长 25.61%（见图 2），主要动能来自快速增长的付费用户群体。电信音乐增值业务产值约 400 亿元，同比增长 3.45%。新增 4G 音乐的多媒体流量业务、数字音乐平台的多元化盈利模式成为年度亮点①。

国际唱片业协会的数据显示，数字音乐在我国音乐产业总营收中占比达 96.34%，这一比例居全球首位。数字音乐已成为全球音乐产业的发展新引擎，业内人士也对中国数字音乐产业未来的走势保持乐观的态度。

在音乐产业的各领域中，移动音乐市场增速最快。根据易观智库的数据，2016 年国内移动音乐市场规模已达 86.8 亿元，同比增长 109.16%。随着智能手机、平板电脑等移动终端设备的普及，以及移动网络宽带增速降费、光纤入户、移动互联的服务持续改善，国内移动用户对移动音乐的获取量也将保持较高增长率，2017 年国内移动音乐市场规模达 112 亿元（见图 3）。

① 中国音像与数字出版协会音乐产业促进工作委员会、中国传媒大学艺术学部音乐与录音艺术学院编《2017 中国音乐产业发展报告》（总报告），中国传媒大学，2017。

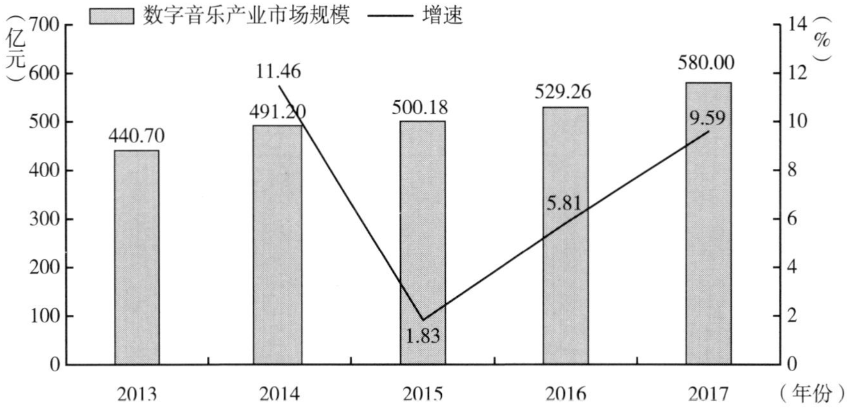

图1　2013～2017年中国数字音乐产业市场规模及增长率

资料来源：谢顺瑶《2017年中国移动音乐市场研究报告》，速途研究院，2018。

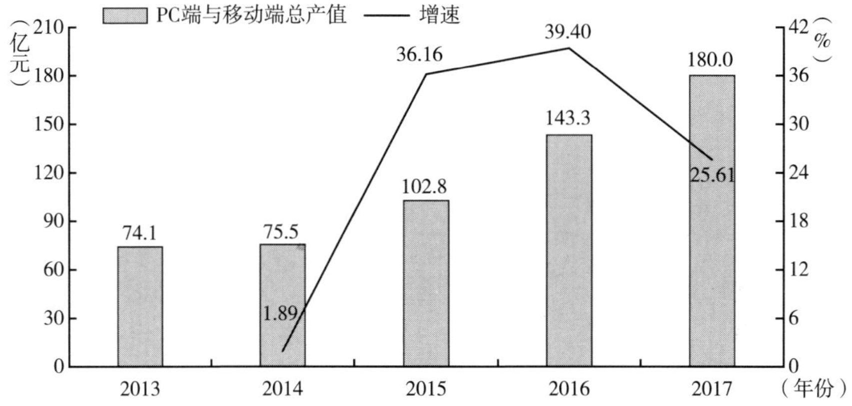

图2　2013～2017年国内数字音乐市场规模及增速

资料来源：《2018年第一季度中国数字音乐市场及发展趋势分析》，中商产业研究院，2018。

（二）数字音乐产业整合基本完成

以整体的眼光看数字音乐产业，经历了产业的萌发、竞争、割据、整合几个时期，经过几大音乐公司和音乐平台的长期竞争和较量，腾讯、阿里、

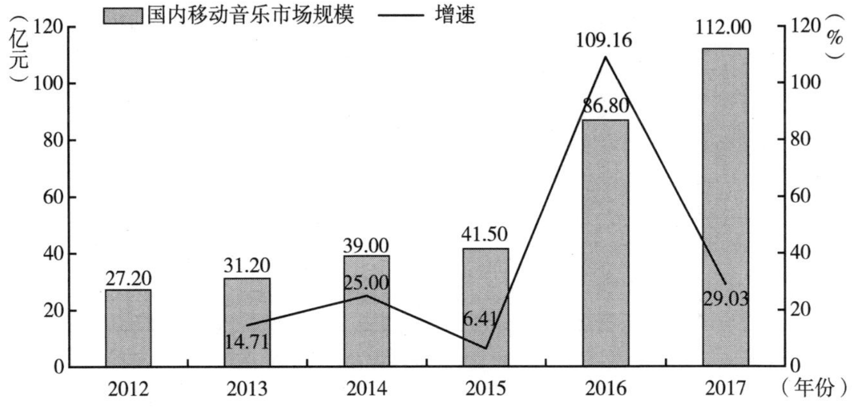

图 3　国内移动音乐市场规模及增速

资料来源：谢顺瑶《2017 年中国移动音乐市场研究报告》，速途研究院，2018。

百度和网易云音乐四家互联网音乐巨头四分天下的市场格局已经形成（见表 1）。很多小的音乐平台在垄断版权内容的市场现状下，要么消失，要么被并购，几大音乐集团也逐渐形成内容垄断基础上的产业生态群落。

表 1　四大互联网音乐集团的版权布局

厂商	客户端	主要唱片公司	主要歌手
腾讯	QQ 音乐、酷狗音乐、酷我音乐	环球、华纳、索尼、英皇、华谊	周杰伦、陈奕迅、林俊杰、蔡依林等
阿里	虾米音乐	滚石、华研、寰亚、BMG	五月天、S. H. E、林宥嘉、刘德华等
网易	网易云音乐	YG、环球、华纳、索尼、AVEX	王力宏、滨崎步、苏打绿等
百度	百度音乐	太合麦田、海蝶、大石、通力	古巨基、张信哲、薛之谦、许嵩等

资料来源：根据公开资料整理。

（三）数字音乐产业的盈利模式

从数字音乐产业价值链框架来看，价值链分为上游、中游和下游，分别为版权提供方、平台运营方和服务支撑方（见图 4）。价值链的上游版权方是版权资源及 IP 内容的拥有者，如音乐公司、独立音乐人、音乐综艺和网络主播等。价值链的中游，也就是数字音乐平台（音乐播放平台和门户音

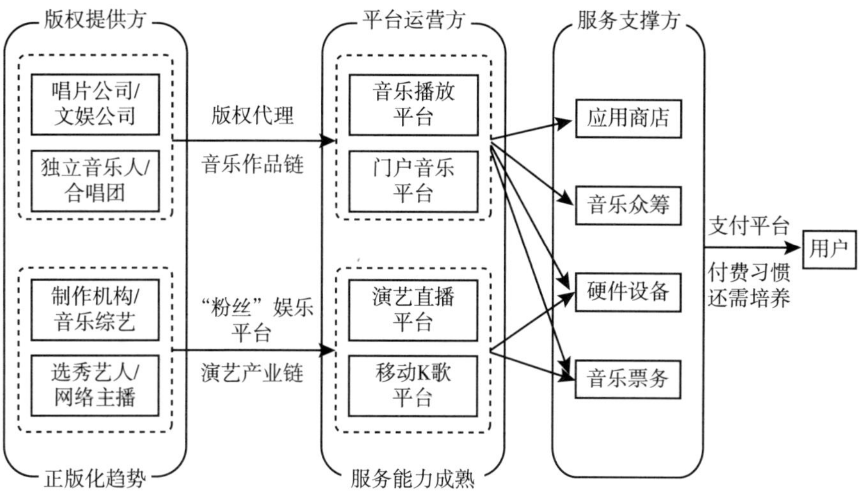

图4　国内数字音乐产业价值链

乐网站），为价值链上游提供版权商业服务和代理服务，并通过各种音乐平台、软件为下游第三方用户提供音乐内容。中游的演艺直播平台和移动 K 歌平台通过引入综艺和网络直播打造“粉丝”娱乐平台，并基于票务合作、“粉丝”经济和演艺产业衍生品的售卖实现价值。

数字音乐产业价值链的中游是数字音乐产业盈利的核心部分。当前国内数字音乐产业的盈利模式主要为以下 3 种。

1. 在线广告投放盈利模式

数字音乐产业最常见的盈利模式是广告，广告商向在线音乐用户投放平面广告、音频广告、视频广告、互联网弹窗广告以及广告界面链接等，数字音乐平台基于自身的用户数量、流量、栏目或单曲点击率等为广告商提供服务，以获取广告收入。通常来说，在线音乐平台与音乐内容提供商密切合作，共同获取广告利润，分账盈利。

2. 歌曲下载收费 + 数字专辑购买模式

在线音乐企业通过为用户提供更好的音乐服务，让用户愿意付费，如 QQ 音乐绿钻贵族、酷狗音乐 VIP 会员、网易云音乐的“歌单云同步”等增值服务。付费用户可以享受到歌曲下载、付费收听、流量包及智能搜索推荐等个性化的会员服务。此外，音乐公司还会为歌手制作发行数字专辑，提供专属传播平台，“粉丝”可以通过在线音乐网站购买、下载数字专辑。

3. “互联网 +”的线上线下演出收入模式

2017 年中国的音乐演出市场发展更加多元化，细分市场效应逐渐崭露头角，数字化、“互联网 +”的理念给演出市场带来创新发展机遇，进一步催生了新的行业形态，推动了演出收入的多元化发展。2016 年演出市场总体规模达到 160 亿元，票房总收入约为 48.13 亿元，其中剧院音乐类演出收入约 12.27 亿元，演唱会收入约 30.21 亿元，音乐节收入约 4.83 亿元，LiveHouse 票房总收入 8285 万元。演出场次、观演人次、上座率均全面回升①。

文化部艺术发展中心的数据显示，2016 年我国网络表演（直播）平台数量超过 250 家，用户规模达 3.44 亿人。在“互联网 +”的大背景下，线下票务、赞助商支持和线上直播已经成为一场音乐演出的三大收入来源。国内众多一线明星如汪峰、王菲、莫文蔚都曾尝试付费直播演唱会的模式，其线上收入不可小觑。截至 2017 年上半年，腾讯 LiveMusic 已取得了众多音乐颁奖典礼及音乐盛典的直播版权，成功举办 168 场演唱会直播。“互联网 +”让音乐演出跨越了地域、时间、座位的界限，也为音乐演出市场的盈利模式找到了新的方向。

三　中国数字音乐用户行为分析

中国互联网络信息中心（CNNIC）发布的第 41 次《中国互联网络发展状况统计报告》显示，截至 2017 年 12 月，中国网络音乐用户规模达 5.48 亿人，较 2016 年底增加 4496 万人，占网民总体的 71%。其中手机网络音

① 中国音像与数字出版协会音乐产业促进工作委员会、中国传媒大学艺术学部音乐与录音艺术学院编《2017 中国音乐产业发展报告》（总报告），中国传媒大学，2017。

乐用户规模达 5. 12 亿人，较 2016 年底增加 4381 万人，占手机网民的 68%。网络音乐成为国内网民使用的第二大娱乐应用，仅次于网络视频（见图 5）。

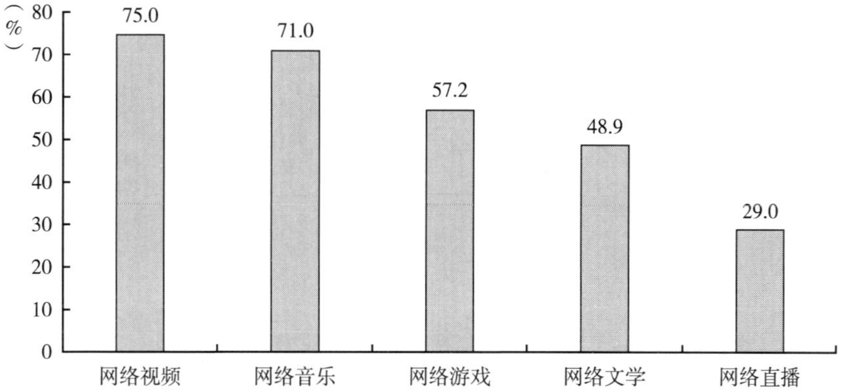

图 5　中国网络娱乐类应用用户占比

资料来源：第 41 次《中国互联网络发展状况统计报告》，中国互联网络信息中心，2018。

（一）音乐成为生活方式，“90后”渐成主流消费群体

易观智库的数据显示，2017 年移动音乐领域月活跃用户超过 5 亿人次，日活跃用户超过 1 亿人次，通过移动音乐客户端听歌、分享、社交已成为年青一代的生活方式（见图 6）。从酷狗音乐、QQ 音乐、酷我音乐、网易云音乐和咪咕音乐五大主流音乐客户端的用户年龄分布来看，24 岁以下的“90 后”用户群体的整体占比较高，已成长为数字音乐的主流用户群体（见图 7）。

“90 后”群体是使用移动音乐 App 的主流人群，有较强的媒介使用依赖性，而且消费能力较强。从 QQ 音乐平台数字专辑用户年龄段的统计结果可以看出，“90 后”已经成为购买数字专辑的主力消费群体，占 54%，“00 后”用户占 27%，而“70 后”甚至“80 后”的在线音乐消费占比较小（见图 8）。可见，年青一代的数字音乐用户更容易养成消费习惯，这为未来数字音乐产业的内容版权保护和付费发展奠定了基础。

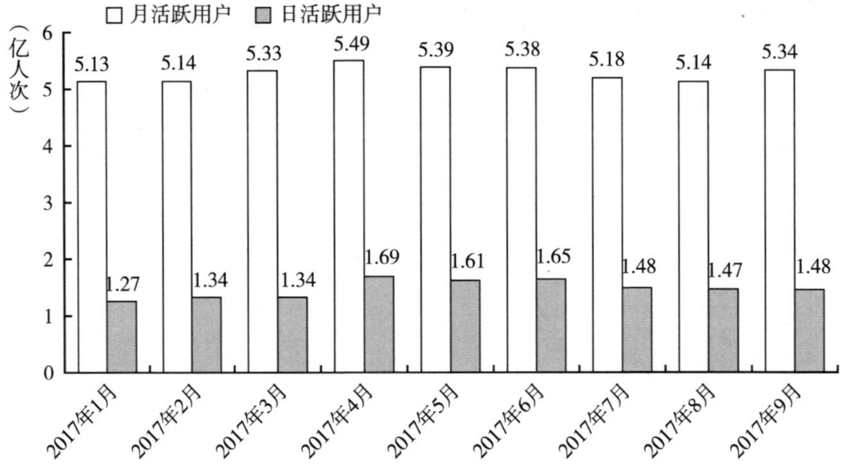

图6　2017年1~9月数字音乐领域活跃用户规模

资料来源：王传珍《中国数字音乐用户行为洞察白皮书2017》，易观智库，2017。

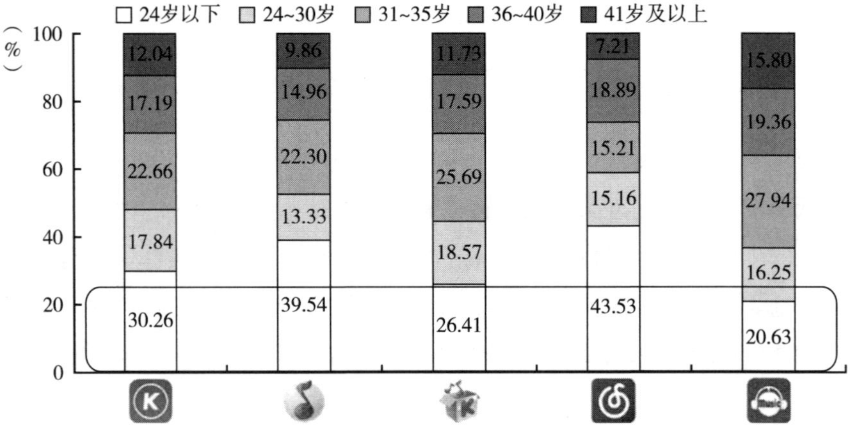

图7　五大主流移动音乐App用户年龄分布

资料来源：王传珍《中国数字音乐用户行为洞察白皮书2017》，易观智库，2017。

（二）受众音乐需求多元，数字音乐分众市场趋势明显

近年来，随着《中国好声音》《中国好歌曲》等音乐类选秀综艺节目的

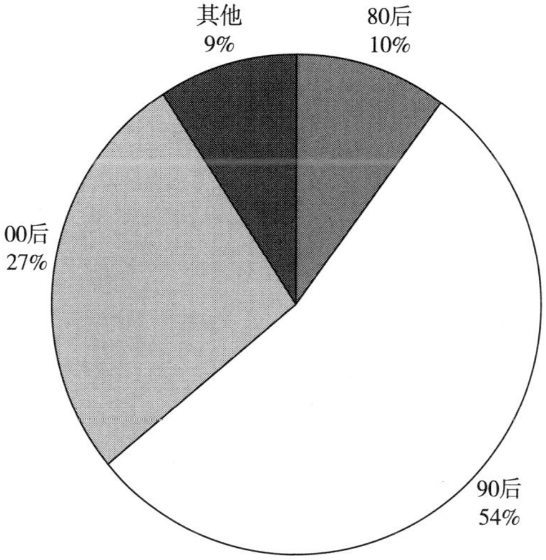

图8　2017 年 QQ 音乐数字专辑付费用户年龄分布

资料来源：QQ 音乐平台统计数据。

走红，民谣音乐再度崛起，独立音乐和独立厂牌出现在大众视野。2017 年一款著名的网络综艺节目《中国有嘻哈》，让嘻哈音乐这一小众音乐类型走红，其比赛视频及音乐单曲等也成为几大音乐平台的追逐热点。以 QQ 音乐平台为例，相较于之前平台音乐内容单一化的局面，近几年 QQ 音乐平台音乐类型趋向于多元，在嘻哈音乐、民谣音乐走红之外，其他风格如电音、ACG 等类型的音乐内容也开始走进小众市场（见图 9）。产生这些变化，一方面是由于腾讯音乐集团版权资源内容丰富，而且对版权资源进行了共享和整合，另一方面是由于数字音乐技术的发展，便捷性和交互性吸引了更多年龄群的受众。未来数字音乐平台的受众需求将是多元化、细分化的，在数字音乐平台的内容市场，分众化趋势也将更加明显。

（三）满足受众不同场景需求，数字音乐平台功能多样化

目前市场上的数字音乐平台除了基本的“听歌”服务外，还增加了多种综合的功能和服务，以满足不同年龄段用户的多样化需求，增加用户黏性。图 10 为安卓平台 QQ 音乐产品功能的使用人数占比情况。在表现用户

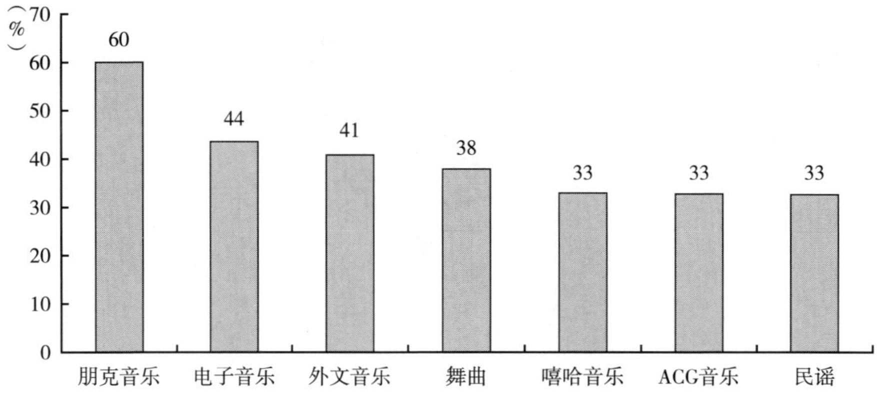

图9　2016 年 QQ 音乐平台不同音乐类型播放量增长率

资料来源：QQ 音乐统计数据。

社交和活跃属性的弹幕和评论功能上，“00 后”“90 后”“80 后”为主要用户群体，其中“00 后”更倾向于使用直观和富有冲击力的弹幕，“80 后”和“90 后”群体则较少评论或偏好于内敛的评论；在表现平台用户个性化和多样化需求的百变播放器、歌词海报和个性换肤功能上，“00 后”的需求更为强烈，这可能和“00 后”群体丰富多彩的心理需求有较大关系，其更偏好尝试独特、创新和多元的产品内容；在场景化功能方面，“00 后”和“70 后”占比较大，其原因可能在于场景音乐能够满足“00 后”多样化的音乐需求以及“70 后”睡前、开车、跑步等多场景需求，贴合“70 后”的生活规律。

四　典型数字音乐平台案例分析

（一）音乐播放平台：QQ 音乐——市场占有率第一的在线音乐平台

2017 年 7 月，腾讯公司收购中国音乐流媒体公司 CMC 后，QQ 音乐、酷我、酷狗三大音乐平台合并。根据数据调查公司 iiMedia Research 的数据，

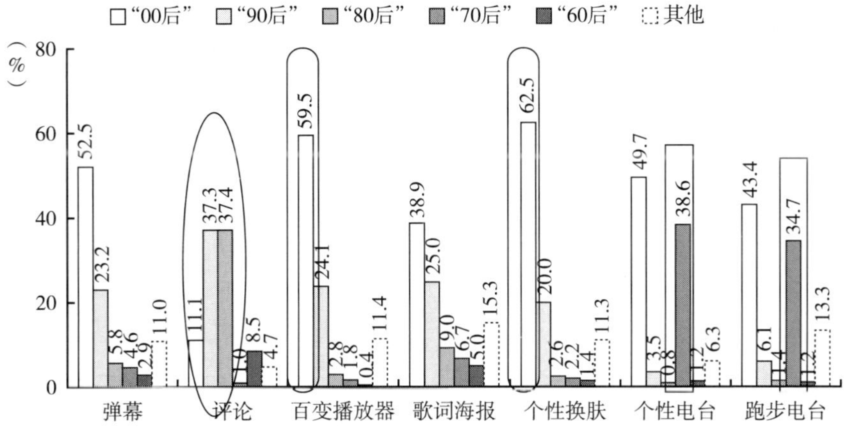

图 10　安卓平台 QQ 音乐不同产品功能使用人数占比

资料来源：QQ 音乐统计数据。

酷狗音乐以 28% 的市场份额，占据中国在线音乐平台的首位，QQ 音乐和酷我音乐分别以 15% 和 13% 紧随其后，而这次重新整合意味着腾讯音乐板块的市场占有率将超过 50%。此外，腾讯还掌握环球、索尼、华纳等几个大唱片公司的版权资源。

1. 版权资源最大化，QQ 音乐曲库形成

QQ 音乐的版权资源可谓得天独厚，不但拥有海量曲库，而且基于腾讯集团的雄厚资金，QQ 音乐同环球、滚石、华纳、索尼等世界各大唱片公司密切合作，拥有业内最全的音乐曲库，涵盖摇滚、朋克、电音、蓝调、布鲁斯、嘻哈、民谣等各类曲风。流行歌手、经典老歌手、网红歌手悉数被收入，满足了用户的不同喜好；跨界合作综艺 IP，网罗热播剧集 OST，与用户收视习惯紧密结合。此外，QQ 音乐深度开发"70 后""80 后""90 后""00 后"市场，不断扩充曲库，满足不同层次、不同喜好的受众需求。

2. 用户态势年轻化，QQ 音乐生态圈形成

随着中国网络音乐市场的用户红利期渐渐过去，"00 后"逐步成为未来音乐产业的核心用户。当下，各大数字音乐平台的竞争点之一便是吸引并稳固"00 后"受众。数据显示，QQ 音乐不仅在各个年龄层的用户占比都远超

其他音乐平台，而且“00后”用户的使用率高达65.7%[①]。在互联网迭代发展的今天，网生一代用户的个性鲜明，需求趋于多样化、小众化。QQ音乐通过清晰的定位，用多重“年轻”功能满足受众需求。比如，绚丽的歌词海报、百变的个性皮肤、一展歌喉平台、趣味横生的弹幕等都是受“00后”受众喜爱的平台特征。另外，QQ音乐依托腾讯QQ、微信社交平台，总体用户数量巨大，潜在用户量不容小觑。

3. 商业模式多元化，QQ音乐利润模式形成

QQ音乐的商业模式呈多元化特征。首先是B2B的广告模式，用户免费听歌，广告主购买平台的时空资源，付费宣传，打造品牌。其次是B2C的绿钻模式，腾讯一直以来用各种付费方式为消费者打造专属的空间，QQ音乐也不例外，绿钻会员能够享受高品质无损音乐等增值会员服务。再次是单品单独付费模式，这是在绿钻模式及付费包之外的单独数字音乐专辑或单曲的付费盈利模式。此外，还有大量的VIP特权，如歌手演唱会免费抢票资格、QQ空间背景音乐特权等。最后，还有一些特色的利润形成模式，如音乐综艺节目、线上演唱会的承办，Qplay等特色服务也为其带来不错的收益。

（二）音乐短视频平台：抖音——异军突起的音乐短视频社交平台

处于碎片化时代的人们，行为习惯也有所改变。为了适应用户的碎片时间特征，各种短视频平台横空出世。根据QuestMobile报告数据，2017年，短视频独立App用户已突破4.1亿人，较2016年同期增长116.5%，短视频使用时长占移动互联网总使用时长的5.5%，这一比例在2016年仅为1.3%，且行业预测该数据在2018年还会持续增长。

目前，在抖音、快手、秒拍、美拍等短视频App领跑的国内市场中，短视频类的应用正在垂直细分。艾瑞咨询的数据显示，2017年5月，抖音日均播放量破亿，同年8月达到10亿次。数据显示，截至2017年12月，

① 互联网数据中心（DCCI）。

抖音月独立设备数达7007万台，日独立设备数达1293万台，抖音在App商店免费榜排名第一。

1. 锁定年轻受众群体，打造音乐短视频社区

抖音的定位是“年轻人的音乐短视频社区”。在互联网时代，年轻人开始习惯于用短视频表达自己，UGC的短视频在年轻受众群体里大受欢迎。年轻人能够轻松自在地表达自己，展现自我，这是年轻人特有的文化。根据抖音产品负责人介绍，抖音85%的用户在24岁以下，主力用户基本是“95后”甚至“00后”。抖音用炫酷的效果和时尚元素，吸引年轻人的目光，同时也锁定了音乐短视频市场。

2. 涵盖多种音乐类型，“音乐+视频”的创新表达

抖音把音乐作为切口，结合15秒的短视频，构建起一个个个性而又有趣的作品。在平台提供的音乐背景选择上，抖音尽量做到多元化，涵盖不同音乐类型，平台提供的20余种音乐类别，包括说唱音乐、电音、欧美音乐、民谣、网络神曲、影视原声，甚至二次元风格等，音乐类别趋向于年轻化、小众化。由此，抖音逐渐聚集了大量“90后”“00后”年轻受众群体，这些群体具有极强的社交属性和表达属性。

3. 短视频内容为王，内外联合运营

抖音短视频的内容是其核心市场竞争力。在用户方面，不仅有明星、网红，还有草根、平民。抖音充分挖掘用户资源，利用明星、网红的流量打造自身的品牌知名度。除此之外，App社区里还有各种挑战赛，内容丰富，激发用户的表现欲。在视频内容上，为了保证高质量的生产，抖音致力于更新模板库、提供音乐和拍摄示例。目前，抖音引入了抖音小助手，用来引导教学。

抖音采用多样综合的互联网营销方式，不同于其他产品发布公关稿和日常软文等形式，抖音更专注于自己领域的垂直渠道传播，成本较高，具有短期性、爆发性效果。比如，与明星推广合作。2017年3月，岳云鹏在微博公开转发了带有抖音水印的短视频内容，引发微博“粉丝”的关注和转发，自此抖音短视频App进入公众视野；同年7月，鹿晗新歌《零界点》登陆抖音，其他被邀请的明星还有钟丽缇、杜海涛、赵丽颖、大张伟、周笔畅、辰亦儒等。此外，它

在综艺节目巧妙设置内容广告。除了广告推广，线下活动也是营销手段之一。2017 年 9 月在北京举办的抖音年度秀场，邀请了 300 位抖音网红，让抖音网红走进线下场景；抖音联合摩拜单车推出首款音乐共享单车，在单车上加装的碟片有播放音乐的功能。此外，抖音设计了个性 H5 界面，《世界名画抖抖抖抖抖起来了》《找呀找呀找爱豆》等用大胆的创意、新颖的内容、魔性的节奏吸引了用户及潜在用户①。

五　中国数字音乐产业发展的趋势与前景

（一）数字音乐版权规范化，用户付费意识逐渐养成

目前，数字音乐产业发展面临的最大问题仍然是版权问题。2010 年，《中华人民共和国著作权法》进行了第三次修正，2013 年，对《中华人民共和国著作权法实施条例》进行修订。2015 年，国家版权局颁布的《关于责令网络音乐服务商停止未经授权传播音乐作品的通知》，是中国数字音乐产业版权保护的一个划时代的标志，这条“互联网音乐最严版权令”颁发后，相关规范条例陆续出台，数字音乐产业由盗版免费时期迈入正版付费的新时期。与此同时，随着版权市场的规范，各大数字音乐服务商纷纷开始对“独家版权”的争夺，甚至出现了恶性竞价的现象。2017 年，国家版权局版权管理司就网络音乐版权有关问题约谈了环球音乐、华纳音乐、索尼音乐、英皇娱乐等 20 余家境内外音乐公司以及国际唱片业协会等相关协会主要负责人，强调了遵守版权法律法规的重要性，核心内容是促进网络音乐全面授权，避免网络音乐独家授权，这对数字音乐产业的健康有序发展有积极的引导作用②。

① 张雪：《日播放量破亿，带点魔性的“抖音”如何撬动年轻人的表达欲》，中国经济网，http://www.ce.cn/xwzx/shgj/gdxw/201705/05/t20170505_22583620.shtml。

② 张红兵：《国家版权局约谈网络音乐服务商：妥善处理版权纠纷》，《法制日报》2017 年 9 月 13 日。

顺应时代潮流，各大数字音乐服务商都推出了相关的付费服务。首先，是传统的音乐视听服务。作为互联网时代的产物，我国数字专辑从2014年发展至今，已成为目前最普遍、最受欢迎的一种数字音乐消费产品。消费者免费享受版权音乐的习惯正在发生改变，逐渐树立了尊重音乐人权益、支持版权付费音乐的新观念。同时，“粉丝”经济的蓬勃发展，也为数字音乐市场带来了内生的经济拉动力。其次，以音乐作品IP内容为核心的创新及衍生消费。线上直播的开通颠覆了演唱会的传统盈利模式，在线直播和网络主播可以得到来自用户的打赏、赠送虚拟礼物等付费行为的支持，对原版音乐进行二次创作的唱吧、抖音、全民K歌等App也成为更多喜爱音乐、表达自我的用户的选择。最后，是软件与硬件、电商的结合。为了追求更极致的视听享受，用户有购买高品质周边设备的意愿，因此音乐服务商开展了相关业务和合作。

（二）“泛音乐”生态圈渐成气候，多终端联动与多消费模式相结合

“泛音乐”生态以音乐为核心驱动力，以数字音乐产业为主，涵盖音乐版权、活动演艺、艺人培养、音乐发行、节目制作、创新营销等多个方向，音乐新生态圈正在逐步形成。2017年9月，腾讯音乐娱乐集团旗下的全民K歌联合QQ音乐，宣布在4.6亿名用户群体的基础上，致力于打造“泛音乐”生态圈。该“泛音乐”生态圈可分为四大生态体系——以手机App为核心的平台生态，以海量曲库为核心的内容生态，以麦克风、电视为核心的硬件生态和以线上KTV、线下活动为核心的O2O生态①。QQ音乐是以听歌为主的在线软件，而全民K歌是以录歌、唱歌为主的在线软件，二者在内容交互、音乐场景、音乐社区互动等方面形成互补，未来平台和产品有更深入的协同效应。

① 侯云龙：《全民K歌布局泛音乐新生态　腾讯音乐业务进入快速推进期》，经济参考网 http：//jjckb. xinhuanet. com/2017－09/28/c_ 136644625. htm。

“泛音乐”生态圈首先将打破终端限制，从线上到线下，实现多终端联动；其次，从内容到社交，根据不同社交情景推出相应的产品和服务，全方位满足消费者的娱乐需求和社交需求；再次，“泛音乐”生态圈将涵盖从软件开发到硬件售卖，再到配套服务的数字音乐全产业链营销模式。随着文化产业市场的深入发展，“泛音乐”正成为市场热点，而音乐行业的新一轮热潮来源于音乐产业链的内生增长和向外拓展带来的新的产业生态圈的形成和改变。

（三）大数据助力音乐社交，品牌多元营销打开新思路

音乐是一种人类共通的情感表达，音乐作品的共情与共鸣，是人们寄托情感和进行社交互动的方式之一。以网易云音乐为例，其凭借原创、服务、社交、分享的独特定位，在各大音乐平台的激烈角逐中脱颖而出。尽管网易云音乐的用户规模不及腾讯旗下的几大音乐平台，但它的用户忠诚度和用户活跃度更高，成为其核心竞争优势。首先，网易云音乐通过大数据分析用户的听歌习惯，为用户个性化定制每日推送歌单和音乐电台，极大地满足用户的差异化需求。其次，用户通过评论区进行互动，引起情感共鸣，在个性化之余满足自我表达、寻求认同等社交需求。2017 年，网易云音乐首次推出“年度音乐总结报告”，利用大数据技术为每位用户生成独一无二的专属报告，并支持用户分享到微信朋友圈等社交平台，在各大社交平台掀起了一轮分享热潮，也是一次成功的刷屏式新媒体营销。2018 年，各大音乐平台都已跟进推出“音乐总结报告”，大数据分析技术使音乐社交更深入、更精准，用户基于相同或相似的音乐喜好聚集在某一平台上，音乐平台进而以流量为入口，为其提供相应的产品或服务满足群体需求，从而实现价值变现。

正所谓“音乐无国界”，音乐的渗透能力很强，音乐社交是互联网社交的重要表现形式。在社交媒体时代，几大音乐平台开始重视用户的情感体验和社交需求，越来越多的互联网技术如大数据、云计算、VR/AR、人工智能等被应用在数字音乐产业中，几大网络音乐服务巨头也开始使用多元化的营销方式。网易云音乐将评论区中一些经典评论作为地铁品牌推广的主要内

容，引发情感共鸣，并拉近与用户的线下距离。原本只是音乐作品的评论在经过大众的点赞和甄选、音乐平台的整理和编辑后，作为内容重新输出给用户，扩大了传播范围，增强了用户黏性，同时提升了网易云音乐的品牌形象。可见，随着产业的纵深发展，数字音乐产业的营销方式越发灵活、深入和多元化，品牌营销也逐渐成为各大数字音乐平台的重要营销手段。

伴随着文化产业发展的大趋势、相关政策的支持和版权规范化的利好趋势，音乐产业面临由传统实体唱片向数字音乐发展的结构性调整，行业整体正步入转型升级阶段。在移动互联的时代下，音乐不再是单一的娱乐内容产品，而是更加丰富的多元数字内容产品，2018 年中国的音乐产业必将走上更加数字化、正版化、智能化和生态化的发展道路。

B.8

2015 ~2017 年网络文学 IP 改编影视作品状况

李嘉可　好 娜　黄斌圆*

摘　要： 2015 年被称为“IP 元年”，大量网络文学作品在“跑马圈地”式的版权交易后，于近 3 年纷纷被改编成电视剧和电影上映，同时衍生出出版、游戏、实体娱乐等诸多泛娱乐产业内容。如果说 2016 年是网络文学 IP 改编影视作品的“井喷之年”，那么 2017 年的 IP 市场发展则更趋理性。本报告以近 3 年网络文学 IP 改编影视作品的数据为基础，探讨其市场表现、市场运营、核心问题及未来趋势，旨在通过回望研究为未来的行业发展提供借鉴。

关键词： 网络文学 IP　运营　版权　影视作品

随着技术的更新迭代与传媒产业的进一步发展，多元内容产业间互联互通与深度融合的趋势越发显著，IP 成为泛娱乐环境下的热门概念。IP 即知识产权，是人们在一定时间内对其智力劳动成果依法享有的专有权利。然而 IP 的概念在经过互联网近几年的发酵后，已经渗透至影视、出版、游戏等各个领域。如今，IP 已凭借自身的内容吸引力，在多个领域内实现了产品拓展与产业链开发，呈现巨大的影响力。

---

* 三位作者均系中国传媒大学传媒经济学硕士研究生，研究方向分别为影视项目管理、传媒产业管理、文化产业管理。

一　国内网络文学IP改编影视作品现状

自2015年“IP元年”以来，网络文学IP改编影视作品在2016年出现了井喷之势，并在2017年新政策、技术环境与资本市场的影响下呈现新的态势。本报告分析2015～2017年网络文学IP改编影视作品的相关数据，并对其现状加以阐释。

（一）IP改编影视剧收视霸屏，IP改编电影表现不佳

在“一剧两星”政策的影响下，总体收视率低迷，能被观众热议并得到市场认可的影视剧仅占少数，年轻观众“随时随地点播”的收视习惯与视频网站的快速发展，都令电视平台难以出现收视爆款，而网络文学IP改编影视剧的出现改变了这一态势。

从收视率来看，2015～2017年的电视剧收视冠军分别为《芈月传》、《亲爱的翻译官》和《人民的名义》，这三部剧均改编自网络文学IP，可见IP改编影视剧的强势地位与强大的市场号召力。

相比之下，网络文学IP改编电影的票房收入并不如IP改编电视剧的表现亮眼。2015年IP改编电影第一名列票房榜排行榜第12位，2016年和2017年都仅有2部IP改编影片进入年度票房收入前10名。可见网络文学IP因其较大的体量和相对缓慢的叙事节奏，不适合小体量、快节奏的电影改编。此外，以《新步步惊心》《泡沫之夏》为代表的部分IP改编电影，本身是作为电视剧版的衍生产物来运营的，其借势营销的态度与较低的质量都使得票房表现不佳。

（二）网络文学IP改编市场持续繁荣，并呈理性化趋势

如图1所示，2015年的“IP热”导致IP改编电影数量显著增加，市场的集中爆发导致2016年的IP改编影片数量有所减少，但仍有《盗墓笔记》《我不是潘金莲》等大IP涌现，2017年的影片数量有所回升，但并未呈现过高增长，说明网络文学IP改编电影市场回归理性，并呈持续稳定增长态势。

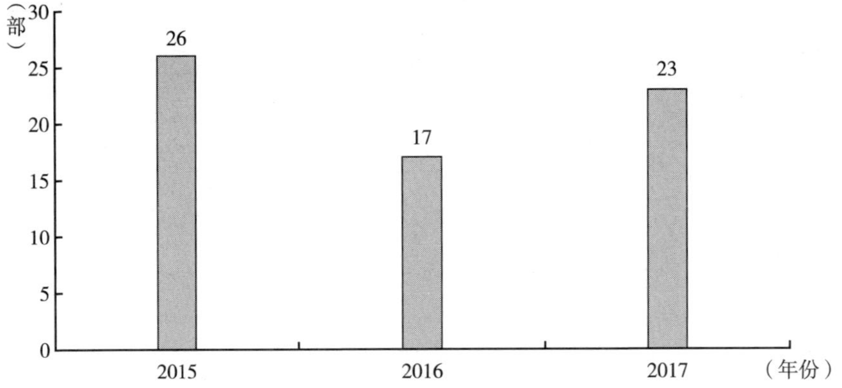

图1　2015～2017 年度网络文学 IP 改编电影数量对比

资料来源：根据艺恩电影智库发布数据整理而成。

如图 2 所示，电视剧市场也呈现了相似的规律。电视剧相比电影有更长的制作周期，因此剧集数量在“IP 元年”的第二年才呈现显著增长的趋势，2017 年相比 2016 年增幅放缓趋于理性，可以看出网络文学 IP 改编电视剧（含网剧）市场呈持续繁荣态势。此外，近三年网剧的数量和占比也在不断提升，一方面说明网络文学 IP 更青睐改编成周期短、成本低、回本快的网剧，另一方面也见证了网剧行业的崛起和蓬勃发展。

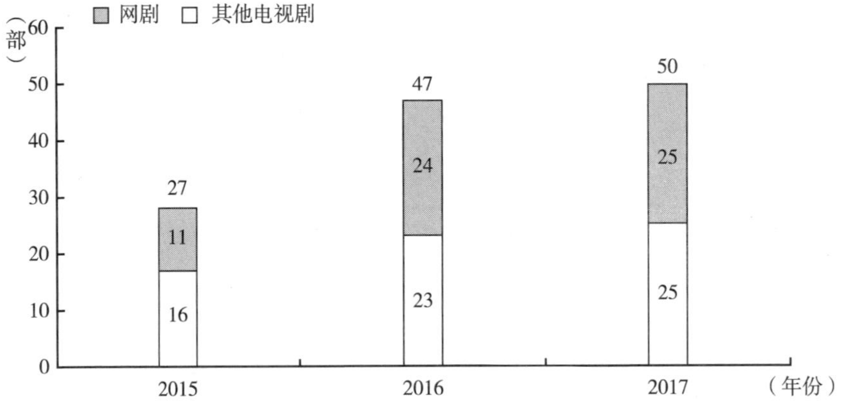

图2　2015～2017 年度网络文学 IP 改编电视剧（含网剧）数量对比

资料来源：根据艺恩视频智库、2345 电视网发布数据整理而成。

在市场繁荣并呈现理性化趋势的同时，改编作品的内容质量也在不断提升。比如2017年的现象级IP改编剧《人民的名义》《三生三世·十里桃花》，不仅取得了较高收视率和优秀的网络播放量成绩，更在社交媒体上引发全民热议，呈现巨大的影响力。

（三）题材风向转变，市场百花齐放

如图3所示，从改编影视剧的题材上看，在2015年的《花千骨》，2016年的《青云志》《九州·天空城》《幻城》等古装玄幻剧持续霸屏后，观众出现了审美疲劳，加上“限古令”政策收紧，古装玄幻剧热度总体下降。言情、偶像题材虽显著增多，但大多集中于网剧市场的小制作。以《河神》《无证之罪》为首的悬疑、冒险题材总体增多，精品化趋势越来越明显。

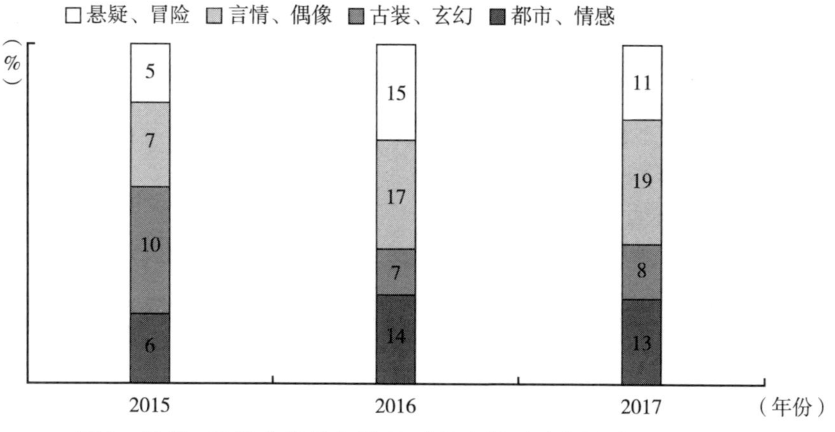

图3　2015～2017年网络文学IP改编电视剧（含网剧）题材占比

资料来源：根据艺恩视频智库、2345电视网发布数据整理而成。

此外，2017年最值得注意的是现实主义题材电视剧的集中爆发，如反腐正风类别的《人民的名义》，反映当代女性心理与生活状态的《欢乐颂2》，以及描绘中年婚姻与家庭危机的《我的前半生》，这些优秀剧目不仅贴近现实生活，更体现了人文关怀。

如图4所示，在网络文学IP改编电影市场中，近3年的趋势是喜剧爱情片的式微与剧情片的强势。自“IP热”以来，大量青春文学被改编成电

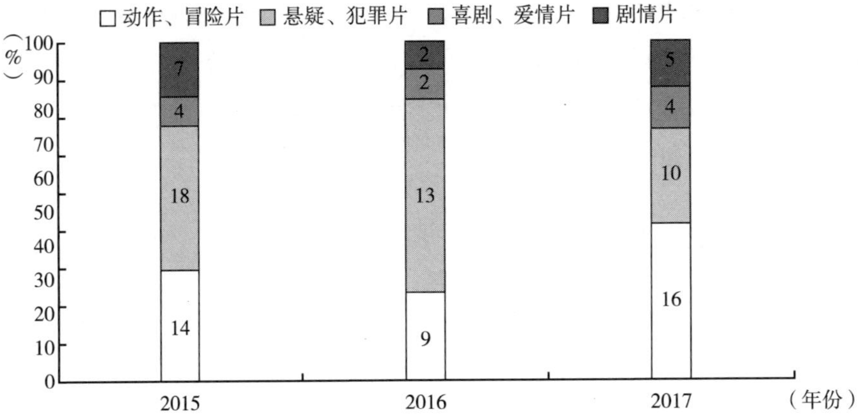

图4 2015～2017年网络文学IP改编电影题材占比

资料来源：根据艺恩电影智库发布数据整理而成。

影，如《致青春·原来你还在这里》《夏有乔木雅望天堂》，观众审美疲劳导致该题材数量不断减少，票房收入表现同样不符合预期。相反的是，剧情片崛起，网络文学IP的内容优势逐渐被市场认可，越来越多会“讲故事”的小众IP受到重视，而且涉及战争、奇幻、动作等多种题材，使2017年的电影市场在题材全面开花的基础上，内容质量有了显著提升。

二 网络文学IP改编影视作品的模式运营

伴随着影视娱乐领域的横向产业融合与下游内容产业的迅速发展，网络文学作为泛娱乐IP产业链的最前端，具备向影视、出版、游戏和衍生等行业输送原生内容的潜质，多重领域的增量空间使IP拥有更广阔的市场，进而实现“一鱼多吃”式多产业渠道变现。

（一）网络文学IP改编影视作品的后续类型开发

不同于“IP元年”时的单一化产品类型，现在的网络文学IP不仅被改编成电视剧和电影，而且借助影视作品的话题热度与“粉丝”黏性，继续向产业链下游开发。

1. 影视类：网剧、纪录片

网络文学IP改编的初级产品大多是电视剧和电影，这也是改编作品能够获得巨大反响甚至成为现象级产品的最佳方式。但在电视剧和电影之后，许多市场反响良好的网络文学IP选择继续开发网剧产品，比如电视剧《花千骨》衍生出网剧《花千骨2015》。为了更适合市场营销，不少电视剧会推出自制纪录片，比如《孤芳不自赏》推出了纪录片《寻芳记》来增强用户黏性。

2. 出版类：漫画、原著图书

网络文学IP在出版领域也有新的尝试，许多架空、仙侠、悬疑题材的优质IP在改编为影视作品后，会继续改编成漫画，比如漫画版《琅琊榜》就有多个版本，拓展了网络文学IP变现的另一条渠道。许多IP改编的影视作品播出后，又带来大批影视剧“粉丝”反哺原著，显著提高了原著销量，甚至推动了小众网络文学的实体书出版，影视与出版的互动实现了受众黏性的进一步提升。

3. 游戏类：手机游戏、网页游戏

游戏作为网络文学IP改编的另一条渠道，能够将原著和影视作品的“粉丝”转变为游戏用户，获得巨大流量，从而实现盈利。比如电视剧《花千骨》播出后，同名手机游戏迅速上线，并邀请剧中演员赵丽颖和安悦溪担任形象代言人，不仅创造了月流水2亿元的成绩，更实现了影视剧与游戏的联动运营。

4. 衍生类：周边产品、话剧、主题公园、专卖店

优质网络文学IP在影视、出版、游戏领域获得成功后，会开始衍生产品的开发。比如《孤芳不自赏》就推出了系列首饰、火漆套装、手机壳等周边产品。《盗墓笔记》已被改编成5部多媒体话剧并进行了全国巡演，为IP变现拓展了一条新渠道。“九州”题材影视作品的产业链设计更是包含了专卖店和主题公园等地产项目。

5. 互动类：艺人经济、“粉丝”经济

网络文学IP除了打造实体产品，也能够利用影视作品的热度进行艺人经济与“粉丝”经济的开发。艺人经济的代表就是电视剧《花千骨》的火爆让演员

赵丽颖和马可迅速走红，艺人自身热度反过来增加了IP的关注度。在IP改编影视作品与艺人经济获得大批高黏度“粉丝”后，就可以进行“粉丝”经济的运营，将其凝聚的注意力资源与广告商结合，衍生新的产业链，从而带来利润。

（二）网络文学IP改编影视作品的运营模式

IP改编为影视剧后，后期开发产品的类型已经多种多样，但若分散运营就无法实现整体价值的最大化，还会造成不同产品间的利益冲突，因此联动运营就显得格外重要。目前IP运营市场上常见的联动运营模式有以下4种。

1. 影视联动

许多优质网络文学IP改编的电视剧和电影产品，会选择同步拍摄或先后拍摄，并在短期内联动上映，前者为后者带来巨大流量和极高的关注度，后者为前者延续热度从而延长产品周期。比如2017年的现象级作品《三生三世·十里桃花》，电视剧版播出后带来了巨大的话题热度，培养了一批忠实“粉丝”。5个月后电影版上映，即便口碑不佳，但鉴于电视剧为该IP营造的高关注度，电影版仍旧吸引了大量观众观看，并最终收获5.3亿元票房收入。

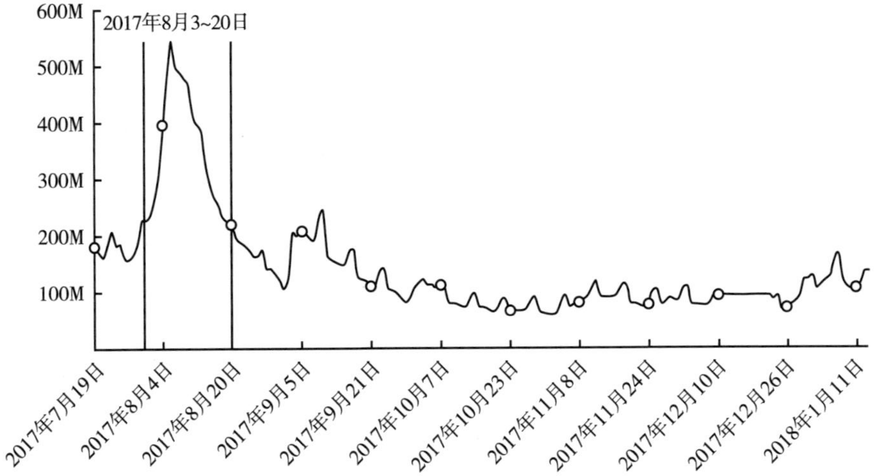

图5　电视剧《三生三世·十里桃花》网络播放量

资料来源：爱奇艺指数。

从图5爱奇艺指数的数据可以看出，2017年8月3日电影版上映后的两周内，电视剧版又出现了一次播放量激增的现象，说明电影版有效拉动了电视剧版的播放热度。因此电视剧与电影的联动运营与合作，能够有效提升两者的热度从而实现双赢，《何以笙箫默》《盗墓笔记》等IP的运营都采用了这种方式。

2. 影游联动

在泛娱乐概念提出前，很多项目都有影游联动方面的探索，但直到2015年《花千骨》的电视剧和手游同时上线并双双获得成功，才真正让这一概念火爆起来。之后很多热门IP如《老九门》《幻城》都效仿这种运营模式，但大多是靠影视剧热度圈钱的行为。直到2016年的《微微一笑很倾城》才实现了影视与游戏的全方位融合与联动。

《微微一笑很倾城》是一个游戏贯穿始终的言情故事，其改编手游《倩女幽魂》在剧本创作环节就全面渗透剧中，成为男主角创作的游戏，剧中的游戏内容、装备形象等都在游戏中进行了还原。电视剧播出期间，手游《倩女幽魂》稳居App商店免费总榜前五位，注册用户超过1亿人[①]。此次运营一改以往游戏内容贴靠影视的做法，让电视剧与游戏的融合渗透在各个层面，真正实现了共赢。

3. 集群式运营

相比独立的IP只能营造一时的热点，在内容层面具备高度统一性的系列IP，通过集群式运营，会有更广阔的运营空间和更长的生命周期。“九州”系列就是集群式运营的代表，它是由几十部小说构建的庞大架空世界。如表1所示，目前市场上已有4部改编的“九州”系列影视作品，是公认改编质量最好的系列。目前“九州”系列的版权几乎全部售尽，仅九州梦工厂一家就拥有9部版权，所有作品共用同一世界观，不断将各个故事影视化，搭建一个宏大的“九州”世界，并系统地进行影视、游戏、主题公园、衍生品的全产业链开发。

① 凤凰网：《杨洋郑爽〈微微一笑很倾城〉收官　倩女幽魂成赢家》，http：//yue. ifeng. com/a/20160907/39764550_ 0. shtml。

集群式运营使作品相互间形成协同效应，每有一部新作品问世都会带动原有作品的热度。

表1 《九州》题材影视改编作品

类别	年份	作品名称	原著	原著作者	导演
电视剧	2015	华胥引之绝爱之城	九州·华胥引	唐七公子	李达超、谭友业、于敏
	2016	九州·天空城	九州·天空城	唐缺	杨磊
	2017	九州·海上牧云记	九州·海上牧云记	今何在	曹盾
	2019	九州·缥缈录	九州·缥缈录	江南	张晓波
	2019	九州·白雀神龟	九州·白雀神龟	潘海天	/
	2019	九州·天空城2	九州·天空城2	唐缺	/
	2019	九州·斛珠夫人	九州·斛珠夫人	萧如瑟	/
电影	2017	鲛珠传	九州·华胥引	唐七公子	杨磊
	2019	九州·龙痕	九州·龙痕	唐缺	/

资料来源：根据公开资料整理而成。

4. 全版权运营

全版权运营即从网络文学IP核心创意的创作开始，有规划性地进行多领域、多种类、多产品形态的开发，如影视作品、动漫、游戏、出版、衍生品等，形成较为完整的产业链。在泛娱乐环境下，市场上大部分头部内容都选择了全版权运营。

以网络文学IP《择天记》为例，2014年小说连载，2015年改编动画开播，2017年上线了同名电视剧和手游，电影也在2017年开机①。全版权运营使不同产品间形成了良好联动，也多领域、全方位地挖掘了IP的价值，预示着未来“泛娱乐、多维度”的IP运营将成为主流。

网络文学产业已经从过去单纯的内容支撑型商业模式，逐渐向“以IP为核心，全产业链、全媒体运营”转变。因此，IP的开发与运营是一个长期的过程，我们不仅应该看到IP工具性的部分，而且应该思考如何打造一个完整的系统生态。

① 《〈择天记〉告诉你原来IP可以这样玩儿》，http：//www. sohu. com/a/134828647_ 330259。

（三）运营特点

1. 联动性强

相比“IP热”早期的产品开发，当前的IP运营已经进入了一个强联动性的市场环境，许多头部IP在开发初期就已完成了大部分的产业链设计，各产业链环节从早期就开始磨合，减少了人力与资金的消耗，有利于后期各产品的联合运营与造势。

同时，少数开发企业的产业链环节已基本搭建完成。比如阿里文学已与新浪阅读、塔读文学合作打造内容平台，与阿里影业、光线传媒、华谊兄弟等公司达成影视改编的深度合作，与九游达成游戏改编合作，通过“内容＋渠道”的方式，从源头开始培养优质IP，各加工环节紧密配合形成范围经济，促进IP产品全面而优质地发展。

2. 历时性开发

不同于头部作品，大多数网络文学IP的产品开发是层层推进的。例如网络文学IP在集中一定数量的“粉丝”后，会先被改编成电视剧或电影，若市场反响良好，则继续进军游戏、舞台剧、衍生品等市场。这一过程有时是自然形成而并非完全规划好的，加上各领域的版权掌握在不同开发方手中，虽然IP能得到完善的全版权开发，但开发周期较长。

以早期代表性IP《泡沫之夏》为例，小说于2007年完结后，于2009年被改编为漫画，2010年被改编为电视剧，2014年同名手游上线，2015年电影版上映，2017年新版电视剧开拍，通过历时性产品扩展将IP版权价值全方位开发出来。

3. 差异化培养

网络文学IP被改编成影视作品后的产业链开发并不是越全面越好，需要针对题材、体量、质量、市场等因素进行针对性开发，通过差异化培养避免出现粗制滥造的衍生品。

目前，市场上已经有太多失败的衍生品开发，单纯贩卖衍生产品的一次性圈钱行为，最终消耗的都是原著的口碑与观众的信任，不利于良好业态风气的形成。

三 网络文学 IP 改编影视作品行业存在的问题与对策

（一）价值评估存在难题

从繁杂的网络文学市场中挑选优质 IP，并对其进行价值评估与合理定价，一直存在许多困难。一方面，网络文学 IP 往往高度同质化，而影视制作公司购买的 IP 大多局限于仙侠、宫斗、言情这几类题材，使市场上的改编影视作品容易出现内容雷同、辨识度低的问题；另一方面，目前国内对网络文学 IP 的价值评估没有通用等级标准，在交易时也缺乏通用的定价体系，使交易市场经常陷入买方与卖方议价能力的博弈之中。

因此，网络文学 IP 行业亟待出现被广泛认可的 IP 价值评估的通用准则或行业风向，鼓励企业内部设立对 IP 进行价值评估的部门，从而给制片人提供更多可供参考的 IP 评判标准，降低对制作人鉴别能力与议价能力的依赖，进而降低投资风险，促进网络文学 IP 的良性交易。

（二）开发尚未形成健全体系

拥有成熟商业化运作体系的网络文学 IP，在被改编成影视作品和进行后续开发的过程中，一般包括内容培育、全程把控、授权变现三个环节。首先，版权方筛选出具备改编潜力的作品，或者根据需求进行内容定制。然后，在作品连载阶段就开始把控内容、制定运营计划，从而保证文学作品能更顺利地转化成影视作品和后续衍生品。最后，与影视、游戏、出版等制作公司合作，完成 IP 的多领域授权与产业链打造。

但目前，国内大多数网络文学 IP 的版权运营还未形成完善的开发体系。除了少量头部 IP，大多数 IP 在孵化和宣传运营的环节就已或多或少地偏离原有设计，离成熟完整的产业链运营还有较大差距。再加上 IP 在各个改编过程中被打的折扣，不少网络文学 IP 在完成初次改编后便将原生商业价值消耗殆尽，IP 资源被浪费，后续的开发也无从谈起。因此，只有对 IP 进行多领域的开发和联动运营，才能实现商业价值的最大化。

（三）版权授权存在乱象

近几年，有关网络文学 IP 版权的官司层出不穷，除抄袭、影视改编超出合约期限等原因外，不少是混乱的版权授权导致的。不少版权方为了短期盈利，忽略了作品的长远开发，对 IP 分散授权甚至重复授权，给后续开发和运营带来困难。例如，网络文学《鬼吹灯》系列因分散授权造成了版权纠纷，企鹅影业宣称其他公司无权使用《鬼吹灯》的世界观架构、人物名称等作品要素进行后续影视改编①，此次纠纷引发行业内不少热议。

可以预见，网络文学 IP 分散的版权授权，带来的将是混乱的 IP 开发和无尽的版权纠纷。电视剧《花千骨》的制片人就曾为实现该 IP 的全版权开发，花费大量精力和财力收回被原作者分散的版权授权。因此，网络文学 IP 授权混乱的问题，亟待行业引导和规范，需要从授权源头规避版权纠纷。

（四）改编影视作品侵权现象频发

热门 IP 改编影视作品因其自带的注意力资源，通常会成为侵权行为的首选对象。而网络文学 IP 的开发与运营具有高沉没成本的特点，如果不注重对作品后续的版权保护，盗版、盗链、抄袭、蹭热点、抢先开发等侵权行为所能赚取的收益是难以估算的，对 IP 行业的打击将是毁灭性的。

在互联网时代，IP 改编影视作品的版权保护工作，因数字传播技术的特殊性越发难以实现。因此在司法层面，需要最高法院出具更多司法解释来完善现有法规，在行政上须将著作权法的执法检查机制常态化，并建立版权社会信用

---

① 《〈鬼吹灯〉网剧改编权引争议天下霸唱要侵权?》，http：//tech. sina. com. cn/i/2015 - 10 - 30/doc - ifxkfmhk6549308. shtml。

体系和黑名单、白名单制度[1]。同时，各版权持有方应积极设立专业的版权部门进行自主维权，并借助大数据和云计算等互联网技术实现监管。

（五）行业原创生产力下降

早在2015年初，国内前100名头部IP已被迅速瓜分完毕[2]，市场上80%的网络小说IP也均被收购[3]，不少小体量网络文学作品更是被所属网站打包出售。过快、过密集的IP挖掘远远超过了网络作家的原创速度，迅速掏空了行业多年来积攒的原创资本。IP存量不足和“唯IP论”的理念，彻底透支了网络作家的原创生产力。不少知名网络作家为了配合影视改编进行命题作文式创作，较短的创作周期和未经深度思考的故事架构，使原创水平不断下降，后续产品的开发运营更显得后劲不足。

IP交易市场的繁荣虽为原创作者带来了巨大收益，却令他们在资本压力下失去了渐渐话语权。随着近几年不少热门IP改编影视作品的失败，市场逐渐回归理性，此时各制作方应尽快纠正“唯IP论”的错误观点，重视原创作家和编剧，积极营造原创IP孵化的良性生产环境，从源头规范市场秩序，为国内影视行业贡献更多优质的内容资源。

四　网络文学IP改编影视作品产业未来发展趋势

（一）精品化、有延展性的IP，将成为影视剧改编首选

在网络文学IP改编影视作品的1.0时代，IP的开发运营呈现“单线、多向”的特点，即同一IP内容分别进行电视剧、电影、网剧的改编。但通常同一IP的不同产品间没有统一性，在选角、故事改编等方面都存在较大

① 聂震宁：《数字时代完善版权保护护航IP产业发展》，http://www.toutiao.com/i6397902881852228098/。

② 王中磊：《中国前100名IP被瓜分完毕》，https://baijia.baidu.com/s?old_id=95266。

③ 荀超：《80%以上网络小说IP已被收购》，http://cul.qq.com/a/20151117/043269.htm。

差异，容易造成人物形象和故事内容的混乱，这意味着IP的影视改编方式需要升级。

于是在2.0时代，以保持IP形象的统一为基本点，通过精品化开发和内容深化，利用IP自身的世界观让故事延续下去，从而令IP品牌具有可持续性，让原著“粉丝”在既有设定中持续拥有新鲜感。美国漫威系列的IP运营就是典型范例，在保持原有人物设定、故事梗概和世界观一致的前提下，将IP传达的价值观元素不断提炼、延展，在此基础上进行内容的续写和精品化运营。如今，国内IP也开始采用这种品牌延续开发的影视剧改编模式，如《琅琊榜之风起长林》并没有续写第一部的故事，而是套用“琅琊榜”世界讲述了一个新故事。

（二）付费模式加剧两极分化，合理运营助力优质IP价值放大

随着当代人观剧习惯的改变和电视平台政策把关的收紧，网络平台逐渐取代电视平台，成为影视剧争夺观众的首要战场。而观众版权意识的提高和网络对用户的培养，让越来越多的人愿意为内容付费。在“IP热”冷却后，市场逐渐回归理性，观众越来越注重付费内容的质量，并对其进行主动甄别。至此，付费模式加剧了IP改编影视剧的两极分化，头部IP将获得大量注意力资源，优质IP在合理运营下将放大自身价值，而劣质内容将不再仰仗IP优势，终将被观众抛弃。

资金、资源向优质内容倾斜是主流趋势，而头部IP数量有限，因此通过合理运营将优质IP打造成头部，放大其自身价值，将成为付费时代的首要任务。首先，根据IP的题材类型和个性化特征寻找目标受众；其次，根据细分受众偏好和行业趋势，修改IP内容，调整运营方向；最后，围绕目标受众进行针对性营销，获得后续开发的可能和可持续的变现能力。

（三）市场呈现细分化趋势，异质化需求深耕空间大

随着仙侠、宫斗、言情等题材的IP改编剧在市场上逐渐饱和，越来越多的小众题材开始呈现，网络文学IP改编影视剧市场呈现明显的细分化趋势，而庞大的用户基数为满足观众的异质化需求提供了巨大的深耕空间，让

小众题材也能变得“大众”起来。

为满足观众的个性化需求，网络文学 IP 将开启影视改编的精细运营，比如在题材方面避免同质化，培养新兴热门领域。分别于 2014 年和 2015 年播出的 IP 改编网剧《暗黑者》和《心理罪》试水了国产网剧的悬疑犯罪题材，培养出了一批高黏性“粉丝”，而 2017 年的现象级网剧《白夜追凶》和《无证之罪》，直接将这一小众题材培养成爆款题材，优酷、爱奇艺和腾讯视频的 2018 年剧单也纷纷加大了推理悬疑题材影视剧的比重。因此，细分领域的垂直深耕配合精品化运营所带来的长尾效应，依旧能够保证小众题材 IP 改编影视剧的流量集中能力和变现能力。

（四）通过打造 IP 产业链，增强产业融合能力

随着网络文学 IP 开发运营的日益成熟，为了获得可持续的盈利能力，IP 开发不再停留于对多个衍生产品的运营，而是通过系统化地建设 IP 产业链，培育具有持久品牌影响力的泛娱乐生态系统，打造包含影视、出版、游戏、电商、实景娱乐、衍生品、艺人经济、“粉丝”经济等内容的全产业链生态。虽说 IP 开发的现实目的是盈利最大化，但其更深层的目的是，通过一个个 IP 的运营推动传媒产业链上、下游各环节间的业务合作与融合。

比如阿里影业改编自网络文学 IP 的自制影片《傲娇与偏见》，其制作的深层目的并不是实现盈利，而是通过类似“生产线试运行”的过程，实现阿里大文娱内部资源（阿里影业与淘票票、阿里文学）的打通，促进各环节的合作及资源管理上的标准化。虽说不少制作公司都声称已经构建了完整的 IP 产业链，但现在不少 IP 产业链上各环节的合作还停留在资源整合与人力对接层次，远无法达到聚合效应，因此需要通过一个个 IP 的磨炼来提升产业融合能力，为未来打造成熟的产业链开发平台而努力。

（五）版权管理规范化，推动网络文学 IP 运营步入正轨

网络文学 IP 改编影视作品的版权管理问题，不仅问题难以界定、纠纷处理周期长，而且在各 IP 的开发运营中始终无法避免。为解决这一问题，

国家版权局于2016年11月14日发布了《关于加强网络文学作品版权管理的通知》，进一步明确了网络服务商在版权管理方面的责任和义务，细化了著作权法律法规的相关规定，对规范网络文学版权秩序具有重要的意义[①]。这将令IP开发进入更为规范的领域，为网络文学IP的孕育和后续影视作品的改编提供了更为健康的政策环境。

在行业环境方面，随着内容付费意识的不断推进，版权的价值受到越来越多的尊重，BAT等行业巨头都在积极地推进以网络文学IP为核心的泛娱乐化，为其营造了更为舒适的发展空间。在技术方面，反盗链、大数据、云计算等技术的运用，将推动网络文学作品中的盗版、侵权、抄袭等问题的减少。相信在各方的协力推动下，网络文学IP相关的版权管理工作将逐渐步入正轨。

五 结语

从2015年的“IP元年”到现在，“IP热”正在逐渐冷却，市场重新回归理性。但网络文学IP改编影视作品近三年的表现仍预示着，网络文学IP市场的需求将持续稳定增长，泛娱乐相关行业也正在沿着市场化、产业化和资本化方向不断深化发展。网络文学IP所带来的经济价值已经席卷影视、出版、游戏、电商、实体娱乐等多个行业领域，影视改编作品数量持续增加，质量不断提高，市场规模也在持续扩大。

不难看到，网络文学IP对影视改编的价值得到了市场和观众的认可，“IP热”带来的企业和市场洗牌也已基本完成。虽然网络文学IP改编影视作品行业的发展仍存在一定问题，但国家在不断出台相关政策法规来规范这一新兴行业，企业对IP的开发运作模式已日趋成熟，观众的理性选择也在引导市场的良性发展。随着市场上出现越来越多精细生产和全产业链运营的IP剧，网络文学IP改编影视作品行业未来的发展前景将是十分乐观的。

---

① 《关于加强网络文学作品版权管理的通知》，http：//www. gapp. gov. cn/sapprft/contents/6588/308186. shtml。

市 场 篇

Reports on Market Development

B.9
2017年媒体融合背景下的电视市场格局

朱 天 刘书亮*

摘 要： 在媒体融合的背景下，新媒体对电视市场的冲击已逐渐减弱，而呈现相对稳定的状态，虽然市场整体收视率仍在下滑但速度趋缓。在电视节目的发行市场，虽然产能过剩和同质化现象依然存在，但电视剧和综艺节目的供给开始逐渐优化。在播出市场，收视份额已逐步固化，各级电视台之间差距拉大但差异化程度在减小。广告主从电视市场流失的现象开始转变并出现回流，但投放行为更加理性和谨慎。在这种情况下，未来的节目生产会呈现高度的资源集中现象，而支撑电视台收视份额的内

* 朱天，博士，四川大学研究生院副院长，四川大学传媒研究中心主任、教授、博士生导师，主要研究方向为广播电视媒介理论及实务、广播电视媒介经营管理；刘书亮，四川大学文新学院广播电视学博士研究生，研究方向为广播电视媒介经营与管理。

在逻辑会进一步改变，这就要求电视台在内容创新的同时探索经营创新，特别是将节目版权经营作为一项核心业务。

关键词： 媒体融合　电视市场　节目发行　广告经营

一　媒体融合下的电视市场概述

（一）传统电视市场形态

20 世纪 80 年代兴起的现代电视媒体经济学认为电视媒体的市场形态受到其三种不同服务形态——广告电视、公共电视和收费电视的制约。广告电视市场作为一种经典的传媒市场具有独特的二元结构，即由内容产品市场和广告市场组成，其中内容产品市场的交易行为是媒体向受众提供内容产品以换取时间和注意力资源，广告市场的交易行为是广告商购买传媒空间或时间资源来获取消费者的注意力①。虽然传统的电视媒体市场理论认为，公共电视市场和收费电视市场由于不依赖广告销售收入所以不具有二元属性，但综观我国电视产业现状，仍未出现仅靠政府资助或向观众收费维持运营的电视媒体，因此可以认为我国的电视市场普遍具有二元结构，即由内容（节目）产品市场和广告市场组成。

日本学者在对西方电视媒体经济理论进行继承和对本国电视业进行实证研究的基础上提出了一系列电视市场领域的观点和理论，其中内山隆认为电视媒体具有多重市场特性，可以分为广告市场、节目市场、要素市场、商品市场等②。对照我国的电视市场环境，在二元市场结构中的内容（节目）产品市场中也存在这样的多重结构。在“制播分离”的发展趋势下，“制”和

---

① 周鸿铎：《传媒经济理论》，世界图书出版社，2008，第 264 页。

② 张志：《电视媒介市场供求经济学分析》，《国际新闻界》2001 年第 4 期，第 52 ~ 56 页。

“播”环节的分离将内容（节目）产品市场划分为面向不同客户类型的两个分级市场——发行（一级）市场和播出（二级）市场。发行市场连接电视节目的生产和流通环节，是一个“to B”的市场；而播出市场连接的是流通渠道和终端消费者（观众），因而是一个“to C”的市场。不同的客户种类决定了两个市场不同的结构、行为和绩效。另外，在广告市场交易的“产品”实际上是以收视率为代表的一系列观众注意力量化指标，这种交易既可以发生在电视节目的生产环节，以植入、联合出品等多种方式，将广告作为节目产品的一部分参与发行市场的交易，获得相应的溢价同时承担一定的风险；也可以发生在播出环节，将广告在播出市场与节目产品捆绑“销售”给观众，获得相应的收视率或关注度。

（二）媒体融合对电视市场形态的影响

我国电视产业在媒体融合趋势的影响下呈现新的发展特点：制作内容IP化、播出多屏化、盈利模式多元化、生产制作资本化（见表1）。

表1　媒体融合时代电视剧产业化发展的四大趋势

趋势	主要内容
制作内容IP化	将电视节目内容作为核心知识产权（IP）向整个内容产业扩展，形成贯穿综艺、电影、出版物、游戏、动漫、电商、App等多种产品的新生态，形成依托核心IP的传播矩阵
播出多屏化	随着视频网站、移动App、IPTV等成为重要的播放平台，电视节目逐步迈入多屏播出时代。新的平台不仅改善了制片单位的客户结构，更覆盖了不同播出渠道下的不同观众群体，衍生出新的播出方式和策略
盈利模式多元化	传统电视节目的盈利模式主要包括：播映权、音像制品制作权和海外播映权、植入广告和赞助等。在电视剧的IP化和多屏化的影响下，其盈利模式变得更多元，如点播、“粉丝”经济、相关IP的衍生品开发和运营、节目模式经营、电商等
生产制作资本化	影视行业长期以来都是资本市场追逐的热点。近年来电视节目生产的资本化运作方式更加丰富，除了众筹、预售、IPO、并购等以外，还出现了依托互联网金融的项目证券化、投连险、结构化信托等新手段

其中制作内容的IP化是继制播分离之后对电视媒体劳动分工的又一次专业化和细分化的过程，围绕核心IP进行的节目开发和衍生产品开发，极

大地丰富并延伸了产业价值链，实现了产业的规模经济和范围经济。同时这是生产制作资本化的前提条件，而生产制作过程的资本化可以使产业借助资本杠杆迅速扩大规模，并反过来进一步推动专业化和细分化的发展，形成良性的产业循环。因此，基于更专业的产业链所形成的发行市场是一种纵向的市场结构，市场中、上、下游企业间的关系主要包括两种：纵向一体化和拆分（产权关系）、纵向约束（契约关系）[①]。近年来节目生产行业中的兼并重组日益普遍，既包括对上下游资源的整合、并购（纵向一体化），又包括将经纪或宣发环节从主营业务中剥离，进行独立运作（纵向拆分）。而纵向约束则是指产业链中某些具有强市场力量的厂商会利用自身的议价能力对市场进行纵向控制和影响，如近年来不断攀升的演员片酬，使 IP 大剧的单集售价屡创新高。这种约束不仅体现在价格的直接传导，还包括交易的支付条款（非线性价格、两部收费、数量折扣、抽成、通道等）以及对交易方的决策限制（转售控制、捆绑销售、数量规定、排他等）。

而多屏化的播出模式和多元化的盈利模式转变了以往电视节目单向的销售模式，形成了以播出平台为中心，同时向观众、广告主和其他参与方收费和获取价值的多边市场。多边市场的概念是建立在双边市场的基础上的。Rochet 和 Tirole 在 2003 年首先将双边市场定义为："如果通过提高向一边的收费，同时同等程度地降低向另一边的收费，平台可以改变交易量，则称这一市场是双边市场。"[②] 它是一个发挥核心作用的平台通过中介作用与来自产业链两端的两种或多种客户建立联系并获取利润的结构。Evans 和 Schmalensee 在双边市场概念的基础上发展了多边市场的概念：多边市场由两个或多个彼此存在外部性的客户群体组成，这种外部性是非内在化的[③]。Nadine Lindstädt 通过梳理媒体市场理论，提出媒体市场应该被定义为多边市

---

① 郁义鸿、管锡展：《产业链纵向控制与经济规制》，复旦大学出版社，2006，第 35 页。

② 刘启、李明志：《双边市场与平台理论研究综述》，《经济问题》2008 年第 7 期，第19 ~ 22 页。

③ Schmalensee, Richard and D. S. Evans. "Industrial Organization of Markets with Two-Sided Platforms." *Social Science Electronic Publishing* 3. 1, 2005, pp. 103 – 114.

场，不同的用户群体既有直接的外部性，彼此之间又存在间接外部性，无论这种影响是正向还是反向的①。在以电视台为中心的播出市场中，电视台整合不同类型的节目产品、渠道/屏幕资源、广告资源甚至观众（“粉丝”经济），采取有针对性的播出和收费策略，将节目产品销售给观众和广告主以获取受众价值和广告收入。节目内容的多屏呈现不但可以覆盖更多的双边用户，还能通过多屏互动将处于市场两边的用户有机联系起来，增强彼此之间的网络外部性。而多元化的盈利模式使得电视台通过播放平台同时向双边用户收费的模式得以实现，而不限于对收视率的“生产”和“转售”。

因此，媒体融合背景下的电视发行市场是一个包含完整产业链的纵向市场，而电视播出市场，是由电视节目的播出活动构成多边市场“中心”的平台型市场。同时可以看到的是，在媒体融合的影响下，传统电视市场的二元结构已经融入两个分级市场中，无论是在电视节目的发行还是播出交易中都能看到广告及相关行为。

二 2017年媒体融合背景下电视市场格局的演变

（一）收视流失带来的整体焦虑

CMS 公布的调查数据显示，近年来我国电视市场发展的总体趋势始终伴随着收视总量持续下滑这一基调，具体表现为：人均每日收视时长继续下降；中度收视观众流失速度加快，并且流失趋势开始向重度观众蔓延；中青年观众收视加速分流，电视观众结构老龄化趋势日益明显。

电视市场的收视总量分别体现为观众规模和收视时长两个维度。据 CMS 的调查数据，2017 年上半年电视观众的日均到达率首次低于 60%，下降至 57.1%，较 2016 年同期下降了 4.6 个百分点，创历年降幅之最。如图

① Nadine. Lindstädt “Multisided Media Markets: Applying the Theory of Multisided Markets to Media Markets.” *Working Papers*, 2009 (96/09).

1 所示，2017 年 CMS 所有调查城市电视观众人均每天电视收看时长为 139 分钟（2017 年上半年的人均收看时长为 144 分钟），与 2016 年相比减少 13 分钟，降幅达到 8.55%，明显高于往年 2% ~3% 的降幅。

图 1　2013 ~2017 年观众人均每日收视时长

资料来源：CMS 媒介研究。

收视时长同比下降绝对值最大的群体是 35 ~54 岁的中年观众：35 ~44 岁的观众的收视时长同比下降 16 分钟，而 45 ~54 岁的电视观众的收视时长同比下降 17 分钟。同时，媒体融合带来的受众分流作用使电视观众的年龄结构呈现更加明显的老龄化趋势（各年龄层电视观众的收视时长如图 2 所示），20 ~40 岁的主力消费人群正在逐渐远离电视，这是给整个市场带来焦虑的另一个重要原因。

2017 年电视市场收视率大幅下滑的原因是多方面的，部分原因是监管政策风向的转变。例如，“萨德”事件后出台的“限韩令”让一批衍生自韩国节目模式的综艺节目集体改名，《奔跑吧，兄弟》改名为《奔跑吧》，《我是歌手》改为《歌手》，《偶像来了》和《女神的新衣》也改名为《我们来了》《我的新衣》。其中《奔跑吧》改名后的收视率从 2016 年的 3.59% 下降到 2.64%，其他节目也受到不同程度的影响。2017 年 6 月 27 日，国家新闻出版广电总局规定禁止全明星阵容真人秀在卫视黄金档播

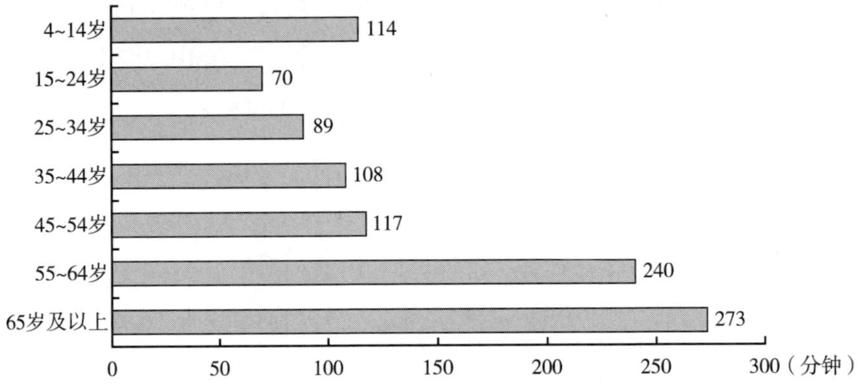

图 2　2017 年各年龄段电视观众人均日收视时长

资料来源：CMS 媒介研究。

出，多档节目受到影响，部分综艺节目如《我们来了》（第 3 季）、《极速前进》（第 4 季）采取加入素人等“曲线救国”的方式，获取在黄金档播出的机会。而 2017 年底的“限古令”大大地压缩了一批架空剧、大女主剧、宫斗剧的排播空间。虽然监管层从长远利益出发实行宏观调控，指导市场走向是合情合理的，但由于明星、热门 IP 等元素的缺位，短期内仍然对市场造成了较大的冲击，引起收视数据的明显下滑。

同时，节目同质化现象日益普遍，明星片酬过高导致粗制滥造等长期存在的问题，日渐引起观众的不满。另外，作为传统电视强有力竞争对手的网络视听节目的制作水准正在飞快提升，一批热门网剧、网综的崛起是电视平台年轻观众流失的重要原因。网络综艺节目在 2017 年呈全面爆发之势，13 档网综播放量超 10 亿次，其中甚至有 4 档超过 20 亿次，最为典型的综艺节目《明日之子》，播放量超越 40 亿次，创下了网综的播放量纪录。

（二）发行市场：电视剧供给提质减量，综艺制作逐渐优化

综观我国电视市场，电视剧产能过剩。从 2000 年以来，电视剧产量每年都以近千集的速度持续增长，2012 年，我国电视剧产量高达 17000 集，名列世界第一，播出量也位居世界第一。随着“4X”播出政策的限制，许

多电视剧未能顺利播出。基于此，2015 年，国家新闻出版广电总局通过实施“一剧两星”进行调整，意图调控少数电视剧集中播出所造成的存量积压问题。

随着调控力度不断加大，以及市场自身的反馈和适应，电视剧供给侧改革的成效初步显现。《2018 中国电视剧产业发展报告》数据显示：2017 年，我国电视立项的总部数和总集数均呈下降趋势，电视剧立项总量约 465 部，集数约 11.7 万集，和 2016 年相比有所下降。完成生产并获得发行许可证的电视剧总量减少到 313 部，持续下降且创下历史新低。

尽管电视剧产量在 2017 年呈现下降趋势，但电视台的排播容量仍趋于饱和。《中国文化产业发展报告》显示：在获得发行许可证的电视剧中，只有一半电视剧能够在电视台播出，其中能在黄金时段播出的电视剧不超过 20 部。在播出资源如此紧张的情况下，《西游记》《还珠格格》等热门电视剧仍被多家电视台反复重播，充分表明国内电视市场对优质电视剧的需求并没有因为产能的扩张而得到满足。因此，减少低端供给，以质量取胜的策略是适应市场发展需求的。可以看到国内一线制片企业如华策、慈文等已意识到“少拍剧、拍好剧、拍精品剧”的重要性，并开始践行从“以量取胜”向“以质取胜”的战略转变。近年来，国产电视剧的单集收入和单集成本上升明显，意味着资源开始向少数精品剧集中，精品化转型已成为制作公司普遍的战略方向。

电视综艺的节目供给在经历了海外模式的引进热潮和同质化的竞争之后，开始了一轮以节目原创为核心的转型升级。如央视在 2017 年初推出的原创综艺《朗读者》以朗读的形式，融合素人与明星，通过真实人物的情感表达，将原本高高在上的文化类综艺做出了朴实亲民的节目调性。而 12 月开播的《国家宝藏》进一步创新，打破了传统文化节目“纪录片”式的讲述思路，以年轻化的话语体系和娱乐化的表达方式向观众传递国宝的历史文化底蕴，同时并没有消解节目的严肃氛围，也未偏离节目主题。地方卫视也在加大原创综艺的开发力度并推出了一批精品节目，如东方卫视的《天籁之战》、湖南卫视的《声临其境》、北京卫视的《跨界歌王》等。

但同类综艺节目扎堆竞争的现象仍有出现。2017 年电视综艺最热的市场新宠无疑是“慢综艺”，与主打竞技和对抗性的“快综艺”不同，“慢综艺”强调回归自然、享受生活。但国内的几档节目播出后，受到了不同程度的质疑，特别是第四季度扎堆播出的民宿综艺，创意匮乏。

（三）播出市场：央视份额趋稳，卫视份额高度集中，地面频道下滑严重

在我国“四级办”电视的产业格局下，播出市场长期以来大致维持了“三足鼎立”的竞争格局，即央视、省级卫视和地面频道各占 30% 左右的市场份额。与往年数据相比，央视份额保持稳定，省级卫视和地面频道均在下滑，而以 IPTV、OTT 电视和外接智能电视为主的其他频道则出现了强劲上涨现象，涨幅达到 14.7%。这说明随着网络电视、智能电视设备的普及，回看、点播等非直播收视行为已被观众所接受，且这种接受程度正在逐步提高。2017 年各级频道市场份额如图 3 所示。

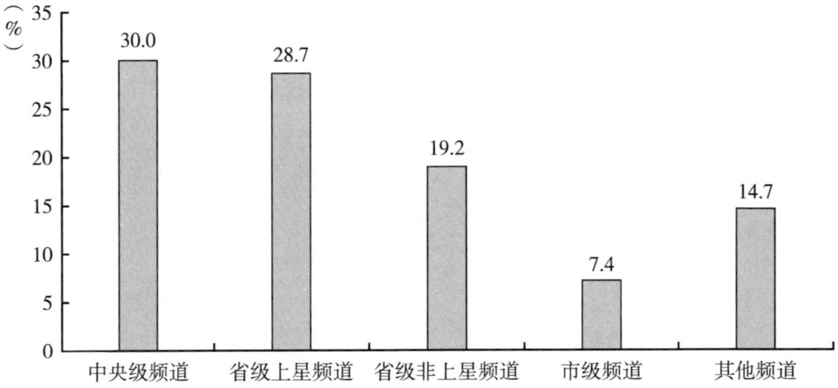

图 3　2017 年各级频道市场份额

资料来源：CMS 媒介研究。

视频网站的出现，影响和冲击了各级频道的市场份额。省级上星频道的市场份额下滑至 28.7%，收视份额头部效应明显。TOP5 卫视市场份额累计

达到42%，与2016年相比提升了2个百分点；中间层卫视市场份额普遍趋于下降，竞争分化加剧，与第一阵营频道相比，差距进一步拉大，第二阵营的频道企图进行冲刺的难度逐步加大；三线弱势省级卫视想要“弯道超车”已不太可能。

在目前这种市场格局下，二、三线卫视想要实现突围，就必须合作。二、三线卫视抱团取暖，携手合作，从联合招商、联合内容制作到联合营销，“联播综艺”成为其合作的最新思路。另外，积极引入社会资本进行高度融合，实现自有团队和社会团队之间的融合，如河北卫视吸收民间资本，与具有优势资源的上市公司当代东方进行合作，这也是二、三线卫视实现突破的重要路径。

地面频道的市场份额仍然处于下降趋势，省级地面频道均出现竞争动力不足、优势被蚕食的迹象。从省级地面频道近两年数据来看，其整体平均市场份额在晚间时段从27.8%降至27%。其中有12家省级地面频道的市场份额同比上涨，但有17家出现下降，且最大降幅超过8个百分点。城市台的下滑情况更加突出：市级频道整体平均市场份额从14.5%降至12.8%，其中上涨的城市台仅有26家，多达90家城市台出现下滑，其晚间时段市场份额最大降幅超过8个百分点。

（四）广告市场：与新媒体的份额博弈逐渐平衡，品牌投放更加理性

媒体融合背景下，传统媒体广告投放不断受到来自新媒体的挑战，数据显示，2017年广播电视广告收入稳中趋降，总收入1518.75亿元，同比下降1.84%。另据CTR公布的数据，2017年广告主媒体营销费用的计划分配比例，电视占比跌破30%降至29%，但仍居于所有媒体平台首位，IPTV和OTT占比上升1个百分点至3%（见图4）。

2017年上半年，传统媒体的花费同比降幅为4.1%，与2015年和2016年同期相比，降幅有所收窄，表明广告主从传统媒体流失的趋势有所扭转，新媒体与传统媒体在广告市场上的博弈进入相对稳定的时期。虽然某些品牌

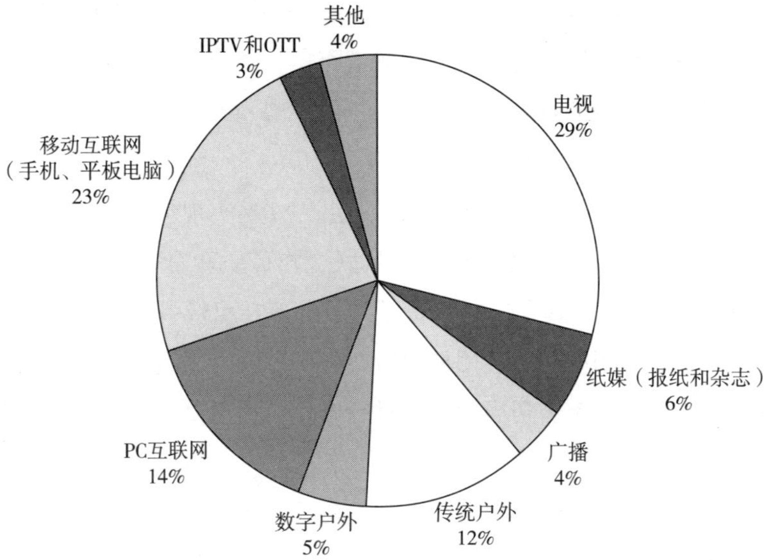

图 4　2017 年各媒体营销费用的计划分配比例

资料来源：CTR《2017 年广告主营销趋势调查》。

紧跟时代步伐，在新媒体渠道进行投放，但 2017 年有回归传统媒体渠道的迹象。比如 2016 年上半年，伊利在电视广告花费上同比减少 0.3%，而在 2017 年上半年却同比上涨 37.8%。其他品牌如雪碧、兰蔻、雅诗兰黛等也逐渐回归到传统媒体渠道。

CTR 的数据显示：2017 年增加营销预算的广告主占比仅为 36%，创下 9 年以来最低值。在支柱行业方面，药品行业是唯一一个“高份额、高增长”双高行业，其他的广告花费高份额行业如饮料行业、食品行业、化妆品行业、浴室用品行业等均呈现不同程度的降幅。2017 年的品牌投放热点仍然是以爆款的 IP 大剧和综艺为主，但广告主希望看到更有效率的营销方式，比如增加电视剧内容的植入，在内容营销上发力。同时动辄上亿元的冠名综艺的营销模式性价比越来越低，面临招商困境的综艺节目也并不罕见，如《灵魂摆渡人》就因招商不力而放弃项目，华录百纳打造的《来吧，兄弟》的招商未达到预期效果，计提高额跌价准备。从综艺强势频道湖南卫视公布的2017年广告招标情况来看，冠名费用开始趋于稳定，并未出现超过5亿元的项目（见表2）。

表2　湖南卫视2017年广告招标情况

项目	中标数量(个)	标的标底总价(万元)	标的中标总价(万元)	中标溢价率(%)
我是歌手	21	12200	14553	19
我想和你唱	12	3600	4672	30
快乐大本营	69	36040	39749	10
天天向上	18	4680	4765	2
金鹰独播剧场	89	50270	61485	22
总计	209	106790	125224	17

随着互联网和移动互联网用户增长速度放缓，新媒体对传统媒体在广告市场上的冲击开始减弱，近年来逐渐进入平衡状态，而电视作为品牌广告投放计划中最重要的一个板块，整体呈现稳定基调。从广告主的投放行为来看，其比以往更加理性和保守，电视剧和综艺仍然是吸纳营销费用的主体，但传统的营销方式使招商变得越来越困难。

三　市场趋势与前瞻

（一）节目资源高度集中，马太效应更加明显

在媒体融合已进行到一定深度的背景下，网络媒体对电视市场的冲击力逐渐减弱，市场环境变得更加稳定。因此在电视发行市场中，节目供给不再主要依靠产量扩张来获得竞争优势，而是逐步转变为靠提升质量来竞争。在节目的制作层面，以往简单粗暴的大IP、大制作、大卡司的生产方式已经开始失灵，无论是电视剧、综艺还是其他类型的节目，都必须将优质资源高度聚集，用匠心打造精品，才能从激烈的竞争中脱颖而出。从电视节目生产环节的产业格局来看，市场集中度还很低，基本维持小而散的局面。如果用2014～2016年的出品部数和营收两个指标来统计从事电视剧制作业务的10

家上市公司的市场占有率，分别是20%左右（出品部数）和30%左右（营收），且呈下降趋势，说明节目生产企业还有很大的兼并组合空间。因此未来必将会看到越来越多的节目生产企业、发行企业实施纵向一体化（产权关系）和纵向约束（契约关系）来整合优势资源，使产业结构得到优化。同时，在优势资源向具有强市场力量的制作企业集中，马太效应更加明显时，中小制作企业可能会通过专业化和差异化的竞争策略来选择自身优势领域进行集约化生产。比如，专注户外真人秀的中广天择，以语言类节目和喜剧节目见长的能量传媒，擅长歌唱类综艺的灿星制作等，这些公司十分注重发挥自己的优势，在专业优势领域进行深耕，逐渐趋向于专业化和差异化。

除此之外，曾被冷落的纪录片将加速进入观众视野，已有多部优质纪录片“杀入”了卫视黄金时段，取得了不错的收视率，如《百心百匠》《西泠印社》《你所不知道的中国》《本草中国》等收视率、口碑双丰收，未来将会有越来越多的纪录片占据各大卫视黄金档，吸引人才和资金向纪录片生产聚集。

（二）播出市场格局固化，但支撑格局的内在逻辑即将变化

电视播出市场的份额和格局已经相对固化：央视因具有国家媒体的属性，市场地位无可匹敌；一线卫视在电视剧和综艺节目上发力，增强自身实力，拉大与其他卫视和地面频道的差距，但由于直接面对网络平台的竞争，在收视的进一步突破上已出现瓶颈；二、三线卫视要想“弯道超车”进入第一梯队已基本不可能实现了，而地面频道则只能为生存而战。

俗话说“得剧场者得收视”，五大卫视中除浙江卫视外均是依靠“爆款”电视剧的超高收视率来支撑市场份额，如湖南卫视的《人民的名义》，东方卫视的《欢乐颂2》和《我的前半生》，浙江卫视虽然在综艺节目上表现出色，但由于在电视剧市场表现不佳而屈居第三。这正说明综艺节目面临模式老化、同类节目扎堆对抗的困境，除少数节目做出了有价值的创新突破，行业整体的制作和运营思路仍然是以广告收益为导向，难以再现“现象级”综艺的辉煌。这让卫视不得不依赖抢购IP大剧以维持收视份额。因

此，一方面，卫视对电视剧的高度依赖和制播分离对自制力量的限制，会不断提高购剧成本，带来沉重的经营压力；另一方面，在政策和市场的双重调控下，台播电视剧难以像网剧一样释放潜在商业价值。电视播出市场实际上进入了一种不可持续的竞争模式，必须通过更新内部结构来做出改变。

因此，未来我们可能看到越来越多的频道不再蜂拥而上做一堆同类型节目来恶性竞争，而是强调差异化的定位。从一线卫视 2018 年的内容储备和编排投放来看，湖南卫视重新开辟“钻石独播剧场”与金鹰独播剧场，延续电视剧独播策略，“青春进行时”依然走青春偶像风。东方卫视致力于打造出大文娱、大片和大剧三矩阵组成的内容版面，周一至周四晚间主打纪录大片，周五至周日主打王牌综艺及创新大型综艺，“东方剧场”将 24 部电视剧按题材分为：四大古装、四大“美”剧、四大话题、四大燃情、四大“名”作、四大悬疑。浙江卫视在推出 18 部电视剧之余，延续其综艺优势，除了主打重量级的明星节目外，在建筑、美食、文化等其他领域进行深耕，推出了《同一课堂》《一间私塾》《诗和远方》等一批“慢”性文化节目，抢占“慢综艺”风口。

在面对视频网站和移动 App 等新媒体对手时，竞争压力将更多地转变为合作动力，通过周播剧场网台联播的方式消化节目库存，通过联合出品的方式激活电视台自身的制作能力都将日益普遍。

（三）营销创新，版权运营将成为电视台的核心业务之一

如今卫视的市场格局分化严重、马太效应凸显，为了进行自身“救赎”，二、三线卫视进行合作成为共识。2017 年的招商会上，深圳卫视、天津卫视、山东卫视组团招商，河南卫视、湖北卫视、广东卫视、黑龙江卫视与四川卫视五家结盟，陕西卫视、甘肃卫视、宁夏卫视、青海卫视组建“丝路国际卫视联盟”，这些都是二、三线卫视招商资源整合层面的有益尝试。但抱团取暖只是应对成本压力的一种策略，要想从根本上实现自身发展，除了依赖内容生产方面的创新之外，更要强调营销方面的创新。

在电视客户结构本土化倾向更明显的背景下，电视台不能再光卖广告，

而要在内容经营的思维下，进行节目的IP生命周期管理，在内容上进行深耕，最大化地释放内容的商业价值。要从联合出品—制作—购买—播出—营销入手，打造“台网联动”的整体融合形式，并随之建立科学有效的多屏评估体系。在经营活动中，应该跳出电视人身份，进行全生态圈的产业经营。在差异化经营的同时加强品牌定位及平台建设，形成品牌喜爱度、用户黏性和溢价能力。

版权运营是电视发行市场和电视节目制作机构最核心的业务，随着国家对知识产权保护的力度不断加大，电视台对影视节目版权的投入比重不断加大，节目版权成为电视台一项重要的资源储备，版权运营也将成为电视播出市场未来的核心业务。这也是电视台进行差异化竞争的必要条件之一。因此，需要提高节目和IP的版权经营意识，建立成熟的版权管理制度，研发相应的版权监管审查系统。

B.10 2017年新闻客户端市场竞争态势分析

赵　丹*

摘　要： 2017年，我国新闻客户端市场持续发力，市场规模稳定增长，市场集中度适中，市场竞争态势和行业格局发生了诸多变化。本报告对2017年新闻客户端市场竞争现状和态势，通过数据分析、案例描述进行了详细解读，从政策规制、生态效应、技术创新、盈利模式等方面分析了新闻客户端行业的新特征和新趋势。在此基础上，本报告还对当前行业发展和企业运营中出现的困境和风险进行了分析，力求为新闻客户端行业未来可持续发展提供策略和建议，促进行业进步和企业管理实现良性循环。

关键词： 新闻客户端　市场竞争　生态效应　困境风险

新闻客户端，是指以智能手机、平板电脑等移动终端为传播载体，利用数字技术和移动技术面向用户提供新闻信息服务的程序①。随着移动互联时代的全面到来，使得新闻客户端获取资讯服务的门槛和成本都大大降低，新闻客户端已经成为网民获取新闻资讯的重要渠道。2018年1月，中国互联网络信息中心发布第41次《中国互联网络发展状况统计报告》，统计数据

* 赵丹，中国传媒大学经管学部助理研究员、博士，主要从事传媒经济和数字资产管理研究。

① 贾金玺：《纸媒新闻客户端发展困境与突围路径——基于五款新闻客户端产品的比较分析》，《中国出版》2014年第12期，第3~7页。

显示，截至2017年12月，我国网络新闻用户规模为6.47亿人，年增长率为5.4%，网民使用比例为83.8%。其中，手机网络新闻用户规模达到6.20亿人，占手机网民的82.3%，年增长率为8.5%，庞大的用户规模为新闻客户端的市场发展奠定了牢固的流量基础。伴随着用户注意力向移动端迁移，新闻客户端的市场价值和营销价值更加凸显。一方面，在人工智能、AR等新兴技术的支撑下，新闻客户端的场景服务不断拓展和丰富，资讯平台呈现富媒体化趋势，头部企业基本完成产业生态布局；另一方面，用户已经不再满足于同质化的新闻和内容，人们的信息消费行为更加频繁和多样，对个性化服务的需求增强。因此，从整体上看，我国新闻客户端市场已经进入快速发展阶段，机遇和发展潜力巨大。

一　数据解读：我国新闻客户端产业现状分析

（一）市场格局：稳定增长，规模扩大

2017年，我国新闻客户端市场呈现稳定增长趋势，随着用户获取新闻资讯的习惯逐步养成，新闻客户端覆盖人数及渗透率进一步提升。数据显示，相较于年初，2017年11月移动综合资讯用户规模增长了18.92%①。目前，移动资讯市场用户规模基本保持在5亿人左右，除即时通信和搜索之外，新闻客户端已经成为第三大类的互联网应用。但是相较于互联网其他行业，新闻客户端行业整体规模处于中游状态，用户规模还有增长和发展的空间。对于广大的移动手机用户来说，新闻客户端已经成为其在日常生活中获取信息的重要渠道。近年来，新闻客户端企业大规模应用内容分发技术，使得新闻内容的触达效率和传播效果均有所提升，用户满意度和黏性也随之提升，为进一步拓展行业市场奠定了良好的基础。

① 易观千帆：《中国移动综合资讯市场年度分析（2018）》，2017年11月。

（二）竞争态势：两极分化，马太效应明显

现有的新闻客户端包括由传统新闻机构转型而来的企业、由门户网站转化而来的企业和独立崛起的特色化平台型企业三种类型。在激烈的市场竞争过程中，这三类平台的市场逐渐细分，市场定位向精细化发展。一是传统新闻机构自建的新闻平台，借助融媒体和“中央厨房”建设的发展契机，快速增强对新闻客户端的升级和改造，人民日报社和新华社等传统主流新闻媒体客户端已经成为传播主流声音，具有较强影响力、传播力和公信力的新型信息内容提供方的代表，它们在时政热点、社会公共事务报道，以及政务服务方面，更具优势。以2018年“两会”报道为例，以《人民日报》、新华社和中央电视台等为代表的主流媒体纷纷应用处于风口的短视频和直播形式，融合动画、脱口秀、H5、纪录片等手段，推出了形式多样的“两会”短视频作品，完成了多角度直播，实现了高传播效果。二是由主流门户网站转化而来的新闻客户端，比如腾讯新闻、网易新闻、凤凰新闻、UC浏览器等，它们将多年积累的门户网站的竞争优势持续放大，通过培育自媒体内容，与微博、微信等传播渠道和内容相呼应，扩大信息供应方的来源，满足用户的全方位新闻需求，扩展新闻信息的长尾效应。三是新兴崛起的特色化新闻客户端，以ZAKER、一点资讯等为代表。这些新闻客户端更关注用户的兴趣和喜好，能够在细分市场中充分突出其适应碎片化阅读和个性化界面的优势，快速定位目标受众，便于用户依据阅读习惯精准定位感兴趣或有深度的新闻内容，提升其获取信息的效率。近年来，三类平台发展模式和市场定位的差异性越发明显，如何在运用技术和提高用户黏性上保持竞争优势，巩固新闻客户端企业的核心竞争力，是下一轮市场竞争的主要关注点。

从用户规模来看，新闻客户端市场整体发展态势良好，市场集中度适中，但两极分化逐渐突出，头部和腰部企业占据了新闻客户端市场的主要份额，已经完成了初始用户积累和使用习惯养成，资源优势明显，而聚集在尾部的企业在用户规模、下载量和营收规模方面均表现平平。通过对2018年2月新闻客户端月活跃人数进行分析和比较可见（见图1），今日头条和腾

讯新闻已经成为典型的头部平台，成为行业的“领头羊”。今日头条利用算法分发技术精准提供阅读内容，这是其核心优势，腾讯新闻主要依托渠道资源，聚集用户流量，两家企业均成为行业标杆。搜狐新闻、网易新闻、凤凰新闻、新浪新闻和天天快报成为腰部企业主力，利用原有的门户网站资源，以及新闻报道的深度、时效性优势，形成了独特的品牌优势，积累了较大规模的忠诚用户。随着内容竞争和资本竞争越发激烈，未来用户还将继续向头部和腰部企业集中。尾部企业逐渐分化，并且依靠内容的长尾效应，集中在各自较小的细分市场中发力。由于优质内容资源的稀缺性、资本市场的频繁操作、用户规模这些行业壁垒日益凸显，行业新进入者受限，在未来新闻客户端市场中，强者恒强的马太效应将持续，优胜劣汰的趋势更加明显。

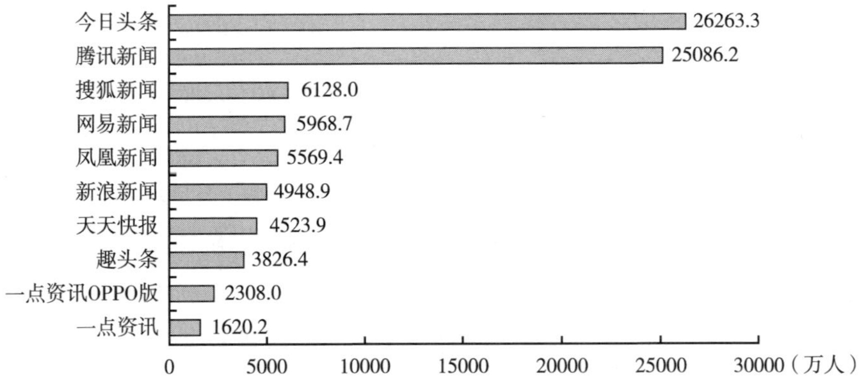

图 1　新闻客户端月活跃人数前 10 名（2018 年 2 月）

资料来源：根据易观千帆监测数据整理。

二　产业格局：新闻客户端市场重构与竞争并存

（一）政策规制：加强监管，行业规范

互联网新闻领域法律法规建设进一步完善，行业规制更加严格规范。为了促进行业的可持续发展，2017 年 6 月，国家互联网信息办公室实施《互

联网新闻信息服务管理规定》（以下简称《规定》），《规定》指出通过互联网站、应用程序、论坛、博客、微博客、公众账号、即时通信工具、网络直播等形式向社会公众提供互联网新闻信息服务，应当取得互联网新闻信息服务许可。2017 年 10 月，一点资讯成为首家获得新闻牌照的民营新闻客户端企业，这也是《规定》实施后，所发出的第一张新闻转载和采编牌照。在政策监管逐步收紧，新闻信息服务规定更加具体清晰的前提下，新闻客户端的市场竞争更加激烈。2018 年 4 月，国家广播电视总局发文指出今日头条和快手两家网站播出有违社会道德的节目。随后，今日头条、凤凰新闻、网易新闻、天天快报四个新闻客户端被要求暂停移动应用程序的下载服务，今日头条还被要求永久关停“内涵段子”客户端。这一系列事件表明在新闻客户端激烈的竞争中，政策规制成为企业发展和加强内容管理的有力保障，进一步规范视听节目服务标准，倒逼客户端内容产品的转型和升级，防止新闻内容低俗化、导向不正等问题，自觉维护行业传播秩序，将成为行业竞争需要面对的重要政策监管壁垒，这也是互联网新闻信息领域更加有序和规范化发展的必然趋势。

（二）生态效应：拓展流量，内容联动

2017 年，为了寻求规模经济和差异化优势，各大新闻客户端生态系统加速建设和升级。随着数据流量的持续扩大，在用户需求和技术进步的共同作用下，新闻客户端已经不再局限于提供新闻信息，用户对购物、游戏、本地生活服务等方面附加功能的需求增加。因此，新闻客户端的服务不断丰富，直播、短视频、音频、VR、人工智能、在线答题、游戏等富媒体化内容分别被连接到新闻客户端中，电子商务、信息流广告等也在加强与新闻客户端的合作，不断拓展流量入口，场景服务更加完善，实现了多层次、多样化、多角度、相呼应的传播模式。伴随着新闻客户端垂直频道的快速发展，平台在信息传递的基础上，重点加强了财经、体育、汽车、房产、本地信息等综合资讯内容建设，将平台的营销和服务价值进行最大限度的拓展，逐步发展成为集信息传递、语音、社交、民生服务等多种功能于一体的服务生态

系统（见图2），这也成为主流新闻客户端发展的“标配”模式。生态系统的建立使得新闻客户端的信息服务范围更加广泛，提升了用户黏性和满意度，提高了点击率、转化率，最大限度地发挥了资源整合、协同创新的作用。

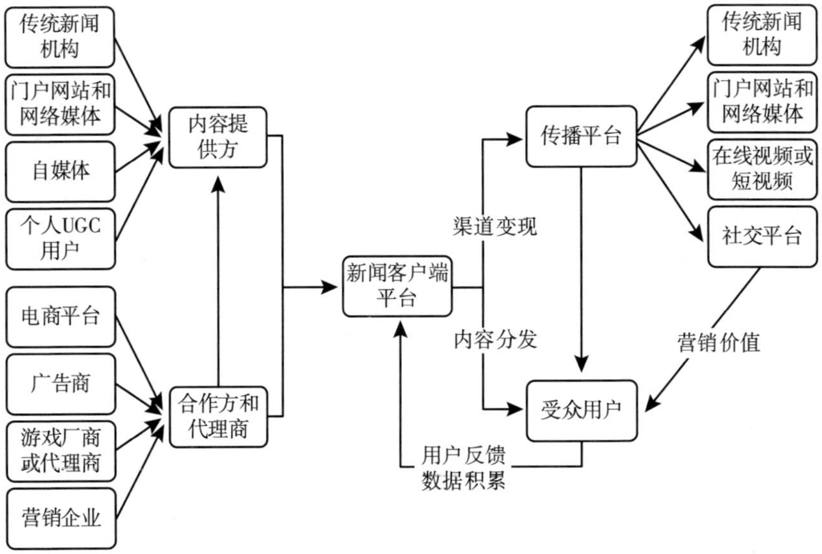

图2　新闻客户端平台生态系统运营模式

值得一提的是，在实施平台生态系统的过程中，新闻客户端企业已经纷纷从单纯追求流量向内容、形式、技术等多维度转移，由于获取和留存用户的关键依然是内容的丰富度、内容的时效性和内容本身的价值①，“内容为王”使得优质内容成为新闻客户端争夺的重要资源。近年来，头部企业纷纷加大对自媒体和UGC原创内容的扶持力度，这成为新闻客户端全生态战略布局的竞争核心和新的价值增长点。在建设差异化自媒体产品的过程中，客户端企业所采用的竞争策略包括发放补贴、媒体合作、扶持原创、品牌化管理、广告分成、数据挖掘、创业咨询、融资对接等（见表1）。在吸引和

① 易观千帆：《中国移动综合资讯市场年度分析（2018）》，2017年11月。

整合自媒体资源的基础上，通过提供具有差异化的内容产品，树立和强化新闻客户端独特的内容风格和品牌形象，不断提升平台内容的“造血能力”、影响力和品牌价值，使生态系统更加完善，让品牌媒体内容成为各大新闻客户端的核心竞争力，进而在内容标准和质量上提高整个新闻客户端的行业壁垒。

表1　2016年和2017年主要新闻客户端品牌媒体内容和自媒体发展策略

序号	新闻客户端	计划名称	具体任务
1	腾讯新闻	芒种2.0	提供12亿元的资金扶持内容创业者发展，其中包括10亿元的现金补贴和2亿元的内容投资资金，发布账号运营、“粉丝”管理等多种内容工具
2	UC浏览器	大鱼计划	提供20亿元的资金，分为大鱼奖金、广告分成、大鱼合伙人三个部分，采用分级激励的方式。通过大鱼号，与淘宝和阿里多个文娱平台连接，拓展内容分发渠道
3	搜狐新闻	星图计划	建立优质内容生态系统，帮助和打造内容生产者，培育原创自媒体品牌，从原创保护、产品功能、商业变现、品牌推广等方位提供支持
4	网易新闻	媒体合伙人2.0	从智能分发、流量补贴、平台功能、“粉丝”转化、品牌推广等多个维度与内容创作者开展合作，重点发展图文、直播、短视频等内容形式
5	今日头条	千人百万粉	加强短视频产品开发，从智能推荐走向智能社交，除现有补贴外，帮助内容创作者变现，进行加权推荐，发展“粉丝”红利
6	百度新闻	百亿元分润计划	提供100亿元的产业支持，建立正版内容库，加大对内容创业培训的投入，邀请权威讲师开发课程，联合双百计划进行内容创业孵化投资

资料来源：根据网上资料整理。

（三）技术先行：改进算法，智能趋势

在人口红利减少、网民规模趋于稳定的背景下，在拓展内容资源的基础上，如何对海量用户数据进行深度挖掘，将算法分发与人工智能、大数据深度融合，已经成为新闻客户端发展不可或缺的技术保障，并且还在逐步向“高配版”演进。自2012年，今日头条开发第一版算法架构以来，企业持续对算法分发技术进行改进，今日头条基于内容、用户特征、环境

特征三个层次，已经建立了系统的指标体系和算法公式（见图3），以个性化精准推荐为竞争优势，迅速抢占了市场高地，拓展了市场份额。以人工智能为核心的技术发展成为新闻客户端的核心竞争力，与区块链、社交圈、位置服务、AR 等功能相结合，在个性化推荐、精准营销、网络舆情、互动沟通、内容制作等多个方面实现突破。同时，为了避免由算法机制产生的“信息孤岛”、低俗化推荐、“标题党”等弊端，企业还将编辑推荐与算法分发相结合，尤其是在新闻客户端的垂直频道中，突出了编辑推荐在设置议程、信息把关中的作用，“以算法为主，以编辑为辅”的模式也将成为未来新闻客户端过滤噪声、提升信息价值的一种主要模式，既满足了用户对碎片化内容的需求，又提升了内容产品的传播效率。

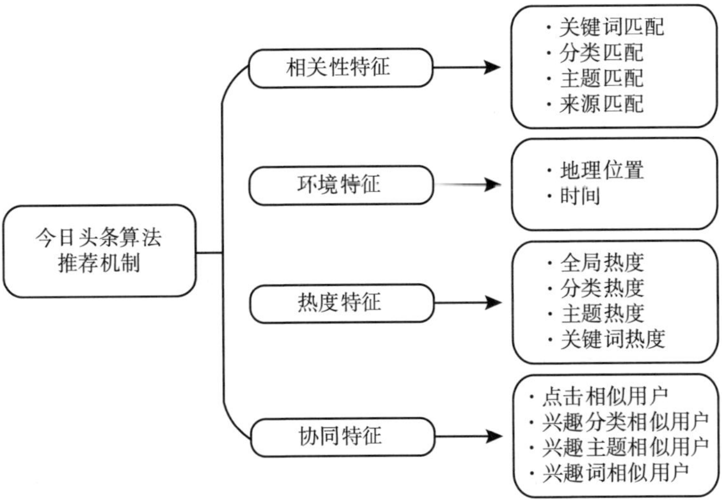

图3　今日头条算法推荐机制各指标因素

此外，新闻客户端的市场竞争还体现在对机器写作等技术的普及和应用上。自 2001 年百度引入机器编辑者的概念以来，写作机器人技术在新闻信息和搜索领域获得快速增长。机器写作一般是在事件发生后，由机器人程序针对文章内容和框架进行策划、润色、配图，进而生成文章，并根据用户需求进行订阅和个性化推荐。目前，写作机器人在新闻客户端的应用主要集中在财经、体育等领域（见表2），作为编辑、记者撰写、修改稿件的辅助工具，切实提升了内容生产的工作效率。总之，智能技术的应用为渠道整合和发展规模效应提供了更广阔的空间，由此形成的技术壁垒，也使得行业内部竞争对技术创新的需求更高。

表2　新闻客户端写作机器人应用情况

上线时间	机构名称	项目名称	写作领域
2015年1月	新华社	快笔小新	财经、体育
2015年9月	腾讯	Dream Writer	财经
2016年5月	第一财经	DT稿王	财经
2016年8月	今日头条	张小明	体育
2017年1月	凤凰新闻	小凤百事通	多领域
2017年4月	百度	百度写作大脑	多领域

资料来源：根据网上资料整理。

（四）盈利模式：付费趋势，多元变现

2017年，广告变现依然是新闻客户端的主要收入来源。随着新闻客户端逐步完善原创内容上、下游产业链，原创内容数量呈几何级数增长，信息流广告的植入体现了较好的展示效果和较高的市场转化率，为新闻客户端带来了持续稳定增长的广告收入。一方面，随着“知识付费”的兴起，新闻客户端逐步尝试分众传播，内容精品化也为付费的实现奠定了基础，内容付费成为趋势。独家原创内容可以采取栏目订阅等收费模式，尤其是财经新闻、体育新闻、深度报道等，均成为新闻内容付费的热门板块，扩展了客户端的收入来源。以凤凰新闻客户端为例，2016年推出专业付费版一周，便占领了App商店付费新闻类应用排行榜第一位，取得了良好的转化效果和市场反馈；2017年，又上线了付费FM等功能，为用户筛选出优质音频内容，逐步完善了新闻客户端的盈利渠道。另一方面，新闻客户端生态系统的发展，也使其具有了自媒体“内容导购”的作用，为自媒体内容的商业化变现提供了平台，新闻客户端可与自媒体采取收入

分成、内容付费分成、流量分成、版权合作付费等多种交易合作模式，进而建立内容提供方和用户之间的付费通道，使硬广植入、营销软文、用户打赏等收入模式得以实现，众多发展自媒体的新闻客户端均已开始采用上述付费分成模式。此外，在新闻客户端外部，企业还积极与文学、电影、游戏等内容进行联动，通过产品宣传、游戏分发、线下活动、电影宣传、培育文学 IP 版权等方式，进一步提升生态系统的协同创新能力、商业价值和盈利能力。

三 机遇与挑战：新闻客户端的发展困境和未来趋势

在“互联网+”的浪潮下，内容生产和传播方式都发生了深刻的变化，新闻客户端的商业化实践和行业创新，使我们有理由相信未来市场发展动力十足。但随着我国互联网整体人口红利减少，技术迭代更新，我们也应该清醒地意识到，新闻客户端市场竞争不平衡的趋势将更加明显，行业和市场发展面临诸多需要正视的困境和挑战。

（一）内容困境：特色化发展

内容优势是任何新闻客户端培育核心竞争力的基础。虽然各大新闻客户端在发展自媒体和开发原创内容上持续投入，但是大部分新闻客户端的内容依然是门户网站的简单复制和重组，对于新闻报道和信息资讯的挖掘不够深入，大部分是浅表性的通讯或简讯文章，虽然内容的时效性逐步增强，但同质度更高，新闻客户端内容资源的差异性不明显。究其原因，新闻客户端依然延续了 PC 端和传统媒体的新闻采编方式，智能写作算法和资深编辑的融合程度有待进一步加深，新闻生产方式也需要改善和升级。因此，如何进一步细分市场，针对目标用户开发不同种类精准化、个性化的特色新闻服务，打造高附加值的“爆款”内容产品，深度挖掘新闻报道和信息资讯，通过智能技术实现多渠道、多角度、多模式的新闻传播模式，满足用户“千人千面”的信息需求，是下一阶段内容市场的发展趋势。

（二）场景困境：创新设计

在新闻客户端企业完成培育用户使用习惯的基础上，进一步加强场景建设成为保持竞争优势、获取市场份额的重点工作。各类新闻客户端无论是在页面设计、功能服务上，还是在场景支持上，差异性都并不明显，基本上都采取了垂直极简的设计风格，尽管网易新闻提供了个性化字体选择功能，澎湃新闻也在尝试采用无衬线字体，但在频道、栏目设计上并没有表现出太大差异，功能趋同，可替代性比较强。大量类似的场景设计和功能推荐，不利于增强品牌辨识度，也不利于提升用户黏性。但是我们也欣喜地看到部分新闻客户端在栏目设置上已经开始探索创新的方式和策略，比如：澎湃新闻在底栏突出视频、问政、问吧等栏目，丰富了信息传播的手段，提升了与用户交流的互动性；网易新闻也突出"投票""跟帖"等特色栏目；今日头条、UC浏览器突出智能推荐、动态特色等板块，在阅读体验上有了很大的改善和创新。随着新闻客户端场景服务和设计上的技术瓶颈被突破，进一步优化用户体验，丰富阅读模式、栏目设置、夜间模式、个性化字库、互动交流等功能，是新闻客户端实现特色化、差异化发展的必经之路。

（三）流量困境：注重质量

在新闻客户端市场爆发性增长之后，市场竞争态势趋于稳定，单纯注重流量增长的发展理念开始淡化，新闻客户端不再盲目关注用户增速、用户流失、下载量等指标，而是向强调优质客户、吸引高端客户群体发展，如何针对优质用户进行"深耕细作"成为新闻客户端发展的困境之一。用户数字资产的质量决定着用户的忠诚度、订阅量和黏性，具体衡量指标包括用户生命周期、用户使用度、用户健康度、用户转化指标、核心用户比例、用户获取能力等。在新闻客户端树立品牌形象的发展阶段，注重挖掘用户行为数据，对内容产品进行精细化营销，提升客户关系管理的运营效率，是企业进行内涵式、集约式、专业式发展需要重点探索的一条特色之路。

（四）技术困境：精准营销

技术创新依然是新闻客户端的一个增长点。在算法分发、机器写作普及的前提下，技术优势的重要作用更加凸显，新闻信息的时效性和展示效果日益优化，但是由于机器算法本身对“标题党”、低俗内容的识别力有限，对于重要新闻的置顶和加权、对低级别账号的排除、对冗余内容的降权等功能都是算法本身无法实现的，因此，资深编辑和智能算法两者结合将成为更多新闻客户端的发展选择，尤其是对自媒体信息的管控和干预，更能够提升信息价值，为精准营销提供数据支持。在政策监管日趋严格的背景下，如何运用技术在海量数据信息中判断出内容质量特征，是非常迫切而且有必要的需求。内容是否低俗，是硬广、软文还是“鸡汤”，需要从语义识别技术上进一步提升和优化，只有这样才能提升信息传递的准确性和效率，提高内容库和信息的更新速度。正如今日头条管理层所主张的“如果1%的推荐内容出现问题，就会对企业产生较大影响”，所以无论是从市场竞争角度，还是从发展内容资源角度来看，技术优先和内容安全都是新闻客户端企业发展的最高优先级战略，只有抢占了技术高地，才能使整个行业更具发展活力，内容资讯才能实现更加健康、可持续的发展。

（五）盈利困境：建立模式

虽然新闻客户端企业在开拓变现渠道和模式上有了一定的进步，今日头条、搜狐新闻、网易新闻在建立生态系统的基础上，都有了多元化的营收来源。但是目前新闻客户端的盈利模式和实际利润仍然不太明朗，正如大多数互联网企业一样，巨大的投入在短期内很难获得显著的回报，新闻客户端的商业模式和盈利渠道仍需进一步发展和完善。不论是广告收入还是用户付费模式，都存在一定的挑战和问题。从广告收入来看，新闻客户端的呈现模式使得广告的布局和设计都不宜过多，生硬的广告弹出会直接影响用户体验，广告的到达率和转化率难以评估，软文广告虽然具有一定的融入性和传播优势，但是与精准营销的匹配度还有待进一步提升。从用户付费模式来看，

“知识付费”开始普及，但是新闻客户端的新闻价值和付费条件尚不成熟。以高端财经新闻为例，虽然部分客户端已经开始采取订阅、付费阅读等模式，但是付费用户的规模仍然比较小，用户长期形成的免费阅读新闻资讯的习惯，在短时期内难以改变，对内容产品的品牌价值变现仍然需要探索。整体来看，内容是基础，技术创新是动力，用户是变现的关键，盈利是发展目标，新闻客户端需要把握好四方面的辩证关系，审时度势开拓市场。

综上所述，在互联网浪潮下，新闻客户端行业发展和企业运营都在发生着颠覆性的变化，新闻客户端的市场竞争态势依然严峻，传媒生态正在进行调整和重构，头部和腰部企业的快速崛起正在引领着整个行业朝着专业化、生态化、融合化、多平台的方向发展，内容产品的长尾效应和市场价值将会更加凸显，市场活力空前，相信未来的新闻客户端将成为互联网领域重要的内容产品引擎，也将进一步往可持续的方向发展。

B.11
2017年网络视频市场 SCP 分析

庞曼曼*

摘　要： 中国网络视频市场自诞生至今，发生了巨大变革，现在表现为市场集中度较高、同质化显著，处于仍未盈利的“烧钱”阶段。本报告将梳理我国网络视频市场的发展历程及现状，运用 SCP 范式对现有市场进行剖析，得出市场集中度与市场规模、绩效的相关关系，最终得出结论并从政策、产业等多个方面提出建议。

关键词： 网络视频市场　视频网站　SCP 模型

中国第一家视频网站诞生于2004年，随着科学技术和网络基础设施的不断发展，网络视频已经从一个不被人们知晓的产业迅速发展壮大，逐渐成为人们娱乐生活的一个重要来源。资本的青睐使得网络视频企业从最初的寥寥无几到百花齐放，经过激烈的竞争后现在回归到了几家网络视频巨头以逐渐同质化的内容争夺稀缺的注意力资源的状态。2018年CNNIC第41次调查数据显示，截至2017年12月，网络视频用户规模达5.79亿人，较2016年底增加3437万人，占网民总体数量的75.0%，用户付费比例达到42.9%，相比2016年增长7.4个百分点。随着互联网巨头的资本入驻，网络视频市场的进入壁垒越来越高，自制内容、版权资源、周边产品开发都成为各大视频网站争夺用户的重头戏。分析当前网络视频市场结构对了解市场有着重要

* 庞曼曼，中国传媒大学传媒经济学硕士研究生，研究方向为传媒产业管理。

的意义，SCP 范式是产业组织理论中的经典范式，主要通过市场结构、市场行为和市场绩效三个方面的指标有效分析一种市场的发展状况。

一 我国网络视频市场发展历程及现状

（一）萌芽、野蛮生长阶段（2004～2005年）

2004 年 11 月，乐视网在中关村成立，视频网站的发展由此开始。在 youtube 在全球掀起视频浪潮时，国内很多视频网站也筹集到了第一轮风投。2005 年 4 月，土豆网、我乐网相继成立，优酷网、酷 6 网紧随其后，一时之间，定位不同、形态各异的视频网站借着当时的发展“黄金期”充斥人们的视野，此时的网络视频市场进入壁垒较低，市场规制还未出现，市场处于野蛮生长阶段。

（二）发展、规制阶段（2006～2010年）

2006 年，网络视频市场迎来了关键节点，国内外资本蜂拥而至，网络视频产业呈现井喷式发展。在短短一年时间里，国内视频网站从最初的 30 多家迅速增长到 300 多家，市场规模得到了极大的扩大，此时的网络视频市场具有极大的发展空间。在此后的 3 年中，竞争使得市场飞速发展，视频观看的用户体验显著提升，各平台开始探索多元化的经营模式，开始拓宽产业布局。

2010 年，国家广播电影电视总局发布《关于加强互联网视听节目内容管理的通知》，进一步规范互联网视频传播内容，开始大力监管和清查视频网站，国内多家提供网络影视下载服务的视频网站被关停或被勒令整改。同时，国家开始严厉打击互联网侵权盗版，重点打击影视剧作品侵权盗版行为，市场秩序开始逐渐规范。

（三）发展壮大阶段（2009～2012年）

几年的时间中，网络视频市场进入创新扩散的加速阶段，孕育着巨大的增长潜力，赢得了充足的发展空间。在经历了一系列发展、整合之后，网络视频产业开始正式入驻资本市场，开始了新一轮的上市热潮。2010 年 6 月 1 日，酷 6 借壳华友世纪有限公司在美国纳斯达克正式上市；同年 8 月，乐视网在国内创业板挂牌上市；同年 12 月，优酷网正式登陆纽交所；2011 年 8 月 18 日，土豆网在纳斯达克上市。对于一直处于零收益甚至亏损状态的网络视频市场来说，上市有助于产业资源的流动和产业结构的调整，这一轮上市热潮，为日后市场的发展打下了坚实的基础。

（四）平稳发展阶段（2012年至今）

2012 年之后，网络视频市场进入了平稳发展阶段。国家在规制网络视频市场的同时也给予了其极大的支持和鼓励，2017 年 5 月 7 日，中共中央办公厅、国务院办公厅发布《国家“十三五”时期文化发展改革规划纲要》，重申文化产业在“十三五”期间作为国民经济支柱型产业的战略地位，以及网络视听作为新兴文化产业在优化文化产业结构布局中的战略角色。提出“加快发展网络视听”“加强网络文化建设”“大力发展网络文艺”“鼓励多业态联动的创意开发模式”“深度融入全球产业链”等定位和期许。

从 2004 年到 2017 年，网络视频已经渐渐成为人们生活中的一个重要娱乐方式，甚至是生活中一个重要的组成部分，如今的网络视频与 13 年前不可同日而语，流畅观看视频、吸引用户流量已经不再是各大视频网站的目标，以内容为入口的娱乐生态建构是现在各大视频网站的宏伟蓝图。

二　网络视频市场基于 SCP 范式的实证分析

（一）市场结构分析

1. 市场集中度

市场集中度是反映市场结构的重要指标，本报告采用绝对集中度指标 CR_n 对市场结构进行研究。其中：

$$CR_n = \sum_{i=1}^{n} X_i / X$$

CR_n 表示行业中前 n 家最大企业的有关数值的行业比重。设测定范围内全部视频网站的市场份额为 X，其中 X_i 为第 i 个视频网站的市场份额，N 为网络视频市场的平台总数，则 i 个视频网站的集中率为 X_i/X。贝恩的市场结构分类标准如表 1 所示。

表 1　贝恩的市场结构分类

单位：%

类型　　CR_n	CR_4	CR_8
寡占Ⅰ型	$75 \leqslant CR_4$	—
寡占Ⅱ型	$65 \leqslant CR_4 < 75$	$85 \leqslant CR_8$
寡占Ⅲ型	$50 \leqslant CR_4 < 65$	$75 \leqslant CR_8 < 85$
寡占Ⅳ型	$35 \leqslant CR_4 < 50$	$45 \leqslant CR_8 < 75$
寡占Ⅴ型	$30 \leqslant CR_4 < 35$	$40 \leqslant CR_8 < 45$
竞争型	$CR_4 < 30$	$CR_8 < 40$

易观智库数据显示，2017 年前三季度，中国移动视频广告市场规模达 220.46 亿元，广告收入依然是视频网站的主要收入来源。由第三季度网络视频广告市场份额数据可知，排在前四名的为爱奇艺、腾讯视频、优酷和芒果 TV，CR_4 计算结果为 77.27%，CR_8 计算结果为 87.16%，已达到了寡占Ⅰ型市场（见图 1）。

2. 产品差异化

（1）战略布局同质化

随着网络技术的不断发展，各视频网站的用户使用体验在不断提升，各平台在不断扩大规模的同时，对战略布局和发展结构的部署较为同质化，基本表现为各平台以视频网站为流量入口，打造品牌娱乐生态，不断拓展周边资源，定期推出爆点品牌自制内容，开发垂直细分领域。爱奇艺由单一视频门户向泛娱乐门户扩展；优酷被阿里大文娱收购，成为阿里文娱板块的一个重要组成部分；芒果 TV 依靠湖南卫视的强大资源向外衍生；腾讯视频以腾讯矩阵为流量出口，也逐渐加入了自制版权的争夺中。各视频网站围绕用户需求通过生态化战略布局进行竞争已成为趋势，进一步压缩了中小型视频网

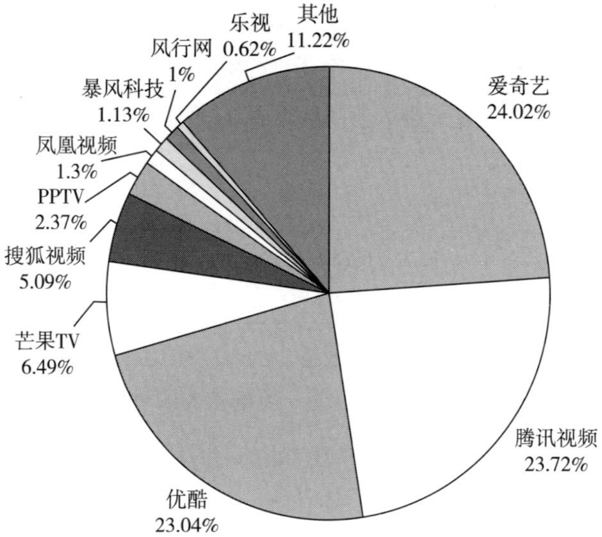

图1　2017年第三季度中国网络视频广告市场份额

资料来源：易观国际。

站的生存空间。

（2）细分内容差异化

传媒经济的主要商品是内容，目前网络视频市场各平台在内容的题材上同质化现象较为明显，真人秀、电视剧同类题材扎堆，竞争较为激烈，如2017年8月优酷平台自制剧《白夜追凶》大热期间，爱奇艺自制相同犯罪题材剧集《无证之罪》同期播出，引发播放量大战。但在内容题材、类型同质严重的同时，各网站的平台定位、内容制作和资源选择又有着一定的区分度，如优酷以优质自制剧为内容核心，以热门剧集带动平台会员数量增长，而爱奇艺的平台定位更为年轻化，自制综艺屡成爆点。

3. 进入与退出壁垒

（1）经济壁垒

目前的网络视频市场，存在较强的进入壁垒，版权价格、制作费用、宣传成本的日益提升使得行业的规模经济性更为突出。据统计，10年间仅热门电视剧网络版权购买价格就提升了近20倍，内容市场的极大丰富使得观众的选择成本增加，影视剧和综艺产业越发依赖流量明星、人气演员和知名IP，这也使得演员成本这项核心要素的价格大幅度上升。2010～2017年部分“现象级”电视剧网络版权价格如表2所示。

表2　2010～2017年部分“现象级”电视剧网络版权价格

单位：万元/集

播出年份	电视剧名称	网络版权价格
2017	《凰权·弈天下》	预计1000
2017	《凉生,我们可不可以不忧伤》	1000
2017	《如懿传》	900
2017	《琅琊榜2》	800
2015	《武媚娘传奇》	200
2013	《新编辑部的故事》	120
2012	《甄嬛传》	30
2011	《步步惊心》	70+
2011	《宫锁珠帘》	185
2010	《我的青春谁做主》	20
2010	《宫》	35

资料来源：中国产业信息网。

中国产业信息网数据显示，2016年网络视频内容的演职人员成本已占到制作成本的近一半（见图2）。在“限酬令”发布后，明星“天价”片酬现象虽有改变，但效果依然有限，甚至有议价能力较强的明星通过分享投资份额的方式变相获取报酬。2018年4月5日，三家视频网站巨头腾讯、优酷、爱奇艺发布声明联合呼吁全行业，一起抵制不合理的高片酬现象，并且进一步规范剧组工作流程，逐步建立劣迹演员名单库。

（2）政策壁垒

随着网络视频行业规模和内容的逐渐扩大，受众逐渐增多，产业的影响力也随之扩大，网络视频节目由平台自审自查的时代已经一去不复返。2017年9月4日，国家新闻出版广电总局、国家发展和改革委、财政部、商务部、人力资源和社会保障部五部委联合下发了《关于支持电视剧繁荣发展若干政策的通知》，提出对电视剧、网络剧实行同一标准进行管理。

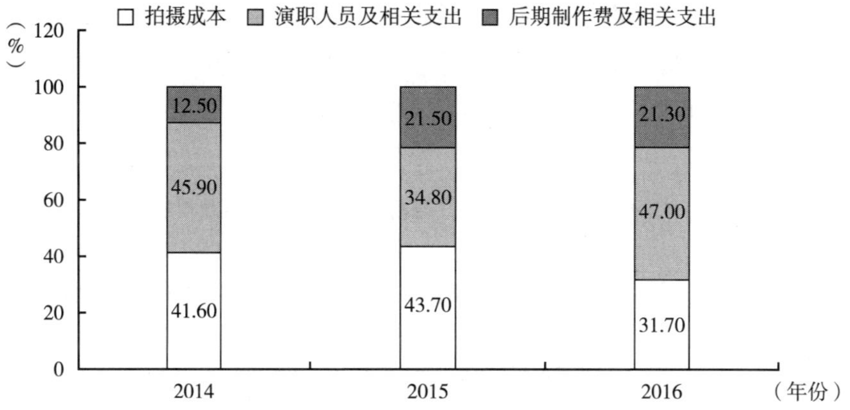

图 2　2014～2016 年影视剧制作成本构成

资料来源：中国产业信息网。

对重点网络剧创作规划实行备案管理，加强节目上线前在思想性、艺术性上的内容把关，进一步强化播出平台网站的主体责任。鼓励优秀电视剧制作机构积极投入网络剧制作，提升网络剧整体创作水平。鼓励各视听节目网站投资制作、购买、播出优质国产电视剧。规范网上播出影视剧行为，未取得新闻出版广电部门颁发许可证的影视剧一律不得上网播放。电视剧摄制许可证和播放许可的取得，使网络视频市场的进入壁垒进一步提高。

（3）退出壁垒

在网络视频市场进入壁垒提高的同时，随着融资规模的扩大和产业链的拓展融合，网络视频市场的退出壁垒也在不断提高。当乐视网债务事件爆发后，其旗下的手机、汽车产业的上游供应商都陷入资金短缺困境中，股票市场上中小投资者损失合计 10 亿元，投资乐视的企业融创中国也在 2017 年财报中计提了 165.5 亿元的损失。

（二）市场行为分析

1. 产品定价（会员付费）

版权市场的秩序稳定为视频网站的会员付费制度提供了极佳的土壤，独播版权、平台自制的数量和质量的提升使得用户的付费习惯逐渐养成。2018

年 3 月，爱奇艺更新招股书内容显示，截至 2 月 28 日，其付费会员数量为 6010 万人。第二天，腾讯视频公布其会员数为 6259 万人。2015 年，正处于起步阶段的爱奇艺会员费用收入仅有 9.97 亿元，2017 年，这笔收入已达到 65.36 亿元。用户付费业务的扩张使得广告收入在网络视频市场收入结构中的占比逐渐减少，据艾瑞估计，到 2019 年，会员付费收入与广告收入将并肩成为网络视频产业的盈利支柱（见图 3）。

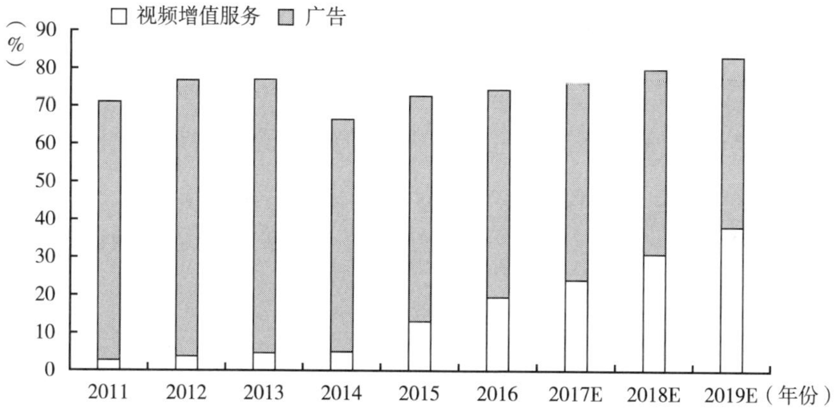

图 3　2011～2019 年中国在线视频行业收入占比

资料来源：中国产业信息网。

在用户付费的定价上，几家大型视频网站都由曾经单一的月度会员订购转变为多层次的二级价格歧视定价策略，如爱奇艺为售价不同的黄金 VIP、钻石 VIP 和白银 VIP 设置了内容、积分等方面的差异。除此之外，针对用户的长期购买行为进行促销也成为各网络视频平台的常态。“双十一”购物节期间，腾讯视频、优酷、爱奇艺推出半价年度会员服务，成为人们抢购的热点。

会员付费规模的大幅增长将视频网站从单一的爆款内容拉动会员增长的模式中解放了出来，针对会员市场的一系列衍生品开发也成为新的热点。例如，爱奇艺自制网综《偶像练习生》播出期间，爱奇艺举办了专门针对 VIP 的偶像千人见面会，售价 2699 元的五年爱奇艺 VIP 会员卡瞬间被抢购一空。

2. 头部自制内容成核心，IP、版权争夺热度不减

根据对绝对集中度的测算，目前的网络视频市场属于有差别的寡头垄断市场，各平台在运营、内容形式和题材上都趋于同质化，这使得差异化的自制精品独播内容成为平台提升竞争力和争夺流量的关键所在。

网络视频市场的内容自制主要体现在两个方面：其一是平台团队自制内容进行独播或聘请制作公司输出独播内容；其二是购买 IP 进行改编创作及拍摄。各网站对热门 IP 的争夺热度不减，艺恩视频智库数据显示，2017 年第三季度，头部网络剧中 60% 的剧集为 IP 改编剧，流量占比达 80%，依然是网络剧市场主流。从各大网站公布的 2018 年平台内容资源来看，《老九门 2》《盗墓笔记》《赢天下》《帝王业》《扶摇》等热门 IP 都将是下半年平台竞争的重头戏。随着资金的注入和制作水平的提高，平台原创内容频获好评，《白夜追凶》《无证之罪》《亲爱的王子大人》等原创剧的口碑评分均在 7 分以上。

3. 市场生态竞争加剧，产业链逐渐完善

有了视频内容为流量入口，各大视频网站以视频门户为中心，围绕用户需求打造全产业链娱乐生态已经成为各大视频网站的重要战略布局。爱奇艺、优酷、腾讯、芒果 TV 等网站都开始在 VR、互联网电视等硬件设施领域进行探索，以影视 IP 为基础，开发游戏等内容衍生品。直播平台和短视频平台的建构也开始被许多网站提上日程，产业链的迭代将使网络视频市场的盈利模式越发多样，在盈利的同时也将带来增加工作岗位等社会效益。

4. 互联网资本入局，市场格局逐渐稳定

从我国网络视频市场兴起至今，各大视频网站虽然规模和营业收入在不断扩大，但多年来各大网站一直处于未盈利的“烧钱”阶段，随着制作成本的增加，“烧钱”的规模也在不断扩大，BAT 三大互联网巨头选择进驻网络视频行业，百度成为爱奇艺的大股东，阿里巴巴收购优酷土豆网，腾讯视频则本就是腾讯旗下的一大品牌。互联网资本的加入，将在提供资金支持的同时助力各视频网站娱乐生态的构建，但同时也进一步加强了三个巨头对网络视频行业的垄断。

5. 创新行为

技术作为一项核心因素，在每个产业中都是推动产业变革的关键力量，技术的飞速发展为网络视频行业的发展提供了新动力，硬件技术的普及和发展使得跨屏传播成为新趋势，电信网、广电网、互联网三网融合，手机屏、电视屏、电脑屏三屏互动越发日常化，OTT（互联网电视业务）业务将成为下一阶段网络视频提供方的重要分发渠道。

网络视频广告服务在数字营销技术方面不断突破，广告服务方与视频内容制作方的联系越发紧密，场景化和精准化的大数据营销提升了营销效果，内容提供方可以提供的营销服务更为多样。

（三）市场绩效分析

1. 绩效分析

高昂的版权费用、自制成本和运营费用使得网络视频市场目前还处于“烧钱”阶段。北京时间2018年3月29日19点，爱奇艺在美国纳斯达克证券市场正式上市，发行价每股18美元，开盘上涨1.11%，上市当日以每股15.55美元收盘。爱奇艺的公开招股书显示，2015年、2016年和2017年爱奇艺的营收规模分别为53.186亿元、112.374亿元和173.8亿元，净亏损分别为25.75亿元、30.74亿元和37.369亿元①。2017年，爱奇艺的广告收入同比增长44.41%达到81.59亿元，会员收入同比增长73.74%达到65.360亿元。在体量不断增长的同时，虽然亏损也在一直增加，但爱奇艺的净亏损率在逐年下降，2015年、2016年和2017年分别为48%、27%和22%。

阿里巴巴2017年公布的第三季度财报显示，其收购了优酷并成立了阿里影业，负责数娱业务的阿里大文娱板块第三季度业务亏损为33.88亿元，较2016年同期亏损的22.47亿元有所增加。腾讯方面只发布了2017年度腾讯视频的广告营收和付费会员有所增长，并未透露营收和亏损情况。

---

① 《爱奇艺22亿美元融资“浇油”烧钱大战百度财报卸包袱》，http://finance.ce.cn/rolling/201804/02/t20180402_28685722.shtml。

2. 收入分析

除了传统的广告收入和会员付费收入外，网络视频市场的盈利模式也更加多元化，娱乐生态的建构使得依托视频内容IP的衍生收入逐渐增长，视频网站在视频内容的基础上打通游戏、文学、音乐等其他娱乐领域，从上游IP生产到下游IP变现，已形成日趋巩固的价值增长链。虽然各大视频网站还未开始盈利，但周边产品等高利润产品将促使网站收入显著增长。网络游戏厂商与影视企业的合作日益紧密，阿里游戏、万达院线、蓝港互动等游戏厂商陆续在2017年上半年公布了IP改编游戏计划，并联合优酷土豆、爱奇艺等视频网站进行影视作品协同营销。

3. 产量

2017年暑期，腾讯视频音乐选秀网综《明日之子》，爱奇艺自制青年亚文化节目《中国有嘻哈》取得了惊人的成绩，网综的爆款生产阶段到来，2017年末爱奇艺自制偶像男团竞演养成类网综《偶像练习生》的播出又迎来网综市场的一个高潮。如图4所示，2017年网综产量达159部，与电视综艺168部的产量基本持平，网综与电视综艺的播放量差距逐渐缩小，发展潜力不容小觑。2017年网综的投资规模增长，但相比2016年200%的同比增长来说增速放缓（见图5）。

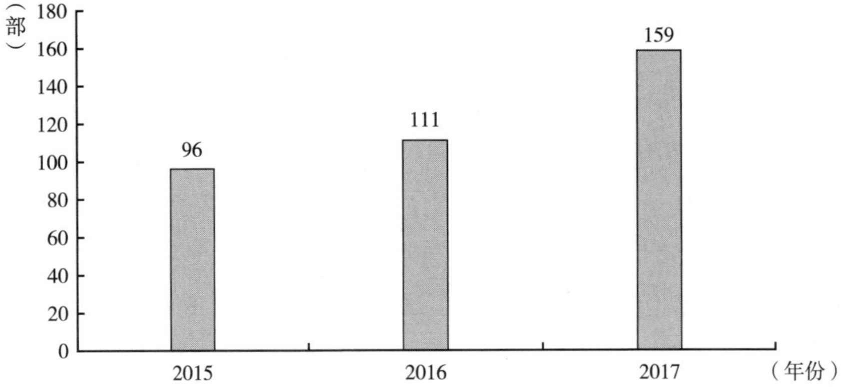

图4　2015～2017年网络综艺作品数量

资料来源：艺恩视频智库。

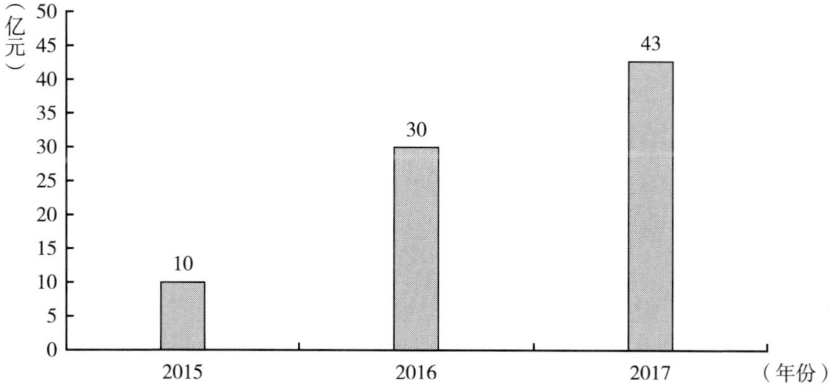

图5　2015～2017年网络综艺投资规模

资料来源：艺恩视频智库。

在网络剧方面，2015～2017年网络剧制作数量逐年缩减，但网络播放量持续攀升（见图6）。相比于初期的低成本、高产量的粗放式生产，网络剧的生产成本提升，产业链也渐成规模，专业化的演员和制作团队进入网络剧领域，精品化生产成为主流，《白夜追凶》拉开了国产网络剧出海的序幕。

网络剧类型化趋势也越发显著，古装、玄幻类题材占据播放量头部，精品化爆款频出，播放量突破20亿次的网络剧达10部，其中《热血长安》

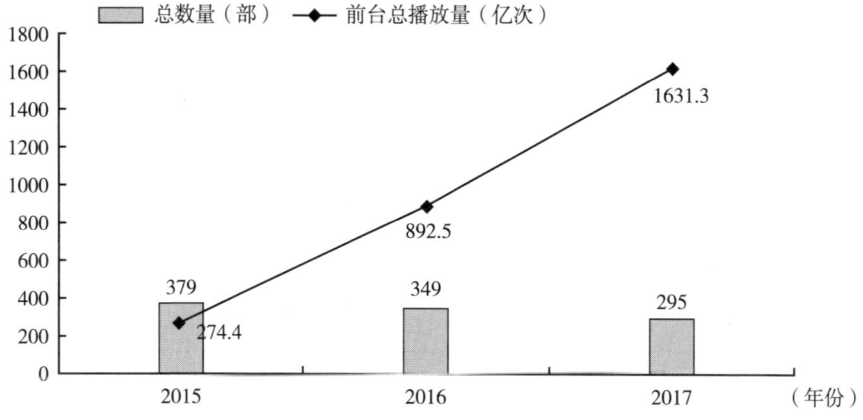

图6　2015～2017年网络剧总数量和前台总播放量

资料来源：易观国际。

的播放量突破100亿次。与此同时，网络剧市场也出现了明显的头部效应，点击量排名前20的剧集占据了总播放量的61.56%。

（四）市场结构与市场绩效的相关性分析

2011年以来，网络视频用户规模、付费用户规模逐年扩大，2013年以来，产业集中度逐渐趋于稳定。但市场集中度与市场效益、市场规模之间的内在关联性如何，还需要做进一步的相关性定量分析。本报告选择以广告收入衡量产业绩效，以网络视频用户规模来反映市场规模，CR_4、CR_8数据由易观智库2011~2016年第三季度中国网络视频广告市场份额计算得出相关数据如表3所示。

表3　相关分析要素数据

年份	CR_4	CR_8	广告收入(亿元)	网络视频用户规模(万人)	付费市场用户规模(亿人)
2011	0.47	0.72	48	32531	2.2
2012	0.50	0.76	88	37183	4.0
2013	0.63	0.87	122	42820	6.9
2014	0.62	0.84	170	43298	13.9
2015	0.72	0.89	243	50391	51.3
2016	0.74	0.91	355	54455	108

资料来源：易观国际。

由SPSS软件计算得出，市场集中度CR_4与广告收入和网络视频用户规模有着较强的相关性，而付费市场用户规模虽逐年扩大，但与市场集中度不显著相关（见表4）。可见市场集中度可以对市场绩效和市场规模产生影响，调整市场集中度，可改变网络视频市场的绩效和规模，而付费市场用户规模则无法对网络视频市场集中度产生直接影响。

表4　相关性分析结果

		CR_4	CR_8	广告收入	网络视频用户规模	付费市场用户规模
CR_4	皮尔森(Pearson)相关	1	0.978**	0.918**	0.982**	0.803
	显著性(双尾)		0.001	0.010	0.000	0.055

续表

		CR_4	CR_8	广告收入	网络视频用户规模	付费市场用户规模
CR_8	皮尔森(Pearson)相关	0.978 **	1	0.853 *	0.948 **	0.712
	显著性(双尾)	0.001		0.031	0.004	0.112
广告收入	皮尔森(Pearson)相关	0.918	0.853 *	1	0.968 **	0.958 **
	显著性(双尾)	0.010	0.031		0.001	0.003
网络视频用户规模	皮尔森(Pearson)相关	0.982 **	0.948 **	0.968 **	1	0.878 *
	显著性(双尾)	0.000	0.004	0.001		0.021
付费市场用户规模	皮尔森(Pearson)相关	0.803	0.712	0.958 **	0.878 *	1
	显著性(双尾)	0.055	0.112	0.003	0.021	

注：*、** 分别表示在10%、5%的水平上显著。

三　结论与发展建议

从上述分析可以得出，我国网络视频市场现在属于高度集中的寡占Ⅰ型市场，行业的进入壁垒和退出壁垒较高，互联网巨头资本的注入和以平台为中心的娱乐生态建构也使得行业的进入壁垒逐渐提高，规模经济效应显著，各视频网站之间的战略和内容同质化严重。当前的网络视频市场属于有差别的寡头垄断市场。尽管根据亚当·斯密提出的自由竞争古典理论，人们通常会有庞大的寡头组织会导致经济垄断的担忧，但相比于自由竞争市场，寡头垄断市场的资源配置效率更高，寡头垄断市场也是自由竞争市场发展到后期的一种形态。

对于传媒产业来说，以商业化为主导的寡头垄断市场容易对公共利益造成一定影响，在资本驱动下，在技术层面受众或许拥有了更多的选择，但从内容的多样性来看，少数群体的诉求将鲜有人表达，大量同质化的娱乐产品也将带来传媒产业过度娱乐化的风险。

为优化网络视频市场的资源配置，从政府层面来看，需加强对网络视频市场的监管，加大对中小视频网站的扶持力度，避免垄断市场的形成；健全政策法规，建立公平及有弹性的价格机制，保持行业的稳定健康发展。从企业层面来看，随着网络视频用户规模的扩大，人口红利为视频网站带来的利益将逐渐减少，努力耕耘和开拓海外市场将为产业发展带来更为广阔的前景。各网站应积极进行内容创新，提高差异化水平，这也是提升用户黏性和品牌竞争力的一个绝佳选择。技术的进步将帮助市场发展突破瓶颈，也有助于企业降低成本。在提高经济效益的同时，网络视频市场的各企业也应当提高社会责任，对受众负责，对社会负责，让网络视频产业在为社会创造经济价值的同时，也能不断创造社会价值。

B.12
2000～2017年中国电影国际竞争力动态观察报告

杜亚乘*

摘　要： 中国电影市场已经成为世界第二大电影市场，但是中国电影国际竞争力未能与之匹配。本报告通过对中国电影在北美市场2000～2017年共18年的数据进行阶段性解读，从票房收入、类型、评分等多个角度进行分析，探析中国电影在国际竞争中的特点和规律。通过对样本数据的分析，结合对中国电影行业现状的阐述，总结中国电影在国际竞争中的不足与优势，提出中国电影提升国际竞争力的对策与方法，以期对中国电影"走出去"建言献策。

关键词： 中国电影　国际竞争力　动态观察　北美市场

中国电影市场已跃居世界第二大电影市场。根据国家新闻出版广电总局的数据，2017年全国电影总票房收入为559.11亿元，其中国产电影以301.04亿元票房收入占据票房收入总额的53.84%。在票房收入过亿元的92部影片中，中国电影有51部。2018年第一季度中国电影市场票房收入达到202亿元，同比增长39%。① 中国电影不仅需要重视国内市场，还需要着

* 杜亚乘，中国传媒大学广播电视硕士研究生，研究方向为艺术管理。

① 数据来源：国家新闻出版广电总局。

眼于海外市场。2017 年中国电影海外票房收入为 42.53 亿元，同比增长 11.19%[①]。随着经济全球化以及“一带一路”建设发展的逐步深化，中国电影在“走出去”的同时还具有“讲好中国故事、传播好中国声音、阐释中国精神、展现中国风貌”的使命与责任，促进中国电影“走出去”也是提高国家文化软实力、提高国际话语权的重要手段。

本报告以 2000～2017 年中国电影在北美市场的数据为基础，力图阐释中国电影在北美市场的竞争力水平，发掘背后的关键影响因素，厘清中国电影国际竞争力的优势与不足，尝试为“一带一路”背景下中国电影对外传播廓清思路并提出可行性建议。

一 中国电影在北美市场的阶段性观察

对中国电影国际竞争力的研究有赖于大量翔实的数据，北美市场在早期即开始重视影片相关数据的整理和挖掘，IMDB、The Numbers 和 Box Office Mojo 等网站的数据整理最早从 1998 年就已经开始，到现在已经形成较大规模。中国电影在北美市场的相关数据可以从这些网站上查询到。本报告整理了 2000～2017 年在北美上映的中国电影，数据涵盖导演、主演、各地区票房收入情况、评分、类型等共计 35 个指标，完整有效数据样本为 241 部。

在中国电影的全球票房收入统计中，北美市场份额占据海外市场的 39%（根据样本数据计算而得）。因此选取中国电影在北美市场的数据具有较强的代表性，分析这些数据能够较好地衡量中国电影的国际竞争力水平。

（一）中国电影在北美市场的阶段性划分

中国电影在 2000～2017 年的 18 年时间里发生了巨大的改变，因此在观察中国电影的国际竞争力时也应该以一种动态的视角去整理、归纳和理解。

从数量上来看，2000～2008 年在北美上映的中国影片数量平均为 5.3

① 国家新闻出版广电总局。

部，从2010年开始到2014年影片数量逐步上升但有回落，平均为17.2部，2015年之后数量处于高位徘徊，达到每年34部的水平（见图1）。

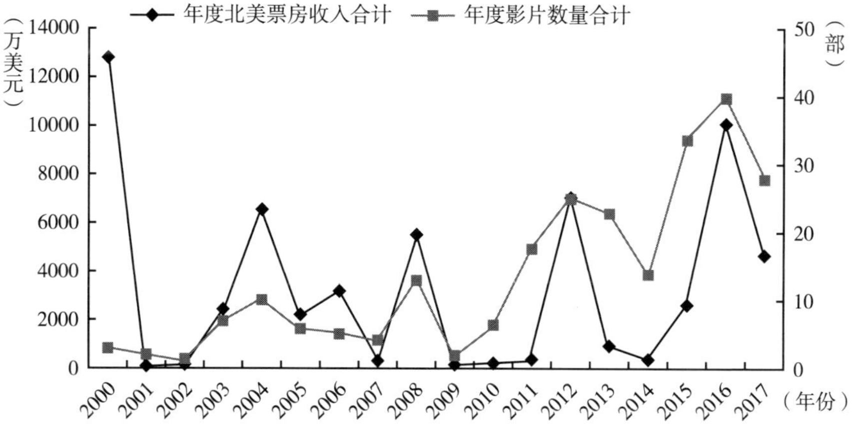

图1　中国电影2000～2017年北美票房收入及影片数量

从票房收入上观察，通过累加多年的票房收入数据得知，2000～2009年10年中，53部影片共收获3.31亿美元票房收入，平均票房收入625万美元；2010～2017年，188部影片共收获2.58亿美元票房收入，平均票房收入137万美元。后面8年的影片数量是前面10年的3.5倍，但票房收入总额只有前者的78%，平均票房收入更是只有前者的22%。具体到年度分析，发现2000年即出现了一个峰值，带来了1.287亿美元的票房收入，这主要有赖于《卧虎藏龙》单片就贡献了1.2亿美元的北美票房收入。《卧虎藏龙》由李安指导，拥有“中国武侠动作片”的标签，瞬间引爆海外票房，成为至今难以超越的顶峰。2003～2006年相继出现了《功夫》《十面埋伏》《满城尽带黄金甲》等影片，作为中国商业电影探索期的典型影片，同时作为最早一批以商业片身份进入海外市场的影片，带动了当年的票房收入总额和均值，在总额低迷的时期掀起了一波小高潮，但是要注意的是，这些都属于单片爆款，并不能代表当时中国电影在海外的整体竞争力。

如此看来，18年以来中国电影在北美市场的表现确实有不同阶段的特点，需要分阶段去观察，然而具体的年份节点如何划分，还需要结合行业环境去寻找答案。

回看近年来中国电影在“走出去”过程中的重要节点，我们可以寻找到两个重要的时间点：一是 2009 年《文化产业振兴规划》出台，明确提到要扩大对外文化贸易，同时明确了“官民并举”的方针，强调政府力量和民间资本同时发力，鼓励和培育有实力和竞争力的企业参与国际竞争；二是 2015 年 10 月第十二届全国人大常委会初次审议了《电影产业促进法（草案）》，明确国家“鼓励法人、其他组织通过到境外合作摄制电影等方式进行跨境投资”，明确了国家会“综合利用外交、文化、教育等对外交流资源开展电影的境外推广”。这两项政策法案中都强调了中国电影要积极参与国际竞争，开展对外推广，向世界讲述中国故事，在政策出台年份的第二年，中国电影在国际市场的表现都有明显的提升。

由此，综合票房表现和关键的政策节点，将中国电影在国际市场的表现划分出以下三个阶段。

第一阶段是 2000 ~ 2009 年，为单片初探期。每年平均出口的数量少，平均在 6 部以下，但有较高票房收入的单片出现，票房收入最高达 1.2 亿美元，整个阶段的平均票房收入相比最高，达 625 万美元。

第二阶段是 2010 ~ 2014 年，为平稳蓄力期。每年出口的电影数量平均为 17 部左右，但平均票房收入很低，约为 98 万美元。

第三阶段是 2015 ~ 2017 年，为发展上升期。每年出口的电影数量不断增加，平均达到 34 部，平均票房收入快速提升但依然较低，约为 170 万美元。

（二）北美票房收入贡献率趋低，主要票房收入区间迁移

1. 从不同票房收入占比的电影数量观察

在 241 部电影中，北美票房收入在全球票房收入中占比小于 10% 的有 193 部，其中小于 1% 的共计 132 部，平均占比是 9.64%（见图 2）。不难理解，中国电影的全球票房收入很大一部分是来自国内的票房贡献，中国电影

在海外的票房成绩难以和国内的票房表现相匹配。《老炮儿》在北美市场取得141万美元的票房收入，其在全球票房收入中的占比仅有1.02%。《寻龙诀》在北美收获124万美元的票房收入，在全球票房收入占比中只有0.48%，国内票房收入是其北美票房收入的215倍之多。国内市场体量大是造成这一现象的主要原因，但中国电影在国际市场的整体占比过小也是不争的事实。

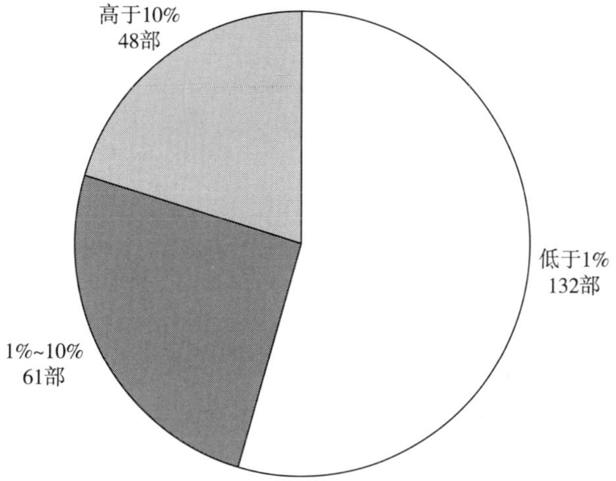

图2 中国电影北美票房收入在全球票房收入中不同占比的电影数量

中国电影北美票房收入在全球票房收入占比超过10%的48部电影中，共有28部电影获得了国际主流电影节的提名奖。梳理这些影片发现它们主要集中在三种类型：第一类是早期反主流、边缘化、作者化的独立电影，该类影片部分反映了社会极端话题，具有较强烈的作者电影色彩和独立意识，往往不能在大陆公映或者只在港台地区上映；第二类是具有强烈国际化特色的影片，从主创团队到目标市场都是以国际市场为准，如成龙导演的《英伦对决》和张艺谋导演的《长城》，导演本身享有很高的国际知名度，其主创团队、故事叙述方法等都具有国际背景；第三类是表现强烈的人文共性和文化内核，将市场瞄准海外观众的电影，如《我们诞生在中国》以纪录片的形式，通过“野生动物世界＋拟人故事”的方式讲述四季轮转、生命轮回、亲情互爱。这些类型的影片往往能够在国际市场上取得较高的票房收入，得到较高的关注度，具备较高的国际竞争力。

2. 从票房收入占比的不同年代与阶段观察

如果按照时间角度去衡量，不难发现中国电影北美票房收入在全球票房收入中的占比总体呈现波动下降趋势，但第三阶段相比第二阶段有抬升的势头（见图 3、图 4）。原因是中国电影的出口数量增加，但在国际市场上有竞争力的电影作品并没有增多，因此整体呈现波动下降。

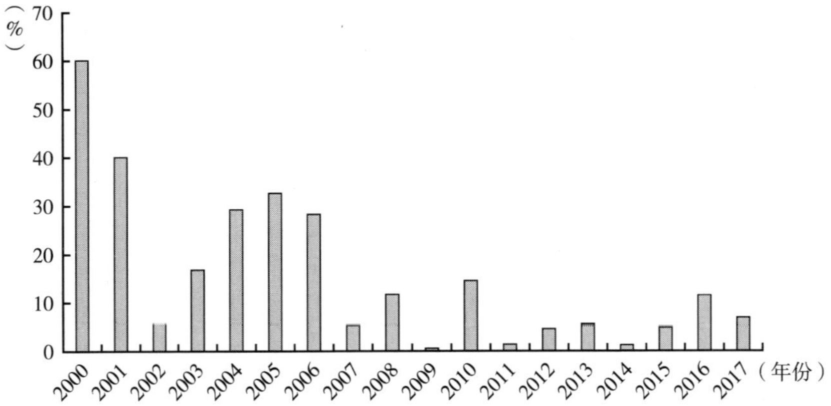

图 3　2000～2017 年中国电影北美票房收入在全球票房收入中占比情况

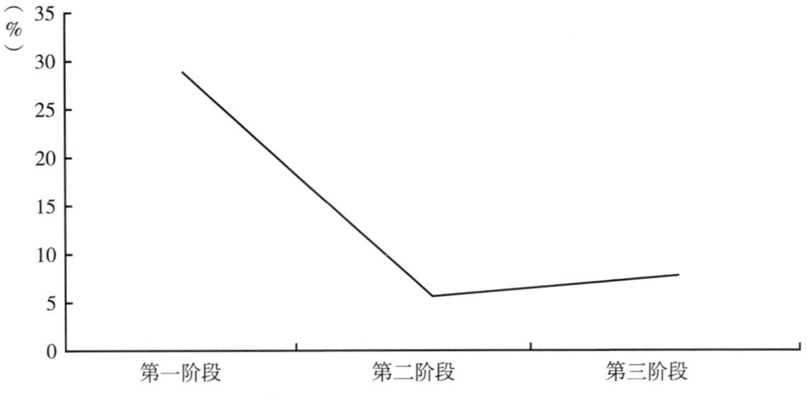

图 4　不同阶段中国电影北美票房收入在全球票房收入中的占比情况

3. 从北美票房收入所在区间来观察

从北美票房收入的区间分布来看，88%的中国电影的北美票房收入低于100万美元（见图5）。若以2017年北美电影市场的平均票房收入1428万美元为衡量标准，则超过北美地区平均票房收入的影片不足10部。

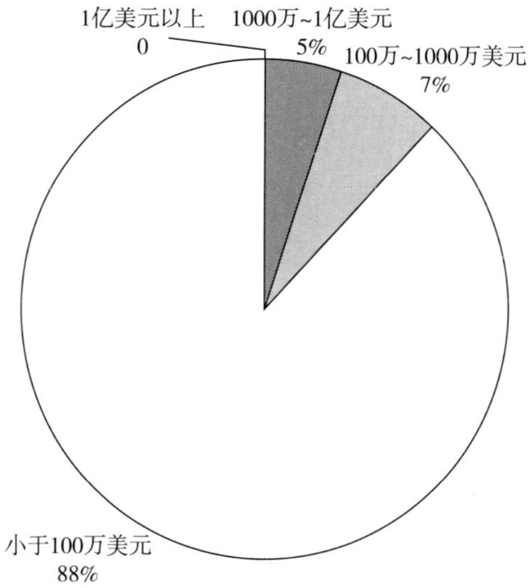

图5　中国电影北美票房收入区间分布

从三个阶段进行观察，第一和第二阶段在特低票房收入区间（小于10万美元）的影片数量都最多，但是在第三阶段10万美元以下的票房收入区间出现了回落的趋势，其高点在10万～500万美元的区间（见图6）。由此可以适当期待中国电影在北美市场的票房收入开始有进一步成长的空间。

（三）文化差异的影响日益显著，市场需求效应仍未形成

1. “双高”电影折射出的文化差异

如果以100万美元作为选取标准，2000～2017年中国电影北美票房收入达到100万美元的影片共计有30部。同样选取国内票房收入最高的30部电影，比较发现，其中只有9部电影属于“双高”（见表1）。由此可见，北

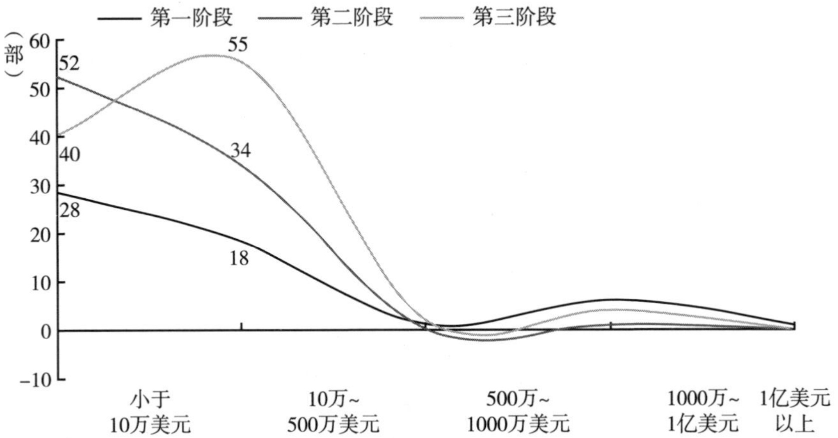

图6　不同阶段中国电影北美票房收入区间分布状况

美市场和国内市场中观众的欣赏能力、喜好都有着较大的区别。在国内市场卖座的电影不一定能在国际市场上取得同样的效果。市场需求效应还未形成，两个市场间还存在较大差异，观众的偏好、欣赏水平、购买力等都还有一定的区别。

表1　北美票房收入和国内票房收入“双高”的电影

电影名称	电影类型	国内票房收入（万元人民币）	北美票房收入（美元）
战狼2	动作，剧情，惊悚	567872	2721100
美人鱼	喜剧，剧情，幻想	339211	3232685
寻龙诀	冒险	168274	1243810
港囧	动作，冒险，喜剧	161416	1302281
夏洛特烦恼	喜剧	144161	1293626
芳华	剧情	126000	1874328
长城	动作，冒险，幻想	117457	45540830
老炮儿	动作，剧情	90279	1415450
叶问3	动作，传记，剧情	77031	2679437

从数据表现看，国内票房收入和北美票房收入没有表现出相关性；从影片类型看，北美票房收入和动作片、奇幻片具有较强的正相关性，而国内票房收入和喜剧片拥有更强的相关性。这在一定程度上体现出，北美观众更喜

欢动作、奇幻类的中国影片，而国内观众则对喜剧片更加青睐。中美的文化背景迥然不同，经济发展水平和速度也有一定的差异。北美的经济发展程度高，市场更为成熟，因此北美观众对新奇的中国动作片、奇幻片拥有更大的兴趣。而中国长期致力于经济发展，观众对轻松愉快的喜剧片更有付费的意愿。

2. 动作片更受北美市场欢迎

考虑到不同类型电影的文化折扣不同，动作片的文化折扣较低，更容易在不同文化背景的观众之间流畅地交流传播。统计北美票房收入和国内票房收入较高的电影的类型标签时，发现在电影类型标签中，北美观众对中国动作片情有独钟，而中国观众则对各种类型都有喜好，并没有突出的类型标签（见图 7、图 8）。

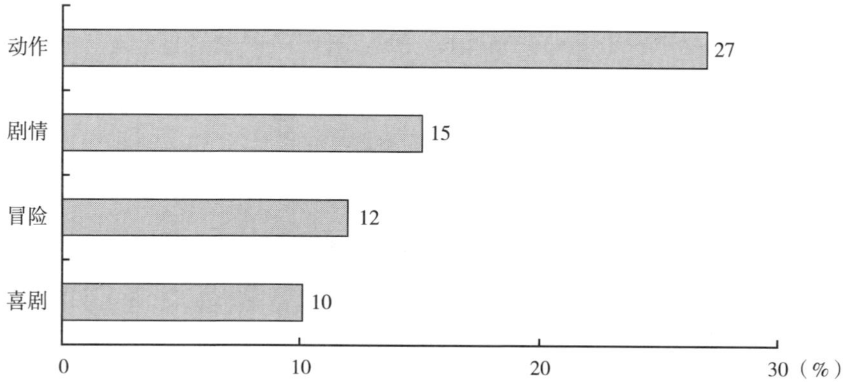

图 7　北美观众最喜爱的电影类型分布

在全部 241 个样本中有 84 部电影属于动作片，在北美票房收入排名前 30 的电影中有 17 部是动作片。以《一代宗师》为例，该电影在北美斩获了 6400 万美元，在全球票房收入占比为 10.3%，是一部典型的高北美票房收入的中国动作片。2009 年以后动作片的数量虽然整体呈现上升的趋势，但是比重并没有明显上升的趋势（见图 9）。单一动作片或中国武侠动作片不再像 2004 年前后一样在北美市场吃香，其他类型的电影纷纷起步也冲击了动作片的比例。

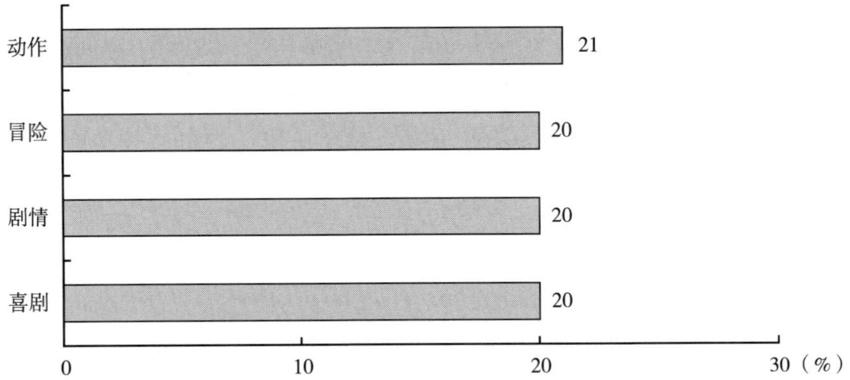

图 8　中国观众最喜爱的电影类型分布

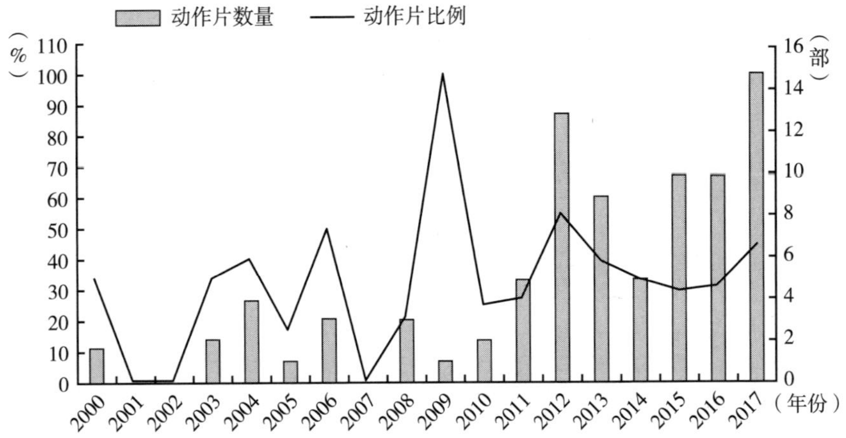

图 9　北美市场 2000～2017 年上映的中国电影动作片数量及比例

（四）理性面对合拍，模式日臻成熟

在 241 部影片中有 120 部合拍片，合拍片构成了中国电影海外传播的重要力量。合拍片以“借船出海”的方式推动中国电影“走出去”，为中国电影的国际竞争打下一定基础。通过和国外的资本、公司、团队合作，以中国内容为核心、资本和团队融通中外的合拍片拥有了走出国门的机会。一方面，在拍摄过程中和国际团队合作有利于学习海外先进的电影理念和技术，了解海外观众的收看偏好；另一方面，在发行阶段拥有了一定的保障，天然拥有了一部分发行渠道。中国电影需要漫长的时间才能建立自己独立的海外发行渠道和院线，想要在短时间之内追赶，最佳捷径就是借助合拍之力绑定海外市场。

合拍片的数量和占比之间呈现相反的态势，合拍片的数量逐年增多但其比例呈现下降的趋势（见图10）。2005年和2006年分别有6部影片在北美上映，其中5部都是合拍片。早期的部分合拍片试图通过简单的演员搭配来吸引海内外观众的做法还是有些幼稚的，经过合拍片浪潮后，中国电影更多开始思考如何和国外影人深入合作。同时，中国影片独立制作的能力也在不断提升，因此合拍片的数量虽然进一步提升，但是其比例呈现不增反降的走势。2015～2017年平均只有37%的影片是合拍片。

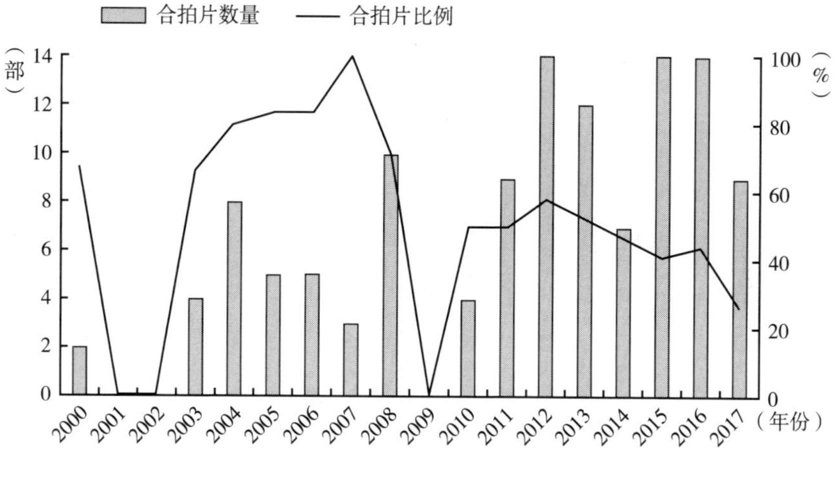

图10　北美市场2000～2017年中国电影合拍片数量及比例

需要注意的是，中国资本也在更多地进入海外市场。一方面，中国资本走出海外，网罗了大量的海外人才和先进技术，助力于国内电影市场；另一方面，中国资本介入海外后，对中国电影拓宽海外传播渠道有很大帮助。万达集团以26亿美元的价格收购美国第二大院线AMC，使万达一跃成为全球规模最大的电影院线营运商①。同时，万达与索尼影视娱乐宣布达成战略合作，合作内容包括索尼影视今后将对万达开放索尼制作影片的股权投资，在参投电影中尽可能展现中国元素。类似万达集团这样的民营资本介入海外，给了中国电影更多的生命力和可能性。然而，囿于语言、文化的差异，同时受制于资本和艺术的博弈，合拍片需要提早确定自己的受众、影片的风格等，避免在中国和海外市场都不适应。例如，电影《飞龙再生》虽然在北美市场取得了 2200 万美元的高票房收入，却在国内市场败北。

二　中国电影参与国际竞争的特点与思考

（一）从单片即是精品到靠量取胜

通过票房收入来观察中国电影的国际竞争力，会发现近年来中国电影在海外上映的数量虽然逐年攀升，每年的票房收入总额也呈现波动式的上升，但是单片的海外票房收入表现差异很大，低票房收入的影片占据了绝大多数，能叫好又叫座的影片少之又少。从中国电影北美票房收入排名来看，占据靠前位置的影片绝大多数不是近年上映的电影。《英雄》《功夫之王》《霍元甲》等早期作品仍然占据排行榜的前位，《卧虎藏龙》的票房收入榜首位置更是保持 18 年至今未曾改变。因此，中国电影在海外市场不能一味依靠数量累积取胜，应该探寻“量”和“质”的双重提升。近些年中国“走出去”的电影少有能够达到和早期同一水平的电影，因此不应该被总量的繁荣遮蔽单片竞争力不足这一事实。

从年度烂番茄评分和年度平均票房收入的对比来看，北美观众对中国电影的包容性越来越强，但对于质量不佳的电影的辨识度也有很大的提升。年度烂番茄评分呈现了“高开—波动—缓慢攀爬”的阶段性特点（见图 11）。电影的竞争力虽不能简单地用票房收入去直接衡量，但是从项目完成的角度

① 《王健林的 2017：一次海外收购遇阻引发的万达生存之战》，澎湃新闻网，2018 年 2 月 20 日。

讲，最终要通过市场，通过产业链上的盈利来实现投资回报。虽然部分电影还存在面向“获奖”、不求“市场”的问题，为了电影节的奖项而去，在一定程度上能体现出电影创作者本身的艺术水准，但是最终还是要将电影放到市场上去检验，在保障艺术品质的同时，需要直面观众支出与口碑的双重检验。

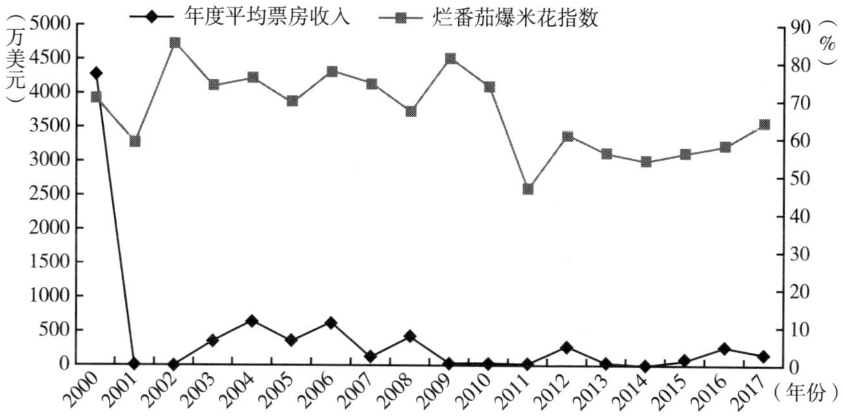

图 11　2000～2017 年平均北美票房收入与年度烂番茄评分对比

（二）猎奇时代已过，“动作＋”复合题材能否弥补文化差异鸿沟仍未可知

中国电影具有自己独特的文化背景、叙事方式和语言特色，和以英语电影为主流的国际电影市场比较具有天然的文化差异，因此中国电影虽然有着很好的故事内核和精良的制作，却难以弥补文化差异带来的文化认同上的鸿沟。尽管近些年中国电影已经尽力在国际市场上拓展自己的类型区分，但是能够收获相对较高票房收入的电影主要还是动作片，更准确地说是满足海外观众猎奇心理的中国武侠片。虽然传统的武侠动作片的势头不再，但是近些年的电影已经离不开动作元素，开发了“动作＋奇幻”“动作＋冒险”等复合型的类型片。在第一阶段中，每年仅有 1～2 部复合题材动作电影，到了第三阶段则徘徊在 10 部左右并且有增加的趋势（见图 12）。2018 年上映的

《唐人街探案2》作为一部“动作+喜剧”片，收获了198万美元的票房收入，不得不说是一件可喜之事，也为复合题材的动作片在北美市场的发展开了个好头。

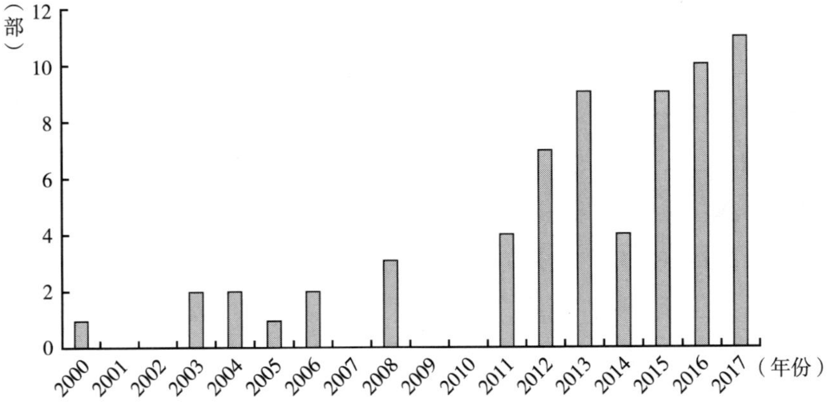

图12　2000～2017年复合题材动作片的数量

根据英国资深电影产业专家Stephen Follows的观察，在全球类型片生产中，中国在剧情片、惊悚片、喜剧片、恐怖片等类型影片的生产上属于全球产量最少的10个国家之一。全球动作片的生产占比有所下降，但是产量总体攀升，这一特点在中国更明显。其他类型的电影因为技术理念的不足、剧情套路化严重、制作经验不足以及文化折扣等问题，没有很好地填补动作片式微背景下的市场。因此，为了抵御文化背景差异带来的影响，仍需要大量“动作+”复合题材的电影到市场中去检验，借此弥补文化差异带来的语言符号系统方面的鸿沟。

（三）工业化体系仍不完善，生产要素投入不能满足日益扩张的需求

首先，电影创作的人才队伍配备不足。在电影创作中，导演水平往往决定一部电影的品质。第五代导演们让中国电影走向世界、进入国际市场，他们的电影既有对民族历史和人性共通点的探索，也在电影叙事结

构、镜头语言上具有高超的水准，因此在影片创作上形成了代际风格，最早带领中国电影进入海外市场，形成了一股拳头力量，集中体现在中国电影海外传播的初探期呈现了一批高票房收入的中国电影。但是，进入第六代导演时期，他们的观念和作品内容都较前几代导演发生了巨大变化。第六代导演在成长过程中经历了经济体制变化而带来的社会矛盾、家庭变故、人际关系冲突①，因此他们的电影往往选取边缘人物、边缘话题进行展现，通过电影艺术来完成对社会的批判和思考，《苏州河》《颐和园》等电影作品就是这一时期的代表。在代际变化中，第六代导演中较少能够完成商业化和电影观念之间的再平衡，因此中国电影导演人才也出现了一定程度上的青黄不接。

除了导演人才的缺口，还要注意到影视行业的门槛逐渐降低、电影创作队伍中鱼龙混杂的问题。影视行业从业门槛降低是一把双刃剑，电影创作人才需要进行系统化的学习和培养，同时在新时代还需要具有互联网思维、全球化视角、商业理念等复合的知识体系，在这一点上中国的电影人才还有漫长的道路要走。

其次，中国电影还面临技术和创新上的短板。电影创作需要大量的技术手段辅助，包括特殊的摄影制作、后期特效处理等多个方面。以后期特效制作为例，中国电影不缺少设备和资金，但是国产电影的特效制作仍然不让人满意。新的设备购入后，能否真正花时间和心思去琢磨各种设备的运用，理解参数背后的原理，甚至能自主研发新的软件设备才是中国电影在技术创新上的努力方向。

再次，大量热钱涌入电影行业后，不难发现更多的电影背后的投资方由过去单一的公司变成现在多家公司混合投资，有的电影背后甚至有十几家电影公司共同支持。虽然提供了更多的资金保障，但是问题随之而来。电影同时拥有作品属性和商品属性，所以投资人和导演之间的博弈往往会影响电影最终的呈现效果进而影响电影票房收入。公司和导演之间通过对赌协议建立

---

① 姜萍：《论中国第六代电影的“神经症”现象》，硕士学位论文，华中师范大学，2010。

了互惠互利的过程，但是也有大量的投资者本身并不具备艺术审美的水平，因此导致电影最终难以完美展现。

最后，在发行渠道铺设和市场营销环节中，有很多好电影往往受制于“酒香也怕巷子深”。齐全的发行渠道和充分的市场营销让更多中国电影能够和观众有充分的见面机会，才能更直观全面地检验电影的竞争力。早期中国电影更多地依靠电影节走向海外，21 世纪以来虽然已有一些电影打入美国的主流商业院线，但毕竟还是少数。在北美市场，中国电影的上映影院数处于极度弱势的地位，有 86% 的电影上映影院数不足 50 家（见图 13）。

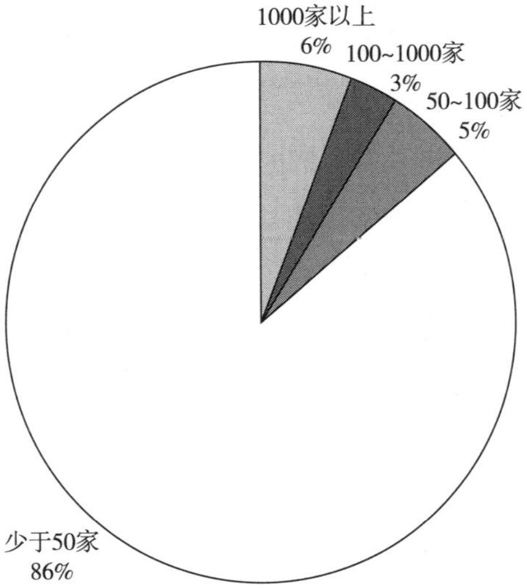

图 13　中国电影在北美上映影院数量分布

中国电影在北美市场的商业输出渠道主要有三种模式：一是将版权卖给美国发行公司，一般对华语片有兴趣的多是北美发行艺术片和独立制作的公司；二是中国在北美设立的发行公司，如“华狮”，该公司每年向美国和加拿大的 AMC 等提供多达 15 部与中国同步上映的电影；三是由韦恩斯坦领进主流院线，通常是指由北美“奥斯卡专业户”韦恩斯坦公司买断北美版权，如《一代宗师》等①。然而这三种模式都不足以保障中国电影在北美市场上大规模地放映。

（四）优势日益显著，拥有更大的发展空间和机遇

首先，中国电影拥有丰富的创作源泉。源远流长的文化底蕴供我们挖掘与开采，借此形成强大的以IP为核心的电影产品。围绕经典IP“西游记”就开发了《西游伏妖篇》《西游降魔篇》《西游记之三打白骨精》《西游记之大闹天宫》等电影，走向国际市场，而国内市场中关于“西游记”这一IP的文化产品更是不胜枚举。中国还有广阔的社会文本可以借鉴，通过电影对历史进程、当下社会做出理性的思辨，通过电影展现中华文明的悠久历史和强大基因，展现悠久中华的文化内涵，对传统文化、历史文明等进行重新分析、编码、构建和展现。

其次，中国电影市场日趋成熟。随着中国电影的种类日益丰富，艺术片、纪录片在国内市场也取得了一些突破。以2017年为例，《我在故宫修文物》《天梯：蔡国强的艺术》《冈仁波齐》等影片都有不错的票房收入，《二十二》更是创下了纪录片的票房收入纪录，达到了1.7亿元。观众的喜好日趋成熟，同时也有很多细分的题材领域。按照波特的钻石模型理论，国内的市场需求和生产要素都有较高的水平，对提升国际竞争力起到积极的作用。中国银幕数量已达50776块，拥有世界最多的电影银幕，电影消费者也逐步迁移到更有消费需求和消费能力的“90后”年轻消费群体，资金、设备、人才、技术等要素也在逐步发展和完善中。

最后，政府主导的国际合作逐渐加强。政府的支持为电影市场的拓展提供了新的渠道和思路。中国在俄罗斯、澳大利亚、法国等国家举办“中国电影节”，与瑞典、匈牙利、以色列、土耳其、希腊、印度尼西亚等国家合作举办了电影展映活动。在戛纳、柏林、东京、多伦多、威尼斯等国际知名电影节上，也都有中国电影展映、宣传、造势。2016年，国家新闻出版广电总

① 王月：《中国电影靠什么跻身国际舞台?》，《中国文化报》2013年8月12日，第6版。

局电影局策划指导的“中国电影·普天同映”计划针对不同国家和地区制定策略，深度介入当地的发行行业，对接主流院线，实现了《西游记之孙悟空三打白骨精》《陆垚知马俐》《盗墓笔记》《28岁未成年》《拆弹专家》《悟空传》《战狼2》等国产电影的国际同期上映和海外规模性发行[①]。按照电影在中美上映日期的差值，定义小于15天的为准同步上映，15~90天的为短期延迟上映，90天以上的为长期延迟上映，由图14可以看出，能够在中美市场准同步上映的影片越来越多，这对电影的制作者也提出了新的要求，在影片筹备之初就应该明确发行的市场在哪里。

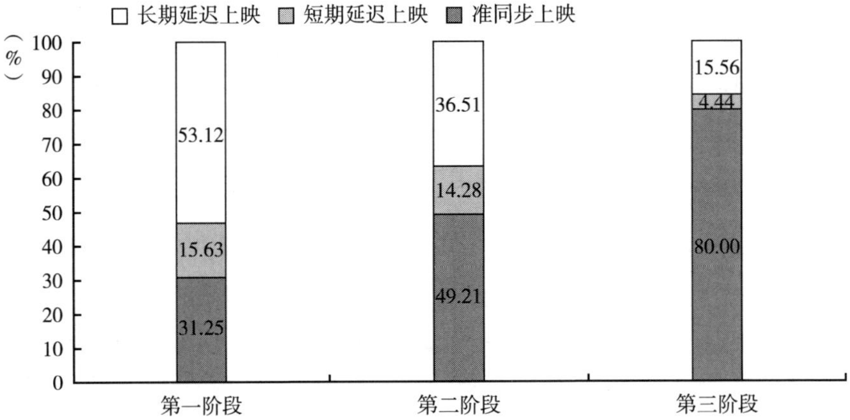

图14　不同阶段中国电影国内上映与北美上映时间差比例分布

三　内外兼修，提升中国电影国际竞争力

通过对既往数据进行的动态观察与分析思考，中国电影在北美市场的表现呈现不同的阶段性特点，中国电影国际竞争力问题主要表现在产量和质量的不匹配、丰富性和突出性的不协调、市场地位和发展能力的不相称。因此，需要从这几方面认真思考，积极采取相应措施。

① 赵丽：《倡导合作共赢，加快“走出去”步伐》，《中国电影报》2017年10月16日。

（一）优化中国电影的国际化叙事方式，实现制作各环节的前瞻储备

为了提升中国电影国际竞争力，首先，要对中国电影文本进行国际化表达。中国作为东方文化大国，具有独特的文化表达方式，拍电影是对文化进行编码的过程，看电影是对文化进行解码的过程。除了电影题材本身的文化折扣外，我们在编码时要注意对中国文化做国际化表达，用世界语言讲述中国故事，以中国内容为核心讲述人类命题、人性共情，尽力消除观众在解码过程中因为自身成长的环境、宗教、风俗、历史而带来的理解偏差，这样才能吸引更多海外观众的注意力。

其次，继续丰富电影类型。中国电影已经不能再仅仅依靠动作片闯市场，在动作片逐渐式微、其他类型片发展滞后的空当期，中国电影需要继续增加类型片的数量并提升质量。一来，可以保留动作元素，开发“动作+奇幻”“动作+爱情”等复合题材，用新的叙事方式、国际化的制作流程，讲述中国动作电影的新故事。二来，可以向印度的歌舞片、日韩恐怖片等其他国家的著名类型片学习。同时，纪录片也可为中国电影在海外传播带来新的启发。

再次，升级合拍片的制作。合拍的过程也是一次人才、技术、经验交流的过程，需要进一步把握电影的中国文化底气，需要更深层次的融合，避免将合拍片变成只有资本介入的合拍片。合拍片如果只有中国元素在电影中出现，那只能是一种噱头。

最后，增加人才储备和国际交流。从导演、演员、摄影等艺术人才到制片人、宣传推广团队等商业人才，需要培养好电影创作中各个环节的人才，做到每一个环节都对口到专业的细分领域，每一细分领域都有大量的储备力量来供市场选择。从量的累积到质的改变需要一个长期的过程，也需要通过国际合作和交流加速这一进程。从2013年开始，国家新闻出版广电总局与美国电影协会联合发起了“中美电影人才交流计划”活动，每年选派5位最具潜力的青年导演，赴好莱坞进行业务培训交流。宁浩、郭帆、路阳、张

一白、薛晓路、乌尔善、徐峥、韩延、大鹏、田晓鹏等如今活跃在创作一线的电影人先后赴美国进行交流、学习、培训[①]。新片场的“青葱计划”、爱奇艺的“17 计划”也为中国电影培养和发掘了许多优秀人才。

（二）打造国际化影视公司，配置国际化发行渠道

数据显示，北美票房收入和首周上映的影院数量、上映的影院总量、首周排名之间有着很强的相关关系，而发行公司的不同又直接影响能够上映的影院的数量。排在北美票房收入前列的中国电影，主要是由 Sony、SPC、CL 等公司负责发行放映。而全部在北美上映的中国影片中，华狮公司占据 35% 的份额，但是其负责在北美市场发行和放映的电影平均只能够在 23.27 家影院上映，仅有《我们诞生在中国》的上映影院数达到了 1508 家。

因此，积极打造国际化的影视公司为中国电影铺设良好的国际发行渠道是促使中国电影进一步走向世界的关键环节。可以通过设立海外团队或与海外公司进行合资打入海外市场，比如阿里影业在参投《碟中谍 5》后在洛杉矶组建团队，以寻找更多的和全球优秀影业公司的合作机会[②]。也可以建立自己的全资公司进军海外市场，2014 年 9 月，华谊兄弟出资 1.3 亿美元在美国设立全资公司 Huayi Brothers Inc. （US），从事电影投资、制作、发行、营销宣传、海外公司股权的投资并购及海外项目投资等。也可以加速与海外主流院线的合作和新的院线资源开发，为中国电影海外发行构建自己的渠道和营销途径。

（三）以政策为契机，不断加大政府的参与和扶持力度

第一，政府可从顶层设计层面给予政策支持。中国电影的国际竞争力还非常有限，需要通过保量、增质、提效三个步骤加速提升中国电影的国际竞争力，因此需要监管部门给予更加宽容的创作环境和政策保障。借助“一

① 赵丽：《倡导合作共赢，加快“走出去”步伐》，《中国电影报》2017 年 10 月 16 日。

② 钟雪晴：《国内影视公司国际化之路的 4 种模式》，亿欧网，2015 年 10 月 10 日。

带一路”的契机，提供相应的保障政策，鼓励市场和影视公司关注和把握住这一契机，针对“一带一路”沿线国家和市场开发定制剧本和有针对性的电影，提早布局“一带一路”沿线的海外市场。

第二，从国际合作的角度为中国电影“走出去”搭台。海外十大中国品牌电影节、丝绸之路国际电影节等活动渐成气候，充分发挥电影作为文化大使的特殊功能，让外国民众通过电影进一步了解中国，同时更加有效地拓展中国电影的国际发展空间①。通过国家层面的战略合作，让更多的中国电影有机会接触海外市场。

第三，是从产学合作的角度加强中国电影的文艺批评和学术研究，为市场贡献科学理性的思考与指导。立足于时代背景，倡导积极健康的电影研究和评论，正确处理创作规律、学术研究和文艺传播的关系，深化对产业的研究和分析，开展健康有益的文艺批评，营造客观公正的批评环境②。从而形成有利于电影发展的舆论氛围，培育浓厚的电影文化，同时还要注重使用新的科技手段将大数据运用到产业研究中，注重对中国电影的数据性资料的整理、完善，形成开源平台提供给学术研究者使用。

结　语

中国电影市场已经成为世界第二大电影市场，也是带动全球电影市场的主引擎。但是，中国电影的海外市场表现和国际竞争力与国内市场形成了极大的反差，在国际市场上的表现也呈现不同的阶段性特点。因此，中国电影国际竞争力的进一步提升需要在细致分析过去多年发展特征的基础上，做到内外兼修、标本兼治。以人才建设、技术创新为基础，对中国故事中的精神内核进行精准解读，用国际化的视听语言和先进的技术工具进行艺术表现，

① 童刚：《贯彻落实电影产业促进法　由电影大国向电影强国迈进》，《人民日报》2016年12月28日，第11版。

② 童刚：《贯彻落实电影产业促进法　由电影大国向电影强国迈进》，《人民日报》2016年12月28日，第11版。

促进实施中国电影的精品化战略。以更加丰富、利好的法律和政策为保障，进一步规范国内市场，整合中国电影“走出去”所需要的市场资源、组织资源和渠道资源。

中国电影代表着中国的文化软实力，在“一带一路”倡议指导下，在改革开放迎来40周年的历史节点，中国电影需要进一步扩大覆盖范围，巩固欧美市场，开拓东盟和非洲市场；需要更加重视自身经验积累和国际经验借鉴，寻找世界不同文化之间的最大公约数，生产出具有强大竞争力的世界性电影作品。

B.13
2017年短视频发展状况与商业模式分析

姚　响*

摘　要： 随着技术的不断发展，媒介环境产生了深刻的变革，消费者日益碎片化、移动化的消费方式使得内容创作领域的更新换代越发频繁。2016 年“直播元年”的热潮消退之后，短视频成为 2017 年内容创业的新风口。回顾整个 2017 年，资本的大规模流入将短视频推上了风口浪尖，各大巨头纷纷布局各自的短视频业务，使得短视频成为当下内容创业者们竞相追逐的新贵。本报告回顾我国短视频行业的发展历程和市场现状，重点分析短视频爆发的动因及其商业模式，最后结合短视频行业当前产生的问题对其未来发展的趋势展开探讨。

关键词： 短视频　动因　商业模式

短视频通常是指时长控制在 5 分钟之内，以移动端和 PC 端为主要传播渠道的视频形式，其具有碎片化、移动化、社交化和门槛低的特征，这些特点使短视频顺应了当下的媒介消费环境。经过数年的积累，短视频在 2017 年迎来爆发，成为继文字、图片和传统长视频之后又一新兴的内容载体。

---

* 姚响，中国传媒大学传媒经济学硕士研究生，研究方向为传媒产业管理。

一 短视频的发展历程及市场现状

（一）顺应移动时代，短视频厚积薄发

短视频的前身还要追溯到2005年欧洲出现的Mobile TV，这是一种移动电视服务，它以广播的方式进行传输，以移动接收装置为发送对象。Mobile TV传输的内容通常被称为Mobile Content，其内容形式多样，包括电影、电视剧、综艺节目等，以PGC（专业生产内容）为主，时长一般控制在3分钟以内①。在同一年，基于流媒体技术的视频分享网站YouTube在美国诞生，相较于Mobile TV的PGC生产模式，YouTube主打UGC，鼓励用户生产视频内容，因此内容更加丰富，从而受到大众的欢迎。到了2007年，第一代iPhone的诞生标志着视频消费方式迎来重大变革，智能手机观看网络视频的便利性取代了基于广播方式进行传播的Mobile TV，短视频从那时候起才开始走上了真正的发展道路。

国内短视频行业的发展要追溯到2004年，随着乐视网的诞生，国内各大专业视频网站纷纷成立，其中比较有代表性的网站如土豆网、56网、酷6网等都主打UGC（用户生产内容），引导用户制作与分享短视频内容，打造短视频分享社区，PC时代的短视频从这时开始起步。彼时的短视频主要是作为长视频的延伸，对长视频内容进行加工和改编，《一个馒头引发的血案》就是当时比较著名的一个短视频传播案例。到了2012年，智能手机开始在中国普及，互联网的发展也开始进入了移动互联的新时代，用户对媒介内容的消费越发呈现碎片化的特征。在这一趋势下，美拍、秒拍等短视频App开始在视频应用市场中崭露头角。进入2016年，短视频行业开始呈现快速增长的态势，从事短视频内容创作的人员不断增多，以papi酱为代表

---

① 苏晓：《短视频火爆发展，互联网的又一风口来了?》，《人民邮电》2018年3月16日，第7版。

的新一代网红将短视频创业推上了风口，资本的持续关注使得短视频在2017年终于迎来大爆发，抖音、快手等短视频App开始占据各大应用市场的第一梯队。然而，正当短视频行业发展得如火如荼之际，却突然遭遇政策降温，进入2018年4月，随着国家广电总局和网信办对多家短视频企业负责人的几次约谈和整改，短视频行业的乱象开始被整治，大量视频遭遇下架，行业渐趋冷静。短视频行业发展时间轴如图1所示。

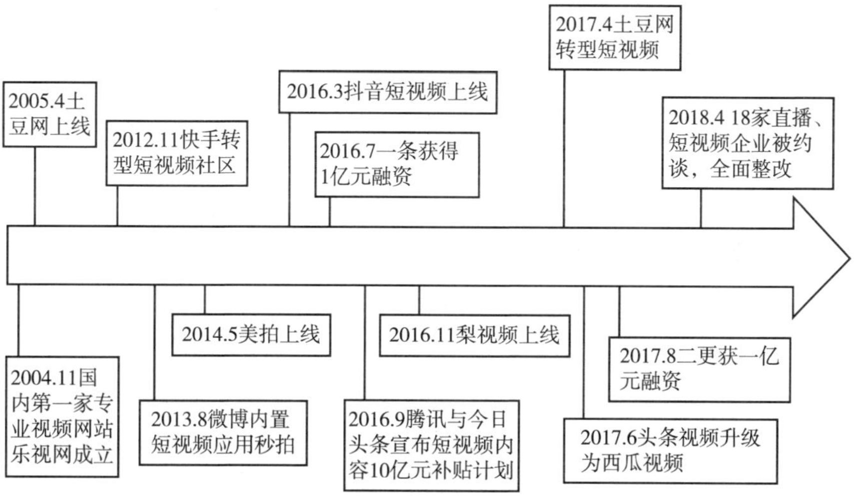

图1　短视频行业发展时间轴

（二）资本市场趋于冷静，变现能力成内容机构融资障碍

短视频相较于传统视频行业具有生产成本低、流量需求大、变现能力强的特点，因而更加受到资本的青睐。2016年作为短视频元年，创业者纷纷入局，资本市场开始升温。易观的数据显示，2016年短视频行业的投融资金额和次数均达到了历史最高值（见图2）。相比2016年的疯狂扩张，2017年短视频资本市场趋于理性，头部玩家更加受到资本青睐，不仅成功完成几轮融资，融资金额也较大。可以看出，随着短视频行业市场机制的逐渐完善，跑马圈地式的发展已经过去，生态建设成为短视频平台未来的发展重

心。在这一趋势下，那些没有竞争优势的平台将被市场机制逐步淘汰，最终留下来的只有头部玩家，这对于短视频创业者来说既是机遇也是考验。

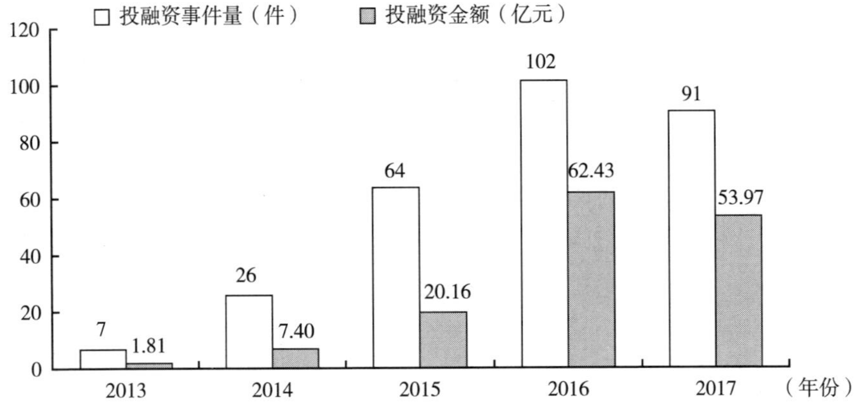

图 2　2013～2017 年中国短视频行业投融资统计

资料来源：易观《2018 年中国短视频行业年度盘点分析》，2018 年 3 月。

2017 年短视频资本市场呈现的另一特点是资本投资焦点从平台方向内容方过渡。随着各大短视频平台建设逐步完善，头部效应开始显现，平台的投资门槛变高，资本的入局机会减少，融资数量相对有所下降。与此同时，随着短视频内容创作者的增多，内容质量变得参差不齐，优质的短视频内容仍然是各大平台的稀缺资源，是支撑用户红利的基础，因而资本投资的焦点开始转向内容生产方。根据易观的数据，2017 年内容机构的融资数量占行业融资总数量的 62%，远超平台方（见图 3）。然而需要注意的是，内容机构的融资金额普遍较小（见图 4），尤其是 C 轮以上的融资更是凤毛麟角，主要原因还是在于内容机构的变现能力不足，这成为其融资的最大障碍。内容方要想在市场中异军突起还需要在变现模式的探索上继续有所突破。

（三）市场规模迅速增长，头部市场渐趋稳定

在经历了 2016 年的跑马圈地之后，2017 年短视频行业的增长势头依旧

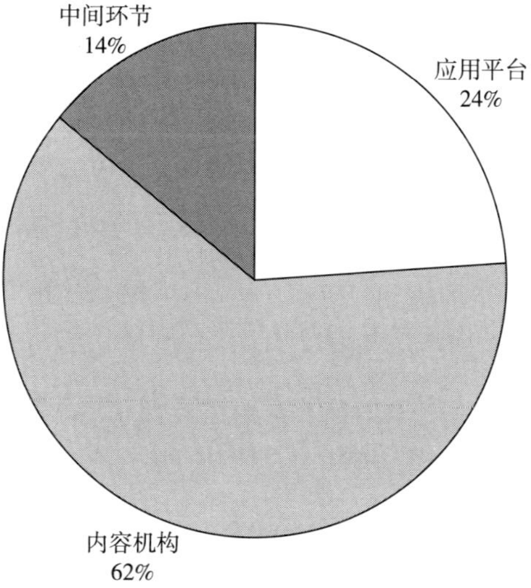

图3　2017 年中国短视频市场融资数量占比

资料来源：易观《2018 年中国短视频行业年度盘点分析》，2018 年 3 月。

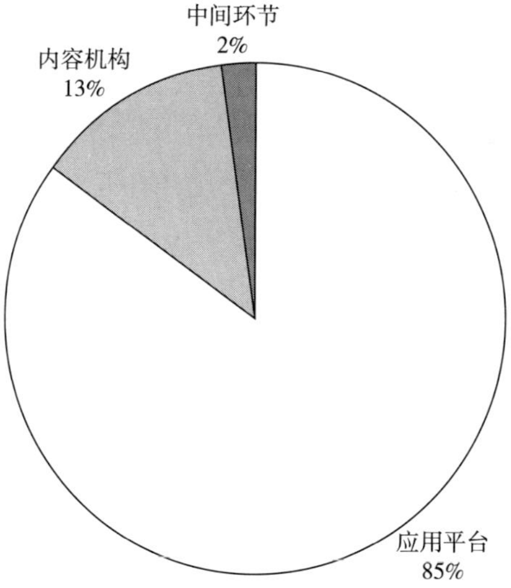

图4　2017 年中国短视频市场融资金额占比

资料来源：易观《2018 年中国短视频行业年度盘点分析》，2018 年 3 月。

强劲，市场规模持续扩大。根据艾瑞咨询的统计数据，2017 年短视频行业的市场规模已经达到 57.3 亿元，相较于 2016 年增长了 201.57%，并且随着短视频行业市场环境的改善，平台生态的逐步建成，营销手段的不断加强，未来短视频内容领域的变现能力将迎来爆发，市场规模还将不断扩大，预计到 2020 年短视频的市场规模将达到 356.8 亿元（见图 5）。

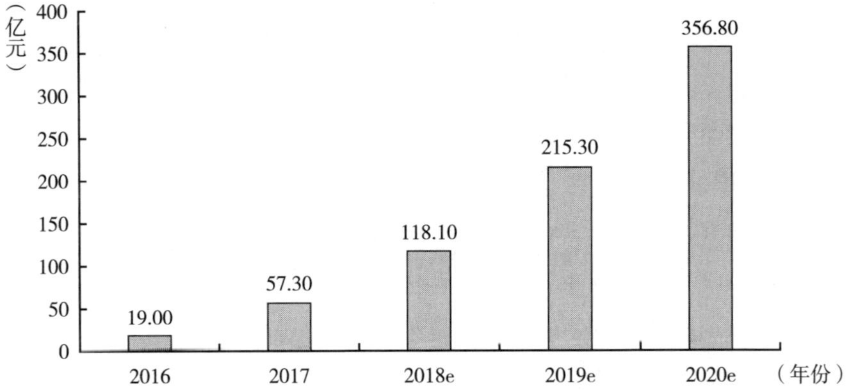

图 5　2016～2020 年中国短视频行业市场规模及预测*

资料来源：艾瑞咨询《2017 年中国短视频行业研究报告》，2018 年 3 月。

艾瑞咨询的数据显示，当前中国短视频行业市场集中度较高，以快手、西瓜、火山、抖音为主的头部平台占据用户市场规模的 60% 以上；腰部平台则通过差异化的策略占据垂直细分市场，拥有 30% 的用户市场份额；长尾平台虽然仍有新玩家不断进入，但总体规模较小，市场占比仅为 10%。可以看到，短视频行业整体的市场集中度呈现一个“倒三角形”态势（见图 6）。未来随着用户红利的结束，短视频市场的门槛将会提高，长尾平台面临被淘汰的命运。另外，随着头部市场的逐步稳定，腰部平台对细分领域的争夺将加剧，短视频行业的市场集中度将向“纺锤形”过渡。

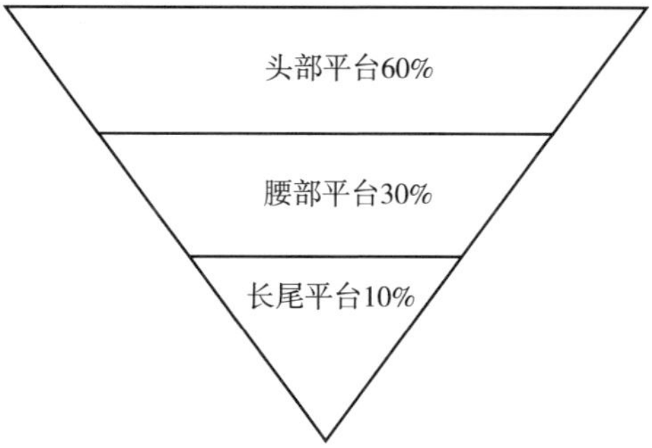

图6　中国短视频行业用户市场集中度

资料来源：艾瑞咨询《2017年中国短视频行业研究报告》，2018年3月。

二　短视频爆发动因分析

（一）技术驱动，降低短视频门槛

随着移动互联网技术的不断发展，我们正在由4G时代迈向5G时代，移动网络速度将呈现指数级的提升。与此同时，2018年《政府工作报告》中继续强调加大网络提速降费力度，要求“移动网络流量资费年内至少降低30%”①。技术的进步和政策的扶持使我国2017年移动互联网接入流量迅速增加，达到1775亿GB（见图7）。流量消耗较大曾经是短视频发展的一大瓶颈，随着流量获取成本的降低，这一发展障碍也被清除，于是短视频能够最大限度地发挥其内容承载优势，吸引更加广泛的用户参与到短视频的制作、消费和传播中来。

（二）用户消费习惯转变，助推短视频崛起

截至2017年12月，我国手机网民规模达7.53亿人，较2016年底增加

① 易观：《2018年中国短视频行业年度盘点分析》，2018年3月。

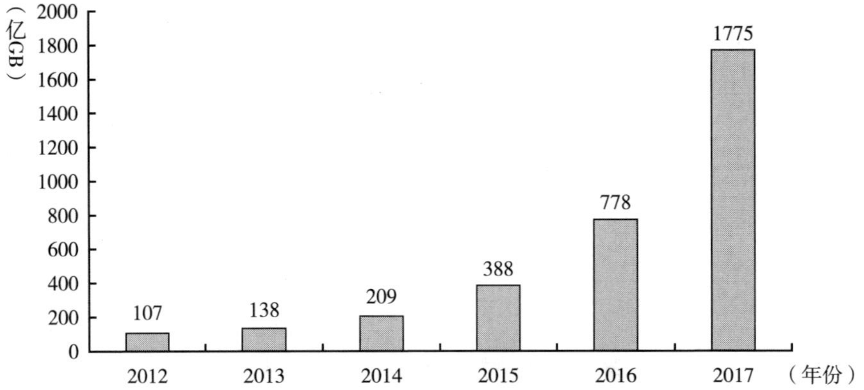

图7　2012～2017年中国移动互联网流量接入情况

资料来源：易观《2018年中国短视频行业年度盘点分析》，2018年3月。

了5734万人，其中使用手机上网的网民占比由2016年的95.1%提升到97.5%①。随着手机网民规模的不断攀升，用户的消费越来越具有碎片化的特征。易观发布的数据显示，移动短视频平台用户人均单日启动次数为6～9次（见图8），基本处于一个较高的启动频率，这表明用户大量碎片化的时间正在被短视频应用所占据。同时由于短视频在内容表现形式上更加丰富生动，具有文字和图片所无法比拟的优势，用户正在由"读图时代"进入"视频时代"。从文字到图片再到视频，以至于未来的VR，恰好反映出媒介正在越来越趋向于沉浸化的消费特征，媒介传达给用户的内容越来越具有可感性，使用户在获得更好的消费体验的同时增加了媒介的使用黏性。正是由于短视频比较完美地契合了当前媒介环境下受众的消费特征，所以才能够在纷繁的内容领域脱颖而出，一鸣惊人。

（三）资本频频关注，为行业持续输血

充足的资金永远是内容领域源源不断的发展动力，短视频行业也是如此。短视频行业有着较低的内容成本、带宽成本和获客成本，同时在流量获

① 中国互联网络信息中心：第41次《中国互联网络发展状况统计报告》，2018年1月。

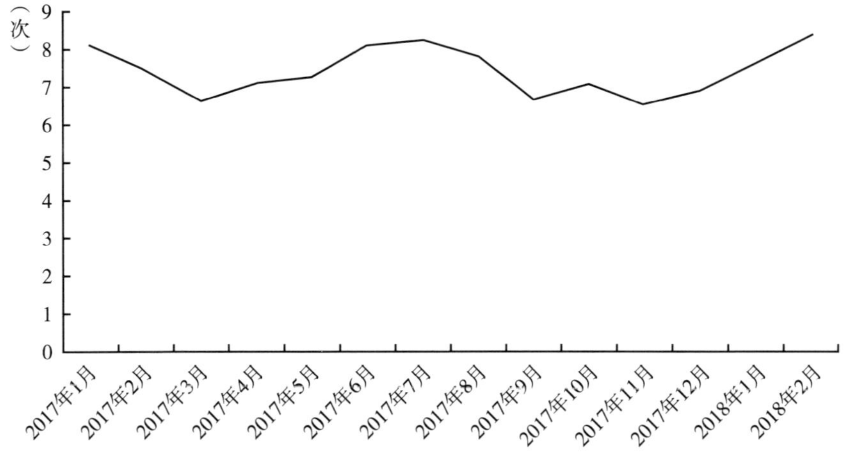

图8　2017 年 1 月至 2018 年 2 月中国移动短视频综合平台用户人均单日启动次数

资料来源：易观《2018 年中国短视频行业年度盘点分析》，2018 年 3 月。

取、用户黏性和商业变现上均表现抢眼，较高的投资回报率自然受到资本的青睐。从 2016 年开始，资本大量涌入短视频领域，使得整个行业开始野蛮生长，平台数量和从业人数急剧上升，以 papi 酱为代表的一大批网红开始投身短视频的内容创作，短视频与“粉丝”经济的结合为整个行业开拓出了一片新天地。到了 2017 年，短视频资本市场依旧火热，但是相较于 2016 年的疯狂扩张，2017 年资本投资渐趋理性，短视频市场的头部玩家更受资本青睐，其中行业领头羊快手以 3.5 亿美元的金额完成了 D 轮融资，成为 2017 年行业内最引人注目的融资事件（见表 1）。

表 1　2017 年短视频行业典型投融资事件

平台	轮次	金额(亿美元)	投资方
快手	D 轮	3.5	DCM 中国,腾讯,华晟资本
BIGO LIVE	C 轮	1.0	平安海外
FACEU 脸萌科技	C 轮	0.5	未透漏
一条	C 轮	0.5	宽带资本,欧翎创投
花卷	B 轮	0.4	创性工厂,银泰资本

资料来源：易观《2018 年中国短视频行业年度盘点分析》，2018 年 3 月。

（四）政策监管加强，规范行业环境

短视频行业的迅速发展得益于政策监管体系的逐步完善。当前对短视频内容的监管主要由平台内部自查和专业机构审核两部分组成。在短视频的发展初期，内容的把关主要在平台内部，随着市场的进一步成熟，专业的监管机构开始介入，监管方案更加细化，责任划分也更加明确。以专业机构监管、平台自查、用户自律以及大众监督为主的多重监管体系促使短视频行业的发展更加健康有序。

进入 2018 年，短视频行业的政策监管开始进一步趋紧。由于互联网内容行业以流量为追求目标，所以很容易滋生低俗化的内容，无论是网剧行业还是网络直播行业都曾有过前车之鉴。2018 年 4 月，全国“扫黄打非”办公室约谈 18 家直播、短视频企业，进一步加大监管力度，各大短视频平台也纷纷采取“沾边就打”的原则开始严格自查。相信经过这一轮的全面清理，短视频行业的生态环境将更加规范。

（五）内容生态完善，支撑行业发展

随着短视频市场的火爆，越来越多的新玩家进入市场，行业对优质短视频内容的需求不断增加，优质内容成为短视频行业的根基，在形成了平台和用户的基础上，如何获取大量的优质内容成为行业焦点。2017 年，由于短视频生产门槛不断降低，大量的优秀内容创作者进入短视频市场，短视频平台通过一系列的流量扶持和红利补贴措施，帮助内容生产者变现，激励创作者创作出更加优质和垂直化的内容，从而带动短视频行业流量的持续增长，反过来又激励了更多优秀人才和内容的流入，形成了一个良好的内容生态。随着内容生态的完善，优质内容的供给将更加稳定，这就为短视频的可持续发展奠定了一个良好的基础。

三　短视频商业模式探析

随着2017年短视频行业的持续升温，平台在吸引大量流量的同时，对盈利模式的探索也开始由自发式过渡到自觉式。在当前阶段，广告和电商是短视频行业的主要商业变现方式。易观统计数据显示，80%的PGC变现来源于广告和电商模式。除此之外，随着短视频垂直内容生态的不断完善和用户付费习惯的养成，短视频用户付费模式也在积极探索之中，将来有望成为短视频行业商业模式扩展的新方向。

（一）广告营销不断升级，平台与内容创作者各有侧重

短视频凭借其碎片化的表现方式、年轻化的消费群体和巨大的流量在广告营销上具有天然的优势，因而受到广告主们的青睐。当前，贴片广告、信息流广告和原生广告为短视频的主要广告形式（见表2）。

表2　短视频行业广告模式

	贴片广告	信息流广告	原生广告
定义	以贴片的形式出现在短视频中的广告形式，主要有平台贴片和内容贴片两类	指穿插在信息（视频）推荐列表中的广告形式，当前较为主流	指将视频内容与广告品牌诉求相结合的广告形式，通常以软植入的方式出现
优势	价格低 触达率高 可实现批量处理	触达率高 用户反感度低	用户反感度低 内容契合广告诉求，传播性好 表现形式丰富
劣势	用户反感度高	对平台的分发能力要求高 过于密集会降低用户体验	价格高 对品牌与内容契合度要求高

在广告模式的选择上，平台方和内容创作者的侧重点各有不同。平台方凭借着入口流量优势和较强的算法推送能力，因而更加青睐信息流广告和贴片广告。2017年2月，秒拍短视频发起“秒拍情人节”活动，首次采用前置贴片广告的形式，短短6秒钟的广告在两天时间内播放量高达1.3亿次，

覆盖了上亿名“粉丝”。同时平台也在积极探索与线下品牌联合推广活动，创造更大的盈利空间。2017 年初，美拍短视频联手大众点评网与线下数百家门店开展合作，推出“线上吃货狂欢节”，并号召“粉丝”参与“全民吃货拍”活动，一周时间内活动参与人数超过 30 万名，取得了良好的效果。而对于内容创作方而言，凭借着自身内容优势，其更加青睐原生广告模式，通过打造定制化的内容传递广告主的诉求。

（二）依托内容场景化营销，电商模式逐渐发力

和其他互联网内容行业相似，电商变现的商业模式一直是短视频重要的流量变现手段。和文字、图片类的内容不同，短视频在商品展示上更加生动，能够给人更强的感官刺激，附着在个性化视频内容中的商品展示也更具有场景化的特征，能够直接影响用户的消费需求和购买行为的转化。当前美妆、时尚和美食领域多采用电商变现的模式，未来随着更多垂直内容领域的开发，短视频行业在电商模式的探索上必将更加深入。

当前短视频电商变现主要有两类模式：一种是依托网红经济，以 PUGC 个人网红为主，在各大电商平台开设个人网店，通过自身对“粉丝”的影响力，为网店增加流量，从而实现商业变现；另一类则是短视频平台自主搭建独立的电商平台，通过内容和平台影响力，为电商平台导流，实现流量变现。“小红唇”就是这种模式的代表，小红唇 App 以用户自制美妆类短视频起家，通过优质的垂直短视频内容进行场景化营销，成功俘获 1200 万名年轻女性的芳心，当前日活跃用户人数将近 50 万，成为年轻女性首选的美妆类平台，在女性经济日益崛起的当下，小红唇的成功无疑给垂直细分领域的内容创业者提供了典范。

（三）用户付费方兴未艾，发展空间广阔

2017 年，整个互联网内容行业进入了一个内容付费的蓬勃时代，据易观数据统计，2017 年视频网站付费会员渗透率从 10% 增长到 16%，文字、语音问答等领域也已经开始探索出了各自的内容付费模式。与文字和语音相

比，短视频有着更强的信息负荷能力，在表现形式上也更加形象生动，随着垂直细分领域的不断深挖和优质内容的稳定输出，未来短视频在内容付费模式上有望迎来强劲增长。

当前短视频领域的内容付费主要包括“粉丝”打赏、平台会员、直接付费三种模式。“粉丝”打赏，即用户给自己喜爱的内容或主播赠送虚拟礼物，购买礼物的收益由平台和内容生产者按照一定比例进行分成。由于该模式强烈依赖“粉丝”效应，因而在高互动性的网络直播领域应用比较广泛，短视频行业还较少应用。当前美拍、快手等短视频平台已经开始尝试“粉丝”打赏功能，但大多依赖于平台的直播业务，“粉丝”单纯地为短视频内容进行打赏的行为还较为少见。哔哩哔哩是国内较早采用用户打赏模式实现UGC 内容变现的网站，培育了良好的用户打赏习惯，随着哔哩哔哩开始布局短视频内容，其有望成为国内短视频行业用户打赏模式的典型。平台会员制，即用户通过购买平台的会员来获取相应的内容和服务权限，付费会员制度在爱奇艺、优酷、腾讯等传统视频网站已经逐步发展成熟，然而在短视频行业还较少应用。主要原因在于短视频领域大多依托于 UGC，内容的输出不够稳定，优质内容较为稀缺，因而用户无法产生购买会员的动力。未来随着短视频内容生态的逐步完善，会员付费制度有望兴起。直接付费模式，即用户对单个视频内容进行付费观看，通常是以知识付费为代表的优质垂直类领域内容。2016 年开始兴起的知识付费是近两年内容创业领域中的热门，短视频依托自身的特点与知识付费进行结合必将在未来开辟出一条新的内容商业模式。百度已经率先开始在这一领域发力，2018 年 4 月 10 日百度宣布将自身的知识短视频品牌“秒懂视频”进行优化升级，“扩充优质内容、打造平台生态、进行多方合作”成为秒懂视频下一步的发展方向。区别于快手、抖音等搞笑、娱乐类短视频平台，秒懂视频依托百度的平台优势，以“知识视频化”切入短视频市场，期待在短视频内容付费模式上进行更多的探索。

四　短视频行业的未来趋势

（一）内容向垂直领域继续扩展

随着互联网内容产品的极大丰富，媒介消费正进入一个分众化的时代，受众的个性化需求越来越受到重视，因而内容行业整体向着垂直细分的领域不断扩展，短视频行业也是如此。当前以快手、抖音为代表的主流短视频平台依然以泛娱乐内容为主，但是未来两年随着资本的持续输血、内容创作者的不断增加以及政策监管的逐步规范，以知识、母婴、汽车、美妆等为代表的垂直类短视频内容将迅速崛起。垂直领域内容的兴起一方面是因为这些内容满足了受众的细分需求，拥有更加多样的变现手段；另一方面是因为相较于泛娱乐内容，这些垂直内容的政策风险相对较小，内容的质量也更加具有保障。可以预见，未来随着垂直领域的不断开发，短视频行业将引来一个更加健康和完善的内容生态环境。

（二）平台迎来洗牌期，整合、出海和下沉成为突围之路

随着越来越多的新平台不断涌入短视频行业，未来两年短视频市场的用户红利将逐渐消失。根据艾瑞咨询发布的报告预计，短视频行业的市场渗透率已经开始接近饱和，大量的短视频平台即将迎来新一轮的洗牌，在这一背景下，未来短视频行业将呈现三大态势。首先，平台间的整合将加剧，那些没有竞争优势的长尾平台将被市场机制所淘汰，留下的则是流量巨大的头部平台和专注垂直领域的腰部平台，市场结构朝着纺锤形过渡。其次，平台将拓展海外市场，在国内市场饱和后，以抖音、快手为代表的中国短视频平台已经开始了开拓海外市场的步伐，特别是与中国市场比较接近的日韩地区。通过与韩国综艺节目和娱乐公司进行合作营销，快手成功进军韩国市场，韩国明星开始使用快手发布短视频与“粉丝”互动，在短时间内为平台吸引了大量的人气。而苹果和安卓应用市场的数据显示，抖音短视频在日本也是

大受欢迎，大约有1/4的日本少女在使用抖音的国际版Tiktok。未来在资本的扶持下，中国短视频平台的出海征程将继续加快。最后，未来短视频平台的业务将继续下沉，掌握优质流量的头部平台将开始探索MCN（多频道网络）业务，增强自身优质内容的造血能力，通过增强对内容的控制力来巩固竞争优势，为行业后半程的持续发展提供驱动力。

（三）技术创新渗透短视频产业链各个环节

技术的发展促进了媒介内容形态的转变，从文字到视频再到即将到来的VR，技术的基因贯穿媒介发展的始终，也影响短视频产业链的各个环节。人工智能技术能够有效地降低短视频的生产运营、内容审查等环节的成本，提高短视频平台的运营效率。区块链技术的成熟有助于增强内容产业的版权保护，维护短视频行业的发展秩序。2017年1月18日，微电影及微视频区块链版权（交易）服务平台纳入中国版权保护中心DCI体系，标志着区块链技术开始应用到内容版权保护领域。另外，大数据算法成为当前媒体行业高度关注的技术之一，这一技术在短视频平台的内容分发上已经开始应用，然而业界和学界对算法技术仍旧存在很多质疑，包括对用户隐私的保护、茧房效应，等等。因此，如何将价值观与机器算法相融合成为短视频平台未来应着重考虑的方向。

（四）政策监管趋紧，行业进入“价值引导”下半场

进入2018年4月，国内短视频行业遭遇新一轮监管风暴。4月4日，国家广电总局联合网信办约谈快手、抖音、火山等短视频平台主要负责人，强调对平台内容的把控。4月11日，全国“扫黄打非”办公室召集18家直播与短视频企业相关负责人，召开网络直播及短视频企业内容安全管理会议。随后今日头条响应政策要求，处理旗下短视频平台违规视频10318条，封禁违规账户4846个，新增审核敏感词条1700余条，积极营造健康的短视频社区。快手也配合要求，删除了大量问题视频，并推出了“家长控制模式”以保护未成年受众群体。国外互联网巨头也面临类似的危机，以

Facebook、Netflix 为代表的互联网公司以算法驱动而闻名，然而随着大数据算法的弊端日益显现，这些公司也正在承受着越来越多的舆论压力。

这一系列问题直击互联网内容行业的核心痛点，那就是技术到底需不需要价值观？今日头条的 CEO 张一鸣曾经表达过“技术是中立的，今日头条拒绝价值观先行”的观点，引发社会广泛讨论。如今，面对短视频行业新一轮的监管风暴，快手 CEO 宿华在道歉信中表示“算法的价值观就是人的价值观，算法的缺陷是价值观上的缺陷”，这无疑标志着国内短视频行业正在告别“技术中立论”，将以“价值引导论”引领行业发展的下半场。对短视频行业的未来而言，算法依旧将发挥着重要的作用，然而短视频行业不能过度依赖算法，技术只是一种工具，平台必须拥有符合主流的价值观体系，通过人机结合，将价值观体系融合进算法，才能承担起与数亿流量相匹配的社会责任①。

① 《快手推出了“家长控制模式”，短视频平台开启“价值引导”下半场》，http://36kr.com/p/5130013.html。

B.14 2016 ~2017年知识付费市场发展分析

庞曼曼　张竞予　卢梦琪*

摘　要： 我国经济的高速增长使得人民的可支配收入大幅增长，文化、娱乐等体验性消费在消费升级的市场下迎来了红利期，在众多互联网的风口之下，知识付费这种新兴商业模式从酝酿期到市场爆发仅花了一年时间。数字时代改变了知识传播的方式，产业融合打破了传媒、出版和教育的壁垒，内容生产者从追逐流量和注意力经济转为寻求知识付费这种更为直接的变现方式。本报告将从原因、发展历程、市场现状和受众等方面进行梳理，探讨知识付费的发展趋势和面临的问题。

关键词： 信息焦虑　碎片化学习　“粉丝”经济　头部效应

知识付费是指内容创造者将书籍、理论知识、信息资讯等知识与自身认知积累相融合，并对其进行系统化和结构化梳理转化成标准化的付费产品，依靠知识付费平台所搭建的付费机制与业务模式传递给用户，以满足用户自身需求的创新产业形态①。知识经过商家的整理、包装之后，变成了产品或服务，在形式多元的平台上进行销售，被消费后从而实现价值。“直播元年”之后，“知识付费元年”在2016年正式到来，知乎、果壳、罗辑思维等

---

* 三位作者均系中国传媒大学传媒经济学硕士研究生，研究方向分别是传媒产业管理、影视项目管理、传媒产业管理。

① 易观：《2017中国知识付费行业发展白皮书》，http：//www.199it.com/archives/661664.html?from = groupmessage。

平台相继推出值乎、分答、得到等知识付费产品，并在短期内吸引了海量用户；钛媒体和36氪等垂直媒体也纷纷开设付费专栏。在一年的增长爆发之后，2017年中国知识付费产业规模已达49亿元。UGC和PGC共存的平台模式，为这一领域源源不断地提供着内容。

一 发展历程：从不可能到可能，从免费共享到知识变现

过去，阻碍知识共享的原因主要有个人层面的知识垄断和宏观层面的技术限制，在激烈的社会竞争中知识被认为是自己在组织中价值和地位的保证，如果将知识倾囊相授则会失去独特的竞争优势，个体的自身利益将受到损害，因此人们一般不愿意与他人进行分享，这造成了个人层面的知识垄断。媒介和知识管理系统的缺陷使得知识共享缺乏平台，曾经知识只限于小规模的或同阶层之间的单向流动，不可能实现大规模的共享。随着互联网的发展，信息爆炸现象产生，当知识可以以付费的形式出现后，信息以公开价格被卖到市场上，人们可以以此获得回报，信息的分享和共享开始产生。

有学者认为，知识付费从共享知识到现在的能够变现分为三个阶段：1.0阶段是基于搜索引擎进行互联网百科搜索的知识获取阶段；2.0阶段出现了“百度知道”“新浪爱问”等知识问答社区；而现阶段则是实时互动、知识变现的时期①。

在知识付费的1.0阶段，相对于共享知识来说，更多的是共享信息。维基百科、百度百科等平台将零碎散落的知识整合起来，克里斯·安德森曾在《长尾理论》中提出维基百科的例子，称这是一种集体的生产：任由业余用户创作和编辑的开放式系统并没有陷入无政府状态；相反，它已经以某种方式成功地将历史上最庞杂的百科全书组织得井井有条②。用户自创式的维基

① 吴帅帅：《免费共享资源待价而沽 知识付费市场或是下一个风口》，http://dz.jjckb.cn/www/pages/webpage2009/html/2017-03/02/content_29117.html。

② 〔美〕克里斯·安德森：《长尾理论》，中信出版社，2006。

模式可以时时更新，而且它拥有大量连接到其他资源的外部链接，还能更好地显示不同的观点和争议。这种“集体生产”，是互联网创造的一个非凡的现象。

之后就进入以知乎为代表的2.0阶段，问答成为主要场景。社区允许人们在线发布问题，并从社区内的其他成员处得到答案。其目的在于营造一个信息交流的环境，吸引对讨论主题感兴趣的成员在讨论区内公开地发表意见、分享经验及交换信息。与通过搜索引擎来获得相应的结果页面不同，网络问答服务提供了一种用户可用自然语言提问，其他回答者阅读完问题后提供更加个性化、量身定做的回答的方式。社交互动模式对于理解网上的知识分享与传播行为有着非常重要的意义。

当前则是以知识变现为代表的3.0阶段，知识付费可以被看作一种知识共享，只不过这种共享是在以一种付费的形式传递。2016年之前，知识付费处在市场酝酿阶段，罗辑思维率先推出仅限微信支付的会员制度，随后2015年11月罗辑思维出品的“得到”App正式上线。2016年被称为我国的“知识付费元年”，3月基于微信的在线直播社区“千聊”上线，开始提供付费直播服务，4月“知乎”上线“值乎”功能，5月“知乎live”开始运营，象征着知识社区要转型为知识平台。同年6月，喜马拉雅FM推出“付费精品”专区，而其首个试水的产品就是马东团队的《好好说话》。经历了2016年的爆发，据艾瑞咨询统计，2017年中国知识付费产业规模达到49亿元，2020年将达到235亿元。目前我国的知识付费市场处于百花齐放的状态，各家平台纷纷加码布局知识付费领域。

二　兴起原因：内外部环境繁荣推动知识付费成长

随着互联网、移动互联网的发展，产业集中向技术密集和智力密集型转化，以无形资产形态存在的知识资本在生活中的作用越来越凸显，于是一个新的知识消费模式开始被催生。

（一）外部环境

1. 版权环境改善使得知识付费市场良性发展

文化产品不同于普通商品，其最终成果更多凝结了创作者的思想精神和创意，而创意的技术壁垒非常低，当一种创意流入市场后，极易有大量同质化的产品出现。对抄袭和盗版的判断规则难以制定，仲裁成本高，在网络发展的过程中，复制成本日益降低，影视、音乐、文学的版权争议事件逐渐增多，内容付费的发展还需依靠版权市场的完善。从 2014 年开始，国家就出台政策整顿音乐版权问题，扶持音乐市场，各音乐客户端开始纷纷试水音乐付费市场。2017 年国务院办公厅印发了《2017 年全国打击侵犯知识产权和制售假冒伪劣商品工作要点》，强调要依法严惩影响创新发展的违法犯罪行为。由此可见，国家在监管层面对数字内容的保护力度加大，民众的产权意识也在逐渐提升。

知识付费作为数字化内容产品，与绝大多数传媒产品一样，具有初次生产成本高、复制成本低的特点，以音频、图文内容为主的知识产品更大大降低了内容复制的技术门槛，抄袭、倒卖等行为甚至已经形成了黑色产业链。而对于知识付费版权保护的相关措施却较少，维权成本高、难度大，需要平台技术手段的提高和定价策略的转变。

消费升级带来的知识性支出大幅增长。21 世纪以来，中国居民人均可支配收入的增长在全球范围内有目共睹，消费水平的大幅提高使得恩格尔系数逐渐降低，吃、穿等基本需求在人们生活中所占比重减少，取而代之的是教育、文化、艺术等娱乐消费，我国的消费结构正在不断改变。2012 年以来，我国文化产业增速瞩目，增加值从 2012 年的 1.8 万亿元提升至 2016 年的 3.1 万亿元，涨幅超过 70%（见图 1）。根据文化部规划，到 2020 年，文化产业将成为国民经济的支柱性产业，这也就意味着，2020 年我国文化产业增加值至少应占 GDP 的 5%，超过 5.5 万亿元。文化产业规模的扩大和媒介市场的繁荣为文化产业的发展提供了极大帮助，人们对文化产品的消费意愿、付费意愿日益提升，极大地促进了知识付费产业的发展。

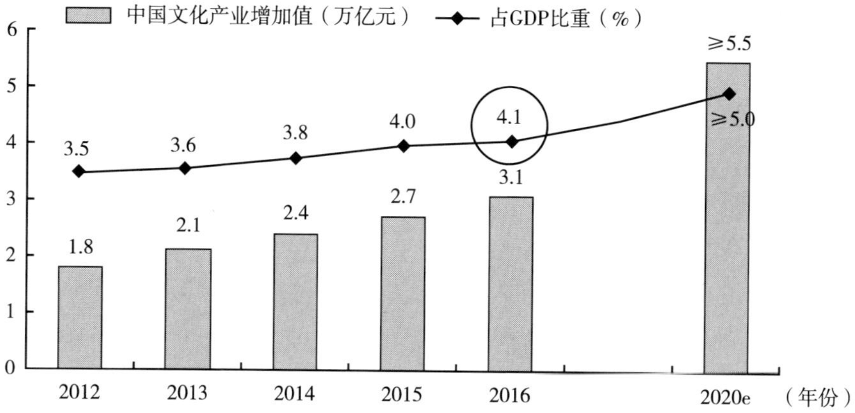

图1 2012～2020年中国文化产业增加值及占GDP比重

资料来源：易观国际。

2. 产业融合，教育、传媒、出版的壁垒消失

原先教育、出版和传媒实际上是分开的，适应人的三种学习需求。但是现在因为学习革命和科技革命的发生，这三大板块的底层打通了，传媒、教育、出版的壁垒逐渐消失，界限不再明确。出版和教育从来都不是免费的，当产业融合发生后，知识付费成为必然。

（二）内部环境

1. 阶级焦虑驱动付费

全球商业太空探索的领军人彼得·戴曼迪斯在其著作《富足》中曾提到：人类从直立行走一直到2003年，大约有400万年的时间，这段历史人类一共创造了5艾字节的信息，一艾字节信息相当于50亿部1G电影的数据容量；时间到了2010年，人类每两天就能够创造5艾字节的信息；2013年每10分钟即可创造5艾字节，大量的信息每天都在涌入我们的生活。信息爆炸在为人们的工作、生活带来便捷的同时，也带来了迷茫和焦虑。在移动互联网的影响下，知识的爆炸传播更胜PC时代，知识也呈现全新特征——不再基于稳定的系统和路径生产，而是变得经验化、实用化、碎片化，可以填补忙碌工作的间隙。越来越多的人发现，来自网上的信息太多，内容太丰富，从中筛选、获取有价值信息的成本越来越高。这些知识的变化、交叉和不确定性使人们产生了知识恐慌，信息越来越多，变化的知识也越来越多。加之社会走向了交叉发展状态，科技、互联网和其他行业产生交叉，互联网不同领域以及之前学科和行业、职业之间也产生交叉，这样的跨界造成了每个人知识系统中相对空白的区域，工作、生活和未来具有很大不确定性。中产阶级时刻都有一种强烈的不安，生怕被时代所抛离，在激烈的竞争、目标的缺失下，没有归属感和存在感。同时，当前接受高等教育的人群规模极大化，与互联网的出现、发展相同步。但这些知识受众平时接触的是“灌输式”教学，所学课程缺少逻辑学、哲学等学科，降低了人们自行解决问题的能力，其所学习的知识也相对陈旧。因此，帮读者做减法，筛选、提供有价值信息的价值开始凸显，这是知识付费兴起的最大原因。

2. 知识付费缩短了获取有价值内容的时间

海量的知识本身在网络上可以被搜索得到，搜索引擎为知识的获取提供了极大便利，对于网络资源来说，知识本是免费的。但正由于信息的庞杂和不成体系，将知识包装为产品和服务之后，才产生了价值，知识付费平台的出现大大缩短了在信息爆炸时代搜索内容的时间。

3. 变现渠道丰富，极大提升内容生产者的积极性

当知识作为免费内容被发布、分享时，内容生产者缺乏一定动力，当发布内容成为变现的渠道后，极大地促进了内容生产者上传、分享的欲望，保证了知识付费在内容供给上的充足。

4. 第三方在线支付的普及完善了支付场景

各平台的付费方式逐渐完善，促进了知识付费的发展。易观数据显示，2016 年，我国移动支付用户达 4.62 亿人，2014 ~2015 年，移动支付增长率达 65.11% （见图 2）。支付宝、微信等移动支付工具的普及，为知识付费在移动端的爆发提供了基础条件，便捷的网络支付渠道降低了获取知识的门槛，提高了知识获取的便利程度。消费者可以随时随地购买自己需要的知识，满足自己在工作和生活中的使用需求。

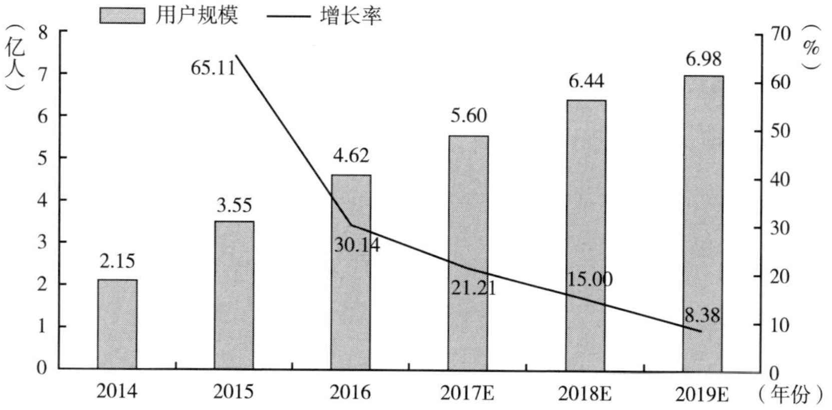

图2　2014～2019年中国移动支付用户规模及预测

5. 在需求端，用户付费习惯逐步养成

外部版权环境的好转推动了知识付费领域的发展。在互联网刚刚普及之时，多数内容是免费的，免费思维也是互联网思维非常重要的一点。但是随着消费者收入水平的不断提高，以及版权意识的不断增强，为内容付费正在被更多的人接受。用户付费占在线视频整体收入比重的不断提高也从侧面印证了这一点。来自艾瑞咨询的数据显示，2016年在线视频已经有近20%的收入来自用户付费，这一数字预计到2019将达到40%，与广告收入占比基本持平。

三　市场现状：商业模式各异，满足用户多样化需求

当知识付费成为新风口，大量资本涌入市场，为用户提供多样化的服务和需求，多种知识付费的商业模式应运而生，多样的变现方式吸引了越来越多的内容提供者的加入，PGC和UGC相结合的内容提供方式使得知识付费市场拥有源源不断的产出，丰富的内容足够满足用户多样化的需求。

（一）商业模式

针对内容生产者而言，在平台的知识付费流水中获取一定分成，是最

为主要和直接的商业模式；部分有经验的内容生产者以平台为依托，对其他内容生产新人进行培训，传授内容创作经验，进而获取收益；进行 IP 包装、营销及孵化。大量知识生产者涌入知识付费领域，逐渐产生头部效应，为了获取用户的注意力，对知识、课程的包装和营销显得至关重要，提升内容产品包装能力有助于提升用户体验，增强竞争力，部分内容生产者专事营销包装以获取收益。各主要知识付费平台的商业模式如表 1 所示。

表 1　知识付费平台商业模式一览

产品平台	知识付费上线时间	商业模式
喜马拉雅	2016/6	音频专栏类内容平台，提供 PGC + UGC + 独家版权，与平台主播 5∶5 分成
得　到	2015/11	PGC 音频专栏类内容平台，平台与专栏分成
知　乎	2016/5	讲座直播、电子书、问答综合内容平台，对 Live 主讲人的收入抽成 30%
分　答	2016/5	语音问答类内容平台，对问答双方抽成 10%
微博问答	2016/12	文字问答类内容平台，对问答双方抽成 10%
简　书	2017/2	文章打赏 + 付费专栏类原创阅读社区，打赏抽成 5% + 签约作者分成
荔枝微课	2017/4	基于微信提供语音直播为主，图文、PPT、视频为辅的直播课程

资料来源：光大证券。

无论选择怎样的商业模式，变现是知识付费的最终目标，只有变现方式丰富、灵活且可持续，才能保证知识生产者的积极性，维持平台的良性运转。知识付费平台除了售卖知识所得外，针对平台而言，广告收入是最重要的收入来源。第一，用户对知识产品的投入性消费使得原生广告在知识付费产业中具有良好的发展前景；第二，对优质内容以 IP 形式进行多维度的开发，如出书或付费转载等；第三，用户通过付费进入知识共享社群，在其中享受知识生产者提供的长期或单次的内容服务，和线上授课的模式类似，平台通过运营社群提供互动服务获取收益；第四，知识付费平台与线下的传统行业结合，拓展变现渠道，获取更大商业价值。

（二）平台分析

1. 付费泛教育应用平台：知乎、得到、喜马拉雅、简书等

此类平台以高效获取某一方面知识、扩大用户的认知为目的，提供订阅专栏、付费音频、电子书等多种为用户节省时间成本的高效知识服务，平台类似于传统的出版社，由领域内专业人士作为内容生产者，内容生产者的知识生产范围围绕自身的专长进行，平台主要负责对内容进行把关和付费订阅等后续运营。平台不强调知识的全面覆盖，而强调提供知识的权威性与个人特质。各平台在内容形式上都具有比较鲜明的特点，喜马拉雅、得到以音频为主，知乎、简书的文字类内容较多，喜马拉雅和知乎在开设专栏、聘请专家的基础上，还将 UGC 内容与专栏相结合。独家版权是所有付费泛教育平台最有力的竞争点。

2. 自助式知识问答社区：分答、微博问答、知乎 live 等

自助式知识问答社区具有明确的目的性，覆盖各类知识付费产品，各行业达人和“知识网红”入驻擅长领域并自行确定回答问题的费用，平台和主讲人对收入进行分成。知乎 live 在具有问答功能的同时，还有着直播答题的特点，答主创建 live，极大地提高了沟通和问答的效率。知识问答社区虽然品类丰富，但其问答质量水平不一的情况较为突出，在特定领域（如医学、科学）的专业性和实用性较强，但专业性内容生产难以保障，问题普适性不足。此类平台“粉丝经济”行为突出，许多人为了和明星互动提出一些吸引眼球的问题并赚取围观费用，极易扰乱市场秩序。

3. 付费教育应用平台：荔枝微课、网易云课堂等

付费教育应用平台以课业和职业技能学习为主，为学习者提供海量的优质课程，用户可以在应用中查看课件和学习进度，在老师讲课的同时可以做到即时互动，是对传统线上教育平台的一种整合。此类平台有助于用户的系统学习和技能提升，但仍然无法摆脱传统课堂的说教模式，因此很难在没有特定学习需求的用户群体中推广。

（三）受众分析

了解受众有助于帮助我们更好地分析市场，从用户规模来看，喜马拉雅FM 的用户规模居首位，且远大于知乎、得到、分答三个平台，头部效应明显（见图 3），主要得益于喜马拉雅平台海量的精品课程和极具号召力的“知识网红”。喜马拉雅 123 知识狂欢节销售额显示，仅马东《好好说话》一档栏目就带来了 555 万元的收益。在 2017 年付费内容综合购买指数前十名中，6 名来自喜马拉雅 FM 平台（见表 2）。

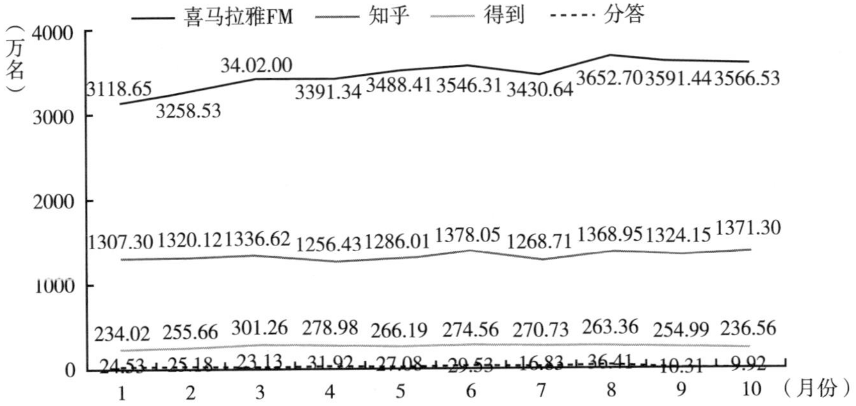

图 3　2017 年 1～10 月主要知识付费平台用户规模

资料来源：易观千帆。

表 2　2017 年付费内容综合购买指数 TOP10

	产品名称	所属平台
1	好好说话	喜马拉雅 FM
2	小学问	喜马拉雅 FM
3	每天听见吴晓波	喜马拉雅 FM
4	耶鲁大学陈志武教授的金融课	喜马拉雅 FM
5	薛兆丰的北大经济学课	得到
6	李笑来:通往财富自由之路	得到
7	张其成讲《易经》	喜马拉雅 FM
8	凯叔 & 马未都:给孩子听的中国史	喜马拉雅 FM
9	矮大紧指北	蜻蜓 FM
10	刘苏里 · 名家大课	得到

资料来源：艾媒咨询。

1. 用户画像

从用户画像来看，“80 后”和“90 后”占据了知识付费用户的73%，他们大多刚步入职场，收入不低，对工作尚不熟练，且离开学校时间不久，学历较高，学习动机和能力均较强，需要学习更多知识以提升工作能力、积累谈资、开阔眼界。“70 后”本应是知识焦虑的主要群体，但消费占比不高，极可能是因为其还未形成互联网使用习惯，这一群体未来可能成为市场开发的下一个对象。

从地域分布来看，二线城市和一线城市的用户占比最大（见图 4），可见城市发展水平对人们对知识的需求和付费意愿具有较强的正向影响。三、四、五线城市用户还未得到完全开发，当一线城市出现市场饱和、使用率下降等情况时，加大知识付费的资源覆盖范围和推广力度，使用户下沉可能成为知识付费市场开发的新突破口。

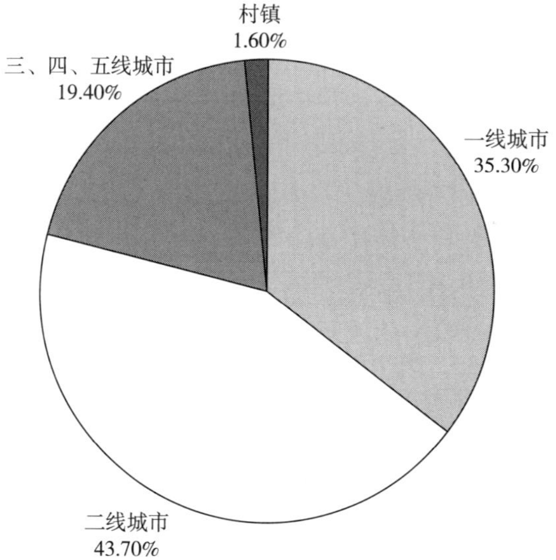

图 4　2017 年知识付费用户产地域分布

资料来源：新榜。

2. 用户：倾向于付费领域

用户倾向于付费领域，目的性明确，大多希望获取有实际用处的知识，提升职业技能或学习深度，这也使得“干货输出”和“技能培训”成为知识付费的爆点。时间管理、效率提升类的教育内容较多，用户通过了解更多有效的知识学习方法和技巧来提升自身的学习能力。

3. 受众对知识付费产品的偏好

如图 5 所示，在产品偏好上，音频类课程的使用程度最高，主要在于音频的伴随性特征使得学习可以在生活、工作等各个场景中轻松实现，大大提升了碎片时间的可利用程度，而且其作为一种信息接收形式，相对于文字来说，具有亲切感，可以使得学习不那么枯燥乏味。

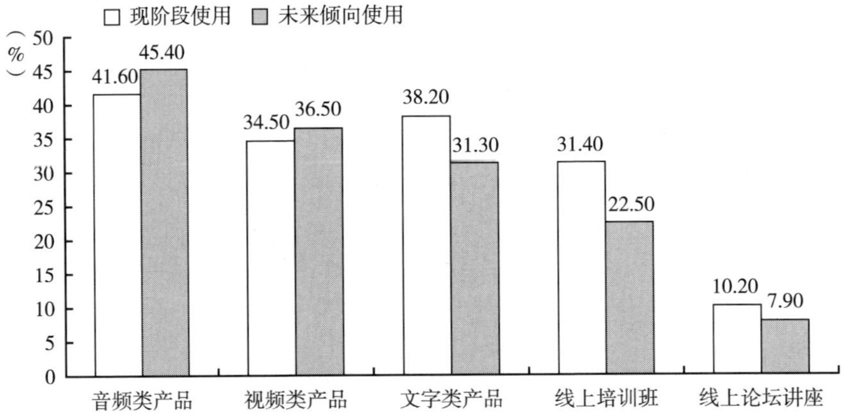

图 5　2017 年受众对知识付费产品的偏好

资料来源：企鹅智酷。

4. 受众对内容提供主体的偏好

如图 6 所示，48% 的用户表示对知识付费产品的内容提供主体无偏好，他们不在乎提供主体是否具有权威性和广泛认可度，其知识付费的动机和意愿主要根据具体需求和付费价格来权衡；对于主体偏好较为明确的用户来说，知识提供者的知识背景、经验和开课方的品牌背书是重要因素，32% 的用户更倾向于购买由知名权威教育机构生产的知识内容，认为此类主体提供的内容专业水平高，更加权威可靠；另有部分用户更倾向于选择某领域有高话语权的专家和事业成功的企业家，认为他们具有足够的经验和相关背景，综合知识广，实践经验多，个人见解独到，所提供内容的可信度较高、说服力较强。

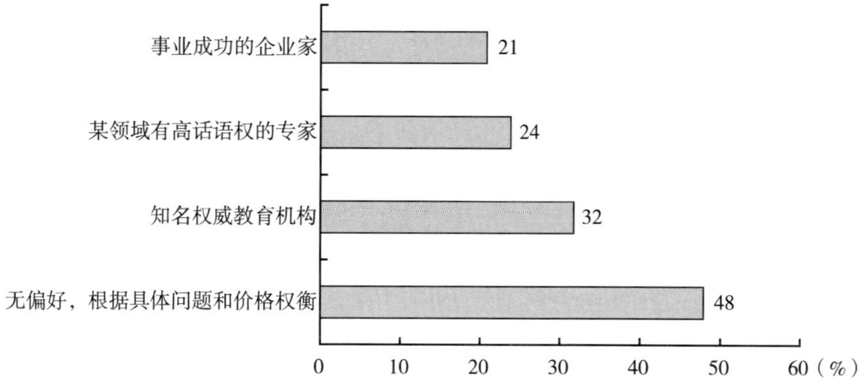

图6　2017年受众对内容提供主体的偏好

资料来源：企鹅智酷。

总的来说，知识付费受众的核心是大中城市刚进入职场，与互联网、教育相关的新就业人群，其主要动机是希望提升自己的职业竞争力和发展业余爱好。除此之外，法律、理财、健康等领域也是重要的知识付费领域。

四　困境与挑战：盈利背后的市场乱象

（一）盗版问题

知识付费作为数字化内容产品，与绝大多数传媒产品一样，具有初次生产成本高、复制成本低的特点，而对知识付费版权保护的相关措施却较少，维权成本高、难度大。

（二）信息质量问题

知识付费的内容很难有标准化的评价体系，它的效果更为长期。由于传媒产品的消费特点，在付费之前，用户很难对课程内容进行了解，消费之后，无论是会员制还是单次付费制，各网站均没有相应的可退换制度，在平台的课程评价中水军、删帖的行为又大量存在，这种信息不对称极易造成复购率降低，需要健全的内容筛选及推广机制来解决这个问题。

（三）政策监管问题

许多平台以自助式知识社区或问答社区的形式出现，平台难以对所有内容进行监管，不良信息易借助知识付费平台大量传播并盈利。

依托互联网的知识付费具有跨区域、跨行业的特征，且信息量巨大，这就带来了监管上的灰色地带。知识付费的形式逐渐在各领域扩散，许多未经监管的知识付费形式开始试图在市场上攫取利润。例如，新世相在2018 年 3 月 19 日以“发展下线”模式售卖课程，并在微信朋友圈引发了病毒式传播，海报明确写明“原价 199 元，现价 44. 9 元，每 1 万人购买涨价 5 元”。在一天的时间中，盈利最高的网友赚取佣金超过 1 万元，这种传销模式虽被及时发现且被制止，但很难保证没有未被察觉的类似盈利模式。

五　发展趋势：产业链上的迭代

（一）平台：知识付费供给内容的“头部化”、系统化趋势加剧

UGC + PGC 的模式使知识付费平台的内容数量不断增加，用户选择信息的成本也将持续升高，“头部化”内容扎堆出现，碎片化、依靠“粉丝”经济的生产模式将不利于平台的长远发展，内容系统化、生产环节团队化将成为一种趋势。

（二）内容：垂直化与分众化，注重用户差异化需求

社会分层带来人群阶层的细分，不同领域、不同职业、不同成长背景的

人衍生出不同的小众群体，群体之间的兴趣和爱好不同，而群体内个体对某一领域则拥有相同的偏好。分众化传播具有传播内容细化、受众主动性增强、互动频繁和传受一体化等特点。关注分众化需求，有的放矢地推出不同群体感兴趣的差异化产品，才能让受众对平台的黏度和依赖度进一步提升。当前主流知识付费平台所提供的付费知识产品过于集中于职场、理财和情感等领域，“值乎”和“分答”在产品运营思路、内容分布领域和行业分享专家等方面更是存在较高的相似度，同质化现象严重。诚然，头部资源能够为知识付费平台带来的流量远超尾部的中小型草根内容生产者，但仅仅依靠小部分头部资源并不能满足大量用户的需求，反而还会导致内容同质化的尴尬局面。知识付费平台在重视头部资源的同时也应该充分挖掘尾部资源所带来的产品丰富性和多样性。

（三）技术：智能化算法

现阶段知识付费平台的模式还停留在付费栏目、付费问答和付费讲座等以传者为主的传播模式，用户在传受关系中只能被动地接收平台提供的内容。知识付费平台可以利用大数据、云计算等先进技术收集用户的相关信息，并通过算法逻辑分析用户的关键词搜索、浏览习惯等，深入用户的个人或实践场景中，提供此时此地、此情此景下可以满足用户个性化需求的知识服务。换言之，技术升级的关键是，要么更加深入地辨别出用户的生活场景，要么建构一个适合用户的场景以便他们获取在别处很难获得的稀缺而又需要的知识。

（四）价值：缓解社会压力的一种思路

当焦虑变为社会的普遍现象，贩卖焦虑似乎也成为一条产业链，消费主义在帮助我们“消除焦虑”的同时，也在不断扩大、渲染焦虑。消费者盈余是指消费者在某次交易活动中所获得的收益减去所付出的成本而得到的净收益。在理性经济人假设下，我们认为，总体看来，交易总是会产生消费者盈余的。不过在具体的交易个例中，因为有限理性，可能做出并非最优甚至非常糟糕的交易决策。当面对某些未知的困惑时，“消费知识”或许能给我们带来心灵的慰藉，但这种消费是否能够真正解决困惑？知识付费是一次或几次的冲动消费还是真的需求？作为消费者的我们在消费主义时代总是需要不断冷静思考，如何才能做出消费者盈余最大化的决策。

B.15 2016 ~2017年中国电影票房网络口碑效应实证研究

池建宇　骆子珩*

摘　要： 在互联网时代，网络口碑对消费者的购买决定起着至关重要的作用。本报告研究网络口碑对电影消费量即票房的影响。网络口碑通过知晓效应和说服效应影响电影消费。本报告选取2016～2017年在中国内地上映的224部电影，使用OLS回归模型，验证网络口碑对电影票房的知晓效应和说服效应。本报告的结论是：中国的电影票房同时受到网络口碑知晓效应和说服效应的正向影响。

关键词： 网络口碑　知晓效应　说服效应　电影票房

中国互联网过去几年飞速发展，网络口碑日益成为影响消费者购买的重要因素。与此同时，全国电影票房收入也日益增长。一般认为，一部电影的口碑对电影票房收入有重要影响。本报告将探讨电影票房收入的网络口碑效应，并将其细分为知晓效应和说服效应，研究这两种效应对电影票房收入的影响。

---

* 池建宇，博士，中国传媒大学经济与管理学院副教授、硕士生导师；骆子珩，中国传媒大学经济与管理学院经济学专业学生。

口碑是人与人之间关于某个产品、服务或者公司交流的合集[1]。它一直被认为是消费者行为的一个重要影响因素。人们倾向于相信和他们面临同样处境的其他消费者的观点，这一现象在人们选择其了解较少甚至是完全不了解的产品时尤其突出。比如人们经常在购买一本图书前浏览书评，在选择一家餐馆就餐前询问口碑，甚至在买入或者卖出股票等金融产品时了解分析师的行业观点。根据卡茨和拉扎斯菲尔德的观点，在促使消费者态度转变的过程中，口碑传播所起的作用是普通广告的 9 倍[2]。与此同时，随着互联网飞速发展，传统的一对一、口口相传的形式得到改变，形成了更加强有力的网络口碑。它在互联网飞速发展的今天，让消费者能够在社交媒体、电子商务网站上发布多对多的关于自己对产品的匿名评论。网络口碑的时效性也成为影响消费者购买的重要特性。在 Web2.0 和社交媒体盛行的今天，人们可以在购买前查到几周前、几月前甚至是几年前的评价。基于网络口碑活动的兴起，各行各业的一系列公司开始提供网上口碑服务。对于电影来说，网络口碑主要表现为评分和评论两类。

电影网络口碑对票房收入的影响主要来源于两个方面：网络口碑；数量网络口碑效价。本报告在系统梳理相关文献的基础上，首先从理论上说明网络口碑对电影票房收入的影响机制，然后建立计量模型使用相关数据验证网络口碑对中国电影票房收入的影响，最后得出结论。

一　电影网络口碑和电影票房收入的关系

（一）网络口碑—电影票房收入传导机制

本报告基于 Ellis 提出的认知行为模型（Cognitive Behavioral Model）来分

---

① E. Rosen, "The Anatomy of Buzz Revisited : Real-life Lessons in Word-of-Mouth Marketing," *Journal of Interactive Marketing*, vol. 12, no. 4, 2009, pp. 17 – 28.

② E. Katz, P. F. Lazarsfeld, *Personal Influence : The Part Played by People in the Flow of Mass Communications*, London: Transaction Publishers, 2006, p. 10.

析口碑与电影票房收入之间的传导机制①。认知行为分为 A、B、C 三个步骤，即激发事件（Activating Event）、对事件的信念（Beliefs About the Event）和结果（Consequences）。人们在看到某个事件或者是某条信息的时候，会产生对事件的第一判断。随着时间的流逝，会对事件进行评估，产生对此事件的特有情绪。对事件的情绪进而影响人们接下来的行为和其他想法，行为产生的结果有积极的，也有消极的。反应链条如图 1 所示。

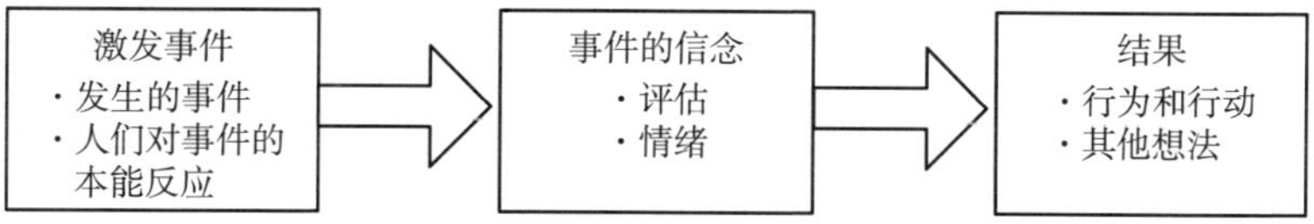

图 1　认知行为模型

这一链条能解释在电影消费市场上网络口碑对电影票房收入的影响。网络口碑数量和网络口碑效价作为激发事件，电影的潜在观影人群分别得到知晓和正负向态度这样的认知结果，潜在观影人群通过对认知结果进行反应，产生电影票房收入这一行为结果。行为结果有正有负，也就是说，上述两个认知结果能够对电影票房收入产生积极影响和消极影响。网络口碑数量能够产生知晓这一认知结果，网络口碑效价能够产生态度这一认知结果，最终作用于电影票房收入。这个过程如图 2 所示。

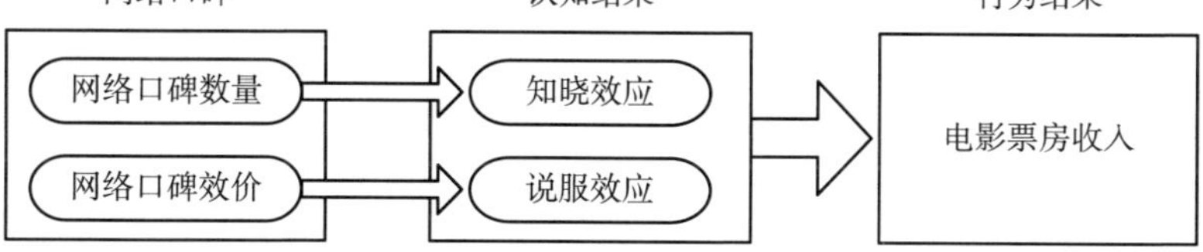

图 2　网络口碑与电影票房收入传导机制

① A. Ellis, *The Road to Tolerance*: *The Philosophy of Rational Emotive Behavior Therapy*, New York: Prometheus Books, 2004, p. 35.

网络口碑具有知晓效应（Awareness Effect），正如图2中所示，知晓效应可以通过网络口碑量进行衡量，并且最终反映在电影票房收入中。在电影消费市场中，即为电影的影评数量。网络口碑数量越多，说明有越多的消费者参与对某部电影的讨论，这不仅反映了某部电影的消费人群的多少，也反映了消费者对该电影的讨论意愿。意愿越强，表明知晓效应越大，后续可能有更多的潜在观影人群走进电影院观看该电影，产生更多的票房收入。忽略评论的内容，即使是中性甚至是负面的评价也比没有评价要好。电影作为体验型产品，在不知道电影口碑效价的情况下，人们更倾向于去电影院观看其听说过的电影。因此，网络口碑数量对电影票房收入有显著的正向影响。

网络口碑也具有说服效应（Persuasive Effect），正如图2中所示，说服效应可以用网络口碑效价进行衡量，通常用网络评分来衡量。在电影消费市场中，即为电影的影评分数。网络口碑效价能够给予潜在观影人群对某部电影的第一印象。网络口碑效价好，说明占比较大的观影人群觉得该电影值得一看。因此网络口碑效价越好，其说服效应就越大，越能够说服潜在观影人群走入电影院消费。在电影上映的周期中，正面网络评论能够鼓励潜在观影人群走进电影院进行消费。负面网络评论会有一定负面影响，但是其影响可以与知晓效应相互作用。在通常情况下，负面网络评论的影响与知晓效应相比较小。因此，网络口碑效价对电影票房收入有正向影响且较为显著。

（二）网络口碑、首周末票房收入与总票房收入

首周末票房收入是预测未来票房收入的重要影响因素，因为大多数在全国范围内公映的电影都会产生动态的大爆炸效应。首周末票房收入越高，说明电影评论的数量越多，因为首周末观影的人群是一个会产生网络口碑数量的人群。因此首周末票房收入存在网络口碑的知晓效应，即首周末票房收入越高，电影网络口碑的知晓效应就越大。但是，首周末票房收入与网络口碑的说服效应之间联系较小，较高的首周末票房收入并不能带来更高的电影评分。因此，首周末票房收入更多显现出网络口碑的知晓效应。

基于上述理论分析，本报告提出以下假设：

H_1：网络口碑数量正向影响总票房收入；

H_2：首周末票房收入正向影响总票房收入；

H_3：网络口碑评分影响总票房收入。

二 网络口碑与电影票房收入的实证分析

（一）模型和数据

依据前文的理论分析，我们构建实证模型如下：

$$\ln Tbox = \beta_0 + \beta_1 \ln Volume + \beta_2 \ln Valence + \beta_3 \ln Wbox + X\theta + \varepsilon$$

其中，被解释变量为电影票房收入的对数（$\ln Tbox$），解释变量 $\ln Volume$、$\ln Valence$ 和 $\ln Wbox$ 是一组反映网络口碑数量和网络口碑效价的变量。另外，X 是影响电影票房收入的一组控制变量，ε 是误差项。

为了使变量分类框架更加明确，本报告将影响电影票房收入的变量分为消费者角度的口碑因素和生产者角度的产业链因素两大类。其中，口碑因素表现为网络口碑数量（Volume）、网络口碑效价（Valence）和首周末票房收入（Wbox）这三个变量①。这三个变量是我们重点考察的对象。产业链因素则用一组控制变量来表示，包括生产、发行和上映三个环节中可能影响票房收入的因素。在本报告中主演明星、导演、影片制作地和是否为续集为电影生产阶段的变量，发行公司为电影发行阶段的变量，档期为电影上映阶段的变量。

模型中各变量的具体定义见表 1。

① 为了缓解极端值对回归结果的影响，我们给主要的变量均取对数。这样，被解释变量就是票房收入的对数（$\ln Tbox$），反映口碑因素的三个解释变量是 $\ln Volume$、$\ln Valencev$ 和 $\ln Wbox$。

表 1　变量的定义

变量属性	变量名称	变量定义
被解释变量	ln*Tbox*	电影总票房收入的自然对数
网络口碑数量	ln*Volume*	电影评论数量的自然对数
网络口碑评价	ln*Valence*	电影评分的自然对数
首周末票房	ln*Wbox*	电影首周末(上映前 3 天)票房收入的自然对数
控制变量(*X*)	ln*star*	主演提名获奖总数量(前 4 个主演)的对数
	ln*director*	导演提名获奖总数量(包括联合执导)的对数
	sequel	反映是否为续集的虚拟变量(影片为续集取 1,其他取 0)
	sch	反映档期的虚拟变量(法定节假日和暑期档取 1,其他取 0)
	distributor	反映发行公司的虚拟变量(优秀发行公司取 1,其他取 0)
	origins	反映影片制作地的虚拟变量(中国内地取 1,其他取 0)

本报告选取 2016～2017 年在中国内地上映的影片作为研究样本。其中，票房收入数据来自艺恩电影智库（http：//www. cbooo. cn/）和电影票房数据库（http：//58921. com/）；反映口碑的电影评论数量和电影评分数据来自豆瓣电影（https：//movie. douban. com/）。本报告根据国家统计局官网公布的 CPI 数据对 2016 年的票房收入数据进行了调整，以保证年度数据之间的可比性。由于电影网络口碑数量和电影评分受到电影上映时长的影响，且电影建议公映时长为 2～4 周，本报告在样本中剔除了上映时长短于 3 周的电影。本报告也剔除了动画电影，因为动画电影中无明星出现，动画电影导演所获奖项及其颁奖机构与真人电影不尽相同，且观影人群选择动画电影的理由大多是对电影本身画风的偏好或者对制作公司过往成果的认可。在剔除了以上电影和有数据缺失值的电影之后，有效的电影共 224 部。其中 2016 年 112 部，2017 年 112 部。

由于电影网站对首周末票房收入的统计是基于自然周的天数，因此一部分电影在第一周中，上映天数不是完整的 7 天，且天数有较大差别，这将会对首周末票房收入的数据产生巨大影响，从而影响研究结果。而且由于大部分电影选择在周五上映，以获得首周末 3 天较高的票房收入，因此本报告将电影从上映日期开始的连续 3 天的票房收入进行了加总，点映天数不算入连续天数，其票房收入直接计入首周末票房收入。

在控制变量中，*sequel*、*sch*、*distributor* 和 *origins* 为虚拟变量，ln*star*、ln*director* 为连续变量。在虚拟变量中，*distributor* 反映发行公司是否优秀，我们按照2014年前瞻产业研究院发布的《中国电影产业市场前瞻与投资战略规划分析报告》关于发行公司的研究，取榜单前十名作为优秀发行公司，分别是中国电影集团公司、华谊兄弟传媒集团、上海电影集团公司、乐视影业、橙天嘉禾娱乐、博纳影业集团、光线传媒、新丽传媒股份有限公司、西部电影集团和小马奔腾。

在连续变量中，ln*star* 和 ln*director* 表示主演明星和导演获奖数量的对数，这两个变量反映了主演明星和导演的综合实力。主演明星和导演获奖的统计范围为国际A类电影节、土星奖等独立电影奖项、奥斯卡奖、金球奖、英国电影和电视艺术学院奖、韩国电影青龙奖等国际和各个国家知名奖项；结合我国国情，还选取了大陆的大众电影百花奖、台湾的金马奖、香港电影金像奖等含金量较高的奖项。根据时光网提供的导演（包括联合执导）和演员名单，对导演（包括联合执导）和主演明星所获奖项进行加总。

（二）回归分析

本报告使用的数据为截面数据，因此使用OLS方法进行回归分析，变量的描述统计量如表2所示。为了解决可能存在的异方差问题，本报告使用Bootstrap方法得到更加稳健的标准误，并以此来计算每个系数的T值和P值。由于豆瓣网是国内最大的电影评论网站，以下计量使用豆瓣网电影评论数量和电影评分进行回归（见表3）。

在第（1）列我们对所有的控制变量，包括档期、是否为续集、发行公司、影片制作地、导演director和主演明星进行回归。

回归结果显示，档期、发行公司、是否为续集和导演均在1%的水平上统计显著，且符号均为正。这说明电影上映档期对电影票房收入的影响十分显著，续集电影相对于非续集电影来说票房收入更高，优秀的发行公司是一部电影获得高票房收入的推动力，优秀的导演对票房收入的贡献也十分巨

表 2　变量的描述统计量

变量名	均值	中位数	标准差	最小值	最大值	样本数
Tbox	34000	16000	46000	2353	340000	224
Wbox	15000	8193	16000	533. 5	78000	224
Volume	5. 933	5. 800	1. 378	2. 900	8. 700	224
Valence	79000	51000	78000	344	380000	224
sch	0. 362	0	0. 482	0	1	224
director	4. 929	2	8. 117	0	62	224
star	31. 10	22	29. 36	0	130	224
sequel	0. 165	0	0. 372	0	1	224
distributor	0. 420	0	0. 495	0	1	224
origins	0. 509	1	0. 501	0	1	224

注：本表中的连续变量均为取对数前的变量。

表 3　豆瓣网 OLS 回归结果

	(1)	(2)	(3)	(4)	(5)
sch	0. 443 ***		0. 046	0. 496 ***	0. 056
	(3. 11)		(0. 98)	(3. 49)	(1. 19)
sequel	0. 937 ***		0. 035	0. 924 ***	-0. 005
	(5. 07)		(0. 69)	(5. 31)	(-0. 10)
distributor	0. 590 ***		0. 040	0. 529 ***	0. 016
	(3. 87)		(0. 90)	(3. 56)	(0. 36)
origins	0. 340 **		-0. 014	0. 483 ***	0. 056
	(2. 21)		(-0. 29)	(3. 22)	(1. 04)
ln*director*	0. 223 ***	0. 009	0. 008	0. 156 *	0. 006
	(2. 91)	(0. 35)	(0. 30)	(1. 92)	(0. 28)
ln*star*	0. 102	-0. 013	-0. 016	0. 115 *	-0. 005
	(1. 53)	(-0. 74)	(-0. 83)	(1. 86)	(-0. 23)
ln*Wbox*		0. 965 ***	0. 949 ***		1. 037 ***
		(32. 31)	(27. 90)		(34. 26)
ln*Volume*		0. 138 ***	0. 141 ***		
		(3. 06)	(3. 12)		
ln*Valence*				0. 979 ***	0. 587 ***
				(3. 00)	(5. 60)
_cons	8. 453 ***	-0. 437	-0. 355	6. 716 ***	-0. 712 **
	(38. 99)	(-1. 08)	(-0. 90)	(11. 14)	(-2. 55)
N	224	224	224	224	224
Adj R^2	0. 274	0. 930	0. 929	0. 303	0. 932

注：（1）被解释变量为电影总票房收入的自然对数 lnTbox；（2）括号中为使用 Bootstrap 方法抽取 1000 次得到的 T 值；（3）*、**、*** 分别代表在 10%、5% 和 1% 水平上统计显著。

大，这些都符合我们的预期。一部电影在节假日上映通常能获得更高的票房收入。国家统计局发布的《2016国民经济和社会发展统计公报》显示，中国居民的需求结构正在逐步升级，对文化休闲娱乐的需求日益增加。看电影作为休闲娱乐方式之一，逐步成为人们日常生活中的习惯，尤其是在节假日，看电影更是休闲放松的最佳选择。因此在各个节假日上映的电影毫无疑问能获得更高的票房收入。发行公司在中国不仅参与影片的发行，也是影片营销计划的制定者之一。这些都使得中国的发行公司需要与电影院线和媒体保持长期的良好关系，这样的长期关系使得发行公司的优秀程度对电影的票房收入有显著影响。就像《湄公河行动》在上映前期，票房收入与同期电影相比不尽如人意，但是在博纳影业集团的影响下，电影排片率没有像其他票房收入不理想的电影一样下降，而是保持了较为稳定的排片率。而且博纳影业集团在营销上持续发力，结合“国庆节”的爱国主义教育，打造与影片形象和内容相符的正面形象，因此《湄公河行动》获得总票房收入的成功。

续集对电影票房收入有正向作用。通常在一部电影取得较高的票房收入后，导演会继续按照这个剧情背景和人物设定拍摄电影续集，因此续集电影可以享受前一部电影带来的知晓效应和口碑效应。潜在观影人群对好的续集电影无疑是乐于接受的，这也为续集电影的票房收入做出了保障。比如《速度与激情》（第7部），享受了这一系列电影带来的巨大红利，成为中国电影史上票房收入最高的引进片。但与此同时，续集电影也会被前一部电影的成功所束缚。由于续集电影基于前一部电影的剧情和人设展开，很容易落入俗套，缺乏创新精神；也可能会为了与前一部有较大不同，进行较为巨大的改编。这些都会使得续集电影无法保证自身的质量，陷入对上一部电影某种“情怀”的消费，上一部电影的观众对此接受度较低。例如，《大话西游》前两部电影在豆瓣评分高达9.2分和8.9分，《大话西游》（第3部）尽管由同一导演执导，在豆瓣的电影评分却下降到3.7分。但由于前两部电影带来的知晓效应和口碑效应，其最终获得了较高的票房收入。电影导演提名获奖数量直接反映了电影导演的实力。导演作为一部电影的掌控者，其实力能够直接反映在影片中，因此提名和获奖数量更多的导演，其作品更能得到观众的认可，从而转化为更高的票房收入。

回归结果显示，影片制作地在5%的水平上统计显著，符号为正。这说明在中国内地制作的电影相较于引进片更能获得较高的票房收入。这说明我国电影潜在消费者在对走进电影院观看某部电影的选择上存在着文化认同。电影作为一种文化产品，其内容源于一国文化，无论是传统文化还是当代文化，我国人民都日夜浸淫其中。这样的熟悉感使得潜在观影人群更加倾向于观看国产电影。外国电影在引进国内时存在文化折扣。就像李安导演的作品《比利·林恩的中场战事》，虽然是由华人导演执导，但讲述的是美国士兵比利·林恩在伊拉克战争中经历的故事，国内的潜在观影人群较难对伊拉克战争这一大背景或主人公美国士兵产生情感认同，因此产生了文化折扣，票房收入不甚理想。在国内获得高票房收入的引进片一般是“超级英雄”拯救世界这样的商业电影，如《美国队长》等。

回归结果显示，主演明星提名和获奖数量在统计上不显著。这可能说明在过去，潜在观影人群更有可能会为了曾经获奖的演员走进电影院。但是在现今互联网普及率较高的时代，获得严肃的专业的对演员演技表示认可的奖项，对票房收入的贡献不甚明显。在国内拥有极高人气的偶像，由于出道时间较短，或许还没有经典的代表作，没有获得奖项，但他们拥有大批“粉丝”，这样的影响力直接地转化为“粉丝”对电影的消费能力，从而影响电影票房收入。例如，鹿晗出演了2016年上映的电影《长城》，在上映期间百度鹿晗吧组织其“粉丝”在全国近130个地区进行了400余场包场活动，在糯米平台鹿晗个人票房收入居所有演员榜首，是主演中为《长城》贡献最多电影票房的演员，帮助《长城》获得票房成功。

在第（2）列我们在控制了导演和演员对票房收入的影响之后，对网络口碑的知晓效应进行检验。首周末票房收入 $\ln Wbox$ 和电影评论数量对数 $\ln Volumn$ 均在1%的水平上统计显著，且符号均为正。这说明首周末票房收入对电影总票房收入的影响是正向显著的，电影总票房收入随着首周末票房收入的增长而增长。首周末票房收入越高，说明越多的观影人群去影院消费，可能在网络上对该部电影做出评论的人就越多，知晓效应越明显。这意味着这部电影后续被潜在观影人群选择的概率越大，票房收入也就越高。电影评论数量对票房收入的影响是正向显著的，这说明电影票房收入会随着电影评论数量的增加而增加，电影评论数量越多，表明知晓这部电影的人越多，知晓效应越明显，同时也意味着这部电影被潜在观影人群选择的概率越大。比如，电影《美人鱼》是2016～2017年上映电影中豆瓣电影评论数量最多的电影，也是统计样本中首周末票房收入第二高的电影。在高首周末票房收入和高电影评论数量的作用下，成为迄今为止中国电影史上票房收入最高的电影。在首周末票房收入和电影评论数量的影响下，导演和演员对票房收入的影响力下降。

第（3）列是在第（2）列的基础上加入虚拟变量进行回归。首周末票房收入和电影评论数量仍然在1%的水平上统计显著，符号均为正。这说明网络口碑数量存在的知晓效应确实对电影票房收入存在显著影响。

在第（4）列我们在加入所有控制变量的情况下，对网络口碑的说服效应进行检验。电影评分 ln*Valence* 在1%的水平统计显著，且符号为正。这说明电影票房收入会随着电影评分的上升而上升。电影评分高，说明占比较大的网友觉得该部电影值得一看。潜在观影人群会因为网络口碑存在的说服效应选择走进电影院观看。比如，电影《老炮儿》首周末票房收入不甚理想，但是由于其电影评分明显高于同期电影，因此潜在观影人群被说服进入电影院一探究竟，凭借网络口碑的发酵，最终获得了票房的成功。

在第（5）列的回归中加入首周末票房收入。电影评分和首周末票房收入均在1%的水平上统计显著。这说明网络口碑效价存在的说服效应确实对电影票房收入存在显著影响。但我们注意到，第（5）列的 R^2 为0.923，明显大于第（4）列的0.204，这说明相比于网络口碑效价，网络口碑数量对电影票房收入的贡献更大。网络口碑的知晓效应可能会超越网络口碑的说服效应。这就解释了国内电影市场存在的高票房收入低口碑的现象。比如电影《封神传奇》，是2016～2017年上映电影中豆瓣电影评分最低的电影，只有2.9分，但依然收获了2.8亿元票房收入。

回归结果证明本报告的三个假设 H_1、H_2、H_3 都是成立的。因此我们可以得出结论：网络口碑的知晓效应和说服效应都对中国的电影票房收入有显著影响。

（三）稳健性检验

本报告在回归分析中，使用了豆瓣网 2016～2017 年的数据。但是豆瓣网作为部分观影人群偏好的网站，其网络口碑数量和网络口碑效价可能受到特定人群性格的影响。并且，样本电影中票房收入差距较大，不同票房收入的电影受到网络口碑的影响可能有区别。因此本部分使用时光网（见表 4）和格瓦拉网（见表 5）的网络口碑数据，并且将电影以票房收入为序进行分类，重新进行回归，以检验前文得出的结论是否稳健。

1. 使用时光网的数据

表 4　时光网 OLS 回归结果

	(1)	(2)	(3)	(4)	(5)
sch	0.443***		0.006	0.519***	0.081*
	(3.27)		(0.11)	(3.35)	(1.66)
sequel	0.937***		0.002	0.923***	-0.015
	(5.16)		(0.04)	(5.32)	(-0.29)
distributor	0.590***		0.023	0.553***	0.020
	(3.87)		(0.48)	(3.54)	(0.44)
origins	0.340**		-0.026	0.446***	0.050
	(2.28)		(-0.52)	(2.93)	(0.97)
ln*director*	0.223***	0.032	0.034	0.163*	-0.002
	(2.88)	(1.34)	(1.40)	(1.91)	(-0.10)
ln*star*	0.102	-0.008	-0.014	0.105	-0.011
	(1.53)	(-0.46)	(-0.67)	(1.61)	(-0.54)
ln*Wbox*		1.003***	1.002***		1.045***
		(29.70)	(26.92)		(35.55)
ln*Volume*		0.087*	0.083*		
		(1.86)	(1.79)		
ln*Valence*				1.087**	0.852***
				(2.21)	(5.51)

续表

	(1)	(2)	(3)	(4)	(5)
_cons	8.453 ***	-0.042	0.010	6.448 ***	-1.303 ***
	(40.05)	(-0.14)	(0.03)	(7.03)	(-3.88)
N	224	224	224	224	224
Adj R^2	0.274	0.924	0.923	0.289	0.932

注：（1）被解释变量为电影总票房收入的自然对数 ln*Tbox*；（2）括号中为使用 Bootstrap 方法抽取 1000 次得到的 T 值；（3）*、**、*** 分别代表在 10%、5% 和 1% 水平上统计显著。

2. 使用格瓦拉网的数据

格瓦拉网站是国内集购票和评分为一体的网站，只有在格瓦拉网站上购买电影票的用户可以进行电影评论。这样的设置过滤了一部分可能存在的“刷票”举动，因此回归结果也有一定的参考价值。可以看出，表 5 的回归结果与表 3 基本相同，从而验证了前文结论的稳健性。

与时光网的回归结果相同，在第（2）和第（3）列中，时光网网络口碑数量仅在 10% 水平上统计显著。这可能是因为时光网本身参与发表评论和评分的人数没有豆瓣网多，因此统计结果出现一些不同。

表 5 格瓦拉网 OLS 回归结果

	(1)	(2)	(3)	(4)	(5)
sch	0.443 ***		0.011	0.045	0.091
	(2.97)		(0.24)	(0.39)	(1.26)
sequel	0.937 ***		-0.015	0.204	-0.073
	(5.29)		(-0.25)	(1.60)	(-1.08)
distributor	0.590 ***		0.047	0.233 **	0.130 **
	(3.87)		(0.97)	(2.14)	(1.98)
origins	0.340 **		-0.011	0.588 ***	0.234 ***
	(2.28)		(-0.20)	(4.77)	(2.77)
ln*director*	0.223 ***	0.035	0.035	0.063	0.032
	(2.79)	(1.58)	(1.57)	(1.08)	(0.98)
ln*star*	0.102	-0.015	-0.019	0.096 *	0.041
	(1.52)	(-0.77)	(-0.89)	(1.79)	(1.21)
ln*Wbox*		1.007 ***	1.003 ***		0.791 ***
		(30.42)	(27.25)		(10.66)

续表

	(1)	(2)	(3)	(4)	(5)
ln*Volume*		0.052 *	0.051 *		
		(1.80)	(1.72)		
ln*Valence*				2.539 ***	2.056 ***
				(4.39)	(4.75)
_cons	8.453 ***	0.192	0.234	4.822 ***	-1.690
	(39.78)	(0.80)	(0.84)	(3.82)	(-1.58)
N	224	224	224	80	80
Adj R^2	0.274	0.924	0.923	0.243	0.744

注：(1) 被解释变量为电影总票房收入的自然对数 ln*Tbox*；(2) 括号中为使用 Bootstrap 方法抽取1000 次得到的 T 值；(3) *、**、*** 分别代表在10%、5%和1%水平上统计显著。

3. 使用占票房收入前80%的电影的数据

电影票房获得成功是电影生产者的主要目标，我们按照票房收入高低对2016~2017 年的电影进行排序。占票房收入前 80% 的电影可以被看作“票房成功的电影”，这些电影共有 80 部。对这 80 部电影的数据进行回归，其中口碑仍然使用豆瓣电影的数据，回归结果见表 6。

表 6　总票房收入前 80%的电影 OLS 回归结果

	(1)	(2)	(3)	(4)	(5)
sch	0.007		0.177 **	0.071	0.121
	(0.06)		(2.09)	(0.59)	(1.61)
sequel	0.162		0.034	0.198	-0.083
	(1.17)		(0.44)	(1.54)	(-1.27)
distributor	0.264 **		0.100	0.207 *	0.099
	(2.18)		(1.25)	(1.80)	(1.38)
origins	0.368 ***		0.130	0.545 ***	0.208 **
	(2.98)		(1.48)	(3.92)	(2.26)
ln*director*	0.050	-0.006	-0.017	0.022	-0.004
	(0.75)	(-0.16)	(-0.49)	(0.37)	(-0.13)
ln*star*	0.079	0.013	0.051	0.078	0.024
	(1.28)	(0.39)	(1.35)	(1.38)	(0.70)
ln*Wbox*		0.743 ***	0.686 ***		0.818 ***

续表

	(1)	(2)	(3)	(4)	(5)
		(9.29)	(8.06)		(11.07)
ln*Volume*		0.252 ***	0.305 ***		
		(3.93)	(3.82)		
ln*Valence*				0.907 ***	0.831 ***
				(3.38)	(5.29)
_cons	10.353 ***	0.545	0.178	8.653 ***	0.969
	(45.32)	(0.58)	(0.17)	(16.73)	(1.35)
N	80	80	80	80	80
Adj R^2	0.076	0.698	0.727	0.198	0.739

注：（1）被解释变量为电影总票房收入的自然对数 ln*Tbox*；（2）括号中为使用 Bootstrap 方法抽取 1000 次得到的 T 值；（3）*、**、*** 分别代表在 10%、5% 和 1% 水平上统计显著。

在第（1）列中，是否为续集、档期、导演获奖和提名数量这 4 个变量变得不显著，而发行商、电影制作地仍然显著，这说明在获得票房成功的电影中，是否为续集、档期、导演等因素对它们的影响较小，电影获得票房成功的原因更多在于电影生产和发行的环节。说明电影想要取得高的票房收入，本身的质量是关键，优秀的发行公司也能为电影的高票房收入保驾护航。

在第（2）、第（3）、第（4）和第（5）列，电影评论的数量和电影评论的效价仍然显著，说明电影口碑的知晓效应和说服效应在高票房收入的电影中仍然成立。

4. 使用去掉极端值的豆瓣网数据

本部分将统计样本电影的票房收入排名前 10 和后 10 的电影去除，旨在剔除在极端情况下电影获得高票房收入或者电影票房惨败的情况，回归结果见表 7。可以看出，表 7 中反映口碑效应的 3 个变量（ln*Wbox*、ln*Volume* 和 ln*Valence*）的系数仍然显著，这与表 3 中豆瓣网 OLS 回归结果一致。

表 7　用去掉极端值的豆瓣网数据 OLS 回归结果

	(1)	(2)	(3)	(4)	(5)
sch	0.371***		0.043	0.409***	0.046
	(2.60)		(0.94)	(2.83)	(0.95)
sequel	0.696***		0.008	0.701***	-0.034
	(4.26)		(0.17)	(4.20)	(-0.69)
distributor	0.414***		0.045	0.387***	0.026
	(2.85)		(0.99)	(2.70)	(0.59)
origins	0.153		-0.005	0.258	0.055
	(1.03)		(-0.11)	(1.62)	(1.05)
ln*director*	0.181**	0.003	0.002	0.139*	0.001
	(2.36)	(0.11)	(0.06)	(1.78)	(0.03)
ln*star*	0.099	-0.002	-0.004	0.109*	0.005
	(1.49)	(-0.10)	(-0.19)	(1.72)	(0.25)
ln*Wbox*		0.969***	0.957***		1.048***
		(31.57)	(28.68)		(32.04)
ln*Volume*		0.138***	0.141***		
		(2.88)	(2.86)		
ln*Valence*				0.634**	0.552***
				(1.99)	(5.57)
_cons	8.719***	-0.527	-0.478	7.578***	-0.789**
	(38.16)	(-1.12)	(-1.04)	(12.62)	(-2.54)
N	204	204	204	204	204
Adj R^2	0.191	0.921	0.920	0.204	0.923

注：（1）被解释变量为电影总票房收入的自然对数 ln*Tbox*；（2）括号中为使用 Bootstrap 方法抽取 1000 次得到的 T 值；（3）*、**、*** 分别代表在 10%、5% 和 1% 水平上统计显著。

通过对前述电影回归结果进行稳健性检验，我们进一步验证了网络口碑的知晓效应和说服效应对电影票房收入有显著影响这一结论是稳健的。

本研究也存在不足。在数据方面，由于电影票房收入、电影的网络评分数量和网络评分效价为 2017 年统计的数据，不是实时的数据，因此可能存在某个变量同时对电影票房收入和网络口碑产生影响。电影票房收入与电影的网络口碑可能是双向因果的关系，因此本报告研究没有解决可能存在的内生性问题，这将成为这个主题下一步研究的重点。

三 结论和启示

本报告使用2016~2017年中国内地电影的数据分析了网络口碑对中国内地电影票房收入的影响。分析结果表明以下两点。

第一，网络口碑对电影票房收入有显著影响。网络口碑数量和网络口碑效价是电影票房收入的重要影响因素。影评数量越多的电影，票房收入越高；电影评分越高的电影，票房收入也越高。

第二，在中国，网络口碑的知晓效应和说服效应在电影行业同时存在。网络口碑数量越多，知晓效应就越大，越多的潜在观影人群可能知道该部电影的存在，越有可能走进电影院进行消费。电影的首周末票房收入越高，证明越多的人可能对该部电影进行评论，知晓效应也就越大，影响越多的人成为该部电影的消费者。网络口碑效价越好，证明观影人群对该部电影的评论越正向，潜在观影人群越可能被其他消费者说服进入电影院消费，说服效应也就越大。

通过以上结论能获得以下三点启示。

首先，电影的宣传计划是保证电影获得高票房收入的重要因素。在电影上映前进行宣传至关重要，因为首周末票房收入对总票房收入有显著影响。在进行分析的样本影片中，首周末票房收入确实是电影接下来放映表现的重要预测指标。尤其是票房收入表现较为不突出的电影，其首周末票房收入在大部分情况下就能占其总票房收入的一半。电影每日票房收入具有递减的趋势，随着上映日期的增多而逐渐下降直至影片下映。电影院线也会通过电影首周末票房表现来决定影片的排片率，优秀的首周末票房营收能力才能在未来为影片锁住排片，从而在未来获得更高的电影票房收入。因此只有在电影上映前进行充分的宣传，利用首周末电影票房带来的网络口碑的知晓效应提升影片的知晓度，增加影片被潜在观影人群知晓的可能性，推动他们进行消费。与此同时，才能拥有较多网络口碑数量，产生更大的知晓效应，像滚雪球一样获得更高的票房收入。

其次，电影片方应重视并利用影评数量和影评分数的作用。电影片方在电影上映前和上映阶段应该加大力度倡导观影人群在电影网络上对该电影发表一些评论，尤其是要重视发表评论较多、影评质量较好“影评人”和“网络红人”，充分发挥网络口碑的知晓效应和说服效应，这样才能在后期的电影上映阶段赢得更高票房收入。

最后，高质量的影片才能实现电影票房收入和电影口碑的双赢。通过电影上映前期的宣传和上映时期引导观众对影片进行评论对总票房收入的提高确实有重要的作用，但是依靠“水军”制造电影评论“泡沫”和虚高的评分来吸引潜在观影人群是不能使影片屹立于不败之地的。使用营销手段只能将潜在观影人群引入电影院，电影优秀的质量才能为影片带来票房收入和口碑的双丰收。营销盛行，数据虚高，长久之后，我国电影可能会出现票房收入和口碑同时惨败的现象。因此，想要获得票房收入和口碑的双赢，中国的电影制作公司应该更多地考虑潜在观影人群的需求，追求电影艺术的深度，创作出人民群众喜闻乐见的文化产品。中国电影制作公司应该充分利用人民群众对本国文化的认同感，生产植根于我国文化的影片。

资本 · 技术篇

Reports on Capital and Technology Development

B.16 2017年传媒上市公司投融资效率评价*

杨 珊 王文锋**

摘 要： 本报告运用DEA模型分析方法，从微观公司投融资分析的角度切入，以传媒上市企业为主体开展融资效率评价研究，对2017年融资效率情况做出分析。整体而言，我国传媒上市公司融资效率不高，平均值仅为0.353；传媒行业资金冗余现象普遍，资金利用率有待提升。与此同时，传媒行业呈现发展

* 国家社科基金规划项目“我国文化资源资本转换路径及政策选择研究”（立项批准号：17BH170）。

** 杨珊，湖南理工学院新闻传播学院讲师，研究方向为传媒经济学、网络与新媒体；王文锋，博士，湖南理工学院新闻传播学院院长、教授、硕士研究生导师，主要研究方向为传媒及文化产业管理。

不平衡和分工不明显的特征。

关键词： 传媒上市公司　融资效率　DEA 模型

传媒上市公司的融资效率定义为：在一定的经济环境和行业背景下，传媒上市公司筹集资金并使用资金的能力。传媒企业是高风险、高投资行业，在传媒上市公司的资本市场，融资的规模大小是大家普遍关注的问题，但是融资的使用效率究竟如何却少有人探索。如果企业只关注扩大资金的获取量以及拓展资金获取渠道，而忽视对资金的合理使用，则一方面会增加企业的成本和负债，另一方面还会造成有限的社会资源的浪费，所以本报告围绕融资效率展开分析。

目前研究企业融资效率用得比较广泛的方法是 DEA 方法。DEA 模型是由美国运筹学家 Charnes 等提出的一种效率评价方法，近年来该方法主要被运用于经济效率评价、资源配置、经营效率等方面的评价。因此，本报告利用 DEA 方法建立评价指标体系，设置一个适用于评价我国传媒上市公司融资效率的 DEA 模型。选取我国 64 家文化传媒上市公司作为样本，获取其 2017 年年报数据，以评价 2017 年我国传媒上市公司的融资现状。

一　评价模型构建

（一）数据分析方法

数据包络方法（DEA）是一种以相对效率为基础的目标决策方法，包括 CCR 模型和 BCC 模型。

CCR 模型的假定条件是规模报酬不变，有 m 种投入指标、n 个决策单元和 q 种产出指标，公式如下：

$$
\begin{aligned}
&\mathrm{Min}\theta \\
&s.t.\begin{cases}\sum_{i=1}^{n}\lambda_i X_i + S^- = \theta X_{i0} \\ \sum_{i=1}^{n}\lambda_i Y_i - S^- = Y_{i0} \\ S^-, S^+, \lambda_i \geqslant 0; i = 1,2,\cdots,n\end{cases}
\end{aligned}
\tag{1}
$$

在式（1）中，S^-和S^+依次是第i个决策单元的投入与产出的松弛变量，（$\lambda = \lambda_1$，λ_2，…，λ_i），X_i为第i个决策单元m维投入列向量；Y_i为第i个决策单元的q维产出列向量。

在CCR模型的基础上加入一个凸性假设$\sum_{i=1}^{n}\lambda_i = 1$则为BCC模型，BCC模型还能判别决策单元所处的规模报酬阶段。在传媒公司的投融资过程中，资金投入规模收益是会随着资金经营能力的不断提升而发生变化的，因此BCC模型正好符合传媒公司投融资的特点。

（二）建立评价指标体系

采用DEA方法的关键在于选择投入和产出的指标，为了使投入指标间和产出指标间不存在强线性关系，用因子分析法进行筛选，最后选择了8个指标。在投入指标这一块，选择体现偿债能力的“营业成本”，体现融资成本的“筹资活动分配股利、支付利润或偿付利息支付的现金”，以及体现融资规模的“资产总额”和“资产负债率”这4个指标①。而产出指标则选择了体现企业盈利能力的“总资产净利润率”和“加权平均净资产收益率”，体现经营效益能力的“净利润”，以及体现企业成长能力的“营业收入增长率”。具体如图1所示。

1. 投入指标选择

（1）营业成本。该指标影响企业获取收益的能力。

（2）筹资活动分配股利、支付利润或偿付利息支付的现金。该指标反映企业融资过程中产生的成本。

---

① 张雪梅、赛志刚：《企业融资效率涵义及评价方法相关文献综述》，《山东财政学院学报》2009年第6期，第80~84页。

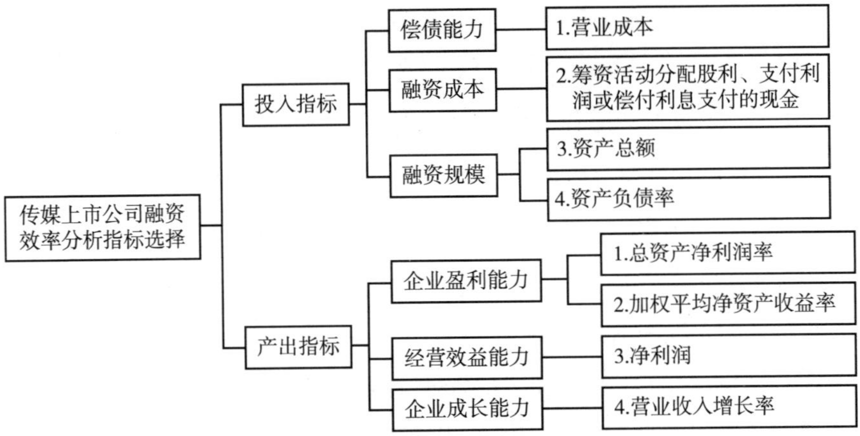

图1　传媒上市公司融资效率分析指标

（3）资产总额。作为企业经营的基础，资产总额代表企业的资产规模，反映企业的经营实力、偿债能力及抵抗风险的能力。

（4）资产负债率。衡量企业的负债情况，该指标越大，表示企业负债比重越大。

2. 产出指标选择

（1）总资产净利润率。该指标是衡量企业报告期净利润与资产负债表中资产总额这两个要素之间比例关系的指标，也可衡量企业利用债权人和所有者权益总额所取得的利润。

（2）加权平均净资产收益率。该指标衡量企业的盈利能力，数值越高说明企业前景越好。

（3）净利润。该指标可用来评价企业的经营效益和偿债能力。

（4）营业收入增长率。该指标反映企业的成长能力和发展潜力。

（三）样本选取与数据来源

1. 样本选取

本报告选用证监会分类行业板块中的传媒板块，数据来源于和讯网和巨潮资讯网。一方面，考虑到样本数量的完整性，删除 ST 和 * ST 个股、年度内公司经营有过变更的个股、上市时间过晚使得同比数据量不足的公司；另一方面，考虑到DEA模型对自由度的要求，样本数量需要在指标总数两倍以上，最终选择了数据完整的64家传媒上市公司作为样本数据，保证样本公司数量在指标总数量（4+4）的两倍（16）以上，64大于16，符合要求①。

2. 数据来源

获取上市公司公开发表的2017年年报数据，以此对2017年融资效率状况予以评价。本报告所有数据查询自和讯网、巨潮资讯网等金融数据公开网站。

（四）数据的无量纲化

本报告采用的DEA模型需要运用DEAP2.1软件对样本进行分析，DEAP2.1软件要求输入数据都非负，否则会持续报错。但是根据收集到的数据，净利润、营业收入增长率等产出指标出现了负值，所以需要对数据进行正向化处理。根据经验主义原则，采取样本无量纲化方法对原始数据进行处理，分为两步：首先，对原始数据进行线性变换，使结果值映射到［0—1］之间；其次，考虑到有的数值如增长率等非常小，为了保证计算精度，所有的值再乘以100同步放大。具体公式如下：

$$y_{ij} = \frac{x_{ij} - m_j}{M_j - m_j} \times 100 \tag{2}$$

其中，$m_j = \min(X_{ij}), M_j = \max(X_{ij}), y_{ij} = [0,100], i,j = 1,2,\cdots,n$

二　描述性统计

（一）投入指标

64家样本上市公司投入数据的描述性统计分析结果如表1和表2所示。

① 李纪选、唐焕文、李克秋：《用DEA方法确定生产函数的一点注记及决策单元DEA有效的条件》，《应用基础与工程科学学报》1996年第3期，第241~247页。

在融资量方面，2017 年总资产规模最大的是东方明珠，为 373 亿元，其次是江苏有线，为 322 亿元，而世纪天鸿和德艺文创的资产总额相对较低。样本上市公司平均总资产为 91.68 亿元，在 64 个样本中，有 24 家突破总资产百亿元大关，占 37.5%。

在营业成本方面，东方明珠以 122 亿元排名第一，步入百亿元成本大军，但有 41 家企业 2017 年的融资成本控制在 20 亿元以下，数据分布峰度偏左。

在融资结构方面，乐视网、长城影视、唐德影视、鹏博士 4 家企业的资产负债率均超过 60%，资产负债率较高，说明企业资金来源中债务资金较多，具有一定的财务风险。尤其是乐视网，超过 80% 的红线，高达 103.7%，其运作情况需要密切关注。骅威文化、中文在线、祥源文化等资产负债率较低，说明企业运作对债务的依赖性较小。整体来看，平均值为 33.78%，且有超过半数共 45 家企业的资产负债率落在 20% ~60% 的区间范围内，呈现正态分布的特征。

在融资成本方面，为融资付出成本最高的企业是乐视网、华谊兄弟、电广传媒，可见这几家公司可能缺乏低成本的融资渠道，或者在报告期内投资情况有异动，如偿还银行贷款和调整融资结构等。总之，这几家企业付出的融资成本相对较大。总体来看，总计 50 家（超过 78%）企业的融资成本控制在 10 亿元以内，只有乐视网、华谊兄弟、电广传媒 3 家超过 40 亿元，整体数据分布峰度偏左，说明总体分布比较集中。

表 1　投入指标原始数据描述性统计资料

	N	最小值	最大值	平均数	标准偏差
资产总额(万元)	64	34100	3730000	916830	788112
营业成本(万元)	64	13800	1220000	280137	305304
资产负债率(%)	64	7.12	103.72	33.78	17.35
分配股利、支付利润或偿付利息支付的现金(万元)	64	635.00	574000.00	81057.36	122689.04
有效的 N(listwise)	64				

资料来源：SPSS 软件输出。

表 2　投入指标原始数据统计分析

营业成本(亿元)	20 以下	20 ~ 60	60 ~ 100	100 以上
企业数量(家)	41	12	10	1
资产总额(亿元)	100 以下	100 ~ 200	200 ~ 300	300 以上
企业数量(家)	40	16	6	2
资产负债率(%)	20 以下	20 ~ 40	40 ~ 60	60 以上
企业数量(家)	15	31	14	4
分配股利、支付利润或偿付利息支付的现金(亿元)	10 以下	10 ~ 25	25 ~ 40	40 以上
企业数量(家)	50	8	3	3

资料来源：笔者整理。

（二）产出指标

64 家样本上市公司产出指标数据的描述性统计分析结果如表 3 和表 4 所示。

总资产净利润率体现了公司的管理水平，是企业利用债权人和所有者权益总额所取得利润利水平的高低。在样本公司中，以图书出版为主营业务的新经典和以新闻出版、游戏为主营业务的浙数文化表现突出，两者的总资产净利润率均超过 18%，体现出较高的投入产出水平。相较而言，乐视网、电广传媒和省广集团相对较弱，呈现负值。总体而言，数据分布呈现“中间大两头小”的正态分布，样本公司平均总资产净利润率为 5.07%，资金配置及使用水平有待提升。

加权平均净资产收益率体现公司的盈利能力。在样本公司中，有 12 家企业超过了绩优股 15% 的标准，包括 6 家以影视为主营业务的横店影视、慈文传媒、金逸影视、长城影视、唐德影视和中广天择，这从侧面反映出我国 2017 年影视行业的繁荣。但是也有 11 家公司的加权平均净资产收益率未能达到 3.5% 的市场利率标准，表明其盈利能力还有待提升。

净利润体现了企业的经营效益。样本数据表明，我国传媒上市公司的经营效益能力参差不齐。东方明珠、浙数文化、中南传媒和万达电影 4 家公司在 2017 年的净利润突破 15 亿元大关，然而还有 8 家企业没能突破 5000 万元的净利润，甚至还有 3 家出现了负值。平均值是 2.01 亿元。

营业收入增长率体现公司的成长能力，主营业务为综合印刷的盛通股份增长最为显著，高达 66.07%。有 28 家样本公司的营业收入增长率超过 10%，10% 的营业收入增长率是划分企业是否处于成长期的界限，这说明有不少样本公司正在经历成长期。但也有 21 家企业的营业收入增长率为负数，说明传媒上市公司内部发展不平衡。

表 3　产出指标原始数据描述性统计资料

	N	最小值	最大值	平均数	标准偏差
总资产净利润率(%)	64	-72.65	18.38	5.07	10.59
加权平均净资产收益率(%)	64	-211.40	26.18	6.42	28.41
净利润(万元)	64	-1820000.00	240000.00	20105.46	239324.13
营业收入增长率(%)	64	-68.05	66.07	5.39	20.81
有效的 N(listwise)	64				

资料来源：SPSS 软件输出。

表 4　产出指标原始数据统计分析

总资产净利润率(%)	0 以下	0~5	5~10	10 以上
企业数量(家)	3	24	28	9
加权平均净资产收益率(%)	0 以下	0~5	5~10	10 以上
企业数量(家)	3	12	21	28
净利润(亿元)	0 以下	0~5	5~10	10 以上
企业数量(家)	3	39	11	11
营业收入增长率(%)	-25 以下	-25~0	0~25	25 以上
企业数量(家)	3	18	37	6

资料来源：笔者整理。

三　融资效率测算结果分析

决策单位数量为 64 个，每个决策单位有 4 个不同的投入指标和 4 个不同的产出指标，将各项指标输入 DEAP2.1 软件，运用 DEA 分析方法中的 CCR 模型和 BCC 模型，得出传媒上市公司的综合技术效率（TE）、纯技术效率（PTE）、规模效率（SE）和规模效益，测算结果如表 5 所示。

表 5　传媒上市样本公司融资效率评价结果

序号	公司名称	TE	PTE	SE	规模效益	序号	公司名称	TE	PTE	SE	规模效益
1	博瑞传播	0.583	0.588	0.991	irs	30	中青宝	1	1	1	—
2	皖新传媒	0.178	0.928	0.192	drs	31	浙数文化	0.453	1	0.453	drs
3	凤凰传媒	0.096	0.809	0.119	drs	32	省广集团	0.122	0.123	0.99	irs
4	长江传媒	0.144	1	0.144	drs	33	湖北广电	0.179	0.276	0.649	drs
5	中文传媒	0.093	0.713	0.131	drs	34	华数传媒	0.156	0.586	0.266	drs
6	新华传媒	0.281	0.281	0.999	—	35	城市传媒	0.253	0.585	0.432	drs
7	中南传媒	0.114	0.873	0.13	drs	36	长城影视	0.174	0.459	0.379	drs
8	时代出版	0.21	0.276	0.762	drs	37	中南文化	0.252	0.334	0.755	drs
9	华闻传媒	0.13	0.173	0.752	drs	38	中文在线	1	1	1	—
10	中原传媒	0.144	0.628	0.23	drs	39	江苏有线	0.121	1	0.121	drs
11	出版传媒	0.224	0.34	0.66	drs	40	广电网络	0.134	0.148	0.904	drs
12	天舟文化	0.86	1	0.86	drs	41	读者传媒	0.835	0.836	1	—
13	盛通股份	0.385	1	0.385	drs	42	慈文传媒	0.205	1	0.205	drs
14	中视传媒	0.862	1	0.862	drs	43	金逸影视	0.237	0.447	0.531	drs
15	华谊兄弟	0.109	0.411	0.265	drs	44	万达电影	0.079	1	0.079	drs
16	华策影视	0.117	0.353	0.332	drs	45	唐德影视	0.411	1	0.411	drs
17	华录百纳	0.364	0.366	0.994	irs	46	北京文化	0.679	1	0.679	drs
18	新文化	0.277	0.339	0.816	drs	47	骅威文化	1	1	1	—
19	光线传媒	0.231	1	0.231	drs	48	南方传媒	0.135	0.422	0.32	drs
20	当代东方	0.4	0.439	0.91	drs	49	幸福蓝海	0.252	0.255	0.985	drs
21	乐视网	0	0.058	0.004	irs	50	中国电影	0.134	0.667	0.2	drs
22	奥飞娱乐	0.152	0.152	0.998	—	51	上海电影	0.334	0.493	0.679	drs
23	东方明珠	0.085	1	0.085	drs	52	德艺文创	1	1	1	—
24	吉视传媒	0.179	0.223	0.8	drs	53	祥源文化	1	1	1	—
25	歌华有线	0.171	0.717	0.239	drs	54	风语筑	0.258	1	0.258	drs
26	电广传媒	0.075	0.079	0.941	drs	55	宋城演艺	0.322	1	0.322	drs
27	鹏博士	0.075	0.18	0.414	drs	56	视觉中国	0.697	1	0.697	drs
28	人民网	0.4	0.403	0.993	drs	57	横店影视	0.261	1	0.261	drs
29	天威视讯	0.306	0.378	0.809	drs	58	中广天择	1	1	1	—

续表

序号	公司名称	TE	PTE	SE	规模效益	序号	公司名称	TE	PTE	SE	规模效益
59	新 经 典	0. 978	1	0. 978	drs	62	中国科传	0. 269	1	0. 269	drs
60	世纪天鸿	1	1	1	—	63	中国出版	0. 134	0. 669	0. 2	drs
61	山东出版	0. 132	1	0. 132	drs	64	新华文轩	0. 134	0. 573	0. 234	drs

资料来源：DEAP2. 1 软件输出。

（一）融资效率总体分析（CCR 模型）

综合技术效率主要是指文化传媒上市公司在获取融资之后，对其进行合理应用的程度。综合技术效率越高表明企业的相对融资效率越高，当综合技术效率为 1 且相关松弛变量均为零时，表示该样本公司处于融资相对有效的状态。

从表 5 可得，在 64 家样本文化传媒上市公司中，只有中青宝、中文在线、骅威文化、德艺文创、祥源文化、中广天择和世纪天鸿 7 家公司的综合技术效率为 1，且相关松弛变量均为零，表明该 7 家文化传媒上市公司达到 DEA 有效状态。这 7 家公司仅占总体的 10. 94%，表明我国传媒上市公司的总体融资效率不高，对资金利用不充分或资金闲置问题广泛存在。如表 6 所示，有 80% 的企业处于 0. 6 以下的低值区间，属于明显非效率状态。这说明我国传媒上市公司的融资效率整体不高，还有很大的提升空间，需要进行大范围调整，以提升行业的投入产出效率。

表 6　样本公司融资效率整体情况

单位：家，%

融资效率	综合技术效率	
	企业数量	占比
DEA 有效	7	10. 94
DEA 非有效	57	89. 06

（二）纯技术效率 PTE 和规模效率 SE 的比较（BCC 模型）

综合技术效率是从整体上做出的综合性评价，对于样本公司中综合技术效率无效的企业，可以通过 BCC 模型，测算出规模效率和纯技术效率，以进一步对其无效原因进行分析。

表 7　纯技术效率和规模效率情况统计

单位：家，%

融资效率	纯技术效率		规模效率	
	企业数量	占比	企业数量	占比
DEA 有效	26	40.63	8	12.5
DEA 非有效	38	59.37	56	87.5

资料来源：笔者整理。

对比表 7 中的数值发现，达到技术有效的企业（占 40.63%）多于达到规模有效的企业（占 12.5%），DEA 非有效的企业的纯技术效率和规模效率之间存在或多或少的不平衡，需要进一步分析。通过对比发现，26 家纯技术效率已达 DEA 有效的公司中，有 19 家企业呈规模报酬递减的状态。对于这些企业来说，与其募集资金，不如提高自身管理水平。

（三）融资规模报酬分析

根据 DEAP2.1 软件输出的结果可以看出，传媒上市样本公司的规模报酬呈现递增、递减和不变三种。

如表 8 所示，在 64 家传媒上市样本公司中有 50 家（78.13%）处于规模报酬递减阶段，4 家（6.25%）处于规模报酬递增阶段，只有 10 家（15.63%）处于规模报酬不变阶段。

传媒上市公司样本结果显示，有 10 家企业规模报酬不变，说明这几家企业在选定指标体系下投融资效率表现最优，投入无冗余，产出无不足，达到了规模最优状态。

在样本企业中，有 50 家处于规模报酬递减阶段。规模报酬递减意味着上市公司筹集了大量资金，却无法依靠规模效应实现更高的产出，出现了资金投入冗余，影响了资金配置效率和企业持续盈利能力。这一点在新上市的几家企业中表现较为明显，建议提高资金配置效率。

另外4家样本公司处于规模效率递增阶段，是投入增加的比例小于产出增加的比例的阶段。说明这4家企业没有达到最佳的规模，存在投入不足的情况，资金的短缺已成为制约该类企业提高融资效率的瓶颈，建议增加资金的投入。

表8　样本企业规模报酬情况统计

规模报酬	数量(家)	公司名称
递增	4	博瑞传播、华录百纳、乐视网、省广集团
递减	50	皖新传媒、凤凰传媒、中国科传、中国出版、长江传媒、中文传媒、新经典、山东出版、中南传媒、时代出版、华闻传媒、中原传媒、出版传媒、天舟文化、盛通股份、中视传媒、华谊兄弟、宋城演艺、视觉中国、华策影视、新文化、光线传媒、当代东方、东方明珠、吉视传媒、歌华有线、电广传媒、鹏博士、人民网、天威视讯、浙数文化、湖北广电、华数传媒、城市传媒、长城影视、中南文化、江苏有线、广电网络、慈文传媒、金逸影视、万达电影、唐德影视、北京文化、南方传媒、幸福蓝海、中国电影、上海电影、风语筑、横店影视、新华文轩
不变	10	新华传媒、奥飞娱乐、中青宝、中文在线、读者传媒、骅威文化、德艺文创、祥源文化、中广天择、世纪天鸿

资料来源：笔者整理。

四　研究小结

根据描述性统计分析，并结合DEA模型的计算结果，可以归纳出以下几点。

（一）传媒行业发展不平衡

在融资量方面，只有24家样本企业在2017年突破总资产百亿元大关，还不到半数，总体资金配置水平有待提升。样本企业呈现融资能力和资金运作能力参差不齐的特征，盈利能力指标显示，超过82.8%的样本企业的加权平均净资产收益率超过市场利润率3.5%，处于可持续盈利的状态，普遍合格，但优秀者甚少，行业整体可提升空间较大。与此同时，有36%的企业的营业收入增长率为负数，说明部分企业的成长能力还需提升。

（二）资金使用能力有待提升

整体而言，我国传媒上市公司样本企业融资效率不高，平均值仅为0.353；有68.75%的企业融资效率在0.353以下，低于平均值。从资金的使用效率来看，尽管40.63%的公司的纯技术效率已达DEA有效，但其中有19家企业因为规模报酬递减而未能达到综合有效，包括新经典、中视传媒、天舟文化、视觉中国、北京文化、浙数文化、唐德影视、盛通股份、宋城演艺、中国科传、横店影视、风语筑、光线传媒、慈文传媒、长江传媒、山东出版、江苏有线、东方明珠、万达电影。这说明，它们并不缺乏资金。这和近年来传媒板块的投资热度较高，尤其是影视业务备受市场追捧有关，但它们无法依靠扩大融资规模来实现更高产出率，对这些企业而言，需要合理分配所募集资金。

（三）分工协作明显不足

根据规模报酬分析，有50家（占78.13%）样本企业处于规模报酬递减阶段，说明资金冗余现象普遍，传媒行业专业化分工特点还不明显，行业内部配合和协作水平有待提升，单位成本投入获得的回报处于较低水平，还有许多媒介资源未能完全发挥效益。

近年来，传媒板块尤其是综艺节目、电影等传媒产品十分受到资本市场的关注，所以对传媒企业而言，融资的难度普遍不大。但这些传媒产品大多是高风险型产品，如果项目规划不合理或者建设运营不当，可能会导致大量前期投入无法收回。所以要在提升资金利用率的前提下，合理规划项目，以保证项目获得预期收益，降低风险，保持个体和行业都能健康良好地运转。

B.17

2017年广电类上市公司财务状况分析与评价

徐朔 张燕*

摘 要： 广电类传媒上市公司的经营状况影响传统媒体的整体效益水平。本报告选取2017年第三季度11家广电系上市公司的主要财务指标数据为样本，用盈利能力、偿债能力、成长能力、营运能力、股本扩张能力5个二级指标和15个三级指标，对选取样本进行对比分析和趋势判断，探究11家广电系上市公司的财务能力水平。最后，提出传统媒体应该在充分发挥差异化优势的基础上，重塑“约会机制”；利用政策红利搭乘市场经济的“便车”；强化资本运营，与互联网及其他第三方企业合作，优化资源配置。

关键词： 广电类上市公司 财务指标 影响因子

一 背景：破旧立新

随着我国资本市场的大发展大繁荣，各类企业纷纷搭乘资本的顺风车，传媒类公司也不例外。但是，国内有关上市公司的研究起步相对较晚，而通过分析财务指标得出传媒类上市公司的绩效、结构等方面的研究更是屈指可数。

---

* 徐朔，中国传媒大学经管学部传媒经济硕士研究生，研究方向为文化产业管理；张燕，博士，中国传媒大学经管学部教授，研究向为传媒与社会、新媒体运营。

有关传媒类上市公司的经营绩效，曹倩、王关义在《出版传媒类上市公司融资结构与经营绩效的关系研究》一文中，利用多元线性回归方法，以资产规模及资产负债率为控制变量，分析22家传媒公司的债权融资率、股权融资率、内源融资率与总资产净利润率的关系；丁汉青、王军在《中国传媒上市公司股权结构对经营绩效的影响》一文中，把我国16家A股传媒类上市公司的经营效率用成长能力、盈利能力、偿债能力指标来表示，用线性回归法分析其与公司经营绩效的关系；在《传媒上市公司经营绩效分析》一文中，易湘迪、郭原将成长能力、盈利能力、营运能力、偿债能力、股本扩张能力作为传媒上市公司的影响因素来分析其经营绩效。

在分析方法上，学者们采用描述性统计、因子分析、聚类分析等方法对上市公司的绩效、影响因素等进行研究，从而对其经营提出建议。束义明在《我国传媒上市公司经营绩效评价及实证研究》一文中，将在沪、深证券交易所上市的13家传媒公司作为样本，采用主成分分析方法，运用17个指标分析其经营绩效，这17个指标包括：总资产收益率、主营业务利润率、每股收益、每股未分配利润、净资产收益率、每股净资产、流动比率、资产负债率、总资产周转率、应收账款周转率、速动比率、存货周转率、每股资本公积金、总资产增长率、主营收入增长率、主营业务鲜明率、净利润增长率①。分析样本数据之后，用SPSS软件得出各因子的累积方差贡献率和因子系数矩阵，最后得出的因子分数、函数以及各自排名是根据系数矩阵和样本数据的标准化值计算出的。在《基于因子分析的传媒上市公司绩效评价研究》一文中，王清选择了20家文化传媒上市公司作为样本，选取20家公司偿债能力、获利能力、成长能力、运营能力方面共10个基本的财务指标，并在此基础上结合公司自身的实际经营情况对样本公司进行综合绩效排名，最后把华谊兄弟作为个案，分析其绩效。在《我国文化传媒板块上市公司

① 束义明：《我国传媒上市公司经营绩效评价及实证研究》，《出版发行研究》2011年第1期，第16页。

业绩综合评价——基于因子分析和聚类分析》一文中，马安丽、吴天瑶、马京丽对我国沪深两市35家文化传媒板块上市公司进行因子分析和聚类分析，得出其综合业绩排名，并进行分类，据此找到各类公司的优势因子和劣势因子，定量和客观地评价了其综合业绩和基本特征。

在传媒类上市公司的各类影响因素分析方面，杜宇轩、刘益在《我国出版上市企业的财务状况分析与评价》一文中分析了国内15家出版发行业上市公司4个方面的财务指标，分别是盈利能力、偿债能力、营运能力、成长能力。蔡丹苗、吴金在《我国传媒上市公司资本结构影响因素实证分析》一文中，将总资产、主营业务收入、流动比率、速动比率、总资产增长率、主营业务收入增长率、资产净利润率、净资产收益率、总资产周转率、存货周转率作为解释变量，分析研究公司的资本结构。在《出版传媒业上市公司盈利能力影响因素分析》一文中，王红英用杜邦财务分析等方法对出版传媒业27家上市公司的盈利能力模型进行评估。何志勇在《我国出版传媒类上市公司成长性评价实证研究》一文中用数据建立12家出版传媒类上市公司成长性评价模型，计算其成长性得分，并进行分值排序。

在传媒上市公司的多元化经营问题上，高浠媚在《我国影视上市企业多元化经营与财务风险研究》一文中，对在中国内地上市的6家以影视剧为主营业务的上市公司进行描述性统计分析和相关性分析。

总体来说，学者们对传媒类上市公司、出版上市公司等的研究处于浅层阶段，研究方法大致包括相关分析、统计性分析、因子聚类分析等。而占我国文化产业主导地位的广电类公司，却几乎没有被分析研究。

二 环境：机遇与挑战

十九大报告指出，我国社会的主要矛盾已经转化为人民日益增长的美好生活需要和不平衡不充分的发展之间的矛盾。随着我国的经济不断发展，居民的可支配收入有所提高，其对文化消费的需求递增。2017年电影票房收入的“新高”、文化园区的建设热、文创产品的层出不穷等供给猛增现象，说明了消费者对精神文化产品的需求。

在互联网第三次浪潮的冲击下，各类新兴视频媒体逐渐强大并抢占高地，甚至在某些方面超越了被体制机制困住的传统广电媒体。在经济全球化的大背景下，文化产业的重要性已经越来越被人们意识到，坚持文化自信已成为当代最重要的课题。

1994 年东方明珠作为第一家传媒机构发起设立的股份有限公司成功上市，自此国内传媒类上市公司的发展实践已有 20 多年①。2017 年，“血统纯正”的广电类传媒上市公司一共有 11 家，在广告和受众双重流失的重压下，广电类媒体的经营绩效如何？如何拓展新业务？这些都是我们应该思考的问题。

三　广电系上市公司的整体能力

本报告从新浪财经网站选取 2017 年第三季度 11 家沪深 A 股上市广电系企业的财务数据，根据财政部发布的《企业效绩评价操作细则（修订）》中涉及的基本财务指标，用盈利能力、偿债能力、成长能力、营运能力、股本扩张能力 5 个二级指标来分析上市公司的绩效②。这些二级指标下设净资产收益率、资产报酬率、销售净利率、销售毛利率、速动比率、资产负债率、主营业务收入增长率、流动比率、总资产增长率、净利润增长率、总资产周转率、流动资产周转率、股东权益周转率、每股净资产、每股未分配利润共 15 个三级指标，用以分析、比较这 11 家广电类传媒上市公司的经营绩效和业务升级转型情况。本报告所有表格中所列的数据均来自新浪财经和东方财富网的公开财务数据。本报告选取的 11 家广电类传媒上市公司的基本情况如表 1 所示。

---

① 丁汉青、王军：《中国传媒上市公司股权结构对经营绩效的影响》，《当代传播》2016 年第 3 期，第 66 页。

② 杜雨轩、刘益：《我国出版上市企业的财务状况分析与评价》，《现代出版》2017 年第 2 期，第 19 页。

表1　11家上市公司的基本情况

公司名称	上市年份	交易所	地区	2017年第三季度总资产规模(元)
东方明珠	1993	上证	上海	35455922057
江苏有线	2015	上证	江苏	30176208652
电广传媒	1999	深证	湖南	23141435594
歌华有线	2001	上证	北京	15128264086
华数传媒	2000	深证	浙江	14243725631
吉视传媒	2013	深证	吉林	10702418316
湖北广电	1996	深证	湖北	8699554022
贵广网络	2016	上证	贵州	7474991508
广西广电	2016	上证	广西	6790463582
广电网络	1994	上证	陕西	6744255508
天威视讯	2008	深证	深圳	3784000192

资料来源：新浪财经网站。

（一）盈利能力

盈利能力指标是上市公司财务状况的核心。本报告从财务指标中选取资产报酬率、净资产收益率、销售毛利率和销售净利率分析11家广电系上市公司的盈利能力（见表2）。净资产收益率（ROE）＝净利润/净资产＝销售利润率×资产周转率×权益乘数（财务杠杆）。该指标与盈利能力呈正相关关系：该指标越高，说明盈利能力越强；越低，说明盈利能力越弱。资产报酬率是利润总额与资产平均占有额的比值，该指标越高，表明资产利用情况越好。销售净利率，是净利润占销售收入的百分比，与销售收入负相关，与净利润正相关。销售毛利率是指毛利占销售收入的百分比，简称为毛利率。这4个指标具有很强的代表性，可以较全面立体地反映上市公司的盈利水平。

从2017年第三季度的相关数据中可以看出，贵广网络的创新支撑、转型升级目标基本实现。实现营业收入11.66亿元，较上年同期增长2.1%；实现净利润3.21亿元，较上年同期增长4.22%。

华数集团实施“新网络＋应用”、“新媒体＋内容”和“大数据＋开发”三大战略，使公司在2017年上半年营业收入同比增长6.97%，净利润同比增长4.2%。华数传媒列居全国新媒体和三网融合第一阵营。其拥有丰富的版权节目内容资源，规模经济明显。

表2　11家上市公司的盈利能力指标

单位：%

公司名称	资产报酬率	销售净利率	净资产收益率	销售毛利率
天威视讯	4.959	16.081	6.99	38.4891
江苏有线	3.1184	16.0942	5.24	32.5032
吉视传媒	1.8962	13.9236	3.33	39.6781
华数传媒	3.3178	20.9805	4.61	44.9176
湖北广电	2.7845	13.8099	4.24	44.7588
贵广网络	4.6313	19.7582	8.41	38.0226
广西广电	2.5985	10.897	4.87	25.9891
广电网络	1.8468	6.1976	4.25	31.0857
歌华有线	4.2122	35.1263	4.99	31.0379
东方明珠	3.354	9.7492	3.81	24.7404
电广传媒	1.2018	4.7438	1.02	21.288

资料来源：新浪财经网站。

贵广网络、华数传媒的盈利能力指标说明了公司开发新领域、实施业务转型升级的重要性。

（二）偿债能力

衡量企业短期偿债能力的指标常常是流动比率和速动比率。流动比率是指企业流动资产占流动负债的比例。该比率越低，说明企业短期偿债能力越弱；比率过高，则说明公司的经营战略保守，不善于利用举债这一手段，这样会使企业难以合理利用短期资金。通常，流动比率处于2%左右，就默认其在合理的范围。

速动比率 = 企业速动资产/流动负债，速动比率在1%左右是合理的。速动比率过低，表明企业以后出现偿债风险的可能性增大；过高，表示大部分企业资金为现金或应收账款，增加了企业的机会成本。从表3可以看出，歌华有线的流动比率和速动比率都超过6%，2017年该公司整体经营策略过于保守。

反映财务风险和企业举债经营能力的资产负债率，表示的是负债总额占资产总额的比重。一般认为，合适的资产负债率范围是40%～60%。只从偿债能力角度分析的话，该指标越低越好。

表3　11家上市名司的偿债能力指标

单位：%

公司名称	资产负债率	速动比率	流动比率
歌华有线	15.6369	6.7427	6.9642
东方明珠	18.7208	2.9323	3.1822
天威视讯	26.9263	1.8353	1.8517
江苏有线	27.7038	0.8356	0.9773
华数传媒	28.0407	3.219	3.2423
湖北广电	31.0931	0.3753	0.3848
吉视传媒	39.3301	0.6399	0.9396
贵广网络	44.3979	0.7112	0.7719
广西广电	46.5656	0.4833	0.6824
电广传媒	49.4583	0.9089	1.5665
广电网络	55.9288	0.5464	0.5966

资料来源：新浪财经网站。

从表3中可以看出，11家广电系上市公司的资产负债率在60%以下，歌华有线的资产负债率最低；大部分公司的速动比率、流动比率小于1%。这说明我国广电系公司可能存在资金闲置问题。

歌华有线2017年上半年探索出多种创新合作模式，用来增强自身的竞争力。在IPTV、OTT、网络视频等新兴媒体占领市场高地的环境下，歌华有线用不同的发展思路开拓市场，不仅留住了忠实用户，还吸引了新的消费者。但是，歌华有线的主要业务类型、经营模式等没有改变。2017年上半年，该公司的营业收入同比减少0.96%，净利润减幅达6.55%。

虽然歌华有线努力向新媒体模式转型，但是步伐过于缓慢，并不足以弥补新媒体带来的冲击。未来，歌华有线的重点发展任务应该是拓展新媒体板块，取长补短，实现根本性的转变。

（三）成长能力

一般来说，公司的市场拓展能力用主营业务收入增长率来反映，该数值越高，说明市场占有率越高，成长性越好。总资产增长率说明公司在一定时间内资产规模的增长情况。净利润增长率能够综合衡量企业的资产运营、发展能力和成长状况，反映公司的扩张速度。

表4　11家上市公司的成长能力指标

单位：%

公司名称	总资产增长率	净利润增长率	主营业务收入增长率
江苏有线	51.855	18.1602	63.1424
歌华有线	3.9567	7.2522	-1.4698
广电网络	4.3781	3.7832	11.5966
华数传媒	7.7394	3.3962	3.0419
湖北广电	10.7569	2.5836	4.0315
电广传媒	7.9373	-4.8084	12.4153
吉视传媒	18.1913	-11.8326	-2.6293
贵广网络	—	-17.1877	7.8592
天威视讯	2.2181	-17.3156	-5.0357
广西广电	-3.9608	-36.3889	-6.9351
东方明珠	-1.5141	-41.8181	-20.2113

资料来源：新浪财经网站。

从表4中可以看出，江苏有线的3个成长能力指标都是最高的。1/2左右的公司增长为负，这些数据折射出了传统媒体的窘境。

2017年是江苏有线转型升级、追赶超越的关键一年。江苏有线于2015公开募股上市，随着公司募集资金的投入，完成了全省广电网络项目的实施和整合。公司的营业收入增长主要来源于数据宽带、工程建设、商品销售等业务；净利润的增长主要来源于实施“降本增效”策略，降低期间费用以及增加营业外收入。

相反，作为上海广播电视台、上海文化广播影视集团有限公司（SMG）旗下的平台，拥有完整产业链的东方明珠，在互联网等新媒体板块的资本投入力度大，使得其成长能力指标值整体下降。作为广电系上市公司中资产规模最大的集团，东方明珠的规模经济、范围经济几近饱和，所以其成长能力相对于新兴的公司来说比较弱。

（四）营运能力

在一定时期内，表示企业销售（营业）收入同平均资产余额的比值的总资产周转率，和总资产周转速度成正比，反映的是销售能力。表示企业的销售收入与流动资产平均余额的比率的流动资产周转率，流动资产周转得快，则可以节约资金，提高资金的利用效率。运用这两个指标，可以分析11家广电系上市公司的营运能力。

表5　11家上市公司的营运能力指标

单位：次

公司名称	流动资产周转率	总资产周转率
湖北广电	1.6993	0.2086
广电网络	1.1875	0.3031
广西广电	0.8586	0.239
电广传媒	0.7587	0.2568
江苏有线	0.7093	0.1891
天威视讯	0.6804	0.3084
吉视传媒	0.6611	0.1419
东方明珠	0.5713	0.3376
华数传媒	0.2759	0.1593
贵广网络	0.2488	0.2488
歌华有线	0.2031	0.1201

资料来源：新浪财经网站。

由表5可以看出，湖北广电的流动资产周转率最高，说明其营运能力高居榜首。2017年，湖北广电的发展战略是进一步向“互联网+”发力，完成了半年经营目标，实现营业收入11.52亿元，同比增长2.88%。

当前，湖北广电最主要的收入来源仍是传统的电视业务，而“互联网+”必然是其未来发展的趋势。比如，在网改规划上，公司用于网络升级改造的预算多达9.48亿元。同时，除了视频、电视，新媒体的集客业务已经成为湖北广电稳定的收入来源，2017年第三季度，集客业务收入达1.36亿元，同比增长51.93%。湖北广电“互联网+”板块的资本运营的周转速度快、效率高。

（五）股本扩张能力

企业的股本扩张能力用股东权益周转率来衡量。股东权益周转率越大，说明用于扩大再生产的资金越多，越有利于公司发展壮大。从表6中，可以看出广电网络的股东权益周转率最大，其次是电广传媒。作为以内容经营为主的电广传媒，其股本扩张能力不容小觑。

表6　11家上市公司股本扩张能力指标

指标	每股净资产(元)	每股未分配利润(元)	股东权益周转率(次)
湖北广电	9.0802	2.4988	0.2976
广电网络	4.7947	1.7193	0.6903
广西广电	2.1715	0.4004	0.4574
电广传媒	7.5841	1.8498	0.4980
江苏有线	3.4166	0.6005	0.2685
天威视讯	4.3435	2.6199	0.4213
吉视传媒	2.0757	0.4871	0.2269
东方明珠	10.9088	3.8937	0.4241
华数传媒	6.6473	1.5091	0.2212
贵广网络	3.9386	1.27	0.4336
歌华有线	9.17	2.6837	0.1425

资料来源：新浪财经网站。

电广传媒积极推进“传媒+互联网”战略，走传统媒体与新媒体融合发展之路，不断深耕传统主业，走专业化的发展之路。

2017年上半年，除了有线网络和内容业务，电广传媒开拓了投资管理、旅游酒店、移动新媒体等产业链上的其他业务，实现净利润1.22亿元。电广传媒的股本扩张能力强，表明其拥有较大的发展空间，保证了其未来业绩的持续增长，总体盈利能力较好的电广传媒，未来将会利用资本平台来募集更多的发展资金。

四　总结：取长补短

湖北广电、广电网络、广西广电、江苏有线、天威视讯、吉视传媒、贵广网络、华数传媒、电广传媒、东方明珠、歌华有线这11家上市广电公司的主营业务以有线电视为主，其中电广传媒、东方明珠的内容运营业务体系庞大，天威视讯、广电网络等的网络服务业务收入占比较大。11家广电系传媒公司应该如何利用自己的优势，弥补自己的劣势呢？真正了解自己的运营状况，才能在互联网浪潮中游刃有余。

（一）发挥优势，应对冲击

传统广电媒体在种种冲击下，举步维艰。广电板块股价持续走弱，甚至被投资者看跌而在股市无法翻身。

其实，传统广电的优势依然存在。一方面，11家广电公司拥有庞大的用户资源，是目前新媒体所不具备的优势。在这个用户为王的时代，11家上市公司的力量不容忽视。另一方面，它们具有多年来积累的影响力、公信力和权威性。广播电视网能保证整个网络的高带宽稳定性、安全性；广电企业“垄断”一方，在各个区域里运营多年，拥有得天独厚的地缘、人缘和品牌优势。

（二）重塑机制，跨屏“约会”

如今是多屏时代，手机端已经成为“网生代”便捷地弥补不确定性的入口。但是，新颖、观感体验极佳的互联网电视再一次把人们拉回客厅。

BAT等资本布局互联网视频行业，对广电的冲击极大。与它们相比，广电上市公司仍有很大提升空间，比如产品及业务创新思维的培养、市场竞争意识的增强、人才培养体系的完善等。虽然互联网电视拥有海量内容，但是有线网络的直播权限也是硬件。广电具有政策优势和政府导向，作为“喉舌”的它们，有足够的支持力度和资本。所以，传统媒体消失是不可能的。

最重要的是，广电公司正在慢慢转变发展体系，构建新的传播体系，在各种业务板块自主创新，重塑“约会机制”。

（三）政策红利，市场共赢

国网统一，首先面临的困难就是要整合有线电视网络行业的资金、技术等资源，这为广电系上市公司的未来发展带来希望。

11 家上市公司的背后，其实早已存在资本的力量。不久前上市的贵广网络，华数传媒用 2663 万元人民币获得其 3.2% 的股份，同样，出资近 4000 万元的歌华有线购买了其 4.8% 的股份。这种在资本市场显现出来的合作，是一个巨大的进步。在不越过规模经济临界点的很大的范围内，强强联合能够抵挡新时代的冲击。

另外，与互联网及其他第三方企业合作，是传统广电行业的必经之路。传统广电应在原有资源优势基础上，向其他行业企业学习、谋求合作，这样才能更好地应对未来残酷的竞争和挑战。

B.18
2017年人工智能对新闻资讯业的挑战与重塑

周政华*

摘　要： 人工智能的快速发展与应用给传统新闻业带来了巨大的挑战，新闻生产与分发、商业模式、用户消费等方面都发生了极大改变，也带来了新闻业新的机遇与市场空间。但是，人工智能所引发的新闻教育、新闻伦理、就业等方面的问题也值得学界和业界深度思考。

关键词： 人工智能　新闻资讯业　内容生产　算法

在“2017 腾讯媒体 + 峰会”上，三款人工智能产品一显身手：嘉宾演讲的同时，在大屏幕两侧，“腾讯微信智聆”依靠其语音识别技术实时播放出场嘉宾的演讲词；“腾讯翻译君”依托神经网络机器翻译技术对嘉宾演讲词进行实时双语翻译，将嘉宾演讲内容实时转化为中英文双语字幕呈现在大屏幕上；腾讯写作机器人 Dreamwriter 更以不到 1 秒的速度写稿件推送发布，嘉宾演讲刚结束还没走下台，稿子就已经发出来了。

未来已来，只是人们身处其中，未能先知先觉。新闻业是最早一波接受人工智能洗礼的行业，但很多人并未意识到这一点，在很大程度上是因为人工智能对新闻业的改造，并不像疾风骤雨那般猛烈，而是以一种润物细无声

---

* 周政华，腾讯研究院高级研究员。

的几乎无感知的方式实现了从生产到消费的全方位改造。

我们无法想象50年后的世界，一如50年前无法预测今天的科技成就。回溯新闻业10多年的历史，两大蜕变趋势十分明晰：其一，新闻的生产和分发正在分离；其二，新闻的意义之墙正在瓦解，社会教化、监督功能弱化，娱乐功能空前膨胀。电视时代开启的大众传播娱乐化浪潮，在互联网时代更为澎湃，物质生产日益丰富的今天，娱乐在整个内容产业中发挥引领性作用，新闻业亦如此。

这正是当下新闻业所面临的困境：拥抱人工智能可能被其吞噬，而抗拒新技术无异于自杀。从悲观的角度看，人工智能正在摧毁传统新闻业残存的基础；从乐观的角度看，人工智能正在把新闻业变成一个全新的内容产业的一部分。

一　兵临城下：新闻业的大滑坡

过去10多年，新闻资讯行业可谓一波未平一波又起：门户网站夺走了用户，技术公司分流了广告，就连记者、编辑也纷纷转行。过去，数十家全国性新闻媒体生产了绝大多数新闻，今天，随着自媒体千军万马的加入，内容生产的源头变得极其丰富，内容多样化和碎片化的同时，新闻本身的意义和面貌也在变得模糊，新闻客户端的提法已经让位于信息分发平台，“新闻”成为一个过时的名词。

（一）员工和用户：数字化转身与行业性跳槽

传统媒体的雇员数量持续减少，但新媒体所创造的新增就业岗位，并不能完全填补空缺。据新华社援引美国劳工统计局数据，美国报业雇用的人数从2001年1月的41.2万人下降到2016年9月的17.4万人。另外，网络媒体的雇员从2007年的6.7万人增加到2016年的20.6万人。美国报纸的数量从2001年的9310家减少到2016年的7623家，降幅为18%。网络媒体自2007年以来增长了150%，2016年达到13924

家①。

中国的情况大同小异。《中国新闻事业发展报告（2016年）》显示，截至2016年底，全国共有223925名记者持有有效的新闻记者证，其中报纸记者84130人，期刊记者6007人，通讯社记者2801人，电台、电视台和新闻电影制片厂记者129829人，新闻网站记者1158人②。

仅2016年和2017年两年，从东部的上海到西部的新疆，中国的都市报再次遭遇了一场倒闭潮，《京华时报》《上海商报》《今日早报》《东方早报》《楚天金报》《生活新报》《晨报周刊》《新余晚报》《燕赵都市报（冀中版）》《临空都市报》《天山时报》《女报时尚》等10多家都市类纸媒陆续停刊。

新闻行业所提供的薪酬不再能吸引顶尖人才。美国职业资讯网站CareerCast发布的2016年美国最差和最好的工作榜单上（主要依据环境、收入、前景与压力4项指标进行评估），报纸记者连续3年被评为美国最差的工作。

比员工流失更残酷的是用户的流失。央视市场研究（CTR）-CNRS调查数据显示，从2012年到2016年，报纸、杂志、电视的用户到达率和消费时间双双下滑：报纸的日到达率由2012年的53.9%下滑至2016年的32.8%，日均阅读时长也由2012年的25分钟下滑至2016年的17分钟；同期，杂志媒体的周到达率下降到15.1%，周均阅读时长也从22分钟下降到15分钟；2016年，电视的日到达率为70.5%，较2012年下降了近13个百分点，日均收看时间也减少了半个多小时。

智能手机成为用户获取信息来源的主渠道。路透社发布的《2015年数字新闻报告》显示，在2015年9月所调查的12个国家中，平均每周使用智能手机获取新闻的用户达到46%。

（二）内容生产衰退：同质化与深度优势不再

在员工和用户流失的同时，传统媒体的内容生产能力也在退化。美国皮

① 新华社：《2001年以来美国报业裁员过半》，2017年4月4日。

② 中华全国新闻工作者协会：《中国新闻事业发展报告（2016年）》，2017年6月。

尤研究中心曾经在研究报告《改变中的新闻编辑部》中谈到了美国报纸目前面临的问题："美国报纸得到的是数字时代网络观念和技能的更新，以及肤浅内容的多元化展示，失去的是精致内容的生产能力。"

内容的同质化与深度报道优势弱化是新闻行业正在经历的病痛。

一是传统媒体数字化和业务转型逐渐成为工作重心。如今，传统媒体深知转型升级的必要性，几乎都在紧跟互联网发展的脚步，全面布局新媒体。为了顺应受众的阅读习惯和阅读方式，开辟多个内容接收终端，但其内容的质量并没有得到良好的延续。这种融合新闻直接催生了一批"多功能记者"，他们在采访完成之后，同时为报纸、报纸网站和移动客户端等多个平台供稿。

大量记者奔波于各种新闻发布会和突发事件现场，而鲜有时间去钻研线索、琢磨一些专业深度报道，以至于《哥伦比亚新闻学评论》在2010年载文揶揄记者成了"奔跑的仓鼠"，文章称："编辑部的人数不断减少，任务却一直增加。一个NBC的白宫首席记者，一天要做16个出境采访、主持一档节目、客串两档新闻节目，还要在Twitter和Facebook上更新8~10次，写3~5篇博文。和他一样，大部分记者忙碌如转盘上不停奔跑的仓鼠，强调速度，追求数量。仓鼠虽然一直奔跑，却仍停留在原地，新闻业也是如此。"

二是传统媒体在深度报道方面的阵地失守。国际新闻和调查报道是传统媒体在深度报道方面的重要领域。一方面，国际新闻报道数量持续下降。2013年，美国广播公司、美国全国广播公司和哥伦比亚广播公司共计报道国际新闻1671分钟，时长还不到20世纪80年代的一半。而数字新闻媒体由于得到更多的资金支持，反而有更多的资源在国际新闻这一领域大展拳脚。另一方面，充满风险、高成本的调查性报道日益稀缺。亚利桑那州立大学在2009年所做的一项调查显示，62%的美国报纸没有调查性报道专职编辑，16%的日报表示正在缩减调查性报道的采编团队[1]。《美国新闻学评论》

---

① 余婷、陈实：《美国传媒业资本运作的价值逻辑及启示》，人民网，2014年7月17日。

提出，调查性报道记者编辑协会的成员已经从2003年的5400名减少到2010年的4000名[①]。深度报道的从业人员减少、报道数量降低，直接削弱了传统媒体的深度报道基础。

美国学者兰斯·班尼特曾反思，美国的新闻行业并没有发挥应有的民主促进作用，其主要原因是整个美国新闻报道呈现四大倾向：个人化、戏剧化、片段化和无序化。例如，一些调查报道的初衷并非引导公众认识社会问题、伸张正义，而是为了揭丑和戏剧化地曝光大人物以博得受众眼球。

（三）商业模式失灵：广告收入流失到数字产业

近年来，越来越多的广告营销公司把注意力转向数字领域，网络媒体和移动平台广告也逐年增加，传统平面媒体则备受冷落。

一方面，传统媒体的广告收入分化明显，数字化转型之路坎坷。根据CTR媒介智讯数据统计，2017年，传统媒体板块广告收入的整体下降趋势有所缓和（见图1）。电视广告收入明显止跌回升，广播广告的增幅较大，而报纸和杂志广告的降幅也有所收窄。另一方面，数字媒体的广告增速较平稳。户外生活圈媒体板块中的电梯媒体广告维持20%左右的增速，而影院视频广告也回归到理性增长。

报纸的处境尤为令人担忧，据《2015年新闻出版产业分析报告》统计，截至2015年底，中国大陆报纸出版实现营业收入626.2亿元，减少71.7亿元，降低10.3%；利润总额35.8亿元，减少40.6亿元，降低53.1%。43家报业集团主营业务收入与利润总额分别降低6.9%与45.1%，其中31家报业集团营业利润出现亏损，较2014年增加14家[②]。

网络广告份额持续走高，信息流广告兴起。作为无缝插入滚动更新的媒体信息列表（如新闻资讯、社交动态等）里的广告，信息流广告被认为是近年来将广告成功融入媒体内容的创新。新浪微博、腾讯、今日头条较

① 余婷、林娜：《美国报业全媒体的现实困境》，《中国记者》2012年第2期，第115页。

② 国家新闻出版广电总局：《2015年新闻出版产业分析报告》，2016年8月。

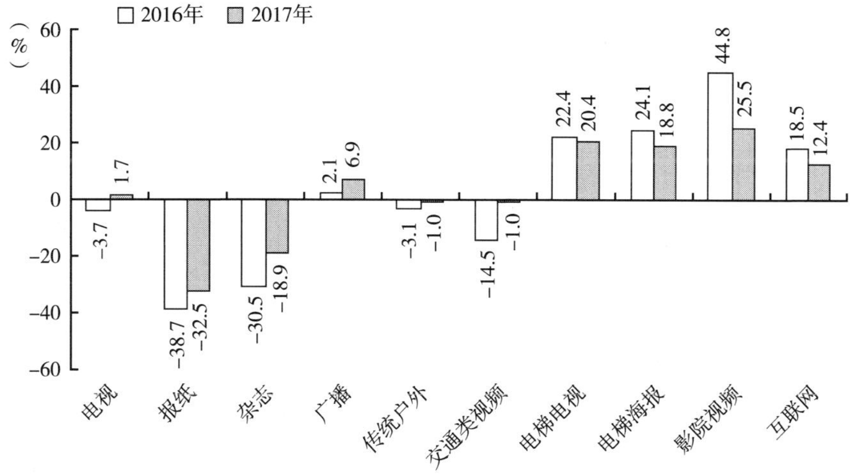

图 1　2016 年和 2017 年各媒介广告刊例花费变化

早推出信息流广告产品，同时得益于其庞大的用户基数，成为信息流广告收入的主流梯队。百度、爱奇艺、优酷等也于 2016 年上线信息流广告产品，增长迅速。据艾瑞咨询统计，2017 年信息流广告市场规模达到 557 亿元，占整体网络广告市场的 14.3%，预计未来 3 年仍将保持 50% 以上的增速①。

传统媒体和科技平台之间也处于全新的竞合关系。路透社新闻研究所在调查了来自 24 个国家的 143 位媒体编辑、CEO、新媒体领袖后发现，46% 的媒体人表示，与 2016 年同期相比，他们对平台的影响力和角色持更为担忧的态度。一家英国媒体负责人说道："新闻业已渐渐明白：它们过去一年的努力都是在以损害自身的方式给 Facebook 和其他平台做嫁衣，我们是时候另觅逆袭之道了。"②

尽管如此，绝大多数媒体机构表示将在 2017 年加大在 Facebook 平台上的投资力度，对于其他平台，媒体机构的投资意愿则相对较弱。73% 的媒体

① 艾瑞咨询：《中国信息流广告用户洞察报告》，2017 年 11 月。
② 路透社：《2017 媒体趋势报告》，2017 年 1 月。

人表示其数字战略总体目标是在自身网站和第三方平台的内容投放上达成平衡；只有21%的媒体表示，他们将会把主要把精力放在自身网站和平台上。

二 人机协同：人工智能对新闻业的冲击和重塑

人工智能的发展，直接推动新闻业从高度依赖人力资源的劳动密集型生产方式，急速转向高度依赖大数据的流水线大工业生产方式，在内容生产、渠道分发、用户信息反馈方面，新闻业正在经历有史以来最为激烈的大变革。

（一）内容生产智能化：新闻业的机器之心和魔幻之手

早在2006年，国外媒体就已开始应用人工智能写作。相比于美国、英国等发达国家，中国人工智能在媒体领域应用的开始时间较晚，不过近几年也在迎头赶上。

1. 文本生成：新闻业的机器之心

部分新闻媒体机构已经采用人工智能撰写稿件。以Automated Insights公司研发的Wordsmith写作系统为例，机器写作新闻一般分为五个步骤。

步骤一：获取数据。首先需要获取关于所服务的客户即报道对象的各种形式的数据和资料，包括以APIs、XML、CSVs以及各种字处理图表等形式的数据，以及第三方（如Google Analytics）提供的各种数据。

步骤二：分析数据。这里涉及对各种数据及其内在关联的解析，并把它们放在历时性的演变背景中来进行解读。

步骤三：提炼观点。揭示目标客户各种数据所呈现的模式和趋势，把它们纳入更大的行业、社会或国家的背景中来解读其意义，通过这样的参考和比对，得出一些具有可操作性的意见和建议。

步骤四：Wordsmith平台需要用其自然语言生成功能对此前的分析和提炼得到的观点进行故事化叙述，并按照需要生成各种形式的文本。

步骤五：Wordsmith平台能够将所生成的文章，通过多种方式实时发布到客户指定的平台上。

国内的腾讯网、搜狐网、新华社等机构在人工智能方面也有所尝试。2015 年 9 月 10 日，腾讯财经推出自动化新闻写作机器人 Dreamwriter，主笔发布了首篇新闻《8 月 CPI 同比上涨 2.0% 创 12 个月新高》，该报道抓取了国家统计局发布的 CPI 相关数据，同时援引了行业专家和业内人士的分析。2016 年 2 月 18 日，搜狐宣布正式推出智能股市播报系统“智能报盘”，利用人工智能的自动跟踪技术，及时捕捉股市动态，自动化生成并发布资讯。“智能报盘”基于对股市大盘和个股行情盘面变化，进行纯粹客观的描述。

除了腾讯 Dreamwriter 和搜狐的“智能报盘”，类似的还有新华社的机器新闻生产系统“快笔小新”。它采集数据并进行加工，自动写稿、编辑签发，以最快的速度完成体育赛事和财经新闻等的自动报道。目前，“快笔小新”服务于新华社体育部、经济信息部和《中国证券报》。在新华社体育部，它可以快速生成中英文数据消息，包括每轮比赛的成绩公报和积分排名。

目前，人工智能在新闻媒体内容生产领域的应用还处于比较基础的状态，能做到效率的提高，但还未能进行更加深度的分析和解释。

2. 视频剪辑：后文字时代的魔幻之手

2016 年，IBM 旗下人工智能系统 Watson 操刀了惊悚电影 *Morgan* 的预告片。据腾讯全媒派报道，Watson 研究团队将 100 部恐怖电影的预告片中的每个镜头分离出来，对 Watson 进行训练，Watson 会对这些预告片进行视觉、音频、场景构成的分析。接着将完整的影片 *Morgan* 导入 Watson 中，在“观看”了电影后，Watson 迅速挑出 10 个最适合制作预告片的电影场景。最后，Wstson 从 90 分钟的影片中，为制作人筛选出一段长达 6 分钟的影片，也让预告片的剪辑时间缩减到 24 小时①。

据初步计算，AI 处理的成本仅为人工处理的 0.3%，而视频剪辑的速度

① 全媒派：《智能视频剪辑市场一派火热！未来你看的视频或许都是机器人生成的》，2017 年 6 月 26 日。

则是人工的40倍。

国内视频平台也在扶持智能视频剪辑平台的开发。6月9日，由新浪微博、秒拍和亿幕共同推出的PGC视频内容服务平台云剪系统正式开放。这个系统面向媒体和视频机构提供视频素材管理、视频剪辑和发布的服务，据报道最快可以在2分钟内制作出一个达到PGC水平的短视频。同一天，爱奇艺宣布成立创新实验室“Innovation Lab”，称要“在全球范围内寻找顶尖合作伙伴，共同制定视频领域的AI技术标准”，并提出“AI艺术家”的口号。其他机构有关人工智能技术在内容转换方面的应用如表1所示。

表1　部分机构人工智能技术在内容转换方面的应用

机构	人工智能应用
Twitter收购的伦敦机器学习和视觉处理技术开发商MPT公司(Magic Pony Technology)	利用神经网络和机器学习技术,用手机加强照片内容处理,以及加强虚拟现实或增强现实应用程序(导入足够多的媒体素材,利用算法自动补足帧节和像素,增强多媒体内容的视觉效果);自动完善直播视频,提高媒体质量和创作效率,免去后期加工
Facebook收购的创业公司Masquerad	这家公司的App MSQRD可以通过人工智能技术,通过手机前置镜头在自拍者的脸上叠加动画效果或改变脸部形状
Snapchat收购的3D照片应用开发商Seene	用户可在手机上创建3D图像
Google收购的语音识别公司SayNow	可将语音通信、一对一通话和集团通话整合到Facebook和Twitter等社交网站,以及Android和iPhone手机应用中,主要应用在Google Voice中
Yseop	提供两种自助服务产品:Yseop Smart BI通过分析结构化数据并将其转换为英语、西班牙语、法语、葡萄牙语和德语的书面叙述;Yseop Smart Customer Experience运用于业务流程外包部门,以多种语言进行软件对话,提供建议和指导

(二)内容分发智能化：编辑权利的让渡

在很长一段时间，编辑掌握了内容分发的权利，我们读什么、听什么、看什么，都是由少数媒体精英所决定。今天，随着用户数据的积累，内容推送的权利，正在由有血有肉的编辑让渡给算法。

相比人工分发，机器分发的优势主要体现在效率上。一是机器分发能够对海量内容进行深度加工。人工能干预的内容数目有限，往往集中于最热门的头部内容，而机器分发则可以覆盖更广泛的资讯，通过记录、分析用户的浏览行为，从信息源中提取分类、主题、标签、风格等结构化信息，利用用户的行为探索并发现有潜力的内容。二是机器分法有助于跳出编辑的个人视野。算法排序的核心是根据用户、内容、上下文信息计算每个内容的得分，按照得分进行排序。由于考虑到了用户的信息，排序结果是个性化的。另外，模型的更新也是实时的，能够充分利用已有的数据，指导下次分发，最大限度地提升分发效率。

但机器分发也存在一些明显的弊端。Facebook 就曾把一张曾获得普利策新闻奖的照片误判为黄色图片，只因为机器把照片中为躲避炮火而奔跑的小女孩裸露了部分身体。在中国，机器分发新闻引发的争议主要集中在信息窄化和内容低俗化上，即推荐引擎不断向用户推荐其兴趣范围之内甚至是带有明显低俗倾向的内容，以尽可能地诱导用户沉浸其中。

国际一流的新闻出版服务机构已经开始提供针对推特等社交网络的新闻监测服务，来帮助华尔街的金融客户自动筛选与交易趋势有关的新闻，以助于其做出投资决策。

（三）内容终端智能化：万物皆媒

未来的媒体行业将因其智能化连接而重新定义媒体。媒体介质正在泛化，一如麦克卢汉所说“万物即媒介”，一切能够实现信息互联的载体或社会信息活动都可以被称为“媒体”。因此，媒体不局限于报纸、广播、期刊等新闻性媒体，同时还包括微博、微信等社交媒体，以及美团、大众点评等生活服务平台，甚至是整个物联网。

美国 IT 研究与顾问咨询公司高德纳（Gartner）预计到 2018 年，全世界将有 60 亿台设备用上人工智能技术，届时人们将在互联网家电、汽车等产品上与人工智能零距离接触。虚拟现实和增强现实技术为传统媒体重建影响力提供了契机。

三　硬币的两面：新闻业未来的四大挑战与应对之策

随着内容生产、分发和用户追踪的逐步自动化，新闻业已经开始发生不可逆转的结构性变化，如何让传统新闻业浴火重生，目前来看，最大的可能是泛化内容产业的一部分。

（一）新闻专业：算法会比人更客观吗

算法进入新闻业虽然较为晚近，但其巨大的革命性力量已经显现。在美国总统选举中，Facebook 的新闻流算法引发了巨大争议，并被认为有可能影响大选结果。

以 Facebook 新闻色彩浓厚的热门话题为例，推送热门话题到页面一般需要经过三个步骤：首先，Facebook 使用程序监控网站内部关于一些话题的分享和评论，同时，外部的爬虫抓取 RSS 新闻，搜索 Facebook 用户还没有开始分享的新闻；其次，当这些话题出现在 Facebook 的网站上时，管理员会在 1000 家媒体上进行认证，并匹配标题、图片和地点人物等相关数据；最后，另一个系统将已经通过认证的热门话题推送到桌面和移动端的首页。同一时间，任何一次刷新都会有 60 ~ 100 条热门话题，而 Facebook 会根据每个用户的个性化选择推送少于 10 条的话题。

《华盛顿邮报》曾经对 117 名美国用户做了随机抽样调查，结果显示，Facebook 会根据用户的性别、设备使用习惯、居住地、年龄等进行个性化推送，比如关于福特皮卡的新闻，只推送给居住在农村而非城市里的用户，关于艺人碧昂斯的动态信息主要推送给了女性用户。

虽然在传统媒体时代，假新闻同样无法杜绝，但是社交媒体的出现，使得假新闻传播的速度得到了爆炸式增长。Facebook 针对其在美国大选中没有采取有效措施打击虚假新闻的指控，宣布将联手第三方调查机构加大打击力度，并推出了新的防范工具。面对不断增多的批评，Facebook 联合创始人马克·扎克伯格于 2016 年 12 月 16 日在自己的 Facebook 主页中发布声明：

“我们很早就已经在着手解决这个问题，我们把这项责任看得很重。我们已经取得了重大的进展，但还有更多工作需要做。”

谷歌则通过与媒体和社交平台合作的方式来鉴别假新闻。2015 年，协助成立了打假新闻组织“第一稿联盟”（First Draft Coalition），与多家新闻媒体和科技公司一起联手打击假新闻，其中不仅包含《纽约时报》、法新社、CNN 等老牌传统媒体，更有 Buzzfeed、Twitter 和 Facebook 这样的新媒体公司。

在中国，微信等社交平台也在致力于打击假新闻。从 2014 年 10 月起，微信联合人民网、果壳网等一批具有影响力的机构建立了官方辟谣公众号——“谣言过滤器”，用最权威的渠道不定期发布辟谣信息。此后，“谣言过滤器”公众号中上线了一项名为“辟谣小助手”的服务，只需要将谣言的文字内容复制粘贴给“谣言小助手”，后者就会自动回复相关的辟谣结果。考虑到微信中的谣言一半为复制粘贴的群发性文字，此功能在应对微信谣言方面被认为起到了很好的作用。

（二）新闻从业者：记者编辑会大面积失业吗

机器替代人的阵痛才刚开始。在现阶段，记者、编辑和机器尚能和平共存，美国国家公共电台（NPR）的一份报告认为，相比 Wordsmith，媒体“老炮”们的文本更具内涵和魅力。美联社和 Automated Insights 也多次在公开场合表示，Wordsmith 在生产了大量稿件的同时，还实现了零裁员，它让记者从豆腐块文章中解脱出来，腾出精力去提炼更有深度的观点。

但是，从长远看，机器同样也能写出媲美人类的深度特稿。Narrative Science 联合创始人 Kristian Hammond 2016 年在接受美国《连线》杂志记者采访时曾断言，机器人将在 5 年内获得普利策新闻奖，未来 20 年，没有机器不能写的东西。不过，Hammond 觉得写作机器人不会替代现有的记者，相反，它会显著拓展新闻写作的领域。

如果事实如同 Hammond 所料，那么对于新闻从业者来说，如果既不想转行跳槽，又不想失业，该如何是好？专栏作家、畅销书《认知盈余》的作者克莱·舍基对媒体幸存者的建议也许值得思考：第一，要擅长理解和表述数据；第二，了解如何将社交媒体应用于新闻编辑；第三，通过团队协作和尝试新鲜事物来竭尽所能地积累新闻编辑经验。

（三）新闻教育：大学还有必要开设新闻系吗

如果机器人的稿件写得和普利策获奖者一样好，大学还需要开设新闻系吗？美国人的回答是肯定的。人工智能在新闻业的应用不断深入，倒逼美国高校开始尝试多学科融合的人才培养方式。

美国拥有全球最为完备的新闻传播教育体系，新闻传播类专业点有1000多个①。吴锋、陈雯琪和章于炎等对美国十所顶尖新闻传播类学院进行调查研究，写成《美国新闻传播教育的最新进展与改革趋向——基于美国十所顶尖新闻传播学院的调查统计研究》一文，指出这十所学校在新闻人才的培养方式上都体现了融合发展的趋势。该十所学院专业方向设置情况如表2所示。

表2　美国十所新闻传播类学院专业方向设置数量

单位：个

学院	本科	硕士	博士
西北大学	2	2	1
威斯康星大学	2	2	1
俄亥俄大学	3	1	1
哥伦比亚大学	无	5	1
加州伯克利大学	无	5	1
北卡罗来纳大学	9	5	1
佛罗里达大学	7	11	1
印第安纳大学	11	10	9
南加州大学	7	16	7
密苏里大学	32	35	6

资料来源：吴锋、陈雯琪、〔美〕章于炎《美国新闻传播教育的最新进展与改革趋向——基于美国十所顶尖新闻传播学院的调查统计研究》，《现代传播》2014年第3期，第135页。

① 吴锋、陈雯琪、〔美〕章于炎：《美国新闻传播教育的最新进展与改革趋向——基于美国十所顶尖新闻传播学院的调查统计研究》，《现代传播》2014年第3期，第135页。

如表3所示，密苏里大学新闻学本科专业下设融合新闻、杂志新闻、新闻摄影、纸质与数字新闻、广播电视新闻、战略传播、特殊项目七大重点领域，其下又细分了32个兴趣领域，可见密苏里大学不仅在专业方向上顺应大势，在个人定制专业方面也更加注重学生的个性化发展。

表3　密苏里大学新闻学本科专业的重点领域和兴趣领域

重点领域	兴趣领域
融合新闻	无线电融合报道与生产、新兴媒体、电视融合报道、企业新闻、融合新闻摄影、多媒体制作
杂志新闻	杂志设计、杂志编辑、杂志写作、艺术与文化新闻、杂志出版与管理
新闻摄影	新闻摄影、视觉化编辑与管理
纸质与数字新闻	新闻设计、新闻编辑、新闻报道、监督新闻、科学与健康新闻、体育新闻、商务与经济新闻、多媒体平台设计
广播电视新闻	广播电视生产、广播电视报道与主持
战略传播	财务管理、艺术指导、版权、交互、媒体策划、公共关系、调查
特殊项目	国际新闻、个人定制专业

资料来源：吴锋、陈雯琪、〔美〕章于炎《美国新闻传播教育的最新进展与改革趋向——基于美国十所顶尖新闻传播学院的调查统计研究》，《现代传播》2014年第3期，第135页。

如表4所示，在课程设置方面，这几所大学通识教育和专业课程并重。通识教育强调广度，专业课程包括基础性课程、实用技能课程、社会道德和法律课程。

表4　美国十所顶尖新闻传播学院专业课程设置

<table>
<tr><th>课程设置</th><th>课程分类</th><th>具体课程目录</th></tr>
<tr><td>通识性课程</td><td colspan="2">人文(历史、文学)、社会科学与行为科学(经济、政治)、数学、物理与生物科学、艺术学、文学、语言学</td></tr>
<tr><td rowspan="3">专业性课程</td><td>基础性课程</td><td>新闻史、新闻学概论、大众传播概论
(俄亥俄大学)数字时代的媒体趋势、媒介未来</td></tr>
<tr><td>实用技能课程</td><td>写作、报道、调查、信息搜集
(佛罗里达大学与北卡罗来纳大学)视觉新闻、视觉传播</td></tr>
<tr><td>社会道德和法律课程</td><td>大众传播法、职业道德、作为社会机构的媒体</td></tr>
</table>

资料来源：吴锋、陈雯琪、〔美〕章于炎《美国新闻传播教育的最新进展与改革趋向——基于美国十所顶尖新闻传播学院的调查统计研究》，《现代传播》2014年第3期，第135页。

未来，新闻系教学规模也许会缩小，并更多地融入其他学科之中，但是对于一个拥有跨学科技能的毕业生而言，拥有出色的文本组织能力和人际沟通能力，已经是迈入职场的第一步，相比其他职业而言，从事新闻业依然是一个不错的选择。

（四）新闻伦理：媒体还是社会灯塔吗

传统媒体的衰落，不仅松动了其作为社会灯塔的基础，同时加剧了其与政府、资本之间的平衡难度。英国《卫报》在 2011 年 7 月 4 日发布头条消息，曝光默多克新闻集团旗下的《世界新闻报》曾经于 2002 年非法入侵失踪少女米莉·道勒的手机，并窃听她与其家人的电话，一时间将默多克新闻集团推上了风口浪尖。同时《卫报》揭露，在米莉·道勒最初失踪几天里，记者还把米莉的短信删除了一些，以便留出空间接收新信息①。巨大的舆论压力迫使《世界新闻报》关闭，但这一事件继续发酵，进一步被曝出默多克同政府机关的亲密关系。

算法主导下的新闻业是否会背离社会监督的最初职责，媒体到底是独立于政府和社会公众的“第四权力”，还是作为政府机关以及利益机构的“第四部门”，成为需要着重考量的议题。

网络表达渠道的多元化和信息分发的去中心化，昔日媒体强大的社会监督功能的衰减不可避免，但是新的机遇也在出现。

首先，相对社交媒体的海量呈现，传统媒体应进一步强化其信息过滤器的功能，既发挥筛选高品质新闻的功能，又发挥打击假新闻、核验事实真相的作用。

其次，要善于利用依托于社交网络的公民监督，正视“人人即记者”时代的到来——信息的消费者也可以是生产者，组织和引导好“公民记者”，在一些突发事件报道中，利用分散化的在场人群，及时、准确地进行

---

① 钟颖：《新闻业中的“第四权力”与“帕帕拉齐”实践哲学》，《文学教育》2011 年第 11 期，第 118 页。

报道。

最后，在任何一个社会，作为中立、第三方的新闻媒体始终有其独特的存在价值，这种价值并不仅表现在商业上，同样也体现在社会、政治功能上，媒体也许不再是强大的“第四权力”，但至少应该守住社会灯塔的角色。

B.19
2017年人工智能与广告业的融合发展*

刘 菁**

摘 要： 中国正积极推动人工智能和实体经济的深度融合。本报告从人工智能与广告业融合的三大主要需求动力出发，讨论人工智能与广告业融合的多个场景运用，从广告业参与者的多元化、人工智能的成熟程度和系统安全、大数据的开放与共享、用户的数据安全和隐私保护四个方面提出人工智能与广告业融合的机会与挑战。

关键词： 人工智能 广告业 大数据 程序化广告 挑战

在我国，以计算机及信息技术革命为代表的第三次工业革命方兴未艾。中国互联网络信息中心（CNNIC）发布的第41次《中国互联网络发展状况统计报告》显示，截至2017年12月，我国网民规模和普及率分别达到7.72亿人和55.8%，超过亚洲和全球的平均水平。与此同时，第四次工业革命的浪潮已经汹涌澎湃。在这新一轮的产业变革中，人工智能技术作为核心驱动力，将人力从重复简单的劳动中解放出来，助推人类认知能力和生产力水平的提升。

从20世纪50年代提出概念，到2017年被一些媒体称为“人工智能应

---

* 本报告为2016年度北京市委组织部青年骨干个人项目“京津冀区域认同建构中的大众传媒功能研究”的阶段性成果。

** 刘菁，博士，北方工业大学文法学院广告学系讲师，研究方向为广告经营管理、传媒经济。

用元年”，人工智能一直处于理念创新和实践创新的进程中，不少国家纷纷加入对人工智能技术的新一轮的国际竞争中。2018 年 4 月，中国信息通信研究院发布的《全球人工智能产业地图》显示，我国人工智能企业数量接近 1500 家，位居全球第二，是全球人工智能发展高地①。此外，中国在语音识别和视觉识别技术上处于世界领先地位，自适应学习、直觉感知、综合推理、混合智能和群体智能等初步具备跨越发展的能力②。中国的人工智能技术发展迅猛，在不同行业跨界融合，这些成绩得益于国家的政策支持。2017 年 7 月，国务院印发《新一代人工智能发展规划》，从国家战略层面进行顶层设计，提出“三步走”的战略目标。2017 年 12 月，工业和信息化部出台《促进新一代人工智能产业发展三年行动计划（2018～2020 年）》，从产业布局、核心基础、支撑体系、保障措施等方面制定行动计划，推动人工智能向实体经济深度融合。

一　人工智能与广告业融合的动力

中国经济发展进入新常态，从以往追求规模速度型的发展方式向强调质量效率型的发展方式转变。广告业作为经济发展的“晴雨表”，也面临产业转型升级的外部压力和内在需求。人工智能因其显著的溢出效应，成为推动广告业变革的强大引擎。

（一）形成广告主智能营销决策

2017 年或许是中国广告业“乱花渐欲迷人眼”的一年。在广告经营收入上，互联网广告已经连续三年超过传统媒体广告。利用已有用户基础和平台技术的信息流广告成为互联网公司强有力的营收增长点，为广告主的品牌

① 《2018 全球人工智能产业地图》，http：//www. xinhuanet. com/info/2018 －04/21/c_137126334. htm。

② 《国务院关于印发新一代人工智能发展规划的通知》，http：//www. gov. cn/zhengce/content/2017 －07/20/content_ 5211996. htm。

营销带来新形式。根据百度2018年第一季度财报数据，在线营销收入达到171.69亿元，约占公司总收入的82%，百度信息流分发量及广告收入保持环比增长①。与此同时，一些全球型广告主对互联网广告的相关数据产生了质疑。作为世界上最大的广告主之一，宝洁公司在2017年减少了将近2亿美元的互联网广告支出，其首席品牌官 Marc Pritchard 指出在追求数字化过程中，大数据和算法对人类控制权构成挑战，他呼吁互联网公司解决数字广告欺诈问题，防止伤害广告主的品牌安全②。

广告主对互联网广告的矛盾态度，折射出来的是企业营销越来越难做的现状，以及广告业身处的发展瓶颈。技术的变革使得媒介接触点迅速增加，竞争日益激烈的市场环境对广告主的营销决策水平提出更高的要求。彭兰教授指出我们将面临“万物皆媒、人机共生、自我进化”的智媒时代。那么，一直以来困扰广告主的广告预算和广告效果评估难题，能否凭借人工智能在行业里的纵深运用获得更优的解决方案？乐观的看法是，随着大数据体系和机器算法逐渐成熟，营销决策将变得更加智能化，这可以帮助广告主提高决策效率和质量，提升投资回报率。当然，在广告主适应、接受和采用智能化营销的进程中，必须警惕技术专制，防范风险。

（二）智能化满足和引领消费者需求

中国手机网民的数量已占整体网民的97.5%，台式电脑、笔记本电脑、平板电脑的使用率均出现下降，而以手机为中心的智能设备，成为“万物互联”的基础③。作为便携式智能终端的手机，可以搭配采用更加先进、多样和小巧的智能传感器，成为全能的个人助理工具，产生更多维度的个人数据。移动互联网时代的受众触媒时间更加碎片化，多任务处理模式下注意力

① http://ir.baidu.com/phoenix.zhtml? c=188488&p=irol-reportsAnnual》.

② 《宝洁：在数字广告上花费过多是一种浪费》，http://www.adexchanger.cn/advertiser/28941.html。

③ 《第41次〈中国互联网络发展状况统计报告〉发布》，http://cnnic.cn/gywm/xwzx/rdxw/201801/t20180131_70188.htm。

更加分散，对不同形式广告的关注度以及耐心程度均处于下降趋势。因此，广告业不仅要解决如何用较少的成本去获取更多优质流量的问题，更要思考如何应对受众对于广告的不耐烦心理和各种广告屏蔽技术，吸引受众的注意力并满足消费者需求。

《新一代人工智能发展规划》指出个性化需求与定制成为消费新潮流，“要形成数据驱动、人机协同、跨界融合、共创分享的智能经济形态”。广告的核心职能是与目标消费者建立连接，把广告主的产品、服务或品牌与消费者更有效地联系在一起。如果依靠传统的人工方式进行消费者行为调查和市场分析，不仅工作量巨大，而且不够准确。运用人工智能技术和智能终端进行多维度的数据采集、全方位的数据整合和洞察，不仅可以帮助广告主更精准地瞄准消费群体，更深刻地理解消费者的个性化需求和决策阶段，更准确地为消费者提供产品和服务，还能达到翻转广告的目的，让消费者主动、便捷地接触所需的广告和产品入口，实现边看（听）边买。

（三）推动广告产业创新发展

国家工商总局2016年发布的《广告产业发展“十三五”规划》中要求，把创新放在广告业发展的首要位置，以创新驱动为引领，促进广告业内部要素之间、广告业与关联产业之间，以及广告业与其他相关产业之间的融合发展。规划中特别强调要“促进人工智能、虚拟现实、全息投影等以数字、网络为支撑的各种新技术在广告服务领域的应用”。

运用人工智能促进广告内容、形式、运行流程的优化。通过与以智能手机为代表的智能终端开展合作，人工智能可以做到“千人千面”，不仅为消费者提供定制的广告产品和服务，还可以极大增强广告形式的互动性和新颖性，创造美好的视听体验和便捷的消费体验，做到真正的智能营销。在广告的创意生产、投放传播、反馈评估等各个运用场景，人工智能都可以深度参与并提高生产力。

运用人工智能促进广告业和其他产业之间的融合。在产品开发、市场开拓、品牌树立等方面，促进广告业与其他产业深度融合，服务国家供给侧结构性改革，提升供给侧要素配置效率，提高全要素生产率，构建新型广告产业生态圈。

二　人工智能与广告业融合的场景运用

在广告与用户之间的跨屏多场景沟通中，人工智能都可以深度融合，帮助实现效率提升和效果优化。在广告创意与制作、程序化广告的购买和投放、广告监测与效果评估等广告业的主要流程，都可以进一步提升智能化水平。除此之外，人工智能与广告业的融合场景还有很多想象空间，并将在未来成为影响广告业发展的基础设施。

（一）广告创意与制作

人类使用人工智能进行广告创意已经有了许多实践，比如 IBM 的“沃森”为 21 世纪福克斯的影片 *Mogan* 制作了一段 6 分钟的预告片。日本麦肯在 2016 年推出“人工智能创意总监”AI-CD β，让其与人类创意总监展开广告大赛，更表示未来将让人工智能机器人参与到更多日常创意工作中①。在广告制作方面，辅助人力进行广告制作的软件有不少，比如修正白平衡、裁切和调整素材大小等图像处理软件以及音视频剪辑软件，但效果严重依赖于从业者技能的熟练程度或投入的时间长短。人工智能可以高效完成这类费时费力的工作，提高生产效率。不仅如此，大数据和人工智能可以帮助广告主全面分析用户人群，进行更准确的消费者洞察，精准触达目标消费者，优化用户与广告主之间的沟通体验。

1. 图文广告

“鲁班”是阿里巴巴研发的一款设计人工智能产品，实现了数字海报的大规模个性化定制，使智能化创意成为可能。2017“双十一”期间“鲁班”

① 《马越：人工智能机器人和人类创意总监进行了一场广告创意比赛》，http：//m. jiemian. com/article/839281. html。

一天制作4000万张海报，共设计海报4亿张，不仅数量惊人，而且每张海报都是根据商品图像特征专门设计。

2. 音视频互动广告

中国先进的语音识别和视觉识别技术已经进入商用阶段，智能语音和机器视觉成为人工智能产业化水平最高的领域。2018年，全球首部采用人工智能模拟人声配音的纪录片《创新中国》在中央电视台纪录频道播出，并取得豆瓣评分9.3分的成绩。央视合作方科大讯飞借助语音合成技术，在专业配音员的全程指导下，让已逝著名配音艺术家李易的声音再现荧屏。语音合成技术目前已经应用在传媒产品（影视、游戏等）配音、有声阅读、语音导航、语音助手、电话客服等诸多领域。如果在语感流畅性及情感表达上能够进一步成熟，人工智能配音还将有更为广泛的运用。

而广告业不仅引入语音识别和视觉识别等人工智能技术，更在互动性上向前一步，依靠创意吸引受众与用户。奥美为汉堡王打造的音频互动电视广告Google Home of the Whopper① 获得2017年戛纳创意节直销类广告大奖，引发病毒式传播效应。这则原本只有15秒的电视广告，使用声控技术和别人家的智能机器，经过跨屏跨媒介传播，被延长到30秒，并引发了观众的强烈互动。众多网友花式编辑维基百科中的“皇堡”词条以调戏家中的智能管家，这迫使维基百科不得不暂时关闭对该词条的修改功能，谷歌也对程序进行修改，开发升级了Google Home的语音识别功能。

受众面对网络视频贴片广告的主要策略是观看、等待，或者购买会员身份跳过广告，采用这些策略的受众大多处于被动的状态。优数科技将哼唱识别、声纹识别、视频打点等人工智能技术应用到广告创新和场景营销中，吸引受众参与广告趣味互动，一旦正确完成互动就可跳过广告。这种互动是“使用与满足理论”的实践创新，受众节省了时间，并以问答游戏等形式加

① Google Home是谷歌公司推出的人工智能管家，可以识别语音并回答问题。Whopper是汉堡王的招牌产品皇堡。

深了对广告主产品或品牌的认知。这样的交互不仅可以快速拉近品牌与用户的关系，还有可能为广告主提取用户语音等生物特征，从而完善用户数据，分辨用户性别、年龄等信息，促进广告精准投放。

3. 原生广告

原生广告是内容营销在广告业内的实践类型。原生广告通过提供有吸引力的故事或有价值的信息，以“去广告化”的形式吸引消费者的注意力并最终达到广告目的。美国互动广告局（Interactive Advertising Bureau）将原生广告划分成六种主要类型，分别是信息流广告（In Feed Units）、付费搜索（Paid Search Units）、推荐工具（Recommendation Widgets）、促销列表（Promoted Listings）、广告内的原生单元（In-Ad with Native Element Units）和定制（Custom）①。

除了传统的参与者之外，一些机构化新媒体以及内容创业公司也加入进来。人工智能通过对广告目标和用户数据的分析匹配，运用算法进行不同的创意组合，为不同受众呈现符合其个性特征、需求和行为预期的原生广告，帮助广告主提高广告预算的投资回报率。

（二）广告购买与投放

程序化购买（Programmatic Buying）基于数据和系统化、自动化等技术进行广告交易和投放管理。相较于常规的人力购买，程序化购买为品牌提供了更加智能、精准和实时的广告投放解决方案，可以提升广告交易效率，扩大广告交易规模，优化广告投放策略，帮助广告客户精打细算，实现品牌或产品传播的最优效果。

国家工商总局在 2016 年公布并实行《互联网广告管理暂行办法》，将程序化购买纳入监管范畴。《互联网广告管理暂行办法》第十三条明确“互联网广告可以以程序化购买广告的方式，通过广告需求方平台、媒介方平台

① 《美国互动广告局：原生广告手册》，https：//www. iab. com/wp – content/uploads/2015/06/IAB – Native – Advertising – Playbook2. pdf。

以及广告信息交换平台等所提供的信息整合、数据分析等服务进行有针对性的发布”[①]。第十四条和第十五条说明了广告需求方平台、媒介方平台和广告信息交换平台等主要角色的概念、责任、权利和义务。

程序化购买适用于各类媒体的广告资源，新媒体和传统媒体也都相应进行了技术层面的改造升级，这有利于广告主和广告代理公司采用人工智能制定整合营销传播策略，对各类媒体广告资源进行智能化购买。随着传媒技术的进一步发展，OTT 和 VR 等新的媒介载体实现智能程序化购买将成为研究课题。

2012 年被业内称为“程序化元年”，发展 6 年以来各类程序化购买平台如雨后春笋般出现，在一定程度上促进了程序化购买市场的繁荣，但也出现了流量作弊、虚假交易、数字广告供应链缺乏透明度以及品牌安全等问题。这导致了广告主预算的浪费，加深了广告主对程序化购买的不信任，甚至可能影响品牌形象，伤害品牌价值。

为保障广告产业生态圈有序、健康发展，产业各个链条都要积极贯彻学习新发展理念，由追求高速发展向高质量发展转变，由追求收入规模向创新驱动转变。腾讯公司副总裁郑香霖曾提出：“通过人工智能深度学习用户数据，再经由程序化投放路径进行触达，实现从人工媒介管理向自动化媒介矩阵转变。”[②] 随着人工智能、区块链等技术的成熟发展和广泛应用，广告购买与投放将进入智能化发展时期。

（三）广告监测与效果评估

广告业是文化产业的重要组成部分。无论是广告主、广告代理公司、传媒、受众，还是管理部门或行业组织，广告业的主要参与者不仅要重视广告的经济效益，也要把握好社会效益和文化效益。

利用人工智能技术对广告投放进行实时监测，有利于实时发现问题，排

---

① 中国政府网：《互联网广告管理暂行办法》，http://www.gov.cn/gongbao/content/2016/content_5120707.htm。

② 赵宏源、杨雨薇：《人工智能方兴未艾，助力程序化购买》，《成功营销》2016 年第 10 期。

除干扰因素，提升广告效果。2017 年国家工商总局在杭州投入使用全国互联网广告监测中心，采用腾讯提供的在国际人工智能领域处于领先地位的优图图像识别技术，在虚假违法广告、广告导向等方面开展全国互联网广告监测工作。自启动以来，互联网广告的违法率从开展监测前的 7.1% 降至 1.98%[①]。此外，人工智能还可以实时监测受众行为，分析需求偏好，优化广告创意表现或投放策略，自动调整广告展示，减少无效展示，并为下次投放留存数据依据。

三　人工智能与广告业融合的机会与挑战

（一）广告业的参与者更加多元

近年来，技术公司、咨询公司和互联网公司纷纷开展广告业务，和广告代理公司一样参加比稿，其数字营销业务比重逐年增加，甚至斩获多项广告节和创意节奖项。这给广告市场带来新的变化和机会，也给广告代理公司和创意工作室等增添了不少压力和挑战。

大数据和人工智能一方面帮助品牌深度挖掘用户价值，提升广告经费使用效率，为消费者提供更好的沟通体验；另一方面，也使得广告的边界越来越模糊。在智能营销环境下，各方参与者应持合作共赢的态度，促进新型广告产业生态圈良性发展。

（二）人工智能的成熟程度和系统安全

目前的人工智能还存在很多安全问题，比如深度学习框架中的软件识别漏洞、对抗机器学习的恶意样本生成、训练数据的污染，等等。谷歌的开源深度学习框架 TensorFlow 可以方便用户使用该开源项目里的模型进行人工智能训练，或直接提供人工智能服务。该开源框架被众多著名公司采

① 《互联网广告监测作用初显　违法率从 7.1% 降至 1.98%》，http：//www.xinhuanet.com/politics/2018－03/04/c_ 1122485600.htm。

用，却被曝存在严重安全漏洞，一旦黑客入侵会给模型使用者带来安全威胁。谷歌确认该漏洞并做出修复。任何新技术都是双刃剑，需要企业、市场和政府共同发力，更好地应对人工智能发展可能带来的社会、伦理和法律等方面的挑战。

《促进新一代人工智能产业发展三年行动计划（2018～2020年）》提出，要突破核心基础，加快研发并应用高精度、低成本的智能传感器，突破面向云端训练、终端应用的神经网络芯片及配套工具，支持人工智能开发框架、算法库、工具集等的研发，支持开源开放平台建设，积极布局面向人工智能应用设计的智能软件，夯实人工智能产业发展的软硬件基础。人工智能自身的成熟对高质量推进其在广告业的产业融合和场景运用具有基础性的重大意义。

（三）大数据的开放与共享

高质量的大数据是人工智能向前发展的重要影响因素。目前，拥有数据的组织对数据的开放程度不够，主要原因包括以下三个方面：担心数据安全、影响自身业务或缺乏价值洞察而不愿开放；法律监管缺乏解释、没有数据开放标准和协议而不敢开放；缺乏共享公共平台或交易中介渠道而不懂开放。此外，打通线上和线下数据的闭环以实现数据的融合还存在一定的难度。

（四）用户的数据安全和隐私保护

技术让品牌和消费者的距离越来越近，但是大数据面对的是一个个感性的人，如何真正尊重他们，尊重他们的边界，这个边界应该在哪儿？这是技术带给我们的命题①。“数据”与“隐私”是一枚硬币的两面。比如，通过人工智能完成对广告用户的深度洞察和精准触达，这既是对用户数据的挖掘、分析和匹配结果，也被质疑减少了用户广泛接触和平等获取各类信息的

① 王智颖：《不设限，找到自己》，《中国广告》2018年第2期。

权利，增加了用户隐私被暴露和遭遇非法使用的风险。

在大数据专家阿莱克斯·彭特兰（Alex Pentland）教授的积极推动下，“数据新政”（New Deal on Data）研究给予个体对于涉及自身的数据更大的控制权，是对数据所有权的再平衡。这一“新政”已经影响到许多国家法规的改变，比如奥巴马政府的《消费者隐私权法案》和欧盟的数据保护指令。欧盟法院宣告人们无论使用神经元还是硬盘，都有记忆与被忘记的权利。公司也一样，在一定程度上，用户、数据收集者、广告商的利益是一致的。隐私并不是一场零和游戏，虽然它经常被当作零和游戏[①]。为了应对互联网环境下个人数据的新机遇和新挑战，欧盟委员会持续关注和研讨个人数据保护法律框架，于2016年通过了《一般数据保护条例》，并在2018年5月正式生效。2015年，国务院印发《促进大数据发展行动纲要》，提出研究推动网上个人信息保护立法工作。2016年《中华人民共和国网络安全法》颁布并于次年实行。总体来看，中国的法律监管对个人数据保护的规定还比较宏观，需要更为详细的行业细则来指导规范广告业对用户数据的使用和保护。

① 阿莱克斯·彭特兰：《智慧社会——大数据与社会物理学》，浙江人民出版社，2015，352。

B.20
2017年移动直播之于新闻客户端运营创新的价值空间

吴旖旎*

摘　要： 随着移动直播兴起并快速成长为一种主要的传播形态，“直播+”或“+直播”实践在各行业领域遍地开花。面对这一轮移动直播浪潮，主流新闻客户端争相入局，以应对残酷的市场竞争。新闻客户端遇上直播，究竟最终将碰撞出何种结果尚未可知。但移动直播无疑会从内容生态、应用场景、用户关系、盈利方式等方面为新闻客户端带来新的想象空间。

关键词： 移动直播　新闻客户端　运营创新

当人们对视频直播的印象还停留在或严肃庄重具有仪式感的重大事件直播，或紧急危险的突发事件直播时，网红们凭借着一部部手机，以唱歌跳舞等才艺表演，甚至是吃睡直播牢牢抓住了“粉丝”们的眼球，彻底颠覆了人们对视频直播的已有认知。正如克莱·舍基在《认知盈余》里所提到的那样，“网络意味着我们最终发现人们真正感兴趣的领域是如此之广阔，广阔到疯狂的地步”①。具有魔力的移动互联网让新的网络直播领域层出不穷，人们的日常生活在直播中大量呈现，全民直播已成事实。与此同时，网络直

* 吴旖旎，博士，湖南理工学院新闻传播学院讲师，研究方向为新媒体运营。

① 〔美〕克莱·舍基：《认知盈余》，中国人民大学出版社，2011，目录第2页。

播作为技术创新的代表和内容供应的新形式，自然也引发了行业外的高度关注。“+直播”或“直播+”的模式不断被尝试，其中的一支重要力量正是新闻客户端。

一 新闻客户端红海竞争的新利器

自互联网诞生以来，传媒生态进入急剧演变的时代。从第一个新闻客户端出现在移动终端到门户网站、传统媒体纷纷下场抢占阵地，再到各方势力在新闻客户端市场断杀成一片红海，这个过程仅仅用了几年时间。艾媒咨询调研数据显示，截至2017年第四季度，我国手机新闻客户端用户规模已达6.36亿人①。而中国互联网络信息中心发布的第41次《中国互联网络发展状况统计报告》显示，截至2017年12月，我国手机网民规模为7.53亿人②。对比两组数据可见，新闻客户端在手机网民中的渗透率已相当高，其用户规模渐趋饱和状态。用户规模增长速度的不断放缓恰好说明了这一点。自2014年至今，新闻客户端的用户规模从两位数的高速增长逐渐跌落至个位数增长，到2017年第四季度，增长速度更是下降到1.3%（见图1）

新闻客户端的市场边界基本圈定，但行业格局并非没有任何变化空间，成千上万的新闻客户端在红海中游弋并寻找机会，内容成为一个重要的突破口。2017年2月28日，腾讯宣布推出升级版芒种计划2.0，投入12亿元扶持内容创作者，以鼓励创作者产出更多优质内容。2017年11月，今日头条也在“千人万元原创扶持计划”和“10亿短视频计划”之后，再宣布一项“千人百万‘粉丝’计划”，支持创作者把全部精力放在内容上，通过高质量的内容获得更多推荐量，从而在更短时间内积累百万“粉丝”。除了市场竞争自身的推力，政府的监管也在引导新闻客户端的内容升级。2017年12

① 艾媒咨询：《2017～2018中国手机新闻客户端市场研究报告》，2018，第7页。

② 中国互联网络信息中心：第41次《中国互联网络发展状况统计报告》，2018。

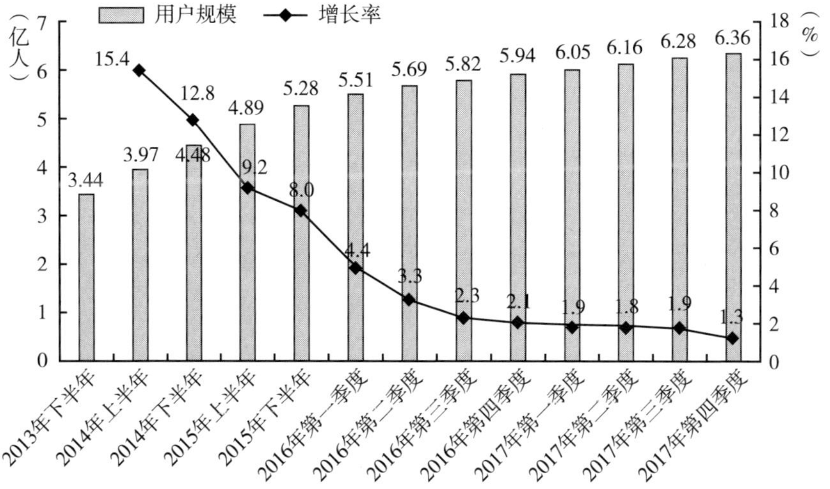

图1　2014～2017年我国手机新闻客户端用户规模

资料来源：艾媒咨询。

月，国家互联网信息办公室指导北京市互联网信息办公室分别约谈今日头条、凤凰新闻手机客户端相关负责人，并对这两家企业持续传播色情低俗信息等问题做出了处理。

在对优质内容的渴求和对新闻本质的回归中，网络直播异军突起，于是新闻客户端开始以移动直播为新阵地构建自身的竞争优势。新闻客户端和移动直播有其天然的契合性。首先，移动直播时效性强。移动直播所报道的并不是最新发生的事情，而是正在发生的事情，进一步提升了新闻报道的反应速度。其次，视频直播带领用户零距离地感受新闻事件，甚至能够按照用户需求，从不同角度全方位地展示整个事件，让用户更加接近真实。最后，视频类新闻产品形式正在成为用户偏好的内容形式。相比图文，视频能够传播更加生动和丰富的信息。艾媒咨询数据显示，目前偏好图文结合新闻资讯形式的用户仍占最大比例，但偏好视频形式新闻资讯的用户比例也达到23.1%，未来终将成为主流①。

① 艾媒咨询：《2017～2018中国手机新闻客户端市场研究报告》，2018，第20页。

二 新闻客户端的“+直播”实践

新闻客户端市头部效应明显，少数领先的新闻客户端占据较大的用户规模比重。从细分市场来看，门户网站类新闻客户端的领先者包括腾讯新闻、网易新闻、搜狐新闻、新浪新闻等；传统媒体类新闻客户端的佼佼者有央视新闻、人民日报、新华社等；信息聚合类新闻客户端的头部产品则是今日头条、天天快报、一点资讯等（见表1）。在网络直播浪潮中，这些市场中的强势竞争者先后入局，积极推动新闻客户端的“+直播”实践。

表1 各类新闻客户端布局移动直播的重大行动

类别	新闻客户端名称	时间	布局移动直播的重大行动
门户网站类	腾讯新闻	2016年4月	增加移动直播页卡，列为客户端一级入口
	网易新闻	2016年8月	发布以网易直播计划和直播PGC计划为核心的“天网计划”
	搜狐新闻	2016年	嵌入千帆直播
	新浪新闻	2016年9月	上线直播频道
传统媒体类	央视新闻	2016年5月20日 2017年2月19日	添加直播页卡，首场直播江苏盐城龙卷风； 推出“央视新闻移动网”
	人民日报	2017年1月4日 2017年2月19日	开通直播频道； 和微博、一直播合作推出“人民直播”
	新华社	2016年2月29日 2017年2月19日	新增板块“现场新闻”； 启动“现场云”
信息聚合类	今日头条	2016年	推荐火山直播为一级频道，后又撤销； 支持媒体号和政务号进行视频直播
	天天快报	2016年	开通移动直播入口

资料来源：根据公开资料整理。

（一）门户网站类新闻客户端

门户网站类新闻客户端中腾讯新闻是较早全力推进移动视频直播业务的。2016年4月，腾讯新闻增加移动直播页卡，将其列为一级入口，实现移动直播常态化。此后，腾讯新闻一直秉承着“大事小事看直播”的理念，打造泛资讯的内容生态。而从采编架构来看，腾讯新闻的移动直播布局从一开始就不是“单打独斗”，而是自制和联合生产并行，采取和传统媒体机构、新媒体机构以及自媒体人等内容生产者广泛合作的方式，寻求用户黏性和内容升级的双赢。网易新闻将直播视为一种重要的内容形式进行探索始于2015 年，其将原本分散于各垂直频道的直播内容聚集到一起，组成新的直播频道。不过在早期直播中，所采取的内容形式并不都是视频，图文占据较大比重。直到 2016 年 8 月，网易新闻发布以网易直播计划和直播 PGC 计划为核心的“天网计划”，才算是全面吹响了向移动视频直播进军的号角。网易新闻在采编架构上，同样选择了多层级、多样化的合作方式，与媒体集团、专业传媒机构、职业媒体人以及草根 UGC 共同组成内容生产网络。搜狐新闻客户端于 2013 年更新版本时就加入了视频直播的功能，此后就经常对一些重大事件及社会热点事件进行视频直播。2016 年赶上网络直播热潮之后，搜狐新闻将旗下千帆直播嵌入新闻客户端中。目前，搜狐新闻共有两个直播入口：一是新闻页面的入口“互动直播”，主要内容为重大体育赛事、重大社会事件等的视频直播；二是视频页面的入口“千帆直播”，侧重泛娱乐视频直播。新浪由于握有王牌社交平台微博，在布局移动视频直播时更侧重于“社交 + 直播”。2016 年 5 月，新浪微博携手秒拍推出移动视频直播 App 一直播，并通过战略合作的方式，打通了微博和一直播的直播联动，由一直播来支持微博的直播业务。随即在 9 月，新浪新闻客户端也上线了直播频道，整合接入了新浪旗下一直播、新浪视频以及众多传媒机构的直播资源。无疑，在新浪的移动直播业务版图中，微博和一直播占据更大比重，而新浪新闻客户端更多是作为内容分发矩阵中的重要端口之一而存在。综观上述门户网站类新闻客户端的移动直播实践不难发现，虽然四者布局思路各具特色，但整体而言，其移动直播业务依然继承了门户网站平台化的特性，致力于相互借力、彼此赋能，构建互联互通、合作共赢的移动直播网络。

（二）传统媒体类新闻客户端

以央视、人民日报和新华社三家中央级媒体为代表，传统媒体入局移动直播大致经历了三个阶段。第一个阶段，借船出海。借助其他移动直播平台试水新闻资讯直播。例如，2016 年全国“两会”期间，人民日报和央视新闻通过微博分别推出了“两会”直播和“两会”云直播，全程直播“两会”重要会议和发布会。第二个阶段，自建频道。在三家中央级媒体中，新华社最早为新闻客户端开设专门的直播频道。2016 年 2 月 29 日，新华社对客户端升级改版，最大的变化就是新增直播模块“现场新闻”。同年 5 月 20 日，央视新闻客户端在首页中添加直播页卡，并以当日的江苏盐城龙卷风事件为起点踏上直播征程。2017 年 1 月 4 日，人民日报也开通了直播频道。第三个阶段，搭建平台。传统媒体采编力量雄厚，长于内容生产，在直播探索初期，内容多自给自足或对外输出。2017 年 2 月 19 日，三家中央级媒体同步宣布建设全国移动直播平台，直播路径转向联合生产、联合分发。人民日报和微博、一直播合作，共同上线“人民直播”，首批入驻了 100 余家传媒机构、政府机构、自媒体及名人明星。平台通过提供直播技术解决方案、免费的云服务助力成员开展移动直播业务，以期形成内容生产和内容分发联盟。中央电视台同日推出了央视新闻移动网。此平台由多个功能系统构成，包括记者视频回传系统、移动直播系统、账号矩阵系统、用户上传系统，支持记者、入驻机构及用户进行视频直播。根据央视新闻数据，截至 2017 年 11 月 3 日，央视新闻移动网已有 196 家媒体和部委机构完成入驻，矩阵号发起移动直播近 1600 场①。新华社也启动了“现场云”全国服务平台，为入驻媒体和党政机关免费提供全媒体采编发支持，赋能移动直播。截至 2018 年 2 月 12 日，“现场云”平台入驻机构用户已超 2400 家，覆盖全国省级、地市级媒体，入驻记者、编辑

---

① 央视新闻：《公安边防部队正式入驻央视新闻移动网　央视携手 196 家矩阵号共同推动媒体融合迈出新步伐》，http：//www. sohu. com/a/202015672_ 115004。

12000多人。图文直播和视频直播总量突破35000场[①]。无疑，三家中央级媒体不约而同地推出全国移动直播平台，意在举起鲜明旗帜，带领各自所在报业系统、广电系统的传统媒体，在媒体融合的进程中克服技术障碍，找到新的突围路径。

（三）信息聚合类新闻客户端

在信息聚合类新闻客户端的市场领先者中，我们以今日头条为例来观察其移动直播实践。今日头条对移动直播的布局思路与门户网站类和传统媒体类新闻客户端截然不同。作为信息聚合类新闻客户端，今日头条深知其优势在于以平台聚合内容生产者和内容需求者，通过算法机制实现内容的精准匹配和分发，而其自身并不具备内容生产能力，因此做出了以下两种尝试。在非新闻资讯直播领域，今日头条选择了具有亲近关系的火山直播作为切入口，在客户端中嵌入火山直播内容。但2017年4月，中央电视台曝光了火山直播内容低俗化的问题及今日头条为其长期引流的事实，今日头条不得不关停了火山直播入口。在新闻资讯直播领域，今日头条则瞄准了传统媒体头条号和政务头条号，为其打造移动视频直播解决方案，并提供用户数据分析和精准的内容分发服务，共同推进移动直播。从目前的发展情况来看，初始设置状态的今日头条客户端中，直播并未获得显著的入口位置，视频一级入口下均为短视频内容。这意味着在短视频和移动直播两种内容形态中，今日头条明显更侧重于前者。不过，基于平台效应，2017年今日头条仍然吸引上千家媒体进行了直播，其中包括央视新闻、澎湃新闻、封面新闻、CCTV4、《法制晚报》和《长江日报》等主流媒体。表2是根据今日头条发布的数据整理的2017年排名前十的媒体头条号及其直播数据情况。

---

① 新华社：《新华社“现场云”面向智能化在线生产传播全面升级》，http：//www.xinhuanet.com/2018-02/19/c_1122429745.htm。

表2　2017 年今日头条 Top 10 直播媒体头条号

排名	媒体头条号	直播数据
1	央视新闻	60 场 100 万 +
2	澎湃新闻	29 场 100 万 +
3	封面直播	25 场 100 万 +
4	新闻早敲门(山东教育卫视)	14 场 100 万 +
5	CCTV4	12 场 100 万 +
6	众播(大众报业)	11 场 100 万 +
7	法晚视频	10 场 100 万 +
8	沸闻天下(安徽广播电视台公共频道)	9 场 100 万 +
9	看看新闻	8 场 100 万 +
10	长江日报	7 场 100 万 +

资料来源：今日头条。

通过上述对主流新闻客户端发展移动直播过程的梳理可知，移动直播虽基于技术进步而产生，但其意义不止于技术上的突破，其已成为一种主要的传播形态，不久的将来还会成为一种最常规的传播形态。不过，三类新闻客户端因自身禀赋不同，选择的移动视频直播发展战略大相径庭，最终能够收获多大的惊喜尚未可知。

三　移动直播之于新闻客户端运营创新的价值空间

移动直播之所以被众多传统媒体和新媒体机构寄予厚望，正因其虽脱胎于传统视频直播，却在互联网基因的改造下产生了革命性的变化，为新闻客户端提供了多元创新的空间。

（一）不断延伸的内容长尾

在移动直播出现之前，传统媒体一直是视频直播的中流砥柱。在注重还原事实、还原现场的新闻报道中，相比文字、图片和音频，视频特别是视频直播的再现能力更胜一筹。1997 年，以连续 72 小时的香港回归特别报道、三峡大截流等大型直播活动，中央电视台成功地向中国人展示了视频直播震撼人心的力量，此后电视直播逐渐成为新闻报道的一种重要形式。但视频直播的再现能力同样可能受摄像机的位置、视野和镜头切换等因素影响而削弱。在某些情况下，视频直播甚至演变成一种电视仪式。不过，无论是否具有仪式性，视频直播在重大事件、突发事件报道中都发挥着不可替代的作用。这一方面构成了传统媒体的强大竞争优势，另一方面也在无形之中树立了思维“藩篱”，限制了传统媒体对移动互联网时代视频直播的认知。

现实是，移动直播正在摆脱传统应用场景的束缚，不断拉伸视频直播的内容边界。当任何人都能够仅凭着一部智能手机和稳定的网络完成直播时，我们终于发现原来人们感兴趣的内容是如此之广。过去，新闻价值是传统媒体选择直播内容的主要依据，但在移动直播中，吸引人们注意力的远不止如此。甚至“从个人的角度，以‘表演者’、‘见证者’或‘亲历者’的身份，展示、记述个人生活（哪怕是如吃饭、钓鱼等生活中的‘小事’）或某些新闻事件”[①] 这样个人化、个性化的私人叙事同样能成为受欢迎的内容。如果探究原因，恐怕正是移动直播与生俱来的社交属性、娱乐基因，以及更低的自我表达门槛在其中起了关键作用。

如此，身负独特基因的移动直播被嫁接到新闻客户端时，各类媒体就不应当止步于功能属性和传播形态上的丰富，而更应将其作为媒体融合的黏合剂和内容创新的重要窗口，以推进内容生产机制的优化重组，促进对社会认知盈余价值的挖掘，加大对内容长尾的关注和投入。从国外新闻资讯领域的移动直播实践来看，解决基本的直播技术支持方案后，直播节目的生产具有成本低、速度快的显著特点，因而非常适合于进行内容多样化、差异化的尝试。例如，美国广播公司旗下新闻节目 KXLY4 在 Facebook 上的直播，就试图通过展示广播新闻的幕后工作情景、开展公司主管的实时问答互动等向用户提供更新鲜的内容。还有新闻聚合网站嗡嗡网，它不断探索移动直播的新

① 周晓鹏：《新浪网副总裁谈移动直播如何带来媒体弯道超车新机会》，《中国记者》2016 年第 9 期，第 66 页。

形式和创造性内容，在多个频道推出了直播节目，而最受欢迎的来自美食美味频道①。

国内的新闻客户端，特别是具有互联网血统的新闻客户端，也洞察到了移动直播在挖掘长尾市场方面的作用。腾讯新闻和网易新闻选择了泛资讯的内容取向，搜狐、新浪、今日头条等在新闻资讯外，还非常注重娱乐化内容。以新浪新闻为例，在直播页卡中，新浪新闻共设置了六个入口，按顺序依次是热点、明星、美女、财经、汽车和体育，涵盖了新闻资讯、生活服务以及明星娱乐等诸多领域。从观看人次来看，明星、时政新闻等热门直播可达千万级观看量，而小众节目则可能是五六位数的观看量，长尾特征明显。对比之下，传统媒体的新闻客户端直播节目类型则显得单一。这一则与内容生产过程中 UGC 和 PGC 参与程度有关，二则也与传统媒体的思维桎梏不无关系。

（二）在场感与重塑的时空

移动直播可以改变新闻客户端用户对时空的感知。通过一个小小的手机屏，用户即可在同一时间看到从不同空间涌来的各种影像。时空压缩使得不同空间的人际活动通过移动直播技术被压缩到空间虚拟的场景之中，并形成了一种在同一时间连接不同地点的新空间②。用户如同被无数不同空间的剧场同时环绕，只要按下按钮，就能拉开某个剧场的帷幕进入其中，让同一时间不同空间的未经剪辑的甚至不可预见的现实剧情即刻上演。在手持终端的用户从其身体所在的实际空间中抽离，进入直播节目所营造的虚拟空间后，就可借由直播者视角的音影传递，产生仿若置身现场的在场感。

这一点，对于移动互联网时代的用户来说尤为重要。因为此时的用户早已不满足于被动地阅读和观看，转而更加追求身临其境的存在感和在场感。

① 邵鹏：《移动互联网时代海外媒体如何玩转“直播新闻”》，《传媒评论》2017 年第 5 期，第 58 页。

② 万映红、别君华：《场景语境下移动网络直播的时空重塑关系探析》，《出版广角》2016 年第 12 期，第 64 页。

“对于新闻事件或现场中的普通参与者来说，媒介事件的仪式感、呈现模式对于他们而言，不再那么重要，重要的是他们身处其中。”① 不过，营造在场感并非易事，直播的视角是否客观丰富，直播者是否具备足够的镜头表达、语言表达和互动沟通等能力，都会影响用户的直播体验，从而增强或削弱用户的在场感。

与此同时，移动直播还对新闻客户端用户的注意力时空施加影响，成为吸引用户注意力的重要入口。随着仪式感的逐渐消解，直播不再专属于重大新闻事件或紧急突发事件，而被应用到吃饭、睡觉，甚至是无关紧要的各种生活场景中，造就了大事小事都直播的全民直播新景观。在某种程度上，“直播重组了人们对日常碎片生活的利用”②，从而将用户的非媒介时间转化成为媒介时间，再加上其线性传播和伴随式传播的特征，令用户的注意力时空进一步得到扩容。对于新闻客户端来说，这意味在直播的刺激下，用户行为可能出现两种令人欣喜的变化：其一，用户在碎片时间中更多地打开新闻客户端以满足其多元化需求；其二，用户打开客户端后，由于观看具有时间持续性的直播，在平台上停留的时间被大大拉长。

（三）与用户关系的新转向

互联网的本质是连接。在互联网时代，甚至连媒体本身都已被视为一种连接。“媒介即连接”的观点认为媒体需要去挖掘、处理、运用传播过程中的各种关系，并提供与之适配的内容和服务，从而增强连接③。其中，能否与用户建立关系并增强关系是影响新闻客户端市场竞争的重要因素。艾瑞数据显示，在2018年1月的新闻资讯类客户端排名中，前10名基本为门户网站类和信息聚合类新闻客户端，腾讯新闻、今日头条和新浪新闻占据前3

---

① 彭兰：《移动互联网时代的“现场”与“在场”》，《湖南师范大学社会科学学报》2017年第3期，第143页。

② 周勇：《全民直播时代网络电视对电视发展的启示》，《新闻与写作》2017年第2期，第65～66页。

③ 谭天、王俊：《新媒体运营：从“关系”到“连接”》，《编辑之友》2017年第12期，第007页。

名，月度独立设备数量均达到亿级。而传统媒体类新闻客户端中排名最高的是第7位凤凰新闻，澎湃新闻、央视新闻、人民日报分列第23位、第34位和第37位，月度独立设备数量只有百万级①。数据显示出巨大差距，主要还是因为各类新闻客户端的连接能力参差不齐。

对提升新闻客户端连接能力的期待正是移动直播备受青睐的原因之一。移动直播与传统视频直播的根本区别就在于社交性。在传统视频直播过程中，受众是电视机前的围观者，被动地通过已经设定好的视角管窥事件的经过。而移动直播则把用户拉到事件的“现场”，让众多的用户和直播者同时同地共同经历某个事件，彼此建立关系。相比新闻客户端的留言、评论等传统交互方式，移动直播的交互是即时的、多向的。在这样的交互中，直播者和用户之间、用户和用户之间的时空距离被无限压缩，他们身处同一虚拟社交场合，实时接触、对话，形成更具黏性、更强的连接。

移动直播带来的另一个重要变化是在内容生产方面与用户建立稳定关系的可能。过去，传统媒体也有征集的传统，它们鼓励受众投稿并从中获得某些事件的线索或相关内容，但并未形成一种主要的机制。现在，移动直播大大降低了用户自我表达和内容生产的门槛，任何人只需要手机和网络就能够成为直播内容的生产者。那么，在内容生产过程中与用户结成联盟就意味着有了一个海量的内容来源。这一方面能够刺激用户认知盈余价值，另一方面可进一步提升新闻客户端的用户黏性，增强平台的生命力。不过从目前的情况来看，相比门户网站类和信息聚合类新闻客户端，传统媒体平台对于是否向UGC开放的选择显得更为慎重。央视新闻移动网现阶段支持UGC主要是作为突发新闻事件报道时的补充信息源，而新华社“现场云”平台尚未对UGC开放。当然，此种谨慎可能源于对内容质量把关的考量。

（四）可期的盈利探索路径

新闻资讯类直播由于产品属性明显有别于秀场直播、泛娱乐直播等产

① 艾瑞数据，http：//data.iresearch.com.cn。

品，被认为缺乏构建消费场景的能力，除了广告收入之外，很难以其他方式盈利[①]。但是在新闻客户端的移动直播实践中，至少呈现了以下几种可期的探索路径。

一是强化内容分发，获取分成收益。这条路径主要是针对传统媒体而言。在新闻客户端的竞争中，传统媒体处于劣势地位。对绝大部分传统媒体新闻客户端来说，在短期内实现用户规模的大幅扩大和最终赶超几乎不可能。这就需要传统媒体转换思路，凭借自身在直播内容生产方面的绝对优势，开拓多平台的分发渠道，输出优质内容，分享大平台的流量优势以获得更好的传播效果。同时，通过合作分成，获得应有的收益。

二是深耕垂直领域，尝试内容付费。近几年，用户为内容付费的意愿已有明显提升，移动直播、知识付费成为当下互联网的风口，正好说明了这一点。深耕垂直领域的核心是要解决内容的供需匹配问题。借助大数据等分析工具，新闻客户端能够得到更为准确的用户画像和用户需求反馈情况，提升匹配的精准度。不过，深耕并不仅仅包括内容的深耕，还应该注意相关服务和社群运营的深耕。

三是创新直播产品形式，延伸服务领域。正如前文所述，目前传统媒体新闻客户端以新闻资讯类直播产品为主，而非传统媒体新闻客户端的直播产品则更加多样化。新闻资讯类产品以内容见长，主要以流量吸引广告。基于移动直播场景的不断丰富，未来直播产品还可向服务领域延伸。例如，生活服务类直播就可结合企业的营销诉求进行内容定制，优化广告效果，从而带动收入的增加。

---

① 谭天：《在中国：网络直播到底能走多远》，《南方电视学刊》2016 年第 4 期，第 38 页。

B.21
2017年技术驱动传媒变革观察与展望

王文杰　张 妍*

摘　要： 技术是传媒发展最基本的推动力，当前互联网技术的快速升级迭代给传媒环境和各类媒体都带来了极大变革，在技术与资本、技术与公司市值、技术与研发费用、技术与媒体融合、技术与学科方向等方面都能深刻感受到技术的快速进步所带来的“技术风向”。

关键词： 技术变革　传媒　人工智能　资本

2017 年 11 月百度发布以“Bring AI to Life”为主题的 2017 百度世界大会，标志着百度从一家互联网公司变成一家人工智能公司。百度的战略是“ALL IN AI”。在错过移动互联网的红利之后，百度落后了阿里和腾讯好几个身位，人工智能是百度翻盘的机会。

2017 年谷歌的阿尔法 Go 再度出山，战胜了中国围棋顶级选手柯洁。人工智能再次成为公众热点，也将科技发展提升到了新高度。

2017 年科技已经渗透各个行业。2017 年我国研发经费总投入 1.75 万亿元，居世界第二位。科技创新推动经济发展已经成为共识。从国内上市公司来看，研发费用已经成为衡量公司未来发展潜力很重要的指标。华为公司已经连续多年投入超过 100 亿美元的研发经费，2017 年 A 股上市公司研发费

* 王文杰，博士，对外经济贸易大学公共管理学院副教授，研究方向为文化产业管理；张妍，对外经济贸易大学公共管理学院研究生，研究方向为文化产业管理。

用超过 10 亿元的公司已经有 45 家。境外上市的互联网公司也是投入巨资进行研发。阿里投入 25 亿美元，腾讯投入 17 亿美元，百度投入 15 亿美元，京东投入 8 亿美元。

对比来看，美国互联网巨头的研发投入力度更大。亚马逊的研发投入是 161 亿美元，谷歌的研发投入是 139 亿美元，苹果公司的投入也超过 100 亿美元。

对于研发费用的高投入换来的是技术上的优势地位，并且处于产业链的前端，这样不仅可以在产业分工中拥有优势地位，而且可以占据产业的话语权，掌控产业发展的进程，拥有产业的更多利润。

2017 年进入智媒体时代。2017 年 1 月，今日头条累计激活用户数已经达到 7 亿人，用户平均时长 76 分钟①。今日头条是智能媒体的典型代表，通过数据算法，将用户感兴趣的资讯不断推送给受众。智能媒体成为媒体发展的新特点。

一　国际资本市场上市值排名前十的公司主要是科技公司

2017 年，全球市值最高的前十家公司分别是：苹果、Alphabet（谷歌母公司）、微软（Microsoft）、Facebook（脸书）、亚马逊（Amazon）、伯克希尔·哈撒韦（Berkshire Hathaway）、阿里巴巴（Alibaba）、腾讯（Tencent）、强生（Johnson & Johnson）、埃克森美孚（Exxon Mobil）。前十大公司里，信息传播类的公司已经占据了绝大部分。这些大公司基本上是以科技驱动的公司，在原有的领域占据了优势地位之后，利用先发优势，在科技创新上不断投入，进而保持其绝对领先地位。

虽然强生和美孚不是纯科技公司，但是目前的生物制药公司已经是纯科技公司，需要通过新药的研发来获取利润。而石油公司的开采和提炼技术也

① http：//www. sohu. com/a/157140997_ 204078.

在不断发展中。科技公司的市值占据了主要的份额，说明了资本市场对科技公司的认可，而且科技公司对我们日常生活的影响越来越大。

市值靠前的科技公司主要是大众电子和信息消费型公司，具备媒体属性的公司也已经成为资本市场的重要组成部分。谷歌、脸书和腾讯是典型的具备媒体属性的公司，因为技术的进步和推动，传媒公司逐渐在资本市场上成为越来越重要的组成部分。在发展过程中，传媒公司因为技术的进步和推动，逐渐衍生出新业务，在巩固原有业务的同时，开拓新的业务形态，形成新的利润增长点。

传媒公司在技术的推动下不断发生变化。谷歌在不断优化原有的广告业务的同时，逐渐增加了新的业务点，包括云计算、安卓操作系统，等等，形成新的利润增长点。每年大量的研发费用，使公司始终保持在领先地位。2008～2015 年，谷歌在研发上投入的费用超过 3000 亿元。巨额的研发费用给谷歌带来的是不断新增的业务形态和在相关技术上的领先优势。

二　科技拓展和模糊了媒体的边界

从媒体的发展历程来看，科技所起到的作用越来越大。从传统的大众媒体开始，每一次科技进步都扩展了媒体的边界。从印刷术的出现，尤其是古登堡的印刷术改进之后，报纸成为主流媒体，从而改变了信息的传播路径，信息流的改变重塑了社会阶层之间的关系，并进一步重塑了大众文化。在电子媒体时代，广播和电视的即时传播使得信息流的效率得到极大提升，信息的传播突破了地域限制。互联网的传播方式，与之前的大众媒体有本质区别。大众传媒的传播方式是中心化的传播方式，是点对面的传播方式，而互联网媒体的传播方式是点对点的去中心化的传播方式。互联网媒体的这种信息传播方式效率更高，效率更高的传播方式会逐步取代效率低的传播方式。高效率的传播方式改变了原有媒体的属性，并且不断拓展媒体的边界。从互联网刚爆发时的门户网站，到后来的互联网搜索，再到之后的视频网站、社交媒体，等等，媒体的边界不断被突破，媒体和周边环境之间的界限越来越模糊。如今的社交媒体深入大多数人群，信息流动在全世界范围内基本上畅通无阻。我们可以实时在手机上看到想看的各种事情，今日头条的数据算法更是将信息的传播推到了受众信息过载的局面。

所有这些媒体的边界拓展都是科技不断发展的结果。科技对信息传播的极大推动，结果就是信息传播效率的极大提升。科技通过对传播渠道的不断改进，使得效率极大提高。而且科技在发展的过程中，呈现加速度的变化。每一次科技进步都极大地缩短了媒体发展的进程。比如，在门户网站时代用户突破百万的时间可能是搜索时代用户突破百万所需时间的好几倍。而到了社交媒体时代，像脸书和推特以及微信这样的社交媒体，突破亿级用户的时间，就要短很多。

科技的突破带来的另外一个结果是媒体的集中度越来越高。在电视和广播时代，全世界的广播电视台有很多家。但是到了社交媒体时代，百度的搜索占据了中国大部分市场。这种龙头企业占据整个市场的70%甚至更高的份额成为一种常态。

2017年，经过科技的推动和发展，媒体的边界已经发生了很大的变化，有些企业你很难说它是纯粹的媒体还是科技企业。比如，今日头条虽然是将新闻资讯推送给受众，但是采用的更多是数据算法，这样的公司可能表象是媒体企业，但是核心可能是科技企业。要做明确的界定，确实不容易。

三　资本和科技之间的结合越来越紧密

科技的发展需要资本的支撑。美国的发展模式是典型的“华尔街+硅谷”，资本和科技的结合成为推动科技和社会进步的主要模式。研发费用的大量投入是科技发展的基本保证。没有研发费用的投入，就不会有核心技术的领先，研发费用是科技发展的基本保证。我国近几年的研发费用大幅提升。华为重视研发，每年都投入大量的研发费用，现在华为已经是全球第一的电信设备企业。

资本对科技的发展是至关重要的。随着社会的发展，资本的形式自身也在不断变化，有天使投资、私募等各种各样的投资方式。资本一旦介入，就会很快催熟拥有新技术的企业。以前的新科技企业按照自己的商业模式慢慢积累发展，需要十年时间达到的体量，现在可能三年就完成了。比如，今日头条、滴滴、摩拜这样的公司在资本的力量下，可以很快成长成规模很大的企业，然后再经过行业的并购和市场占有率的提升，形成规模更大的企业。一旦成为行业的龙头企业，就意味着这个行业70%以上的份额都会归这家公司所有。在这样的背景下，资本与技术之间的互相需要程度就更高，技术需要借助资本的力量迅速扩大规模，在更短的时间内抢占市场，而资本需要借助技术在更短的时间内实现增值。资本和科技的这种互相需求，让两者之间的关系越来越紧密。

四　国内的互联网巨头都进军人工智能和高科技领域，科技研发成为重中之重

在人工智能发展趋势日渐明朗的情况下，国内互联网巨头投入巨资发展人工智能，百度最为激进，要把自己从互联网公司变成人工智能公司。百度发布了人工智能战略，构建了Apollo开放平台和DuerOS对话式人工智能系统。百度布局的另外一个人工智能重点是无人驾驶汽车，主要包括高精度地图、定位、感知、智能决策与控制四大模块。

阿里在2017年成立AI Lab，开始深度介入人工智能领域。腾讯也在人工智能领域布局。京东在机器人加大投入力度，小米也在加快人工智能领域的布局。人工智能的发展和大数据、云计算成为当前科技发展的重点和社会热点。各大公司都在人工智能方面加大研发投入。国内人工智能企业的排名中，各类榜单标准不同，但是百度、阿里和腾讯一般都排在前三名。《2017年人工智能行业发展研究报告白皮书》显示，小米打造生态链智能产品（如小蚁智能摄像机、小米空气净化器、小米净水器等），实现家庭生活各方面体验的智能化。京东在促销高峰期间，投入使用300台智能分拣机器人，每小时的处理能力能够达到1.2万件。同时，继无人仓、无人机、配送

机器人等的常态化运营后，京东物流的无人轻型货车、无人配送站点 2016 年开始运营。2017 年，京东物流 SKU 数量扩大到 530 多万个，日均订单上涨 8 倍，运营 500 多个大型仓库。

国际上的互联网公司也在推进人工智能战略。2016 年谷歌就提出 AI 优先战略，以深度学习技术为依托，涉足语言理解、人机交互、机器人等人工智能核心技术应用领域，全方位布局人工智能产业。脸书积极组建人工智能实验室，并通过开源技术平台等方式来获取更大的成功。脸书建立了两大实验室：一个是重点发展基础研究的 Facebook AI（FAIR）项目；另一个是 AML（应用机器学习部门），更专注于人工智能产品应用。

在通用的人工智能投入研究的基础上，各大公司还在垂直领域进行了深度参与。百度和谷歌都在无人驾驶方面投入了巨大的资本，亚马逊的智能音箱已经成为一个行业标杆。

《2017 年人工智能行业发展研究报告白皮书》的资料显示，2017 年人工智能公司获得投资的机会远远高于其他公司（见表 1）。

表 1　2017 年人工智能公司的融资状况

公司名称	赛道	获投轮次	获投金额
今日头条	自然语言处理	D 轮	10 亿美元
		E 轮	数亿美元
蔚来汽车	自动驾驶/辅助驾驶	C 轮	10 亿美元
		战略投资	6 亿美元
搜狗	自然语言处理	IPO 上市	5.4 亿美元
商汤科技（SenseTime）	计算机视觉与图像	B 轮	4.1 亿美元
		C 轮	15 亿元人民币
旷视科技（Face + +）	计算机视觉与图像	C + 轮	3.6 亿美元
金山云	云计算设备	D 轮	3 亿美元
华云数据	云计算设备	F 轮 - 上市前	15 亿元人民币
		D 轮	5 亿元人民币
出门问问	自然语言处理	D 轮	1.8 亿美元
青云（QingCloud）	云计算设备	D 轮	10.8 亿元人民币
七牛云	云计算设备	E 轮	10 亿元人民币

续表

公司名称	赛道	获投轮次	获投金额
优刻得(UCloud)	云计算设备	D轮	9.6亿元人民币
美图秀秀	计算机视觉与图像	IPO上市后	8.7亿港元
地平线机器人	AI芯片	A+轮	数亿美元
达闼科技(CloudMinds)	智能机器人	A轮	1亿美元
寒武纪科技	AI芯片	A轮	1亿美元
车和家	自动驾驶/辅助驾驶	A+轮	6.2亿元人民币
TTTech	自动驾驶/辅助驾驶	战略投资	9000万美元
云从科技	计算机视觉与图像	B轮	5亿元人民币
特斯联科技	传感器元件	A+轮	5亿元人民币
用钱宝	数据管理平台	C轮	4.66亿元人民币
极智嘉科技(Geek+)	智能机器人	B轮	6000万美元
依图科技	计算机视觉与图像	C轮	3.8亿元人民币
图森未来	自动驾驶/辅助驾驶	C轮	5500万美元

五　以中央厨房为代表的媒体融合在技术推动下快速推进

从媒体融合战略被提出以来，媒体融合一直都是传媒行业发展的重点。2017年，我国的网民数量已经超过了7.7亿人，而且移动终端已经远远超过了PC终端。人们获取信息越来越方便。虽然媒体融合在2013年就被提出来了，但是媒体融合的进程并不是很顺畅。媒体融合需要在各方面进行，如技术、体制、内容及市场，等等。

传统媒体的发展在受到新媒体的挑战之后日渐式微，其影响力和话语权也逐步让渡给新媒体。这些都是媒体发展的表象。实质是新的媒体形式更加可以满足受众的需求，无论是在速度上还是空间的扩散上，其效率都优于传统媒体。在运行体制上，传统媒体的运行是通过一步一步的积累完成的，而新媒体尤其是社交媒体是经过科技和资本催熟的，两者很大的不同在于新媒体一旦被催熟之后，基本上就会一家独大。比如通常讲的“两微”——微信和微博，这两个媒体的影响力已经远远超过了大多数的传统媒体。传统媒体在与新媒体融合的过程中，优势和劣势一样明显。优势是自身业务的专业性，劣势就是体制运行方面的不适应。

传统媒体要转型，找到了中央厨房这个抓手，希望可以通过中央厨房扭转在竞争中的劣势。2017 年人民日报社 3200 多平方米的中央厨房投入使用。人民日报社的中央厨房采用了“一次采集、多元生成、多渠道传播”的工作格局。其主导思想就是成本降低、产出增加、一次采集、多次使用，从而提高生产效率。生产效率的提升依赖于组织的运行结构转化和工作流程的再造，而底层的核心支持是技术。技术的发展支持着这样的组织变革和流程再造，让中央厨房式的新闻资讯生产变成可能。

新华社的中央厨房在 2015 年基本完成，经过 2017 年的升级改造之后，新华社全媒报道平台初步建成了资源整合、融合加工、舆情监测、业务管理、影响力评估、远程指挥六大功能。

中国青年报社在 2017 年“两会”期间，搭建了适合自身特色的“融媒小厨”。通过内容制作、渠道传播、终端推送三部曲，比较成功地实现了报道目标，移动端的用户超过了 1200 万人，官方微信公众号的“粉丝”数量和影响力在中央媒体中居前列。

地方媒体也纷纷建立自己的中央厨房。2017 年，湖北广电搭建了“长江云平台”，浙江日报报业集团以“中央厨房”为核心建立了“媒立方”，西安电视台也建立了自己的中央厨房系统。

媒体搭建的中央厨房系统就是通过底层技术的支持，实现组织结构和业务流程的再造，挖掘原有的内部潜力，提高组织的运行效率和生产效率。虽然传统媒体组织和新媒体组织之间有着代际上的差距，不是同一个时代的产物，但是通过技术变革对自身进行改造，可以缩小两者之间的竞争差距。

六 智能音箱成为信息入口的制高点

智能音箱是人工智能发展的一个亮点，也是一个突破点。智能音箱的代表产品是亚马逊的 Echo。2017 年，亚马逊智能音箱 Echo 的销量表现突出。咨询公司 Cirp 在 2018 年 1 月公布的一组总量数据显示，截至 2017 年年底，全美共有超过 4000 万台智能音箱正在使用中，其中亚马逊占 3000 万台。

亚马逊从一个简单的 B2C 类的图书销售电子商务公司发展成如今的高科技公司，贝索斯功不可没。公司创始人的思想就是公司的灵魂。亚马逊的人工智能在基础研究方面并没有优势，但是智能音箱这个单品占据了人工智能在语音领域的市场先机。之后，智能音箱成为市场热点，各大企业纷纷跟进。

国内的科技公司基本上也都推出了自己的智能音箱产品。仅在 2017 年 11 月 11 日当天，阿里的天猫精灵智能音箱就售出超过 100 万台。叮咚智能音箱、小米 AI 音箱、酷狗智能音箱、漫步者 MA5、渡鸦 raven H，等等，智能音箱的产品种类丰富。

不需要输入文字，不需要复杂的操作，只需要发出口头指令，智能音箱就会根据口头指令找到答案并执行。这是人工智能在语音领域的应用。虽然只是一个简单的语音界面，却成了各大公司抢夺的信息入口。如果仅仅停留在产品层面，智能音箱的想象力就会大打折扣。书面语言的表达有比较严格的语法结构，口语的表达更加灵活多变，这是语音处理中的一个难点。实时软件翻译的准确性难以提高，原因就在于口语表达的多变以及发音的不标准。智能音箱的语音界面类似于搜索时代的搜索引擎，只要输入关键字，就可以找到相关的答案。智能音箱超越了文字的层面，拓展到了语音层面，进而运用物联网的技术，将智能音箱与其他智能家居捆绑在一起，成为一个口头遥控器。

在搜索时代，产生了谷歌和百度两家巨无霸互联网企业，其通过多年的积累形成了庞大的数据，这些数据甚至可以预测流行病的发生。谷歌曾经利用搜索中的热门词，比较成功地预测了流感即将在什么地区发生，准确率很高。苹果公司也凭借其 SIRI 系统不断迭代，在语音方面占据了一定的优势。

谷歌和百度是互联网文字时代的信息入口，那么智能音箱可能就是语音时代的信息入口。抢占这个信息入口自然就成为各大互联网公司的重点。智能音箱的产品种类繁多，能够抢占信息入口的企业才可能是未来的龙头企业。

七　计算传播成为学科发展的新方向和新热点

实践的发展必然会影响到学科的发展。在科技突飞猛进的背景下，传媒行业受到了巨大的冲击，新的突破点不断产生。计算传播学成为 2017 年受到广为关注的学科发展新方向。

新的产业形成的基础是产业规模的不断扩大，随着产业规模的扩大，原先产业链上的每个环节都成为产业的细分行业。在传媒的边界不断拓展的情况下，传媒产业的规模也同步扩大。传媒产业规模扩大的内在驱动力是信息量爆发式的增长。全球每年新闻资讯的传播量和速度都得到了前所未有的提升。数据新闻就是在这样的背景下应运而生。哥伦比亚大学作为全球新闻传播学科的风向标在 2013 年开设了数据新闻专业课程。2014 年中国传媒大学开设了数据新闻报道实验班。

数据新闻专业产生的经济和社会背景就是新闻资讯的爆发式增长，这些资讯的量达到一定规模的时候，传统的数据处理方法和新闻生产方式都需要适应新的外部环境。

在新闻资讯内容生产层面，数据新闻是一个突破的学科点，也是被海量数据催生出来的新学科点。在信息传播的渠道中，虽然渠道本身变化不大，但是传播的复杂性发生了很大的变化。原有的大众传播时代的传播规律，在新的传播环境下显得有些不适应，依托于大数据以及传播平台的研究可以更好地揭示新媒体时代的传播规律。大众媒体叠加社交媒体体现出来的复杂性让传统研究方法的难度增加了不少，借助计算工具，引入新的研究方法，在数据极其庞大的时候，成为一种必然。原有的书斋式的研究和拥有海量数据资源的新媒体平台的数据研究相比劣势尽显。

计算传播学通过大规模收集和分析传播数据，利用一定的分析工具，揭示信息传播规律，挖掘传播行为背后的模式和法则，分析传播行为的生成机制和基本原理，进而可以运用在数据新闻、广告以及公共关系、舆情监测等场景。

2017 年 9 月，计算传播学年会已经举办第二届，南京大学新闻传播学院和百度公司联合主办，探讨计算传播学的新实践和新方法。

科技发展的主战场不仅在公司，高校也越来越成为科技发展的主要动力，而且将实践和学科之间的隔阂不断打通。计算传播学的发展本身是互联网公司海量数据挖掘和应用的需要，而计算传播学的发展又可以更好地推动互联网公司的海量数据运用，推动公司的进一步发展。两者互为因果，互相推动。

在技术的驱动下，媒体的边界不断扩展，新的媒体形式出现之后，会对原有的媒体形成挑战，经过不断的渗透，此消彼长，原有的媒体格局不断发生变化，新的媒体格局逐步形成。影响媒体的有政治、经济和社会因素，在科技高速发展的背景下，科技已经成为影响传媒格局最重要的力量。

移动终端比固定终端更容易获取信息，科技就是不断降低人们获取信息的费力程度。获取信息越容易，终端越容易被选择。从内容的角度来说，今日头条的算法推送能让人们更容易地获得自己感兴趣的信息，从而提升信息传播的效率。因此，科技已经成为推动媒体快速发展的自变量。

B.22
屏读时代文化传媒产业经营模式创新

张学勤*

摘　要： 由于移动互联与智能手机的出现，人们获取信息的方式和方法发生了极大的变革，屏幕成为人们信息处理的关键平台。本报告对屏读时代的特点、主体与内容进行了阐述，从经济发展的角度提出屏读时代的两个动能点——大数据与劳动者的创造力，并阐述了屏读时代4种文化传媒产业经营模式的创新，主要是共享经济模式、定制服务模式、体验IP模式和个体文创模式。

关键词： 屏读时代　产业模式　创新

屏幕不只是一种媒介呈现的表象，更体现了人类社会信息运行规律的变化和产业模式的重构，推动文化传媒产业经营模式的创新。

一　屏读时代的基础建构

移动互联的终端节点在社会中的基本元素——人身上，每一个人成为移动互联的终端，每一个人便成为其中最重要的节点。而网络则把每一个节点

* 张学勤，四川警察学院副研究员，博士，四川省广播影视高等教育学会副会长，成都大学传媒研究院文化产业研究中心主任，主要研究领域为文创产业、网络舆情、文化传播、三国文化等。

变成链接的状态，当自媒体可以轻松撬动舆情和世界关注点的时候，传统媒体的集权已经丧失，“去中心化”成为媒介发展的共识，个人价值开始通过移动互联崛起。

于是，我们所能看到的屏幕操作，背后是屏读时代基础设施的革命。每一个屏幕，无论是手机、平板电脑、汽车的操作平台，还是智能家居，都是被芯片所操控。芯片越来越小，成本越来越低，“最终它会融入我们身边一切事物中。在每一个罐头拉环上，每一个电灯开关里，每一本书的书脊，都会嵌有芯片；而每一件衬衣的衣角里，也会缝入至少一块芯片……世界上每年要生产出十万亿件物品，终有一天，每一件物品都会携带一片薄薄的芯片”①。

（一）融化行业壁垒

这些芯片开始构筑一种关系，正如滴滴打车，构筑的是一个城市中私家车与打车者之间的关系，更是交通供给与需求之间的关系。芯片不断地收集信息并发布数据，从而让集群开始发生作用，并能够做出科学判断，提供最为精准的服务，形成互联网的平台逻辑与相关机制。

正是基于这种关系的建构，世界各个行业之间的壁垒开始突破，移动互联正在弱化各个行业的界限。像携程网，不仅涉及旅游交通及酒店预订业务，还逐渐涉及美食、专车、民宿、会议、健康、运动领域，形成了一个全生态的业务系统；而小米的业务也是如此，从智能手机做起，开始涉及家电等系列产品，从而以低成本的方式来解决人们生活与工作中遇到的问题。

有的传统报纸已经倒闭，传统电视行业原有的广告经营模式也被颠覆，腾讯、百度、阿里、头条等都在与传统的媒体行业发生着或明或暗的竞争关系。最稀缺的资源——注意力资源，已经被新媒体牢牢地锁定。

传媒行业已经不能简单地界定为内容生产与渠道传播，更为准确的应该

① 〔美〕凯文·凯利：《新经济　新规则——网络经济的十种策略》，刘仲涛、康欣叶、侯煜译，电子工业出版社，2014，第2页。

是将其定义为文化产业或者说相关产业的切入口。如何通过信息传播实现成功跨界和自我发展，是当下众多媒体单位的课题。《成都商报》总编辑陈海泉谈道："从《成都商报》的实践来看，传统媒体和新媒体是可以相得益彰、取长补短的。我们的融合路径中有三个优先原则：深耕区域、专注刚需、借力纸媒。从成都商报客户端到四川名医、儿童团、谈资等，每款新媒体产品的起步阶段，都得到了报纸很大的辅助，这就是借力纸媒。"

（二）客户与雇员的转化

今日头条对新闻内容的投放采取的是一种关联算法，一旦用户打开一条新闻，其就有可能接收到相关的新闻或信息。

传统媒体的活动策划主要是雇员的工作，亚马逊、当当、京东、爱奇艺、豆瓣等数据均来自客户，其中豆瓣的影视指数产品，往往因为客户样本量巨大和真实程度成为行业评价的指向标。

在网络游戏中，消费者可以提交具有创意的角色扮演和情节修改，甚至对场景提出新的想法和创意，这些行为和创意进而成为游戏的新元素。

借鉴微信公众号的运营思路，腾讯旗下的天天快报便采取了开放的平台模式，众多的使用者通过自己可以操作的后台发布自己感兴趣的图片、视频和文字。

短视频的发展更清晰地体现了客户成为内容生产者的过程，快手便是其中的代表。海量的客户不断上传记录自己生活的视频，形成了海量的内容。移动互联，正在把内容生产者和消费者之间的关系变得日渐模糊，生产者本身就在消费。

因此，屏读时代的产业模式是对原有形态的革新，"我们的社会机制，特别是新经济机制，将逐渐服从于网络的逻辑。了解网络的运行方式将会是理解新经济运作的关键"①。

---

① 〔美〕凯文·凯利：《新经济　新规则——网络经济的十种策略》，刘仲涛、康欣叶、侯煜译，电子工业出版社，2014，第2页。

（三）发展型的消费社会形成

罗辑思维曾经提出国民总时间的资源概念，那么，所有的媒介内容都变成了竞争者，相互之间竞争注意力。同时，交通、金融、美食、娱乐之间也成为竞争者，共同发力场景营销，努力赢取消费者的更多时间。

如图 1 所示，在中国当前的文化产业大领域内，人们的文化消费类型已经成功地从消费型转变为发展型。一方面，移动互联平台使人们能够在各种场景下实现个人成长；另一方面，碎片化时间催生了知识服务。

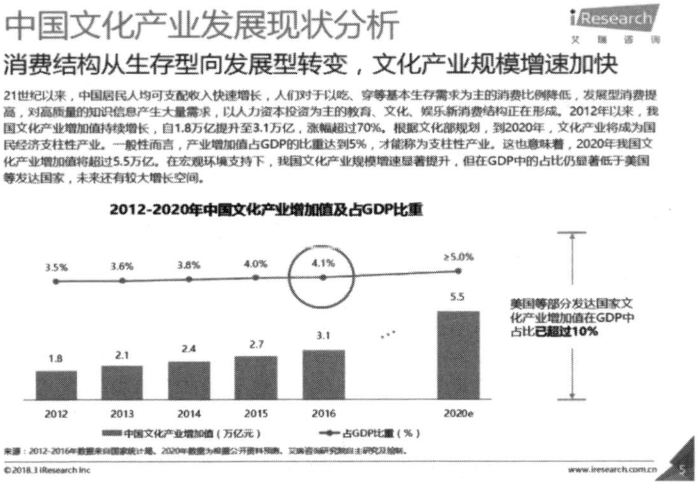

图 1　中国文化产业消费结构从生存型到发展型转变

资料来源：艾瑞咨询《2018 年中国在线知识付费市场研究报告》。

二　屏读时代的两大动能

在农业社会，经济发展依靠的是土地、牲畜和劳动力；在工业社会，经济发展依靠的是矿产、机械和技能劳动力；而在信息社会，经济发展依赖的是数据、智能机器人和创造性的劳动力。综观人类社会的发展，经济发展依赖于资源的新发现和劳动力的提升，尽管牲畜、机械和智能机器人在经济发展中占有很重要的地位，但均可以被认为生产工具，是人类劳动力的辅助。

（一）资源大数据

屏读时代的两大动能，其中一个是资源大数据。医疗数据、电商数据、交通数据、金融数据、人口数据、基因数据等都以大数据的形式出现，形成“互联网＋金融”“互联网＋农业”“互联网＋旅游”“互联网＋医疗”“互联网＋装修”等模式。其中，微信支付和支付宝成为各行各业的便利结算者，成为身边最为便利的“银行”，并且逐渐产生消灭现金支付的趋势。

从电商的角度来看，京东的发展便是大数据创造出来的奇迹。每一次浏览、每一次点评、每一次购买都成为海量网民偏好形成的微痕迹。当这些数据聚合之后，经过分析，再加上技术的引导，自然而然就形成了购买的掌控力和心理的影响力。因此“双 11”狂欢节，不是马云的胜利，也不是电商的胜利，而是大数据的胜利。独具讽刺意味的是，每一个网民的行为，从大数据的角度来看便是为自己被互联网控制种下了一粒种子，直到有一天这些数据成长为森林，人类迷失在其中。

（二）创新驱动力

屏读时代的另一个动能则是创新驱动力。个体原创力自古存在，屏读时代给了个体资源聚合和低成本传播与销售的翅膀，使个体能够在当今时代调动传统社会不可想象的资源。

在最早的创新理论中，经济学家熊彼特认为在所有的创新中，生产技术的革新和生产方法的变革在经济发展过程中的作用极为重要。这其中技术改进和方法变革的执行者，便是具有创造力的劳动者。

创立创新管理学这门学科的克莱顿·克里斯滕森，在《创新者的基因》一书中，分析了创新者的思考方式，深入研究亚马逊等多个企业的高层管理者，他认为这些具有创新力的企业家具有相似的性格特征和行为方式，于是提出了通过“质疑—观察—交流—实践—联想”这一模式，可以造就创新者的基因。

移动互联为创新者提供了更多的基因成长的环境和养分，使原创力的迸发更容易成为可能。比如马东从央视辞职后，进入爱奇艺这样的互联网内容公司，进而创立了《奇葩说》这样具有极大吸引力的IP，便是归功于这个时代的技术背景与市场背景。同样，罗辑思维的创立者罗振宇，借助互联网学习的趋势，进入一个个体学习与迭代的风口，开发“得到”App，推行跨年演讲，将新媒体的策划与活动成功转化为一个类似于知识春晚的传媒仪式。可以说罗振宇的原创力的实现，是时代文化与市场结合的最好产物。

三 屏读时代文化传媒产业经营模式创新

产业经营模式是基于时代民众的生活方式与消费方式之上的，屏读时代的独特性造就了相应的经营模式，并以该模式的方向为创新突破点，陆续创造出更多的成功案例。当下，比较明显的文化传媒产业经营模式创新类型有四种：第一种是共享经济模式；第二种是定制服务模式；第三种是体验IP模式；第四种是个体文创模式。

（一）共享经济模式

共享经济模式已经风靡全球，并被众多的政府所推崇，成为节约资源、减少库存、激发个体、扩大就业的重要良方，其中优步、滴滴、摩拜单车都是交通领域内共享经济的成功案例。当下成都市政府正在为缓解大城市停车问题，于2017年11月21日出台了《关于推进停车资源共享利用工作的实施意见（征求意见稿）》，拟用共享停车新模式来解决“停车难”问题，关键在于引导公共机构和企事业单位向社会开放内部停车设施资源，提升资源利用率。

共享经济的实现，正是借助了屏读中的大数据构建了智慧系统，比如车辆调度、路线需求、计费体系与结算体系及信用奖惩等措施，保证了共享经济能够在一个又一个城市中顺利推行。“闲置产能不仅仅存在于实物产品中，比如自行车、汽车或电钻，同时存在于无形产品中，比如时间、技能、空间，甚至电力。在英国有一个名为 Landshare 的平台，美国与之相类似的平台有 Yardshare、ShareEarth、Urban Gardenshare 等，这些平台把没有土地的花园爱好者和空置的土地匹配起来，同时把那些有时间、懂园艺技术又乐意帮助别人的爱好者也整合起来。”① 以此思路来进行创新的模式，开始逐渐推进到医疗、教育、租赁、设计、家政等相关领域。

（二）定制服务模式

定制服务模式，更多体现在人们对生活品质领域内的要求。比如服装定制，便是提供一对一的专业上门服务，满足顾客对精致服装的需求。

同时，一些农场也在提供特定的菜地及果树、家禽等，为城市白领提供定制服务，按照顾客的要求进行相关产品的生产，而不是批量的工业化生产。

这种定制模式以私人需求为主，借助移动互联终端实现了资源与需求之间的精准匹配和进度监控，保证了服务质量和时间成本。

（三）体验 IP 模式

体验 IP 模式，主要集中在文化旅游领域。借助屏幕的场景建构化，将旅游景区建设成为稀缺的体验场地，每一个顾客的消费都会成为一场独特的体验，进而，该顾客的自我分享就成为企业产品的二次或多次传播。

比如，理县的浮云牧场就是在川西的大山深处，在高高的雪山上建了民宿，奇妙的风景、不便的交通使浮云牧场成为神秘的远方和诗意所在。由于附加越来越多的故事和魅力，越来越多的人愿意前往浮云牧场喝一杯咖啡、发发呆。这种商业模式一方面依赖于屏读时代的场景建构传播模式，另一方面依赖于创建者的审美设计能力。

---

① 〔美〕雷切尔·博茨曼路·罗杰斯：《共享经济时代——互联网思维下的协同消费商业模式》，唐朝文译，上海交通大学出版社，2015，第 103 页。

（四）个体文创模式

个体文创模式，主要集中于手工艺和农特产品领域。相关手工艺的传承者和创新者，或者农特产品的生产者，在传统的商业模式下无法把自己的产品销往全世界。

但是，微信小程序、支付宝、顺丰等平台，提供了场景建构和故事讲述的可能，对所生产的手工艺品或农特产品赋予趣味和故事，通过 App 进行呈现，并实现下单与结算的技术对接，有助于个体的创新创业。个体文创模式体现了屏读时代平台技术对人的创造力的解放，有助于偏远山区的手工艺及农特产品的市场拓展。

管 理 篇

Reports on Governance and Management

B.23

2017年媒体融合传播效果评估报告

——以839家媒体为分析样本

赵曙光*

摘　要： 本报告通过对839家媒体在2017年10月至2018年3月这一时间段内的微博、微信公众号、今日头条号、新闻客户端等渠道发布的新闻内容数据进行跟踪监测，基于对内容生产、传递、接触、认知、满意、参与及二次传播等媒体实现传播的关键环节的思考，构建了媒体融合传播效果评估指标体系，采用熵权法模型计算获得各层级指标权重，对839家媒体进行了分类评估。

关键词： 媒体融合　效果评估　传播力　引导力

* 赵曙光，博士，南京大学新闻传播学院教授、博士生导师，研究方向为媒介经济学、数据挖掘。

自2011年以来，在互联网基础设施逐渐完善以及3G、4G等逐步成熟的推动下，移动互联网进入高速发展期。而移动互联网应用通过快速的技术迭代，不仅促进了微博、微信等基于移动端的社交产品的快速发展，同时还推动了广大媒体向新闻客户端、短视频应用、垂直化资讯渠道等新兴媒体的内容迁移。这一变化不仅提升了产品效率和用户体验，也重塑了广大网民的资讯获取习惯，改变了新闻资讯的生产传播模式，构建了移动互联网环境下的媒介传播新生态。为了适应这一生态级变化，传统媒体纷纷布局新媒体平台，通过建设自己的新媒体品牌、重整内容生产流程、重构组织和人才结构，力求突破转型困境，实现媒体融合的发展目标。

2013年8月19日，在全国宣传思想工作会议上，习近平总书记首次强调了新媒体的作用，指出“（宣传工作）要适应社会信息化持续推进的新情况，加快传统媒体和新兴媒体融合发展，充分运用新技术新应用创新媒体传播方式，占领信息传播制高点”①。同年11月15日，新华社播发习近平总书记关于《中共中央关于全面深化改革若干重大问题的决定》的说明，再次指出“整合新闻媒体资源，推动传统媒体和新兴媒体融合发展”②。由此，已经在市场和产品层面探索多年的传统媒体与新兴媒体的融合发展，在国家政策层面得到了肯定。随后，习近平总书记又在多个场合提出要把握现代新闻传播规律和新兴媒体发展规律，推动传统媒体和新兴媒体在内容、渠道、平台、经营、管理等方面的深度融合。

从近两年中国媒体融合发展情况来看，依托新兴媒体平台、打造平台级影响力账号是过去一段时间内媒体融合发展的重点工作，与此同时，媒体自建的新闻客户端等垂直化产品数量也在快速增加。以人民日报社、新华社、央视为代表的中央媒体纷纷推出新举措，带领中国媒体融合发展进入了加速阶段。一些地方媒体也纷纷建设各自的媒体App，抢占网络新闻入口，多家

① 《重温习近平8·19讲话：宣传思想部门必须守土有责》，http://cpc.people.com.cn/xuexi/n/2015/0819/c385474-27483230.html。

② 《推动传统媒体和新兴媒体融合发展打造新型主流媒体》，http://it.people.com.cn/GB/119390/118342/387909/。

传统媒体的融合发展效果突出、成绩卓著。

中国媒体融合发展正在进入一个全新的时代，在当下这个阶段，如何客观评估媒体融合发展变得非常重要。以下为笔者对媒体融合背景下如何构建媒体价值评估体系、评估指标的一些思考，并以部分代表性媒体为例，对其融合发展状况和传播效果进行评价分析。

一 媒体融合传播效果评估指标体系构建

（一）明确构建原则

如今媒介环境越来越复杂，移动互联网和媒体技术的不断创新，使得衡量媒体融合传播效果的影响因素越来越多。只有采取统一的评估标准和科学的方法，才能对媒体融合传播效果做出客观评价。因此，媒体融合传播效果的评估指标体系既要遵循评价指标的一般原则，也要注意不同媒介渠道的特殊性。本报告注重考虑的是指标体系的目标性、科学性、全面性和可行性，即指标体系是否能准确反映媒体融合发展状况。指标体系应是一个层次分明、结构清晰的指标群，指标体系要能充分考虑媒体融合传播效果评估的多方面和多层次影响因素，计算方法科学、操作简单、数据易获取。

（二）确定研究对象和评价范围

基于上述考虑，本报告共选取了839个分析样本，作为构建媒体融合传播效果评估指标体系的研究对象，包括电视媒体68家，完整覆盖央视和省级卫视，覆盖部分其他卫视；报纸媒体562家，完整覆盖中央级和省级党政机关报、行业报、升级都市报，覆盖部分市级都市报；广播媒体207家，完整覆盖中央级广播频道，覆盖各省级、省会城市及部分其他城市的综合频道和交通、音乐等主要频道；通讯社2家，包括新华社和中国新闻社。

从样本整理情况来看，传统媒体在较有社会影响力的新兴媒体平台的官方账号建设工作已经过半。其中，电视媒体的微博、微信公众号账号开通率均超过95%，今日头条专栏开通率达79.4%；报纸媒体中微博账号开通率达76.1%，微信公众号账号开通率达79.8%，今日头条专栏开通率达54.3%；广播媒体中微博账号开通率达89.4%，微信公众号开通率达83.1%，今日头条专栏开通率达32.9%。另外，部分传统媒体的自建客户端也初具影响力，月活跃用户数（MAU）超过1万名的客户端共有44家，占全部监测媒体的5.2%。综上考虑，笔者认为，媒体融合传播效果评估指标体系的评价范围应完整覆盖新闻网站、微博、微信公众号、今日头条号、新闻客户端等渠道。

（三）媒体融合传播效果评估指标筛选

根据媒体实现传播的关键环节为内容生产、传递、接触、认知、满意、参与及二次传播，结合其他相关研究的指标选择结果，最终初步确立了媒体融合传播效果评估指标体系的一级指标，即传播力、引导力、影响力和信任度。

1. 传播力

综合来看，传播力的含义主要包含两个层面：第一个层面是指“传播的能力”，即是否具有传播的基础设施及是否具备一定的可达范围；第二个层面是指“传播的效力”，即指传播的精度或效果，效果是衡量媒体传播力的重要标准①。因此，传播力反映的是媒体在网络平台上进行有效传播的能力。

对于传播力，本报告从媒体作为信息发布者的传播能力、媒体在社交平台上的传播广度和媒体在社交平台上的传播深度三个方面来考量，即信源影响、受众卷入和传播深度。其中，信源影响是指媒体发布内容被其他媒体转载的情况，数据指标上反映为媒体发布新闻的被转载量；受众卷入是指媒体发布内容在社交平台上的受众覆盖水平，数据指标上反映为转发媒体官方微博原创内容的独立用户数；传播深度是指媒体发布内容在社交平台上的深度传播水平，数据指标上反映为媒体官方微博原创内容的被转发层级的分布比例。

① 程曼丽：《北大新闻传播评论》，北京大学出版社，2013。

2. 引导力

习近平总书记指出，新闻舆论工作各个方面、各个环节都要坚持正确的舆论导向①。从这一论点出发，在宏观层面，引导力是媒体对新闻舆论的性质、发展趋势和方向进行引导的能力；在微观层面，引导力是新闻媒体对于自身舆论引导作用的职责完成体现，反映新闻媒体对国内外重大新闻报道的关注度和受众凝聚力。因此，引导力反映的是媒体对新闻舆论的性质、发展趋势和方向进行引导的能力。

对于引导力，本报告从媒体对国内外重大新闻报道的关注度和对国内外重大新闻报道的受众凝聚力两个方面来考量，即重大新闻关注度和重大新闻凝聚力。其中，重大新闻关注度是指媒体在一段时间内发布国内外重大新闻报道的数量占同期全部发文数量的比重，重大新闻凝聚力是指媒体发布国内外重大新闻报道所引发的受众关注度和讨论度。

3. 影响力

影响力，指媒体通过自身的行为（包括新闻报道、刊发广告、领导员工等）对目标公众在思想和行动上所起到的直接或间接的辐射能力，不同于发行量、覆盖率等单一标准的评价，是一个反映媒体影响力的综合性指标②。

本报告综合微博、微信公众号、今日头条号、自有客户端等多个官方渠道的影响力，目的在于考核媒体在多种不同信息传播渠道的影响力综合水平，具体数据指标根据各渠道可量化的重要影响因素来确定。其中，微博影响力、微信公众号影响力、今日头条号影响力、客户端影响力等指标采用“清研传播”自主研发的社交媒体影响力评估模型测量结果，该模型通过对不同渠道的各指标进行统一维度评估和标准量化处理获得被评估对象的影响力得分，并基于千万级样本数据对被评估对象的影响力进行评级③。

---

① 《新闻舆论工作要坚持正确导向》，http：//news. sina. com. cn/o/2016 - 02 - 20/doc - ifxprqea4778073. shtml。

② 喻国明：《媒介品牌形象及影响力指数的设计与分析》，《新闻前哨》2011 年第6 期，第8 ~11 页。

③ 周蕾：《传统媒体微信公号影响力测评——以前100 名为分析样本》，《新闻记者》2017 年第2 期，第55 ~63 页。

4. 信任度

媒体信任度是指新闻媒体本身所具有的一种被社会公众所信赖的内在力量。它是媒体自身内在品质和外在形象在社会公众心目中所占据的位置，是衡量媒体权威性、信誉度和社会影响力的标尺，也是媒体赢得受众信赖的能力。媒体信任度的高低，决定其舆论影响力的大小。媒体信任度是衡量、评判其舆论影响力最重要、最根本的标准之一①。

受各渠道可量化指标的影响，本报告主要考察媒体在微博平台和微信平台的公众信赖水平，即媒体官方微博和官方微信公众号所发布内容被公众认可和赞同的水平，数据指标表现为微博点赞指数、微信点赞指数。

（四）媒体融合传播效果评估指标构建和权重确定

根据媒体融合传播效果评估指标体系，建立媒体融合传播效果指数（Media Convergence Index，MCI）评价层次结构，如表 1 所示。

针对上述各指标，本报告采用熵权法根据指标变异性的大小来确定客观权重。一般来说，若某个指标的信息熵 E_j 越小，表明指标值的变异程度越高，提供的信息量越多，在综合评价中所能起到的作用越大，其权重也就越大。相反，某个指标的信息熵 E_j 越大，表明指标值的变异程度越低，提供的信息量越少，在综合评价中所起到的作用越小，其权重也就越小。

在进行权重处理时，首先对各个数据指标进行标准化处理，本报告采用的是利差标准化的方式，即对原始数据进行线性变换，使结果映射到［0，1］区间，标准化处理后可以消除不同数据指标之间的量纲影响，减少因量纲差异较大而带来的干扰。根据信息熵的计算公式，计算出各个指标的信息熵，通过信息熵计算各指标的权重，即 $W_i = \frac{1 - E_i}{k - \sum E_i}$（$i = 1, 2, \cdots, k$）。

① 赵曙光：《社交媒体的使用效果：社会资本的视角》，《国际新闻界》2014 年第 7 期，第 146～163 页。

表1　媒体融合传播效果评估指标体系

效果评估指数	一级指标	二级指标	数据指标
媒体融合传播效果指数	传播力	信源影响	内容被转载量
		受众卷入	受众覆盖量
		传播深度	内容转发层级
	引导力	重大新闻关注度	重大新闻报道数量占比
		重大新闻凝聚力	重大新闻报道互动量占比
	影响力	微博影响力	发帖量
			“粉丝”量
			“粉丝”增长率
			转发量
			单条内容最大转发量
			评论量
			单条内容最大评论量
		微信公众号影响力	文章量
			阅读量
			头条文章最大阅读量
			非头条文章最大阅读量
		今日头条号影响力	“粉丝”量
			“粉丝”增长率
			文章量
			阅读量
			单篇文章最大阅读量
			点赞量
			单篇文章最大点赞量
		客户端影响力	用户覆盖数
			用户活跃率
			用户使用时长
	信任度	微博点赞指数	微博博文被赞数
		微信点赞指数	微信公众号文章被赞数

对所有样本2017年10～12月的数据进行采集后，代入权重计算模型，通过折半信度分析方法确定融合传播效果评估指标体系的内容效度，并最终确定评估指标体系的权重（见表2）。

表 2　媒体融合传播效果评估指标体系权重

一级指标	一级指标权重	二级指标	二级指标权重
传播力	0. 25	信源影响	0. 33
		受众卷入	0. 33
		传播深度	0. 34
引导力	0. 25	重大新闻关注度	0. 48
		重大新闻凝聚力	0. 52
影响力	0. 25	微博影响力	0. 26
		微信公众号影响力	0. 26
		今日头条号影响力	0. 24
		客户端影响力	0. 24
信任度	0. 25	微博点赞指数	0. 5
		微信点赞指数	0. 5

二　媒体融合传播效果指数及评价分析

根据媒体融合传播效果评估指标体系，对 839 个分析样本在 2017 年 10 月至 2018 年 3 月的媒体融合传播效果指数进行跟踪监测和数据评估，并按照媒体类型、媒体表现等对媒体融合传播效果进行了季度对比和月度对比。

（一）媒体融合传播效果总体评价

从过去 2017 年 10 月至 2018 年 3 月的监测结果来看，传统媒体融合发展呈现非常明显的两极化趋势（见表 3）。头部媒体融合发展情况良好，传播效果表现突出，呈现稳定向好的发展趋势。MCI 得分为 0 的媒体数量在 2018 年 1 月出现明显增加，从 80 多家陡增至 110 多家，反映出大量尾部媒体在 2018 年基本放弃谋求媒体融合发展转型，部分媒体甚至停止了新媒体端的内容运营工作。

表 3　媒体融合传播效果总体情况

单位：分，家

监测时段	MCI 平均分	MCI 最高分	MCI 最高分的媒体名称	MCI 得分为 0 的媒体数量
2017 年 10 月	17.7	87.1	《人民日报》	89
2017 年 11 月	18.9	85.8	中央电视台新闻频道	85
2017 年 12 月	19.7	85.1	《人民日报》	84
2018 年 1 月	16.5	85.8	中央电视台新闻频道	113
2018 年 2 月	16.5	81.8	中央电视台新闻频道	119
2018 年 3 月	15.6	81.9	中央电视台新闻频道	119

（二）不同媒体类型的媒体融合传播效果评价分析

从媒体类型来看，电视类媒体融合传播效果连续两个季度居各类型媒体之首，且 MCI 得分超出其他两类媒体较多。

从季度表现来看，2018 年第一季度各类型媒体的 MCI 得分均有下滑，广播类媒体降幅最为明显，达到 11.24%（见表 4）。

表 4　不同媒体类型的媒体融合传播效果季度对比

单位：分，%

媒体类型	2018 年第一季度 MCI 得分	2017 年第四季度 MCI 得分	变化趋势
电视	29.8	30.3	-1.65
报纸	19	21	-9.52
广播	15	16.9	-11.24

从月度表现来看，受 2017 年末新闻传播高峰结束和停止新媒体端运营的媒体数量增加等因素影响，2018 年 1 月各类型媒体的 MCI 得分均有大幅下滑，且截至 2018 年 3 月，报纸类媒体和广播类媒体 MCI 得分的下滑趋势仍未有扭转（见图 1）。

（三）头部媒体的媒体融合传播效果评价分析

从季度表现来看，相对于 2017 年第四季度，2018 年第一季度排名前十

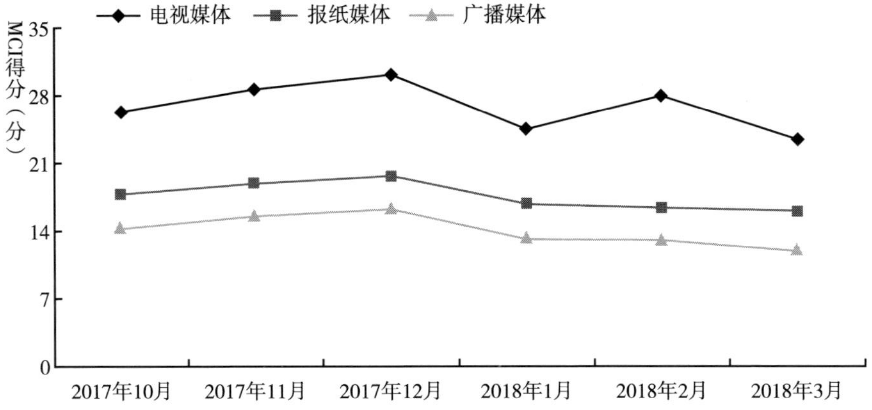

图1　不同媒体类型的媒体融合传播效果月度对比

的媒体和排名变化不大。其中，中央电视台新闻频道、《人民日报》、新华社连续两个季度稳居前3位，体现出中央级核心媒体稳定的新闻舆论领导能力（见表5）。

从月度表现来看，2017年10月至2018年3月，有中央电视台新闻频道、《人民日报》、新华社、澎湃新闻、《环球时报》、中央电视台财经频道、《解放军报》、《中国日报》、中央电视台中文国际频道、《中国青年报》、中国新闻社、《广州日报》、《参考消息》、《楚天都市报》、《每日经济新闻》、《华商报》、中央电视台体育频道、中央电视台综合频道、中央人民广播电台中国之声共19家媒体进入过媒体融合传播效果指数月度前10名，上述媒体可被视为本次研究对象中的头部媒体。

表5　排名前十媒体的媒体融合传播效果季度对比

单位：分

	2018年第一季度		2017年第四季度	
排名	媒体名称	MCI得分	媒体名称	MCI得分
1	中央电视台新闻频道	86.1	中央电视台新闻频道	87.4
2	《人民日报》	84.9	《人民日报》	86.8
3	新华社	80.7	新华社	78.5
4	《环球时报》	77	澎湃新闻	77.6

续表

	2018 年第一季度		2017 年第四季度	
排名	媒体名称	MCI 得分	媒体名称	MCI 得分
5	澎湃新闻	71.6	《环球时报》	73.7
6	《解放军报》	66.4	中央电视台财经频道	73.5
7	中央电视台财经频道	65.9	《解放军报》	69.5
8	《中国青年报》	63.7	《中国日报》	67.5
9	中国新闻社	62.3	《中国青年报》	66.6
10	中央电视台综合频道	62	中国新闻社	66.2

总体来看，在2017年10月至2018年1月期间，头部媒体的融合传播效果表现较为平稳，2018年2～3月MCI得分明显下滑。如表6所示，2017年10月至2018年1月，头部媒体融合传播效果差异较大，MCI得分的平均值为53.0～65.3分，最大值为87.1分（《人民日报》2017年10月），最小值为26.4分（中央电视台体育频道2018年3月）。

表6　2017年10月至2018年3月头部媒体融合传播效果的总体表现

单位：分

评价维度	2017.10	2017.11	2017.12	2018.01	2018.02	2018.03
最大值	87.1	85.8	85.1	85.8	81.8	81.9
75 分位值	72.0	70.9	69.0	69.5	65.4	63.7
中位数	62.9	65.7	64.1	61.9	62.0	54.7
25 分位值	58.4	58.9	58.6	58.3	51.7	38.3
最小值	46.6	51.0	49.8	38.3	26.8	26.4
平均值	64.9	65.3	65.3	63.5	59.0	53.0

注：头部媒体即为2017年10月至2018年3月进入媒体融合传播效果指数前10名的媒体。

从单个媒体的表现来看，同一媒体在不同月份的融合传播表现水平的浮动差异各不相同。单月MCI得分分差低于5分的媒体仅有2家，分别为新华社和中央电视台新闻频道。另外，《人民日报》《环球时报》《每日经济新闻》等媒体的融合传播表现较为平稳。单月MCI得分分差超过30分的媒体共有5家，其中，《中国日报》分差最大，达到39.3分。具体如表7所示。

表7　2017 年 10 月至 2018 年 3 月头部媒体融合传播效果指数月度分差表现（按分数差值由小到大排列）

单位：分

媒体名称	最大单月 MCI 得分	最小单月 MCI 得分	分数差值
新华社	77.2	73.3	3.9
中央电视台新闻频道	85.8	81.8	4.0
《人民日报》	87.1	80.4	6.7
《环球时报》	76.2	69.0	7.2
《每日经济新闻》	61.3	53.9	7.4
《中国青年报》	65.7	57.1	8.6
《解放军报》	68.1	59.5	8.6
中央人民广播电台中国之声	62.6	53.6	9.0
《华商报》	54.8	45.4	9.4
中央电视台财经频道	71.5	61.9	9.6
《广州日报》	64.8	54.0	10.8
中央电视台中文国际频道	63.7	48.7	15.0
澎湃新闻	77.3	62.2	15.1
中央电视台综合频道	62.9	44.2	18.7
《参考消息》	65.0	32.1	32.9
《楚天都市报》	62.4	26.9	35.5
中央电视台体育频道	63.0	26.4	36.6
中国新闻社	66.4	29.5	36.9
《中国日报》	66.1	26.8	39.3

（四）报纸类媒体融合发展代表性案例分析

2017 年 10 月至 2018 年 3 月，报纸类媒体融合发展总体状况相对稳定，MCI 得分最高的媒体为《人民日报》，得分始终保持在 80 分以上。但是，需要注意的是，2018 年 1 月报纸类媒体 MCI 得分为 0 的媒体数量从 64 家陡增至 84 家，其后两个月该数字分别为 87 家、86 家，反映出报纸类尾部媒体的发展不容乐观。具体情况如表 8 所示。

表 8　报纸类媒体融合传播效果总体情况

单位：分，家

监测时段	MCI 平均分	MCI 最高分	MCI 最高分的媒体名称	MCI 得分为 0 的媒体数量
2017 年 10 月	17.7	87.1	《人民日报》	66
2017 年 11 月	18.8	84.1	《人民日报》	64
2017 年 12 月	23.7	85.1	《人民日报》	64
2018 年 1 月	16.7	82.5	《人民日报》	84
2018 年 2 月	16.3	80.4	《人民日报》	87
2018 年 3 月	16.0	81.5	《人民日报》	86

在报纸类媒体中，《人民日报》、《环球时报》、澎湃新闻的媒体融合传播发展一直处于较为稳定的状态，连续多月居报纸类媒体的前 3 位。对上述 3 家媒体，以 2018 年第一季度数据进行对比，虽然 3 家媒体在传播力上基本相当，但《人民日报》在引导力、信任度两个指标上的表现明显优于另外两家媒体。从市场反馈来看，《人民日报》的融合发展探索非常成功，不仅在“两微一端”具有极高的传播力和影响力，而且在很多重大事件的新闻报道中也展现了主流媒体的强势引导能力，大众对《人民日报》的信任指数也长期居于各家媒体首位。

作为最具代表性的中央级媒体，《人民日报》一直走在中国媒体融合发展队伍的最前列，也是最早一批搭建“两微一端”新媒体平台的主流媒体。时至今日，《人民日报》“中央厨房”已经成为媒体融合发展的成功典范和榜样模式，其以内容生产传播为主线，通过整体化、系统化的设计和建设，补齐技术短板、开展媒体运营、拓展资本市场，形成了以业务、技术和空间三大平台为基础的金字塔式业务架构，不仅服务于《人民日报》旗下的各个媒体，更是为整个媒体行业搭建了一个支撑优质内容生产的公共平台。

（五）电视类媒体融合发展代表性案例分析

2017 年 10 月至 2018 年 3 月，电视类媒体融合发展总体状况较好，MCI

得分最高的媒体为中央电视台新闻频道，得分始终保持在 80 分以上，且 MCI 得分为 0 的媒体数量始终保持在 3 家以内。具体情况如表 9 所示。

表 9　电视类媒体融合传播效果总体情况

单位：分，家

监测时段	MCI 平均分	MCI 最高分	MCI 最高分的媒体名称	MCI 得分为 0 的媒体数量
2017 年 10 月	26.2	84.2	中央电视台新闻频道	3
2017 年 11 月	28.5	85.8	中央电视台新闻频道	2
2017 年 12 月	30.0	85.1	中央电视台新闻频道	2
2018 年 1 月	24.4	85.8	中央电视台新闻频道	2
2018 年 2 月	27.8	81.8	中央电视台新闻频道	2
2018 年 3 月	23.4	81.9	中央电视台新闻频道	2

在电视类媒体中，中央电视台各频道表现整体优于各省级卫视，尤其是中央电视台新闻频道、财经频道和综合频道一直稳定居于电视类媒体前 3 名。对上述 3 家媒体，以 2018 年第一季度数据进行对比，可以看到，3 家媒体在 4 个一级指标上的表现差异较大、各有所长。其中，中央电视台新闻频道凭借其对重大新闻的关注度和凝聚力形成了较高的品牌信任度。此外，中央电视台新闻频道在“两微一端”新媒体建设上的投入力度明显大于其他两家。

为了推动全媒体融合，中央电视台建立了“融媒体编辑部”，台网一体协同联动，搭建全球记者即时发稿平台，通过直播、微视频等形式，开展全方位、全媒体、全球化报道，实现报道中电视与新媒体的多屏互动、同频共振。在过去一年中，中央电视台新闻频道不断创新直播方式，提高移动直播报道频率，开拓了主流媒体融合发展的新境界。根据本次研究监测数据，十九大召开期间，中央电视台新闻频道官方微博“央视新闻”发布相关稿件 133 篇，引发 102.9 万人次互动，其中直播或短视频稿件有 61 篇，引发 67.2 人次互动，占同期总互动人次的 65.3%。直播对央视新闻微博平台新媒体建设的带动力量由此可见一斑。

（六）广播类媒体融合发展代表性案例分析

2017 年 10 月至 2018 年 3 月，广播类媒体融合发展总体状况相对一般，MCI 得分最高的媒体为中央人民广播电台中国之声，得分保持在 53.6 ~ 62.6 分的范围内，波动较大。2018 年 1 月，广播类媒体 MCI 得分为 0 的媒体数量从 9 家增至 14 家，2 月则增至 18 家，占广播类媒体总量的 8.7%，并有进一步增加的趋势。具体情况如表 10 所示。

表 10　广播类媒体融合传播效果总体情况

单位：分，家

监测时段	MCI 平均分	MCI 最高分	MCI 最高分的媒体名称	MCI 得分为 0 的媒体数量
2017 年 10 月	17.2	62.6	中央人民广播电台中国之声	10
2017 年 11 月	15.4	59.2	中央人民广播电台中国之声	9
2017 年 12 月	16.1	61.7	中央人民广播电台中国之声	9
2018 年 1 月	13.0	61.8	中央人民广播电台中国之声	14
2018 年 2 月	12.9	62.0	中央人民广播电台中国之声	18
2018 年 3 月	11.8	53.6	中央人民广播电台中国之声	18

在广播类媒体中，中央级、省级和市级广播媒体之间差别不大。总的来说，中央人民广播电台中国之声表现最为稳定，连续多月居广播类媒体首位。另外，河南、江苏、浙江、天津等省级广播电台，以及青岛人民广播电台交通之声这一市级广播电台表现较优，长期居广播类媒体前 10 名。以 2018 年第一季度数据为准，选取 MCI 得分居前 3 位的媒体进行分析，可以看到，中央人民广播电台中国之声对重大新闻报道的关注度远超过其他两家媒体。从数据反馈来看，引导力和信任度具有一定的正相关关系。因此，作为中央级主流媒体，中央人民广播电台中国之声对重大新闻报道的及时发布和传播在一定程度上帮助了其品牌信任度的塑造和强化。

B.24

基于融媒体平台的报业新型主流媒体建设经验

杨　勇*

摘　要： 报业媒体正在建立融媒体传播平台，重构新闻业务流程，创新考核机制，改造底层技术架构，重构媒体产品结构。但是，报业媒体在新型主流媒体建设中存在新闻客户端前景不明、融媒体传播平台成本过高、价值理性缺失等问题。在新型主流媒体建设过程中，报业媒体要把增强舆论引导能力放在首要位置，要再造盈利模式，解决是“造船出海”还是“借船出海”的问题。

关键词： 报业　新型主流媒体　融媒体传播

2014年8月中央全面深化改革领导小组第四次会议审议并通过了《关于推动传统媒体和新兴媒体融合发展的指导意见》，意见提出要推动媒体融合，着力打造一批形态多样、手段先进、具有竞争力的新型主流媒体。自此开始，媒体融合开始上升为国家战略。近年来，全国报业的融媒体平台建设有序推进，“中央厨房”或“融媒体平台”正在成为报业新型主流媒体的“标配”，媒体融合也正在从“相加”走向“相融”阶段。本报告在梳理各级报业融媒体平台建设经验的基础上，指出报业

* 杨勇，中国传媒大学传媒经济学博士研究生，研究方向为传媒经营与管理。

新型主流媒体建设中存在的问题，并就未来报业主流媒体的发展方向提出策略性建议。

一 报业新型主流媒体的建设经验

（一）重构发展战略，融媒体平台建设成为“标配”

以建设新型主流媒体为契机，各级报业主动适应互联网和新兴媒体的发展规律，正在逐渐从“机构媒体”转向“平台媒体”，各级报业正在实施平台化的发展战略，推进融媒体平台建设，推动传统媒体和新兴媒体的融合发展。

在中央级媒体层面，融媒体平台正在成为各中央级报业媒体实施融合发展的“利器”。《人民日报》“中央厨房”的建设和运营已经渐趋成熟。该平台打破了过去报纸内部各部门间“各自为政”的局面，设立了总编调度中心，实施采编联动，集媒体融合发展业务平台、技术平台和空间平台为一体，实现了“一次采集、多种生成、多元传播”的目的。“中央厨房”既是新闻生产中心，同时具备信息汇聚、资源协调、指挥调度等职能。面对媒体融合的发展趋势，《光明日报》积极打造具备报、网、端、微等各种媒介形式的融媒体中心，改进新闻采编流程，建立了可供100余位全媒体记者和编辑同时工作的新闻信息中心。

作为推进新型主流媒体融合发展的重要平台，《经济日报》全媒体中心已经成为《经济日报》及其所属报刊、网站进行新闻采访、资源调度的业务平台。该中心既有策划指挥、新闻编发、值班调度等多个功能区，也实现了统一流程管理、统一指挥调度、统一采编活动、统一技术保障的目的。各条业务线在全媒体中心互联互通、资源共享。与之类似，《中国青年报》的特色“中央厨房”——“融媒小厨”也正在作为平台推动《中国青年报》的融合发展。

面对移动互联网的冲击，各省级党报也在积极谋求转型，不仅推出各自的融媒体传播平台，推动媒体融合发展，还积极拓展媒体新业态，打造具有互联网基因的区域性媒体平台。《天津日报》打造“津云”平台，《浙江日报》建立“媒立方”平台，《广西日报》建立“广西云”战略，《新华日报》打造中央“信息厨房”，《江西日报》建立“赣鄱云”……各省级党报以融媒体平台为依托，整合资源，形成融媒体传播矩阵，壮大党的主流思想舆论阵地，谋求转型发展。

顺应媒体融合的趋势，构建新型媒体平台也成为一些都市报转型发展的目标。《华西都市报》《南方都市报》《大河报》等报纸媒体凭借母报集团的优势，正在成长为具有影响力的区域性新型媒体平台。《成都商报》《华商报》《北京青年报》等报业媒体虽然没有实力雄厚的母报集团做支撑，但也在积极转型为媒体平台。

（二）跨越组织边界，重构新闻业务流程

重构新闻业务采编发网络，再造新闻业务采编发流程，是报业媒体实现深度融合发展的关键，是构建新型主流媒体的必要步骤。从中央级报纸到省级党报，再到都市报，虽然报纸的行政级别有所差异，但突破组织边界、重构新闻业务流程是报业实现转型发展的共识。

作为媒体融合发展的标杆，《人民日报》的“中央厨房”打破了部门之间的界限，创新了组织形态和新闻生产流程，组建了学习大国、麻辣财经、半亩方塘等多个融媒体工作室，整合报社内部资源，生产出了多种多样的新闻产品，释放了编辑记者的创造力，获得了市场的认可。在《光明日报》融媒体中心，原来分散在不同部门、不同环节的工作人员都会集到统一的工作平台上，统筹利用新闻资源，对不同的新闻事件进行有针对性的策划、采写和推送，并对新闻事件做到了实时性的追踪。

依托融媒体平台，省级党报的新闻业务流程重构也在加速进行。《南方日报》全媒体采编一体化平台启用以后，记者随时随地可以上传稿件。该平台也可以实现报、网、端、微等多终端新闻信息的精准推送，实现了高效整合和分发共享。《重庆日报》依托自身的“中央厨房”，整合原有的采编团队，

统筹各类新闻资源和播发平台，实现了新闻采集、新闻生产、新闻推送和效果监测的工作统筹，建立了适应融媒体平台的业务流程。《新华日报》《河南日报》《浙江日报》等其他省级党报也借助“中央厨房”或融媒体传播平台进行“多点采集、中央汇聚、多平台发布、全时段传播”，积极推进新闻采集、新闻生产和传播模式的变革，推动传统报业转变为新型主流媒体。

构建新型新闻业务采编流程，必然要求新闻单位进行内部机制变革。《华西都市报》《南方都市报》《成都商报》《大河报》等都市报媒体破除了原来采编部门之间相互分割的藩篱，创新内部组织结构，整合资源，推出新的新闻信息服务，推动报业转型发展。

（三）创新考核机制，重塑媒体人才理念

建设新型主流媒体的关键在于拥有一批适应移动互联网时代的媒体人才。在建设新型主流媒体过程中，报业媒体创新考核机制，重构人才结构，积极引进和培育人才，为推动报业融合发展注入了“强心剂”。

当前的媒体环境正在进行深刻调整，媒体人才的结构也要适应媒体环境的变化。以《人民日报》为代表的中央级报纸在实施媒体融合发展战略的过程中，除了需要传统的新闻采编人才外，还需要数据挖掘、市场运营、视频生产等方面的人才。《人民日报》等中央级报纸为高端人才提供了优厚的待遇。针对新闻业务流程的变革，报业媒体需要创新考核机制。如《人民日报》对融媒体工作室的考核采取“一室一策”的原则，各工作室在立项计划中自行确定基本的考核方式和考核指标。《光明日报》重视对年轻记者编辑的培养，注重发挥老同志的“传帮带”作用，注重让具有不同元素的编辑记者在融媒体中心的平台上互帮互教、取长补短。

为了激发新闻工作人员的活力，省级党报媒体在新型主流媒体建设的过程中创新考核机制，积极培育融媒体人才。《浙江日报》深化人事制度改革，创新人才使用方式和评价方式，以岗定酬，激发了工作人员的创造力。《重庆日报》积极探索移动互联网时代的绩效考评方式，优先向独家、原创和首发新闻倾斜，推动报业集团全体员工树立互联网意识和产品思维。《南

方日报》对新闻采编人员进行精心培育，推出了“南方名记培育工程”，实行了“南方名记工作室”制度，打造基于互联网时代的媒体产品，提高自身在新媒体领域的影响力。此外，为了适应移动互联网时代的需要，《南方日报》制定了新的考评办法，加大了新媒体领域的考评比重，鼓励编辑记者推出独家、原创、优质的新闻稿件，鼓励编辑记者生产具有新媒体技术的新闻产品。《四川日报》强化考核的“指挥棒”功能，革新考评办法，建立了以融合度、贡献率、创新性等为重要指标的考评方式，创新分配体系，探索建立传统媒体与新兴媒体融合发展的人才评价体系。

《羊城晚报》《成都商报》《华西都市报》等都市报媒体也在加快人才理念更新，积极推进媒体融合。如《羊城晚报》优化版面设置和人员结构，引导和鼓励编辑记者适应移动互联网的需求，生产更多的新媒体产品。《华西都市报》《成都商报》等都市报优化对新闻人才的考核方式，向移动端倾斜。

（四）改造底层技术架构，推动报业融合发展

技术是报业媒体融合发展的重要推动力，是建设新型主流媒体需要补齐的短板。用好用足最新的技术，改造底层技术架构，提升媒体采编和传播能力，已经成为各级报业媒体的实践共识。

以《人民日报》为代表的中央级报纸充分运用大数据分析、云计算、人工智能、数据挖掘和数据存储等技术，搭建融媒体传播平台或“中央厨房”，优化新闻采编发流程，提升了新闻推送的针对性和准确性。此外，为了适应移动互联网时代的传播需要，《人民日报》还进行技术革新，采用移动直播、虚拟现实、H5 等技术，丰富了媒体产品样态。《光明日报》利用二维码技术，实现了报纸与新媒体产品的无缝切换，还自主研发了媒体网站第一个新闻客户端“光明云媒”，并推出“云端读报”平台，目前，“云端读报”已拥有超过 2000 多万名用户。

面对技术短板，各省级党报正在迎头赶上。有的省级党报采取“自力更生”策略，自主建设研发技术中心，还有的省级党报和一些互联网巨头合作设立技术中心。以《浙江日报》为代表的省级党报，自主研发了面向

融媒体环境的传播服务平台，为媒体融合发展提供技术保障。融媒体传播服务平台采用云计算、大数据等技术，统筹新闻采编的各个环节，提升新闻采编效率，即时监控舆情最新走向，科学调度新闻采访资源，推动传统报业在内容生产、传播方式和经营模式的全方位深层次变革。以《新华日报》为代表的省级党报通过和互联网技术公司合作，建立智能化的信息服务平台，不仅为新闻报道、舆论引导提供了技术支持，还促进了采编团队、业务流程等方面的优化提升，推动了媒体融合向纵深阶段发展。

《南方都市报》《华西都市报》《羊城晚报》等都市报也在拥抱媒体环境的变化，积极采用新的媒体技术。《南方都市报》自主开发的新闻客户端能够精准把握用户画像和阅读偏好，做到有针对性地信息推送。《华西都市报》顺应人工智能的发展趋势，推出封巢智能媒体系统，改造原有的新闻采编流程，实现智能时代的人机共生、协同演进。《羊城晚报》在智能人机交互、大数据技术智能化服务、数据挖掘等方面与科大讯飞、国双科技集团等技术公司合作，探索媒体领域的新技术和新应用。

（五）重构媒体产品结构，媒体产品矩阵战略凸显

优质的内容是媒体的立身之本。在移动互联网时代，报业媒体正在强化用户意识，创新媒体产品结构，形成载体多样、渠道丰富、覆盖广泛的移动传播矩阵。

在创新产品形态、构建媒体产品传播矩阵方面，《人民日报》已经积累了丰富的经验。在2018年全国“两会”上，《人民日报》精心打造了《人民的信赖　历史的选择》《中国一分钟》《“两会”进行时》等多个融媒体产品进行矩阵式传播，受到了用户的欢迎。《中国青年报》细分青年受众群体，针对不同类型的青年打造了“未来科学”“青年观察家”“海运仓内参”等特色鲜明的公众号，形成了立体化、全方位的传播矩阵。

实施移动优先战略，积极布局融媒体矩阵也是许多省级党报应对媒体变局的明智选择。南方日报报业集团整合集团现有的报刊、网络、客户端、音视频、社交媒体、户外屏媒六大产品线，形成立体化的传播格局，

重塑了移动互联网时代的传播力、影响力和市场竞争力。重庆日报报业集团已经发展成涵盖报纸、期刊、网站、新闻客户端、手机报、微博、微信、户外屏等多种媒体终端的综合性现代化媒体集团，基本形成了党报、都市报、新媒体、专业媒体四大类融媒体矩阵和多元产业集群的“4+1”发展格局。浙江日报报业集团加快构建“三圈环流”新媒体矩阵，在对传统媒体进行资源优化整合的同时，大力建设核心圈、紧密圈和协同圈红色新媒体矩阵，初步构建起以互联网传播为主要渠道、以报纸传播为重要依托的新型传播格局。

一些互联网思维比较强的都市报也在积极改善产品结构，构建融媒体产品传播矩阵。羊城晚报报业集团积极实施移动化、数字化的传播战略，建立覆盖报、网、端、微等不同终端的全媒体传播矩阵。成都传媒集团细分媒体产品集群，针对用户需求确立了时政新闻、财经资讯、生活服务和数字娱乐4个媒体产品方向，并建立了覆盖网站、客户端、微博、微信、视频直播等不同产品形态的传播矩阵。

二　当前报业新型主流媒体建设中的突出问题

（一）新闻客户端“野蛮生长”，市场前景有待明朗

发力移动传播，推进融合发展，已经成为各报业进行主流媒体建设的共同战略。中央级报纸、省级党报、都市报虽然行政级别不同，但都积极进行融媒体平台建设，布局移动新闻客户端。移动资讯市场已经成为各类新闻客户端的“兵家必争之地”。

公开信息显示，截至2017年第四季度，中国手机新闻客户端用户规模增至6.36亿人。比达资讯数据中心2017年6月手机新闻客户端用户活跃数量排名显示：腾讯新闻、今日头条、网易新闻等由门户网站或聚合媒体推出的新闻客户端牢牢占据了市场的头部位置，新闻客户端市场已经形成了“强者更强，弱者更弱”的分化格局，马太效应显著。

目前，新闻客户端已经从争夺用户规模转向争夺用户注意力。中央级报纸《人民日报》的新闻客户端表现尚可，其他各省级党报和都市报推出的新闻客户端在用户活跃度、下载量、内容品质等方面均无法和处于头部位置的新闻客户端相抗衡。移动新闻客户端突破了行政边界、地理边界、市场边界的限制，每一个新闻客户端面对的都是全国性的市场。但是，由于采访成本、运营成本、市场推广等因素的限制，由各省级党报、都市报甚至更低级别的报纸推出的新闻客户端基本上属于区域性的新闻客户端，无法与门户网站或聚合媒体推出的新闻客户端竞争。

未来，用户将会进一步集聚在少数几个新闻客户端。除少数中央级报纸的新闻客户端有一定的竞争力外，其他各级报纸推出的新闻客户端的用户规模会相对较少。没有一定的用户规模，各省级报纸、都市报的新闻客户端终会成为媒体融合发展的“装饰品”，更无从谈及市场竞争力。

（二）融媒体平台成本高昂，常态运营还需考量

融媒体平台或“中央厨房”是推动新型主流媒体建设的重要载体。但各级报业媒体在推进融媒体平台或“中央厨房”建设的过程中也产生了很多问题，盲目建设和运营不畅是最突出的两点。

融媒体平台或“中央厨房”建设硬件投入和运营成本较高。资料显示，建设“中央厨房”所需要的资金动辄上千万元，少则几百万元。如银川新闻传媒集团“中央厨房”目前投入 800 万元，金华日报报业集团“中央厨房”资金投入约 1500 万元，江西日报社的“赣鄱云”从建设到现在耗费资金上千万元，淮北日报社“中央厨房”项目预算资金 1348 万元。各级报纸媒体的市场盈利能力严重衰退，投入巨资建设“中央厨房”能否收回成本、挽回市场颓势，有待商榷。

保障融媒体平台或“中央厨房”常态化运营对传统的报业媒体是一个挑战。为保障“中央厨房”的顺畅运转，需要丰富的新闻素材，但各级报纸由于采访能力的限制，能够提供的新闻资源十分有限。很多报业媒体的“中央厨房”使用效率不高，出现了“常态化闲置”的状况，有的“中央厨

房”只是“节庆厨房”。建设“中央厨房”的目的是要实现“一次采集，多种生成，多元传播”，但不同的媒体有不同的传播形态，不同的传播介质对新闻素材的要求也各不相同，要想实现“中央厨房”的目的，往往需要团队相互协同工作，增加了新闻采访成本。

此外，“中央厨房”建设是要建立媒体平台优势，打造立体化、全媒体化的传播样态。但在实际运行过程中，又强调“移动优先”，移动新闻客户端在采用信息方面具有优先权。新闻信息价值随着时间衰减，新闻客户端优先推送信息以后，面对同一新闻事实，传统媒体如何进行差异化的新闻报道是一个难题。在各级报纸推进媒体融合过程中，移动客户端虽然优先占有了新闻信息传播权，但尚未形成有效的盈利模式，“中央厨房”的建设需要统筹考虑，不能“一哄而上”，建设之后，需要进行精细化运营。

（三）技术理性主导变革，价值理性尚需加强

在新型主流媒体建设中，各级报纸都十分重视技术的力量，要么自己建设技术研发中心，要么和今日头条、一点资讯、腾讯等具有强大技术实力的媒体聚合平台或互联网公司进行合作，运用云计算、大数据、人工智能等技术对原有的新闻采编、生产方式、传播渠道等进行改造，创新产品结构和传播样态，推动媒体融合发展，取得了明显的成效。但这些技术在重构新闻业的同时，也带来不少的问题。

算法推荐带来新闻推送个性化的同时，也带来了“信息茧房”问题。为了满足用户个性化的信息消费需求，新闻业通常采用算法来推荐新闻。原本信息丰富的新闻客户端推荐的内容越来越同质化，信息的多样性在算法面前遭到消解，个性化的阅读越来越走向狭隘化。算法新闻业过度展示用户的个人阅读偏好，过滤了信息的多样性，带来用户的认知简化。

算法新闻业在提高新闻信息分发效率的同时，弱化了媒体的价值评判能力。算法新闻业根据用户的个性画像编辑和推送新闻，忽视了新闻本身的内涵价值。媒体和用户之间的关系发生了变化，媒体的舆论导向角色弱化，用户的需求意识得到彰显，但是，用户需求并不必然代表社会人文价值的需

要。新闻学从本质上讲有其内含的价值导向作用，算法新闻业强化了用户意识，却弱化了新闻学价值导向意涵，用户画像并不必然嵌入社会人文价值。算法新闻业需要反思给新闻业带来的弊端。

算法新闻业在改进新闻生产机制的同时带来了新闻业的公众信任问题。新闻业不仅是人们了解外部世界的信源，也是技术和自身爱好共塑的偏向性系统，新闻业的透明性与算法的黑箱形成了矛盾，新闻业的合法性在算法主导的时代需要重构公众“信任的政治”。

三　未来之境：报业主流媒体建设的展望

（一）报业主流媒体建设要把增强舆论引导能力放在首要位置

根据2018年全国“两会”公布的《深化党和国家机构改革方案》，国家新闻出版广电总局的新闻出版管理职责划入中央宣传部，中央宣传部对外加挂国家新闻出版署（国家版权局）牌子。不再保留国家新闻出版广电总局，组建国家广播电视总局，并且组建中央广播电视总台，归中央宣传部领导。此次国家新闻出版机构改革将重构包括报业媒体在内的新闻出版业的管理制度。就报业而言，笔者认为，此轮改革将会强化报业媒体的舆论引导作用，在新型主流媒体建设过程中，报业媒体应该审时度势，把增强舆论引导能力摆在首要位置，切实提高报业媒体的传播力、引导力、影响力、公信力。

当前，党和国家正在进行全面深化改革，国际格局仍在进行复杂深度的动态调整，中国的发展正面临新的国内和国际问题。全面深化改革将进一步触及深层次利益格局的调整和制度体系改革，报业主流媒体必须能直面改革的复杂性、全局性和艰巨性，做好舆论导向工作。针对全面深化改革过程中出现的问题，报业主流媒体要善于设置议题，发挥好“解压阀”和“缓冲器”作用，引导舆论支持全面深化改革工作。近年来，中国涉外战略行动、国家形象和外交活动频繁遭到西方媒体的曲解、误读和围堵。“一带一路”、人类命运共同体等中国倡议在国际传播过程中被一些西方媒体“污名化”和“妖魔化”，报业主流媒体普遍缺乏制度性的国际话语权。报业主流媒体迫切需要提升议程设置能力和国际传播能力，在国际和国内两个舆论场深度融通的传播环境下，快速应对复杂多变的舆论环境。

面对移动互联网的冲击和媒体环境的变化，各级报业媒体都在谋求转型。当下报业新型主流媒体建设的诸多尝试旨在挽回收入和舆论引导能力双双下滑的颓势，重新塑造自身的市场盈利能力和舆论引导能力。媒体经济是一种影响力经济，报业市场盈利能力与报业的舆论引导能力密切相关，失去舆论引导能力，报业媒体的市场盈利能力也会大打折扣。报业新型主流媒体建设不仅要在硬件设备投入上下功夫，更为关键的是应该采取切实可行的措施重塑报业媒体的舆论引导能力，精确瞄准用户需求，打造更多适宜融媒体环境传播的产品，积极引导社会舆论。

（二）报业主流媒体建设需要再造盈利模式

随着移动互联网的飞速发展，传统媒体“二次售卖”的盈利模式正在瓦解，用户和广告主正在从传统媒体迁移至社交媒体或新媒体。由于“二次售卖”盈利模式的瓦解，传统报业的市场盈利能力在断崖式下跌，在新型主流媒体建设过程中，各级传统报业开始探索新的运营方式和盈利模式，力图挽回失去的用户和广告主。

在移动互联网时代，优质的内容越来越受到市场的重视。各级报业媒体正在发力内容供给侧改革，尝试提供新的传播内容，拓展新的传播形态。《新京报》正在全面转型为“全媒体原创内容生产平台”，在保持原有报纸新闻品质的同时，移动端已经成为《新京报》发展的主战场，旗下的全媒体矩阵已经形成品牌效应。《成都商报》也推出了四川名医、成都儿童团等生活服务媒体矩阵来吸引用户。各级党报在做好报纸的运营以外，也开始尝试拓展新的盈利模式。整体来看，各级报纸都正在摈弃原有的经营模式和盈利模式，面向市场，探索适应移动互联网时代的多元化发展路径，重构报纸的盈利版图。

报业转型，知易行难。摈弃旧的盈利模式，建立新的商业模式，需要各级报业突破自身的组织惯性和思维惯性，树立产品运营理念和用户意识，围绕用户需求和媒体环境的改变开发媒体产品，推动新型主流媒体建设由“输血”到“造血”的转变，再造盈利模式。

（三）新型主流媒体建设是“造船出海”还是“借船出海”

新型主流媒体建设是传统媒体进行再造的系统性工程，它需要传统媒体运用大数据、云计算、人工智能等技术对信息采集、新闻生产、传播渠道、传播形态等各方面的流程进行再造，建立与移动互联网时代相匹配的现代化的传播体系。

总体来看，各级报业媒体在建设新型主流媒体过程当中主要采取以下几种路径。一是“造船出海”，自己建立“中央厨房”、技术研发中心、新闻采编中心、新闻分发中心等基础架构，独立自主推动媒体融合发展。二是“借船出海”，一些报业媒体与腾讯、阿里巴巴、百度、今日头条、一点资讯等互联网公司或资讯聚合平台合作，把自己的内容生产优势与互联网公司或资讯聚合平台的技术优势结合起来，推动自己的融合发展。三是把“造船出海”模式与“借船出海”模式相结合。“造船出海”模式的优点是独立、自主、可控，但要求报业媒体具备雄厚的资金实力和技术研发实力；“借船出海”模式的优点是相对节约成本，但报业媒体对互联网公司的依赖性较强，特别是在媒体技术、信息分发等方面会形成重度依赖，缺乏发展的自主性，一旦合作关系破裂，报业媒体的新型主流媒体建设会遭受严重损失。两者结合的模式是一种理想状况，但报业媒体需要投入更多的管理成本来推动媒体融合。在新型主流媒体建设过程中，是自主建立“中央厨房”、技术研发中心等基础架构，还是与大型互联网公司或资讯聚合平台合作，抑或是采取两者相结合的策略，报业媒体需要结合自身情况，量力而行。

B.25
融媒体传播与媒介治理政策的变迁

郭海英*

摘 要： 20世纪70年代末启动的市场化改革带来了经济体制、政治体制乃至社会治理结构的全面转型。传媒业在新旧体制对接过程中实现了快速发展与转型。互联网的快速发展与技术进步推动媒体间深度融合与发展。如何适应当前社会的转型要求，顺应媒介业态变革与发展趋势，实现主流媒体的能力提升，是当前传媒业发展中的重要问题。面对新形势，传统管理体制暴露较多弊端，应在坚持党中央集中统一领导的前提下，建立互联网思维，秉持法治原则，顺应市场发展方向，加强中央统筹领导能力，探索建立融媒体时代的综合治理新格局。

关键词： 融媒体 治理体系 治理政策

我国市场化改革自20世纪70年代末开始，市场化改革的深入推进带来了经济体制、政治体制乃至社会治理结构的全面转型，改革的最大成就在于市场经济体制的逐步确立。同时，以转变政府职能和政府机构改革为重心的政治体制改革逐步向纵深推进。从宪法与法律层面审视政府职能定位问题，在政策运行过程中科学合理地界定行政权力范围，合理配置各项行政职能，优化政治过程，是当前政治体制改革包括行政管理体制改革在内的关键所在。

---

* 郭海英，中国传媒大学经管学部讲师、政治学博士，主要研究方向为政治学、当代中国政府、公共政策。

中国传媒业正处于一个深刻的转型时期。市场经济逐步成熟，对外开放继续扩大，信息技术更新迭代，传播观念深刻变革，这些都给传媒业的发展带来了巨大的挑战。我国媒介经历了从主要作为宣传工具到凸显产业功能再到进一步强调经济效益与社会效益的结合尤其关注社会效益实现的转变过程。从广电媒介占据行业传播主要地位到网络媒介后来居上，进而媒介深度融合之势渐成并被确立为国家发展战略。充分关注传媒行业变革的时代背景，顺应政治体制改革趋势，合理配置规制权力，是当前传媒治理的核心任务。

一 政府规制概念的提出与规制改革

政府规制简称“规制”，通常是指政府或规制机构利用国家强制权力对微观经济主体进行直接的经济、社会控制或干预。在各类语言环境下，与“规制”经常交叉混合使用的还有“管制”与“监管”。“管制”表达的管控意味更强，也常被用来描述传统计划经济时代的政府行为特点。“监管”一词的理解差异性较小，更符合官方语言的使用习惯，同时包含监督与管理的定位取向。相较而言，“规制”概念的提出与使用更多地体现了政府在处理与市场经济主体关系时所应有的规则意识，强调依照法治原则处理与微观市场主体的关系，并包含对政府权力使用的自我约束与规范。

对政府规制的理解具体可以从三个层面展开。第一，规范与制约。指的是政府通过制定法律和规章制度来约束和规范经济主体的行为，接近于人们一般理解的“监管”一词。类似于金融和电力行业的“监管”，但同时包含了更明确的规则意识与控制能力，强调的是规制主体（获得法律授权的政府机构或独立于政府机构的规制机构）对规制客体（各类微观市场主体）所进行的一切限制和监督。第二，政府履行一般意义上的对市场主体以及社会主体的管理职责。从这一角度而言非常接近于行政学理解的政府的一般性行政管理行为。第三，治理。具体来说，就是在一般性的行业监管的基础上，更加强调构建政府与行业具体行为主体的良性互动关系，要改变传统体制下政府的单一主体地位与绝对主导地位，进一步突出行业行为主体自身的独立性与市场力量的发挥，增强社会性力量的参与和约束。同时，也暗含政府职能的转变，在传统监督管理的基础之上，政府将致力于提供更多的一般性的公共物品与公共服务。

当前学界对政府规制与规制改革的研究大致存在三种视角，主要为经济学视角、法学尤其是行政法视角和政治学视角。经济学视角下的政府规制与规制改革主要是合理确定政府和市场的边界，认为放松规制或减少规制以及推行市场化改革是基本的趋势与方向；法学视角下的政府规制与规制改革更多体现了对政府权力的约束取向；政治学视角下的政府规制与规制改革则更为看重政府与市场主体之间利益博弈框架的构建，强调利益协调机制的建设，也更加关注对规制机构的监督。

在西方典型市场经济国家，随着经济发展模式由古典类型向现代类型的转变，政府规制变得日益重要，政府与市场的关系也经历了“规制—放松规制—再规制与放松规制并存—规制重构”的动态演进过程，经济性规制松紧交替，社会性规制则呈现了持续加强的态势。20 世纪 30 年代的经济危机推动美国政府在 1887 年率先建立规制制度之后又开始了新的行政变革，不仅进一步加大了政府对市场干预的力度，也创立了如证监会、联邦通信委员会等一批独立的政府规制机构。英国政府在撒切尔主政内阁时期也广泛地推行了市场化改革。为了缓解财政、管理和信任危机，在借鉴美国政府改革经验的基础上，实行政府规制改革，陆续建立了如民航监管局、电信监管办公室等一批政府规制机构。OECD 国家也在 20 世纪 80 年代以后纷纷跟进采用政府规制模式。这一思路与做法得到了发展中国家的大力效仿，由此规制型政府在世界范围内兴起。

二　治理概念的提出与传媒治理的转型

进入 21 世纪以来，随着市场经济的发展逐步深入，社会发展过程中累积的问题越来越多。人口问题、环境问题、实体经济发展问题以及新的经济发展模式与发展动力问题等，都对国民经济持续向前发展造成了困扰。“治理”概念应运而生，迅速取代“规制”成为政府改革思路与取向中新的重要议题。“治理”一词虽早已出现，但直到近几年才以超高的使用频率成为媒体与大众的日常话语。2013 年党的十八届三中全会正式确立国家治理体系和治理能力现代化的发展战略，自此之后治理理论受到了社会各方更多的关注。

在社会科学的学科概念体系中，治理概念被广泛运用于诸多领域，在全球治理、国家治理、公司治理等方面都表现突出。不同学科视角对治理概念的理解差异明显。在政治学领域，人们将注意力更多地集中于多元主义和社群主义，认为治理意味着主体的多元化与公共权力的分散化，在国家与社会关系的构建上更推崇国家与社会的良好合作与共治；公共管理领域的研究更侧重于在政府行政与公共服务提供中引入市场竞争激励机制，对企业管理中新的技术与方法也更感兴趣；经济学界的研究则更多地聚焦于制度变迁与制度创新，在制度安排上引入自主治理和多中心治理体制，以及更多的合作治理与组织创新。

治理概念的广泛运用反映了市场力量与社会力量的快速发展所带来的深刻变革，也说明治理理论在现阶段所具有的极强的解释力和极大的理论价值。科学技术的进步为国家治理现代化提供了基本的技术支撑。作为新兴传播技术的新媒体以及“融媒体”技术已经深刻影响到社会各领域，科学有效地运用新型媒体传播技术为国家治理体系建设服务成为推进国家治理能力现代化的必然要求，运用“融媒体”传播理念与传播技术服务国家治理能力现代化也是治理观念现代化和治理技术现代化的统一。

三　互联网快速发展对网络安全治理的新要求

从 20 世纪 90 年代开始起步的互联网深刻改变了中国政府治理理念与实践的进程。作为全球性统一网络的互联网以其开放、交互、平等以及网络化与数字化等特性，正逐渐上升为继报纸、广播、电视之后最重要的媒介。

互联网深刻改变了信息传播格局与传播生态。互联网媒介技术优势明显，相对于传统媒介空间有限和管制严密的特点，互联网更容易为普通民众建立直接面向公共空间表达意见的平台，并成为民众表达意见和寻求与政府沟通的重要渠道，“赋权”意义明显。特别是以用户创造内容（UGC）为特征的 Web 2.0 形态与工具的出现，使得网络意见表达与网络平台参与更为便捷。作为公众信息获取的重要渠道与公众话语表达的重要平台，互联网越来越受到社会各方的关注。中国互联网络信息中心（CNNIC）2018 年 1 月 31 日发布第 41 次《中国互联网络发展状况统计报告》，数据显示，截至 2017 年 12 月，我国网民规模达 7.72 亿人，普及率达 55.8%，超过全球平均水平（51.7%）4.1 个百分点，超过亚洲平均水平（46.7%）9.1 个百分点①。

我国从 1994 年接入互联网到现在已有 24 年，历经互联网浪潮式发展，网络技术迅速更新，网络应用重心转移，对网络信任和安全的要求也日渐提高。关于互联网信息安全管理的问题越来越突出，包括网络黑客、网络病毒和个人隐私等问题。同时，文化利益、意识形态安全等国家安全因素的重要性也越来越不容忽视。为保护国家信息安全与文化安全而进行的规制越来越频繁。中国政府“一方面必须努力追赶信息技术的时代潮流，另一方面又要努力规避新技术带来的政治杂音；一方面乐意见到通过在线方式改进公共服务，另一方面又试图节制民众热烈表达以及衍生而来的狂躁情绪”②。对网络信息规制技术的依赖以及管控手段的严格引发了公众对于个体表达自由可能受到限制的担忧。

互联网治理是一个发展中的问题。作为互联网发源地的美国，对网络的大规模商用也是从 1994 年之后才开始的。目前人们对互联网治理问题的认识在总体上还处在发展的阶段，对这一问题的讨论在许多方面距离达成某种

① 中国互联网络信息中心：第 41 次《中国互联网络发展状况统计报告》，http：//www.cnnic.net.cn/gywm/xwzx/rdxw/201801/t20180131_ 70188.htm。

② 李永刚：《“国家防火墙”：中国互联网的监管逻辑》，《二十一世纪》2008 年第 4 期。

程度的共识还有较大的差距。但现实中互联网的快速发展确实带来了很多新的问题甚至难题，对互联网的管制、规制以及治理是现实中必须面对的重要问题。纵观以往产业发展的历史，鲜少有其他产业能够像互联网一样发展如此迅速。互联网的应用范围也在迅速扩大，其影响力在向社会生活各个方面深刻渗透，对各国政府治理理念与治理能力等都提出了一系列新要求。

四 媒介融合态势的形成与传媒治理体系与政策的适应性调整

“互联网的出现却打破了传统传媒的垄断性，使普通人可以以低廉的费用向全世界自由地发布信息和传播思想。同时可以自由地选择和吸纳信息，从而前所未有地开阔了普通民众的视野。”① 对于传媒行业整体而言，网络技术的发展与各类新型媒介的出现极大地改变了传统媒体的生态格局，也对传统政府规制体系造成了巨大影响。互联网技术的推动打破了广电和新闻出版等传统媒体的边界，不同媒体在内容生产、传输平台和接收终端上的交叉性越来越强。传统政府规制体系作为一种纵向分割的、部门间相对封闭的体系，其应对新形势与新要求的能力逐渐下降，体制弊端日渐暴露。从20世纪90年代开始，各国纷纷加入传媒规制体制改革的行列。对新的治理理念的引入与对旧的管理体系的革新成为近年来顶层设计中重点考虑的问题。

2013年党的十八届三中全会提出推进国家治理体系和治理能力现代化的战略目标，中央全面深化改革领导小组成立，并设立了国家安全委员会。互联网管理领导体制与互联网管理政策都有了较大转变。习近平总书记在对《中共中央关于全面深化改革若干重大问题的决定》的说明中指出：“面对互联网技术和应用飞速发展，现行管理体制存在明显弊端。”这一论断明确了其后互联网领域管理体制变化与政策调整的基本方向。

① 周光辉、周笑梅：《互联网对国家的冲击与国家的回应》，《政治学研究》2001年第2期。

2014 年 8 月中央全面深化改革领导小组第四次会议审议并通过了《关于推动传统媒体和新兴媒体融合发展的指导意见》，从发展战略的高度明确了媒体改革与发展的方向，传统媒体与新兴媒体融合发展成为国家战略，媒体融合发展被提升到深化改革的战略层面。同时提出强化互联网思维、坚持正确方向和舆论导向、建立现代传播体系的发展要求。之后，“融媒体”概念逐步形成并被广泛使用。“融媒体”概念虽被广泛使用，但其实质发展仍处于过渡阶段。互联网思维被视为实现媒体融合发展的指导性思维，融合发展是网络媒介与传统媒介深度合作的必由之路。

十八届四中全会之后，传媒领域的发展重点全面转向了互联网，智能与共享成为网络经济与信息技术变革的趋势。对网络安全与信息化发展的高度重视与对网络空间日趋严格的管理成为十八大之后传媒领域治理变革的重点。2014 年 2 月 27 日，中央网络安全与信息化领导小组正式成立，成为互联网安全管理体制变革的一次重大转变。之后，各省级地方网络安全与信息化领导小组跟进成立，基本形成了“以党委（党组）的主体责任和书记的第一责任为要，各级省委（直辖市委、自治区党委）网信办承担网络安全和信息化工作职责”的格局，开始了包括政治安全、意识形态安全、网络运行安全以及国家安全等在内的全面综合治理。《中华人民共和国网络安全法》《互联网新闻信息服务管理规定》等与互联网领域信息服务与内容管理相关的法律、部门规章以及各类规范性文件密集出台。由此，互联网领域的治理体系与政策进入了一个重要调整期。

2018 年党的十九届三中全会进一步做出了全面深化党和国家机构改革的决定与改革方案，对传媒行业政府治理体系与政策做出了明确安排。决定将全面深化改革领导小组、网络安全与信息化领导小组等改为委员会，为中央决策议事协调机构，强化决策和统筹协调职责；将新闻出版管理职责与电影管理职责统一划入中央宣传部，组建国家广播电视总局和中央广播电视总台，归口中央宣传部领导；进一步优化了中央网络安全和信息化委员会办公室职责，将国家计算机网络与信息安全管理中心由工业和信息化部管理调整为由中央网络安全和信息化委员会办公室管理；等等。这些重要的政策成为当前进一步推进我国传媒治理体系变革与政策调整的基本依据，也为传媒行业下一步发展明确了基本的政策导向。

五　对媒介治理体系与政策调整的思考

我国正处于复杂深刻的社会转型期，转型期政治、经济、文化的“多质性”决定了政府对传媒业的规制以及治理必然受到诸多历史传统因素与现实环境因素的制约。自 1978 年开始我国由原先的计划经济体制逐渐向社会主义市场经济体制迈进，经济体制的转型成为改革最主要的推动力，并持续带动我国国家治理体系的变革。

转型过程意味着权力分配规则的转变。就政府规制权力的配置而言，改革意味着两大转变：一是从高度集中管制向适度分散规制转变；二是从由同一机构承担多项职能向不同机构承担不同职能转变。传媒行业也受到了转型过程的影响，在市场化发展过程中，中国传媒业与传统体制之间的关系也在不断地调整。

政府规制体制为我国传媒行业的规范发展提供了基本的制度框架。在我国，这一体制的基本内容主要体现为“一元化领导”、“二维化配置”与“多层级管理”的规制格局。“一元化领导”是指对传媒业同时具有领导权力和规制权力的党的系统的领导体制，“党管媒体”是探讨传媒业政府规制体制的基本前提；“二维化配置”是指传媒行业规制主体依据规制权力配置的方向与维度，从横向与纵向两个方面进行规制权力配置所形成的规制格局；所谓“多层级管理”，是指在规制体制的内部，根据我国现行法律法规的规定，依据规制主体的地位与规制权力配置的范围与程度，传媒规制部门大致可以分为行业领导部门、承担行业规制职责的主要部门和协助规制的其他部门等。

党的十九大报告指出，中国特色社会主义进入新时代，我国社会主要矛盾已经转化为人民日益增长的美好生活需要和不平衡不充分的发展之间的矛盾。面对时代发展的新要求与媒体融合发展的新态势，传统媒体管理理念与管理方式必须进行革新。在改革过程应充分关注传媒行业变革的时代背景，顺应政治体制变革趋势，合理配置规制权力。应在坚持党中央集中统一领导的前提下，秉持法治原则，运用互联网思维，建立媒介综合治理新格局。

未来传媒治理体系革新与政策调整还需进一步深化，这主要表现在以下五个方面。

（一）坚持党中央集中统一领导，坚持“党管媒体”，推动传播内容与方式不断创新，提升舆论主导能力

党的十八届三中全会以来，党中央的集中统一领导被提到事关全面深化改革成败的高度来看待。坚持党中央的集中统一领导被作为“一条根本的政治规矩”。对执政安全、国家安全的考虑使得“党管媒体”的原则与思路进一步被强化。传媒治理体系的调整与媒介治理政策的转变应配合政治体制改革与行政体制改革的进程。传媒治理的革新理应被放在社会总体变革的进程中综合考虑。传媒行业政府治理的特点、路径、目标和方式是与中国经济转轨的特定背景与发展阶段相互联系的，也是与中国政治、行政体制以及法律框架紧密联系的。因此，应配合中国政府总体政治、行政和法律约束机制的变革，将媒介治理改革放在制度变迁的大背景下进行考虑。要实现传媒业的创新与发展，最重要的在于消除目前体制中分业管理的思维定式，真正树立互联网思维，推动实现适合新型传播环境的传播手段和方式创新，真正提升舆论的主导能力。

（二）确立法治治理理念，逐步推进治理目标的法制化与规制方式的技术化

党的十八届四中全会提出了建设法治国家的改革主题，这被认为是下一步中国政治改革的关键。治理法治化目标的实现需要注意现实中对具体问题的分析与处理。“不能简单地用增大管理中的弹性、灵活性的办法，来缓解

在政治统治领域保持高度集中所带来的压力。”① 要提升宣传与传播效果，必须要寻求更合理合适的传播方式与途径。应该逐步探索“从政治化到法治化”的转变机制，遇到具体问题应针对问题研究具体的解决方案，而不是先进行意识形态的归类与定位。从具体问题出发，针对具体问题以技术规制方式的改进寻求合适的解决之道。传媒治理思路变革的趋势体现在政治发展中，就是治理目标的“法治化”和治理方式的“技术化”。在传媒业不断融合，新问题、复杂问题层出不穷的现实面前，这种非意识形态化、法治化的解决思路和技术化、实证化的制度创新，将有助于解决当前传媒业发展中面临的诸多问题，也有助于我国的传媒体制在全球化时代与国际性标准接轨，增加我国当前社会治理的“弹性”。

（三）顺应传媒业市场发展需求，逐步建立巩固市场力量的传媒治理制度框架

党的十八届三中全会提出了全面深化经济社会改革的方案，其目标是“市场起决定性作用”和“更好发挥政府作用”。作为现代化治理手段之一的政府规制必须适应市场经济的发展要求。来自市场领域资本扩张的需求与现行制度供给不足的矛盾会造成行业发展的动力不足。借技术发展的“东风”，顺应媒介融合大势，实现产业规模化发展目标，不仅有助于解决转型过程中的遗留性问题，也能为公民和企业提供更好的公共服务。

（四）科学合理界定政府职能，建立互联网思维主导下的职能分工与权力配置新思路

科学合理的职能定位对于体制改革意义重大，由职能转变所带来的治理模式的重构与权力的适应性配置对于破解目前传媒行业发展困境尤为关键。在以往的传播环境中，不同媒体都具有自己的平台规范与技术特点，行业规制体系相对独立、互不制约。传统媒体与新媒体的融合使得传统媒体纵向独

① 朱光磊：《当代中国政府过程》，天津人民出版社，2008，第339页。

立的界限被打破，但目前的行业规制体系保持了较强的稳定性，条块式管理格局与管理思维很难适应融媒时代的新要求。因此，新的治理思路必须适应新形势的要求，深刻理解与运用互联网思维，在保持和加强中央政府统筹领导能力的同时，逐步探索纵向政府职责调整与权力配置的新思路，着重探索不同层级政府在地方治理中的分工与合作。

（五）创新网络安全管理与网络综合治理体制，加强中央整体统筹能力

针对互联网的治理要逐步形成“党委领导、政府管理、企业履责、社会监督、网民自律等多主体参与，经济、法律、技术等多种手段相结合”①的综合治网格局，党中央的集中统一领导是其中最根本的要求。

进入 21 世纪后，互联网迅猛发展带来了如公共舆论、信息治理、网络安全等诸多问题。互联网时代多元、扁平、交互式的信息传输特点使得传统的垂直管理体制遭遇了前所未有的挑战。国家安全问题也呈现更加复杂的局面。加强对网络舆论的引导与安全防控，实现跨部门统一规划、力量整合、共同协作，创新互联网规制体制与思路成为新时期党和政府面临的新课题。网络安全与信息化发展并重、依法规制与科学发展并举的互联网管理战略成为党中央的新选择。加强网络安全管理，建设国家安全网络体系，必须消除那些不适应互联网时代安全管理需求的体制弊端，提高互联网整体治理水平。当前国内外形势正在发生深刻复杂的变化，对国家安全保障问题需要从整体上考虑。在传媒规制体制改革与网络安全管理体制设计上，强化中央整体统筹规划能力，提高安全规制级别与治理能力，是一个必然的选择。

① 习近平在 2018 年 4 月 20 ~ 21 日召开的全国网络安全和信息化工作会议上的讲话。

B.26

网络媒体社会效益评价体系分析

杭孝平*

摘　要： 互联网的迅速发展带来了信息的极大丰富和复杂，部分网络媒体为了追求经济效益而忽略对信息的把关，给网络环境的净化和营造清朗的网络空间带来了不少困难，加强对网络媒体的社会效益评价势在必行。本报告建议根据网络媒体从业人员素质、网络节目状况等内部指标和网民反应、社会舆论、专家评价等外部指标来设计网络媒体社会效益的评价体系。

关键词： 网络媒体　社会效益　评价体系　评价指标

中国互联网络信息中心发布的第41次《中国互联网络发展状况统计报告》显示，截至2017年12月，中国网站数量为533万个，年增长率为10.6%，网页数量为2604亿个，年增长率为10.3%。与此同时，我国网民规模达7.72亿人，普及率达55.8%，超过全球平均水平（51.7%）4.1个百分点，超过亚洲平均水平（46.7%）9.1个百分点；手机网民规模达7.53亿人，网民中使用手机上网人群的占比由2016年的95.1%提升至97.5%。网络的发展正在达到前所未有的程度。

---

* 杭孝平，北京联合大学教授、博士、硕士生导师，网络素养教育研究中心主任，千龙智库专家，美国纽约城市大学访问学者，北京市青年拔尖人才，北京市级优秀教师，研究方向为网络素养、新媒体技术。

但是，网络的迅猛发展和网民的快速增加，使网络诈骗、网络谣言、网络暴力等问题层出不穷，对社会稳定造成了一定的冲击，网络媒体过分偏重经济效益而忽略社会效益的情况比较严重。同时，党的十九大报告中提出“要加强互联网内容建设，建立网络综合治理体系，营造清朗的网络空间”，网络媒体的社会责任越来越受到人们的重视。相对于网络媒体经济效益研究，对网络媒体社会效益的评价探索仍旧不充分，建立网络媒体社会效益评价体系有着现实和长远意义。

坚持把网络媒体的社会效益放在首位，认真严肃地考虑精神文化产品的社会效果，在这一前提下努力实现社会效益和经济效益的统一，这才是网络媒体未来发展之道。网络媒体作为目前最常见、最普及的新闻媒体——，越来越强调经济效益，而忽视了社会效益。我们知道，社会责任感是社会主义新闻媒体职业道德的集中体现，当前有些网络媒体为了一时的点击率和经济效益，不惜让“星闻”“腥闻”“性闻”充斥生活娱乐类板块和节目，甚至把社会新闻做成“桃色新闻”“灰色新闻”“黑色新闻”，不讲责任，误人子弟，是亟须治理的顽症。反对新闻低俗化等各种错误倾向，根本的办法就是切实树立网络媒体的社会责任感，注重网络媒体的社会效益。以往人们比较重视对网络经济效益和网络节目的评价，而忽略了对网络媒体的社会效益进行评价，本报告将考察如何对网络媒体传播的社会效益进行评价。

网络媒体的社会效益，是指网络媒体在传播过程中对网民的有利作用和对社会的稳定与发展所起的积极作用，它是网络传播效果中对网民和社会有积极作用的那一部分。

一　网络媒体社会效益的类型

要想更深刻地认识网络媒体社会效益的本质，就必须对网络媒体的社会效益进行分类，根据具体情况可以分为以下几类。

（一）从网民角度划分

从网民个人角度可以分为心理层面社会效益和行为层面社会效益两类。网络媒体传播的对象是网民，网民在浏览网络媒体时不可避免地会产生心理反应，进而表现在行为上。心理层面和行为层面是紧密联系的，心理层面社会效益是网民在使用网络媒体时发生的心理变化，它是网民心理变化的内在本质，行为层面社会效益是网民使用网络时的外在表现形式。

心理层面社会效益主要包括网民的政治觉悟、政治思想、道德水平、文化素养、思想境界等，如网络中新闻资讯类内容开阔了网民的视野、提高了网民的认识水平，文艺类内容提高了网民的艺术修养，教育类内容增加了网民的知识量，这些都体现了网络媒体的社会效益。

行为层面社会效益包括网民技能的获得、行为的改进、工作方式的转变等。网民通过网络教育内容学到了一项技能并付诸实践，或者通过网络法制内容改正了错误行为等，都是行为层面社会效益的具体表现形式。

（二）从时间角度划分

从时间角度可以分为短期性社会效益和长期性社会效益。

作为网络媒体的受众，网民在性别、年龄、职业、兴趣、受教育程度、社会地位、经济状况等方面存在差异，造成了网络在传播过程中对网民的影响有所不同，同一内容可能对某些网民产生的影响长久，而对另一些网民产生的影响短暂。因此，可以根据网络媒体对网民产生影响时间的长短，把社会效益分为短期性和长期性。

短期性社会效益主要包括网民短时间内获得的愉悦或快感，在心理、精神层面发生的短期效益。比如，作为网络重要内容之一的娱乐内容，包括网络笑话、网络搞笑视频、网络综艺节目，等等，健康的内容都可以在短时间内给网民带来快乐，使其得到放松和满足。

长期性社会效益主要指作用时间较长的社会效益。网民政治觉悟和道德水平的提升和知识量的增加绝不是短时间内可以实现的，它是一个长期过程，在这个过程中，网络要提供高质量的节目，使网民可长时间受益。

二 网络媒体社会效益评价的主要步骤

（一）评价指标的设计

对网络媒体社会效益的定量评价是个难题。要对网络媒体的社会效益进行评价，必须事先确定评价指标和建立指标体系，只有科学地设定指标和建立指标体系，才能实现对网络媒体社会效益的准确量化测评。

（二）评价指标的验证

评价指标和指标体系的设计对网络媒体社会效益的评价分析至关重要，直接影响网络媒体社会效益的测评结果的准确性和科学性。好的评价指标能够反映某一网络媒体社会效益的情况，科学的做法是要将设计好的评价指标进行科学的验证，证明该指标体系是否足够反映要验证的事物，是否能准确反映要测评的对象。因此，网络媒体社会效益评价指标设计好以后，需要对评价指标进行验证，验证可以采用专家评价、网民评价等多种形式，只有经过验证的评价指标才能正式用于测评。

（三）获得实际调查数据和资料

根据已经得到验证的网络媒体社会效益的指标，可以通过调查取得实际数据，如果不能得到科学合理的数据，对网络媒体社会效益的测评就不能实现。主要调查以下资料：网络内部人员的情况、网络节目的资料、网民的情况等。收集资料的方法有问卷调查法、电话访问法等。

（四）进行数据分析

社会效益测评是一种量化评价，必然要对所获得的数据进行定量分析，这个定量的过程，是对所调查得到的数据进行数理统计的过程。在统计之前，一定要注意把有效问卷和无效问卷区分开，避免不必要的失误，使数据的统计更准确、更客观。

（五）根据数据分析结果进行社会效益评价

根据定量分析的结果，对网络媒体的社会效益进行评价分析，分析的内容主要包括社会效益的基本情况、媒体之间社会效益的比较、网民对网络社会效益的反应等。

三　网络媒体社会效益评价体系

（一）网络媒体社会效益评价指标的设定

根据网络媒体的传播现实，可以把社会效益评价指标大致分为两类，即内部指标和外部指标，这两大类指标又可分为 5 个二级指标，即网络媒体从业人员素质、网络节目状况、网民反应、社会舆论、专家评价。

1. 内部指标

（1）网络媒体从业人员素质

网络媒体从业人员主要包括编辑人员、技术人员、管理人员、经营人员、后勤人员，他们都会对网络媒体社会效益产生一定的影响。其中，网络媒体编辑人员和管理人员的素质对网络媒体社会效益的影响最为重要。网络媒体从业人员素质指标又可以分为 3 项指标，包括思想政治素质、业务素质和职业道德素质。思想政治素质主要包括对党和国家的政策、方针、规划等有一定的知晓度和理解力，对国家大事和党的知识熟悉；业务素质包括熟悉网络知识，操作熟练，对其他领域如政治、经济、文化、历史等有一定的了解；职业道德素质包括对媒体从业人员职业道德规范的遵守等。

（2）网络节目状况

网络节目状况主要包括舆论导向、满足网民需求度和网络内容编辑传播策略等。

2. 外部指标

（1）网民反应

网络社会效益是要经过普通网民评价的，网民在实际使用过程中对网络媒体传播的内容和节目的质量最有发言权。所谓网民反应是指网络媒体内容和节目作用于网民心理的程度，它会对网民尤其是青年网民的人生观、价值观、道德观产生影响。根据网络媒体的传播特点，网民反应包括以下一系列子指标。

①网民感觉、知觉层面的指标。检测网民对传播内容的感知程度的主要指标是知晓度，体现知晓度的指标主要有接触率、接触时间、点击率等。

②网民思维、情感层面的指标。在感知的基础上，网络传播要作用于网民的思维、情感，这一层面的指标包括网民对网络内容及其观点认识的清晰度，对网络内容的主旨、本意的把握度，以及对网络内容和节目的认同度等。

③网民意志、个性层面的指标。这一层面的指标包括支持度、信奉度等。

④网民行为层面的指标。该层面的指标主要是奉行度。

（2）社会舆论

作为一种量化的数据，社会舆论指标依赖于人们对概念的共同理解，表现为概念与指数的综合体。网络社会舆论指标是指网络媒体在播出网络节目后，在社会上产生的一般的、总体的、普遍的反应，主要有满意度指标、评价性指标和价值性指标。这些指标反映的是社会公众对网络内容和网络节目的满意度、美誉度、信任度等。

（3）专家评价

对网络媒体社会效益的评价是一个复杂、系统的工程，也是一个比较敏感的话题，因此，在对其进行评价时，不能单纯依靠网民，还必须通过专家，从专业角度对其进行公正、客观、准确的评价。

（二）网络媒体社会效益评价方法

传播学的研究方法问题可以分为两个层次，一是方法论体系的问题，二是调查研究程序或技术问题。方法论体系主要与研究人员的世界观、社会观和传播观有关。根据前面所列的评价指标，要对网络媒体的社会效益进行评价，就必须对其实施专门调查。因此，主要选择调查研究方法进行测评。

调查的基本方法种类繁多，为了便于在实际中操作，选用抽样调查方法对网络媒体的社会效益进行评价。

抽样调查是从调查对象总体中抽选出部分样本，以这部分样本为对象实施的调查，其结果可用于推论对象总体。根据调研人员主观介入的有无，抽样方法可分为两种，一种是非随机抽样（非概率抽样），另一种是随机抽样（概率抽样）。非随机抽样多用于事例研究的调查，而随机抽样则是现代最普遍、最常用的方法。

（三）评价体系是保障和提高网络媒体社会效益的重要手段

评价体系可以更直接、更客观地反映网络媒体自办节目的现状。5 项评价指标以适合网络媒体自身的运作方式而设定，以权威的数据为依据。所有评价结果均按统一方法，转化为直观的定量数据。利用这些数据，客观反映网络媒体的社会效益。

评价体系可以对网络媒体的节目实施监控。5 项评价指标紧紧围绕栏目的客观因素、主观因素两大方面进行评价，既抓住了网络媒体评价本身，又简明扼要，从不同角度对网络媒体的社会效益进行评价。

评价体系可以更全面地保障和提高网络媒体节目的水平。5 项评价指标综合了网络媒体从业人员素质、网络节目状况、网民反应、社会舆论和专家评价这些最基本和最重要的元素，其评价结果将改变人们对网络媒体节目质量的传统看法。

网络媒体社会效益评价体系是一个开放的体系。网络的发展会随着社会的发展而变化，网络媒体传播的内容也会发生很大的变化，网络媒体社会效益评价体系应根据新的情况进行更新。

学术教育篇

Reports on Academic Education Development

B.27
2017年传媒经济研究综述

谯金苗*

摘　要： 本报告对2017年度中国期刊网CNKI关于传媒经济的文献进行研究，在此基础上，通过对相关文献进行归类、综述和评判，分析2017年我国传媒经济研究的框架和走向。研究发现，2017年关于传媒经济的研究主要致力于话语机制、理论机制、路径机制和传媒规制4个方面，研究呈现话语空间多元化且相互制衡的状态；随着媒介生态变革日渐深化，本土化理论建构有所凸显；媒体融合仍然是传媒经济路径研究的焦点，且辅以技术和国际化视野的驱动；对传媒规制的研究主要从宏观层面入手，微观层面的研究相对较少，且参与主体之间呈现博弈的状态。

关键词： 传媒经济研究　话语机制　理论机制　路径机制　传媒规制

* 谯金苗，中国传媒大学传媒经济学博士研究生，研究方向为传媒经济。

一　话语机制：对外建构国际话语权，对内话语空间多元博弈

从2017年相关研究来看，关于传媒经济研究的话语机制主要集中在对外塑造国家形象，建构国际话语权；对内官方主流意识形态、商业意识形态、大众反馈形态共建媒体传播的话语空间，话语空间多元化且在博弈中行进。

（一）建构国际话语权

提升国际传播能力、进行文化输出、发挥品牌效应、塑造大国形象、建构国际话语权一直以来都是传媒经济话语建构方式。在2017年关于传媒经济的研究中，关于塑造国家形象、建构国际话语权的研究仍然具有重要意义。有学者对习近平讲话中关于品牌的观点进行解读，归纳出其思想精髓在于品牌是供给侧改革的核心取向，品牌是质量和效益，在对外开放中品牌关系到国家形象①。有学者结合“一带一路”的背景，指出增强我国文化产品的国际竞争力，有助于提升我国的国际品牌价值和国家形象②。陈欣钢针对媒体融合提出，一方面要紧跟时代步伐，另一方面，必须牢牢坚持马克思主义新闻观，以理论为指导，提升国家软实力和国际传播力，塑造大国形象③。综观相关研究，都是结合时代背景和政策指导，以传媒产品为圆心、以传媒运营为半径构建话语空间，从而促进国际话语权的建构。

① 甘世勇、舒咏平：《习近平讲话中有关品牌观点的学习与解读》，《现代传播》（中国传媒大学学报）2017年第7期，第113～117页。

② 谢伦灿、杨勇：《“一带一路”背景下中国文化走出去对策研究》，《现代传播》（中国传媒大学学报）2017年第12期，第110～114页。

③ 陈欣钢：《媒体融合环境下的政治传播创新策略——以全国两会融合报道为例》，《当代传播》2017年第5期，第36～38页。

（二）话语空间的多元博弈

有研究从舆论导向的角度出发，认为目前主流媒体仍然牢牢掌控话语权。严三九认为，目前我国传统媒体和新兴媒体实现融合的目的除了完成自身救赎，更主要的是为了在共生模式下壮大我国传媒产业的实力，提升传媒产业的发展水平，更好地建设新型传媒集团，构建现代传播体系，提升政治传播能力，占领舆论制高点，把控舆论导向①。陈孟对人民网试水特殊管理股制度进行研究，认为这是其建设具有竞争力的新型主流媒体集团的重要手段，有利于提升人民网的话语优势，强化其舆论引导能力②。也有学者从具体的商业广告、商业事件入手，分析作为信息流广告的媒介是如何传递有关品牌文化价值等商业意识形态的。有学者从媒介消费的角度分析受众是如何发挥主动权建构受众话语空间的。话语空间呈现多元化的趋势且有逐渐偏斜的倾向。主流媒体和商业媒体的话语权随着技术赋权逐渐丧失红利，受众的话语权有逐渐兴起之势。在新媒体时代下，传统主流媒体和新媒体的影响力呈现此消彼长的关系，加之受众的利益诉求和价值观日趋多元化，受众对媒体的心理预期和使用正在发生深刻变化，受众的话语权逐步提升③。有关学者从博弈和制衡的角度对话语空间建构进行研究。牛耀红指出在移动互联时代诞生的信息流广告作为媒介传递品牌文化价值观等商业意识形态，受众通过评论反馈认同和抵抗，两者在不断的互动中形成相互博弈的话语空间④。也有学者认为目前我国的广告业是商业广告主导的关于商业经济文化的“社会镜像”塑造的实践，商业广告和公益广告两者的存在是官方舆论场对

① 严三九：《中国传统媒体与新兴媒体产业融合发展研究》，《新闻大学》2017 年第 4 期，第 93～101、151 页。

② 陈孟：《对人民网探索特殊管理股制度改革的分析》，《当代传播》2017 年第 9 期，第 60～64 页。

③ 陈旭鑫：《当前我国新闻规制创新的理论内涵与构建路径》，《编辑之友》2017 年第 1 期，第 59～63 页。

④ 牛耀红：《操控、赋权、话语空间：理解社交媒体广告的三个维度——以微信信息流广告为例》，《编辑之友》2017 年第 10 期，第 47～52 页。

商业意识形态空间的有效把控①。更有学者进一步指出，大众传媒与意识形态、商业资本、民众实践等多种力量互动和博弈，各种话语之间或争斗或共谋，共同促成议题的意义生成与转换②。关于话语空间的多元化博弈，以及应该如何进行制衡，或许是以后研究的方向。

二　理论机制：根植媒介经济形态变迁，深耕传媒生产，实现传媒转型

（一）根植媒介形态变迁角度的理论建构

在大众传播时代，经济学在传媒中主要是用于解决稀缺性的问题。比如，针对传媒经济的本质研究，美国学者迈克尔·高尔德哈伯提出了“注意力经济”的概念，我国学者喻国明教授提出了“影响力经济”的概念，谭天教授也在有效整合注意力经济和影响力经济的基础上提出了“意义经济”的理论，从不同的视角对传媒经济的本质做出了相关的界定。随着互联网的诞生以及互联网技术日新月异的发展，注意力经济和影响力经济随着人际交往的加深不再成为主流，且有逐渐消退之势。互联网的迅速发展导致传媒生态变革，进而引发传媒经济形态发生新的变化，谭天再次对其本质进行定义并提出了“关系经济”的概念。他认为，技术嬗变下的新媒体经济形态是关系经济，它是通过关系产品、转换机制和共享价值来实现经济效益的③。谭天提出的“关系经济”理论是建立在媒介形态变迁基础上的。李沁根据媒介形态变迁提出了“沉浸媒介”的概念，指出其是一个以人为中心的开放媒介形态，是所有媒介的集大成者，具有泛众式、体验式、共享式、

① 刘星河：《重塑社会镜像：社会建构论视角下的核心价值观公益广告》，《现代传播》（中国传媒大学学报）2017年第5期，第124～128页。

② 刘勇、郭静：《意义建构与话语争夺：作为节日的“双十一”》，《现代传播》（中国传媒大学学报）2017年第4期，第125～130页。

③ 谭天：《新媒体经济是一种关系经济》，《现代传播》（中国传媒大学学报）2017年第6期，第121～125页。

共创式的特点，具有超媒介的特征[①]。基于此，她进一步指出沉浸广告是个颠覆性和重构的概念，沉浸广告呈现体验式消费和泛在分享的特点[②]，这是对未来媒介经济形态的展望。研究发现，媒介形态的不断变迁，催生新的传媒经济形态，是整个传媒经济研究的逻辑起点和价值起点。

（二）深耕传媒生产角度的理论建构

传媒经济本身是一个交叉学科，兼具经济属性和社会属性，如果单从生产的角度来看，其更加偏重于经济属性。因此，大多研究是依据相关的经济学原理升华出关于传媒经济的相关理论。杭敏等从传媒生产角度对数字时代传媒联合产品生产的经济规律的复杂性进行分析，提出了传媒生产“临界点”的概念，并指出这是传媒转型从量变转为质变的重要节点，会进一步导致产品、组织结构和产业的革新，产业领导者应根据实事变化，把握相关的“临界点”，并提出了传媒“临界点”的经济学分析框架[③]。

（三）突破传媒转型角度的理论建构

在技术赋权的新媒体时代，传媒转型成为传统媒体走出困境、实现自身救赎的必经之路。喻国明等从传媒产业转型的角度认为“集成经济”在于突破产业界限，扩展和延伸产业价值链。就传媒产业转型方向而言，他指明“集成经济”模式是较为突出的经济模式，并做了相关分类：横向集成、关联产业纵向集成、外围产业混合集成[④]。集成经济为我国传媒行业转型指明了路径和方向。赵曙光认为在当今新媒体时代，“转化率”已经超越注意力

① 李沁：《沉浸媒介：重新定义媒介概念的内涵和外延》，《国际新闻界》2017 年第 8 期，第 115 ~139 页。

② 李沁：《沉浸广告模式：大数据时代的逻辑颠覆与概念重构》，《当代传播》2017 年第 5 期，第 90 ~96 页。

③ 杭敏、罗伯特·皮卡特：《数字时代传媒产品经济学特性研究》，《现代传播》（中国传媒大学学报）2017 年第 2 期，第 115 ~120 页。

④ 喻国明、赵睿：《从“下半场”到“集成经济模式”：中国传媒产业的新趋势——2017 我国媒体融合最新发展之年终盘点》，《新闻与写作》2017 年第 12 期，第 9 ~13 页。

成为决定媒体市场价值的重要因素，是媒体转型发展模式的关键因素①。无论是“集成经济”还是“转化率”的提出，都是针对我国传媒转型中棘手问题的关键性突破，都是为了实现传媒转型中规模效应和输出效应的最大化。

三　路径机制：以技术和国际化作为驱动因素，聚焦媒体融合的转型路径

针对传媒经济的路径研究，大多是结合时代背景和相关的具体案例进行。随着社会的急剧变革，技术效应在其中发挥着重要的驱动作用。技术嬗变导致媒介生态变革，技术红利也为媒体转型带来更多创新驱动因素。相关学者从技术的角度切入，研究其如何影响和塑造传媒产业。也有学者从全球化的角度分析国外相关媒体的策略，以国际化的视野进行相关研究分析，为我国传媒经济发展带来启示。

（一）驱动路径：技术路径和国际化视野

1. 技术驱动：移动化、社交化、智能化、数据化、视频化重构媒体价值

价值的呈现需要依靠技术来驱动，随着社会的发展，技术的演变重塑了媒介生态，重构了媒介价值，对媒体价值的挖掘需要依靠技术。移动优先、VR、人工智能、大数据等无不在媒体传播与运营中发挥重要作用，提供新的富含价值的产品，创新媒体价值空间，这些前沿技术也为研究者所青睐。喻国明等认为在技术赋权的背景下，应利用适配和感知的手段满足受众需求，重构关系，调整赋权模式的价值功能②。周蕾对新闻媒体在技术驱动下的社交化趋势进行研究，发现社交化趋势赋予内容生产上互动化、表达上个

---

① 赵曙光：《致命的转化率：注意力之外的决定性因素》，《国际新闻界》2017 年第 11 期，第 143 ~ 156 页。

② 喻国明、梁爽：《移动互联时代：场景的凸显及其价值分析》，《当代传播》2017 年第 1 期，第 10 ~ 13、56 页。

性化、传播上自由化的特点，应利用社交化的技术优势重构内容价值的竞争优势[①]。韩韶君对 VR 产业化历程及趋势进行分析，指出“VR + 媒体”改变了媒介信息的生产方式和传播方式，是立足于信息产业新发展方向的新兴媒体产业。“VR +”的创新模式将推动传统媒体和网络媒体的创新发展，将在媒体融合的道路上探索出新的价值空间[②]。关于技术驱动的研究一直都是传媒经济研究中的热点，除了基础技术的相关研究，有关新华社人工智能的“媒体大脑”、短视频等新技术产品也被作为典型个案进行了研究。

2. 拓宽视野：国际化视野提供借鉴

就目前传媒经济研究而言，我国已经不再将眼光局限在国内传媒经济研究上，而是从国外传媒经济的研究上挖掘和发现亮点，为我国传媒经济发展提供有效借鉴。2017 年，除了对我国传媒经济研究着重关注外，针对国外传媒经济的研究仍然有增加的趋势，且研究类型趋向多元化、前沿化。针对国外的重要报告，相关学者对其进行编译，如方师师等对皮尤、路透新闻报告综述进行编译和分析，关注国外相关媒体是如何进行转型的[③]。也有学者对澳大利亚传媒产业转型、美国赫斯特传媒集团经营战略、欧美传统传媒业的资本运营趋势等进行了相关研究，为我国传统媒体转型提供借鉴。当然，除了对国外报业集团进行现实观照外，也有学者对国外影视产业进行现实观照。如林一等就中美、中日关于电视节目的合作案例进行实证分析，提出中外联合制作的制片管理机制是双核心制片机制、交叉核心制片机制、环扣型制片机制[④]。有学者对法国电影产业特色、美国电视剧产业运作模式，甚至海外华语电视的发展与转型等进行了相关研究。相关学者进一步指出，要拓宽国际视野，坚持本土化与全球化发展、专业化发展、融合化发展和联合化

---

① 周蕾：《新闻媒体的社交化发展趋势研究》，《新闻记者》2017 年第 3 期，第 71 ~75 页。

② 韩韶君：《VR 产业化历程及趋势》，《传媒》2017 年第 6 期，第 47 ~50 页。

③ 方师师、周炜乐：《艰难转型中的新闻业——皮尤、路透新闻业报告综述》，《新闻记者》2017 年第 7 期，第 45 ~50 页。

④ 林一、陈艳红：《电视节目的中外联合制作与传播机制分析》，《现代传播》（中国传媒大学学报）2017 年第 3 期，第 124 ~129 页。

发展[①]。拓宽国际视野，探寻我国和国外传媒经济研究中的个性和共性，利用国外优势研究驱动我国传媒经济的发展，实现本土化和全球化的共同发展，是现在也是未来我国传媒经济研究的走向。

（二）转型路径：聚焦媒体融合，突破边缘式改革

从2017年的文献来看，关于传媒转型的研究主要集中于媒体融合。这与国家的战略决策有关，从2014年媒体融合上升为国家战略，其就得到了学界研究的相关回应。加之传统媒体需要通过媒体融合这条道路实现自身救赎，从业界的角度来说，关于媒体融合方面的研究具有现实意义。目前关于我国媒体融合的研究以个案研究为主，力争由窄化领域向泛化领域推进，从个案实验到规模化研究，找到一条真正适合我国媒体融合的发展道路。学者将有关报业媒体作为个案进行研究，总结其媒体融合的规律和路径。比较典型的是，相关学者对“中央厨房”的模式进行了深入分析。当然，也有学者拓宽国际视野，对《华盛顿邮报》、《纽约时报》和英国《独立报》等报业的媒体融合之路进行研究分析，为我国媒体融合之路指明道路和方向。除了对报业集团进行现实观照，2017年在融媒体环境下针对影视业的观照也有增加的趋势。有学者对好莱坞电影的融资模式进行分析，为我国电影业提供借鉴（张辉锋、郑雪婧）；也有学者用实证研究的方法分析指出我国电影业应整合市场资源，采取联合营销方式（郭新茹、黄舒沁）；有学者对媒介融合环境下传统电视向多屏互动模式转变的传播效果的指标体系做了实证研究（周勇、赵璇）。

关于我国媒体融合的现状，有学者归纳指出目前我国在媒体融合的道路上主要践行的是“微观改革、增量改革和边缘改革”[②]。媒体融合的研究一直都在探寻的道路上，之前都是边缘式改革，但并未有所突破。2017年，相关研究主要致力于用创新性思维重构媒体的价值共生模式和商业模式。

---

① 李宇：《海外华语电视的发展现状与转型策略》，《传媒》2017年第12期，第44~46页。

② 曾培伦：《熊彼特创新理论视阈下的中国媒介融合路径危机》，《新闻大学》2017年第1期，第110~115、144页。

1. 价值共生模式

很多研究者认识到，在当今万物皆媒的时代，媒体很难依靠单一、线性的方式在激烈的媒体环境中独善其身，改变单一僵化的思维，坚持合作共赢，依靠价值共生模式，或许才是传媒产业的共同出路。面对我国传媒产业内外部竞争激烈的现状，有学者认为建构互利型、偏利型、寄生型、混合型的产业共生模式，有助于建构可持续发展的传媒生态系统①。有学者指出陷入生存危机的纸媒想要在新媒体时代完全依靠自身力量进行救赎已经不太可能，应通过与其他媒体经营组织或行业的经济实体进行有效合作，扩大自身规模效应，重构产业价值链，适应急剧变化的新媒体环境②。有学者对电视科教频道产业进行研究，指出需要注重建设交互空间，建立集合视频分享互动、制作储存、集成播控的联合机制，成立共享网络，以共生的模式实现利益共享③。张谦指出在数据驱动时代，财经媒体要解决价值链单一和僵化的问题，从资源关联、内容衍生、渠道延伸等方面实现共生共赢④。有学者研究指出 IP 内容价值运营和转化的路径是将传统单一、线性的产业链转为共创共享的产业链条圈，进而实现技术、用户、产品的融合运营⑤。价值共生模式的提出，为媒体融合道路的瓶颈突破指明了方向。

2. 创新商业模式：场景化营销和平台型经济

彭增军指出，我国传媒业既要遵循商业逻辑又要遵循公共逻辑，两套逻辑的糅合限制了媒体商业模式的开拓，导致了传媒商业模式的不明朗化⑥。

---

① 陶喜红、丁兰兰：《中国传媒产业共生模式的建构》，《当代传播》2017 年第 5 期，第 58 ~ 61 页。

② 李剑欣、栗兴维：《新媒体环境下纸媒价值链建构》，《传媒》2017 年第 7 期，第 94 ~ 96 页。

③ 路博：《新媒体时代电视科教频道的产业发展》，《当代传播》2017 年第 3 期，第 107 ~ 109 页。

④ 张谦：《数据驱动背景下财经传媒价值链重构》，《新闻大学》2017 年第 8 期，第 117 ~ 123、151 页。

⑤ 段淳林、吕笑：《“大数据 +” 与 IP 内容运营及价值分享》，《现代传播》（中国传媒大学学报）2017 年第 4 期，第 114 ~ 118 页。

⑥ 彭增军：《谁来豢养看门狗：社交网络时代新闻媒体的商业模式》，《新闻记者》2017 年第 1 期，第 50 ~ 55 页。

迟强进一步指出面对媒体融合时代的市场化、数字化和相关的运营逻辑的倒逼机制，报业媒体应该打造有市场竞争力和商业转化能力的新媒体产品，秉持“去媒化”的理念，实现媒体自身角色的多样化，进而实现商业模式的多元化和升级化[①]。从相关研究来看，2017 年关于媒体融合商业模式的研究主要集中在两个方面：一是场景化营销，二是平台型经济。

2017 年关于商业模式的研究中比较前沿和创新的内容是关于场景化的营销模式。场景化营销，是指针对消费者在具体的时间、地点等现实场景中所具有的心理状态或需求进行的营销行为，从而有效地达到企业的营销目标[②]。吴雯、周荣庭指出场域营销模式是一种动态的营销模式，场域空间具有去中心化的特点，营销优势在于：平等对话促进认知，互动催生新的意义；场域带动情绪变化，激发持续影响力；直播延伸交流空间，更易塑造品牌形象[③]。这是对场景化营销的有效补充。赵树清等对电视跨屏互动场景化营销进行研究，着重从其互动模式、商业模式和效果监测角度进行分析，研究其如何提升电视媒体的商业价值[④]。场景化的营销模式，对于用户沉淀、内容优化、广告增值都具有重要的意义，在电视媒体的跨界融合中更是一条创新的路径。

随着媒体生态的变革，媒体提供信息的功能在新媒体时代已经逐渐被平台所取代，平台作为一个连接的渠道，能够最大限度地聚合信息资源，通过引流、中介的服务，实现盈利方式多元化。平台经济是媒体融合的新路。平台经济是关系经济的一部分，“粉丝”经济、社群经济、共享经济都是平台经济的重要组成部分。有学者从社群经济的角度研究传统出版业

---

① 迟强：《商业模式视角下报业融合发展的战略思考》，《当代传播》2017 年第 5 期，第 62 ~ 64、68 页。

② 赵树清、尹逊钰、曾昕旻：《电视跨屏互动场景化营销研究》，《现代传播》（中国传媒大学学报）2017 年第 5 期，第 119 ~ 123 页。

③ 吴雯、周荣庭：《出版业网络直播的“场域”营销研究》，《编辑之友》2017 年第 9 期，第 18 ~ 21、96 页。

④ 赵树清、尹逊钰、曾昕旻：《电视跨屏互动场景化营销研究》，《现代传播》（中国传媒大学学报）2017 年第 5 期，第 119 ~ 123 页。

的商业模式，分析社群经济是如何重构其商业逻辑的；有学者从“粉丝”经济的角度分析IP剧的盈利模式；也有学者指出，平台经济的根本道路是实现媒体平台化、平台媒体化，这样才能实现平台经济的可持续发展。平台经济是一种比较可行的商业模式，但是目前对其的研究大多从渠道的角度展开，如何进一步研究平台经济的经济特点或许应该是未来研究的方向。

四 传媒规制：参与主体、具体策略、政策解读

（一）传媒规制的主体

在“互联网+”时代，技术的嬗变可能会引发传播形态和路径在某些区域发生扭转，导致媒介生态失衡，传播问题凸显，需要进行传媒规制。到底由谁来参与规制，这就涉及传媒规制的主体。关于传媒规制的主体，有学者针对潜藏在电视剧产业链中的乌云现象，提出需要在合理的政府规制下判断其逻辑起点和价值终点，优化资本、创作、传播各个环节，建构产业和文化的双优生态①。何勇从受众的角度提出在网络条件下，有效的媒介问责取决于全社会媒介素养的提升，强调了受众在传媒规制中的重要作用②。宋凯等从舆情生态系统的角度出发，分析如何发挥国有企业的主体作用，运用传媒规制建构健康的国有企业舆情生态系统③。有学者在针对微商广告问题的研究中发现，对问题广告的规制需要政府、平台服务商、消费者等相关主体共同努力，构建传播环境的自主净化机制④。

① 王秋硕：《中国电视剧产业发展乌云现象及应对策略》，《现代传播》（中国传媒大学学报）2017年第8期，第122～126页。

② 何勇：《西方媒介问责的历史遗产和当代解释》，《现代传播》（中国传媒大学学报）2017年第2期，第121～127页。

③ 宋凯、刘叶子：《新媒体环境下国有企业舆情生态系统研究》，《现代传播》（中国传媒大学学报）2017年第7期，第124～129页。

④ 李玉娥：《微商虚假广告侵权的法律规制》，《传媒》2017年第9期，第73～74页。

（二）对传媒规制策略的探讨

就目前传媒规制的具体策略而言，学界大多从理论层面探讨中国传媒规制的困境、变迁与路径，且大多数理论是从宏观和中观的层面进行研究分析，从微观层面进行的研究相对较少。针对新闻版权问题，宋建武提出遵循数据库的思路，细化原有规则和建立新的规范，并结合技术手段进行解决①。对于商业广告中的问题，刘星河认为需要以践行社会主义核心价值的公益广告对商业广告进行纠偏，改变商业广告对社会镜像的不良塑造②。靳戈就我国网络视频的规制方向指出，应提升规制规格，处理好传统媒体与新兴媒体、国营视频网站与民营视频网站两种关系，推进行业自我管理改革③。陈旭鑫认为我国新闻规制改革创新的总体路径，应在坚持主流意识形态安全的前提下，加强顶层设计，彰显公共利益优先的原则④。有学者指出在算法主导的时代，针对算法伦理的问题，需要“总编辑”进行把关⑤。有学者针对知识付费中的内容泡沫化、缺乏把关人审查的问题，提出进行传媒管制，重建知识生产的传播秩序⑥。

（三）对具体规制的解读

前文已经提到，对于我国传媒规制的研究，大多是从宏观层面入手。比如，许多学者对国家新出的政策和法律文件进行解读，探讨其对传媒产业的

① 宋建武：《新闻版权即新闻获利权——兼论以数据库版权解决新闻版权问题的可能性》，《现代传播》（中国传媒大学学报）2017 年第 11 期，第 106 ~ 110 页。

② 刘星河：《重塑社会镜像：社会建构论视角下的核心价值观公益广告》，《现代传播》（中国传媒大学学报）2017 年第 5 期，第 124 ~ 128 页。

③ 靳戈：《中国网络视频规制的现状、特征与方向》，《当代传播》2017 年第 11 期，第 64 ~ 67 页。

④ 陈旭鑫：《当前我国新闻规制创新的理论内涵与构建路径》，《编辑之友》2017 年第 1 期，第 59 ~ 63 页。

⑤ 张潇潇：《算法新闻个性化推荐的理念、意义及伦理风险》，《传媒》2017 年第 6 期，第 82 ~ 84 页。

⑥ 张利洁、张艳彬：《从免费惯性到付费变现——数字环境下知识传播模式的变化研究》，《编辑之友》2017 年第 12 期，第 50 ~ 53 页。

影响和分析未来媒体的走向。朱伟就《电影产业促进法》这一法律文件进行具体解读，探讨文化产业政策思路从管制到促进的转变①。

综合来看，不管是对传媒主体的分析，还是对具体传媒规制的策略探讨，以及对国际政策的解读，都是为了进行有效的传媒规制，而传媒规制的具体目标在于强化主流媒体的服务意识和引导功能，进一步规范商业意识形态，实现官方舆论场和民间舆论场的有效对接。

五　总结

综观2017年传媒经济研究的整体局势，从研究环境来讲，由国家政策推动的研究相对较多，比如“一带一路”、媒体融合等。从研究范式上来看，具体包括理论研究、应用型研究和批判研究。理论研究包括从媒介形态变迁、传媒生产、媒体转型的角度进行理论建构，理论建构紧跟时代前沿且日益深化；应用型研究大多是针对相关的热点问题进行研究，以解决实际问题为主。与应用型研究相比，理论建构相对较少，尤其是本土化的学理建构还有待加强。同时，理论研究相对滞后，实践对理论的引导力还有待加强。在研究学科上，交叉学科和跨学科研究突出。在研究方法上，基本还是以质化研究为主，量化研究有逐步增加的趋势，但总体来说，量化研究还需进一步加强。

① 朱伟：《从管制到促进：文化产业政策的新思路——以〈电影产业促进法〉为例》，《现代传播》（中国传媒大学学报）2017年第3期，第119～123页。

B.28

2017~2018年传媒经济人才需求与培养现状

卜彦芳　姚 响 等*

摘　要： 随着当前媒介环境的深刻变革，我国对传媒人才的需求也正在发生转变，在媒介融合的大环境下，既懂得经营与管理，又懂得新闻传播的复合型人才成为传媒市场的刚需，而传媒经济学就是这样一门综合性学科。进入21世纪以来，经过将近20年的蓬勃发展，传媒经济学在我国高校已经越来越普及，人才队伍也越来越壮大。本报告试图总结梳理当前我国传媒经济人才培养的现状和市场需求状况，总结问题并展望传媒经济教育未来的发展前景。

关键词： 传媒经济　市场需求　人才培养

一　传媒经济学的学科定位

传媒经济学是由传播学和经济学交叉而形成的一门新兴学科，主要运用经济学的视角和方法来研究经济力量如何影响传媒行业和媒体组织，并深入分析传媒市场及传媒产业运行的基本规律，从而在此基础上构建起一套学科话语体系。

---

* 卜彦芳，博士，中国传媒大学教授，传媒经济研究所所长，主要研究方向为传媒经济、媒体融合、影视产业发展；姚响，中国传媒大学传媒经济学硕士研究生，研究方向为传媒产业管理。

目前学界对传媒经济学的学科定位尚存争议，争议的焦点主要在于传媒经济学到底是属于传播学的分支还是经济学的分支。从当前我国高校开设的传媒经济学专业来看，大部分隶属于新闻传播学院，也有隶属于经济管理学院的。在世界传媒经济领域活跃的专家学者，其学科背景也是各不相同，有的是新闻传播学出身，有的是经济学和管理学出身。传媒经济学的核心是用经济学的视野和方法来研究传媒领域的现象，由于传媒领域本身具有特殊性，经济学的相关理论和工具在传媒行业进行应用时会面临更加复杂的环境，因此笔者认为将传媒经济问题放置在新闻学和传播学的大背景中进行研究较为合适，通过运用经济学的核心理论和方法，同时兼顾传媒行业的特殊性，从而达到多个学科范式的平衡①。

在教育部2009年颁布的《中华人民共和国学科分类与代码国家标准》（GBT 13745－2009）人文社科类中，明确将传媒经济学划分到新闻学与传播学（860，一级学科）——新闻事业经营管理（86040，二级学科）——传媒经济（8604010，三级学科）的学科体系中。

目前，已经有越来越多的高校在本科或研究生阶段开设传媒经济学专业或与之相关的媒介经营与管理专业，也有越来越多的学者开始关注这一领域。与此同时，随着我国传媒行业的飞速发展，传媒领域的从业者也开始认识到经营管理在传媒行业中的重要作用，开始纷纷关注传媒经济的研究，传媒经济学正在成为一门显学。

二　传媒经济人才的需求状况

统计数据显示，目前我国共有2000多家广播电视播出机构、1万多家影视制作机构和近万家规模不等的网络媒体，从业人员55万人左右，然而懂得媒体经营与管理的人才不到1%，媒体管理精英更是少之又少。目前市

① 卜彦芳：《传媒经济学：理论与案例》（第2版），中国国际广播出版社，2017，第9～10页。

场上媒体管理精英的年薪为20万~50万元，体现了市场对这一类人才的强烈需求。当前我国传媒行业正在发生深刻的变化，一方面，政府十分重视文化产业的发展，近年来随着文化体制改革的全面展开，传媒行业市场化运作的步伐也在不断加快，传统媒体的转企改制使得传媒行业对经营管理人才的需求不断上升，既懂媒体又懂经营管理的复合型人才成为市场需求的热点；另一方面，随着互联网的普及，新媒体迅速崛起，以市场化为主要导向的新媒体对传媒人才的需求日益呈现市场化和多样性的特征。

（一）新媒体和互联网成为人才需求第一梯队

根据腾讯新闻发布的《中国传媒人才能力需求报告》（2018），对新媒体、互联网和广告行业的传媒人才的需求最为旺盛（见图1）。一方面，由于互联网和新媒体的快速发展导致人才需求的集中爆发；另一方面，传统媒体与新媒体的融合不断加快，市场化运作不断加深，转型中的传统媒体越来越倾向于使用懂得新媒体和广告运营的人才。另外，从对岗位的需求状况来看，运营岗和策划营销岗处于绝对领先的地位（见图2）。传媒行业对人才的需求日益以市场化为导向，懂得经营管理的传媒类人才将日益受到追捧。

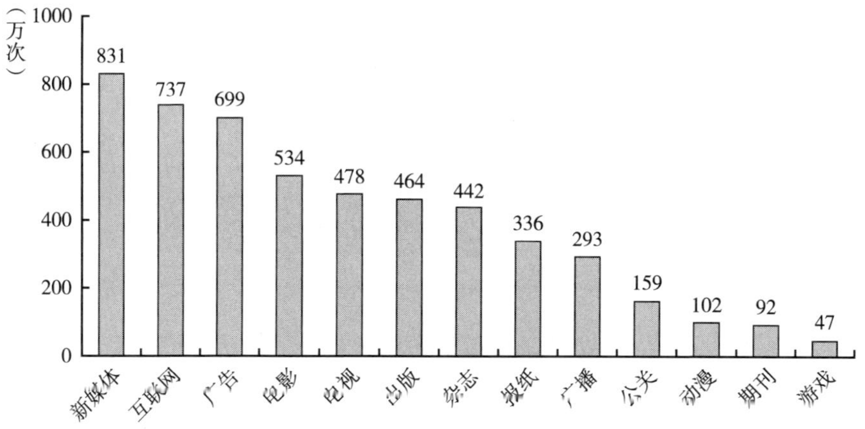

图1　传媒行业人才招聘词频统计

资料来源：腾讯新闻《中国传媒人才能力需求报告》（2018）。

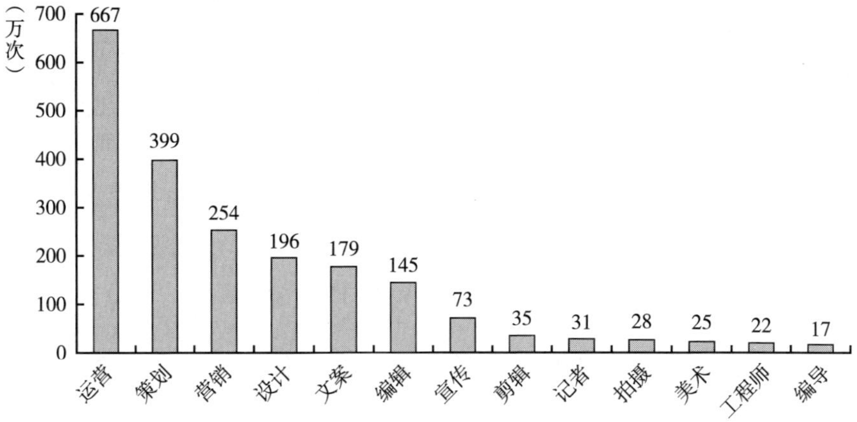

图 2　传媒行业人才需求岗位词频统计

资料来源：腾讯新闻《中国传媒人才能力需求报告》（2018）。

（二）传媒人才“知识越界”，对复合型人才需求大

除了新闻传播专业的毕业生外，金融学和经济学成为传媒行业人才招聘的高频专业（见图 3）。随着媒体的不断发展，具备一定经济学和金融学背景的毕业生越来越受到市场重视。一方面，经济和金融类等专业性媒体对人才的跨学科能力有需求；另一方面，在媒介融合的大背景下，跨学科的传媒人才身上所具备的跨学科知识背景和思维方式，能为传媒行业的融合发展提供专业支撑。在这样的大环境下，传媒经济学子无疑有着良好的就业前景。

（三）北、上、广、深成为人才需求的中心

传媒行业的人才需求主要集中在北京、上海、广州、深圳等东部一线城市（见图 4）。一方面，这些城市传媒行业整体发达，尤其是北京作为中国的文化中心，国内互联网百强中超过 80% 的企业在北京设立总部或分部，提供了大量的媒体行业岗位；另一方面，这些地区的高校资源密集，培养了大量的传媒领域人才，国内开设传媒经济相关专业的高校也主要集中在北、上、广、深等一线城市。

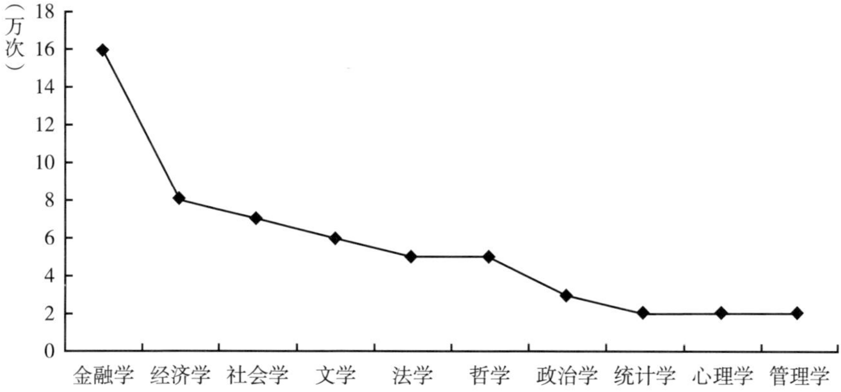

图3　传媒行业人才需求学科专业词频统计

资料来源：腾讯新闻《中国传媒人才能力需求报告》（2018）。

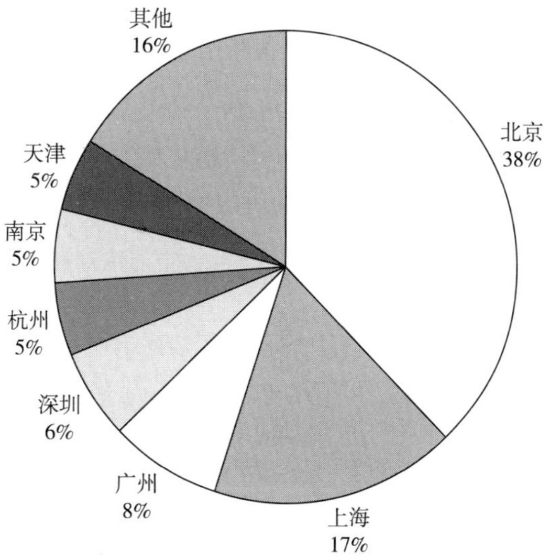

图4　传媒行业人才需求地域统计

资料来源：腾讯新闻《中国传媒人才能力需求报告》（2018）。

三　传媒经济人才培养目标

（一）本科层次的传媒经济人才培养

当前我国在本科层次专门设置传媒经济学专业的高校数量较少，主要集中在中国传媒大学、浙江传媒学院等传媒类高校中，大部分高校的新闻传播学院下设新闻学、传播学、广播电视学、编辑出版学、广告学、网络与新媒体、文化产业管理等本科专业。这与传媒经济学的学科特点有关，传媒经济学作为交叉学科，需要学生掌握一定的新闻学、传播学、经济学与管理学的基础知识，对于本科生而言，其相关的学科基础知识较为薄弱，因此大部分新闻传播学院开设的本科专业专注于基础学科。然而这并不代表高校没有对本科专业的学生进行传媒经济知识的讲授，大部分高校的新闻学、传播学、广播电视学、广告学专业都开设了传媒经济的相关课程，如华中科技大学给广告学和广播电视学本科生开设了“传媒经济与管理”课程、成都大学给网络与新媒体和广播电视学的本科生开设了“媒介经营管理”课程。这些课程的设立有助于对本科阶段传媒经济人才的培养，开拓传媒学子的经济学和管理学视野，加强其对传媒市场的理解能力和适应能力。

（二）硕士层次的传媒经济人才培养

硕士阶段是我国传媒经济学专业人才培养最为集中的层次，这一层次的目标是培养具备创新能力和团队意识、知识基础扎实、综合素养高、有较强动手操作能力的传媒经营与管理领域高层次复合型人才。这一阶段的学生要系统掌握经济学、管理学、新闻学与传播学等相关基础理论，深入认识和学习传媒产业的基本特征和运行规律，能够灵活运用传媒经济专业相关理论，在传媒经营与管理领域独立进行专题研究或从事实践工作，并能够在专业领域提升自我，进行创造性的研究与实践。

（三）博士层次的传媒经济人才培养

对博士阶段传媒经济专业研究生的培养着眼于打造传媒经济学方面的高级人才，要求学生具有扎实的经济学、管理学与新闻传播学等学科基础和完整的传媒经济学知识体系，并熟练掌握传媒经济学相关的研究范式与技能，能够立足传媒实践和学科发展的前沿，运用多学科的视角深入分析传媒经济规律，解决学科发展中的理论和实践难题，独立进行学科成果的创造，推动学科体系的进一步完善。同时，博士阶段的研究生要熟练掌握一门外语，具备进行国际学术交流和科研创造的能力，毕业后能够在传媒经济领域开展独立研究与教学等相关工作，并具备在传媒行业开展经营管理活动的实践能力。

四　传媒经济人才培养高校与层次分析

笔者统计了985和211高校以及其他部分院校2018年招收传媒经济专业的学生和导师数量①，包括传媒经济专业及其相近方向（媒介经营管理、媒介经济、传媒经营与管理等）。据不完全统计，当前我国开设传媒经济及相关专业的院校达到50所，招生数量近500人，主要呈现以下特点。

（一）人才培养层次集中在研究生阶段

根据统计数据，我国当前传媒经济人才培养仍然主要集中在硕士研究生阶段，无论是学校数量还是学生人数都占据主导地位（见图5）。本科阶段开设传媒经济专业的学校数量极少，统计数据中只有中国传媒大学、浙江传媒学院和湖南大学在本科阶段设有传媒经济学专业，而且都是在新闻学、经济学或者文化产业管理专业下的传媒经济相关方向，这种状况与传媒经济专

① 本科招生情况使用的是2017年各院校本科招生目录数据。

业交叉学科的性质有关。博士阶段开设传媒经济学相关专业的高校有16所，主要集中在985与211高校，因为这些高校学科建设比较完善，且具有新闻学或传播学的博士点。

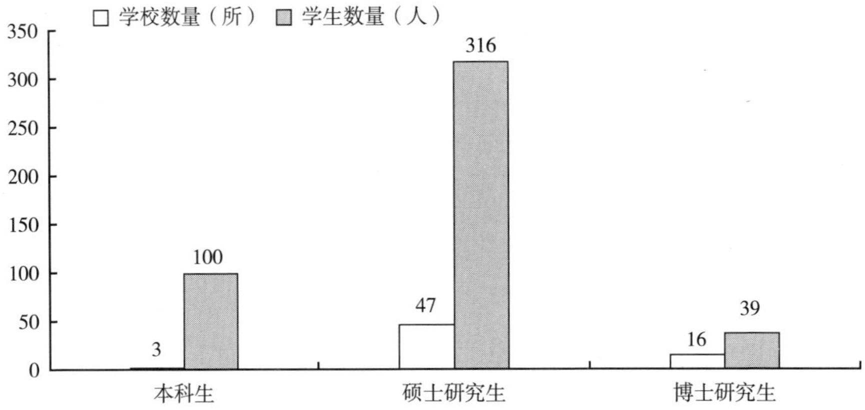

图5　分层次传媒经济人才培养数量统计

资料来源：根据各院校2018年招生专业目录整理而成。

（二）学科体系有待完善，不同高校各有侧重

根据统计数据，当前各高校在研究生阶段直接开设传媒经济学专业的有18所，剩余32所高校都是在新闻学或传播学下设置传媒经济学的研究方向（见图6）。而且这些方向尚未形成统一标准，可见当前高校传媒经济学的学科体系还不完善，系统的传媒经济学人才培养还较少。另外，不同的高校根据自身特点，依托本校资源，打造出了各自不同的传媒经济研究方向。比如，中国传媒大学传媒经济专业下属“国际文化贸易”“传媒产业系统”等方向，武汉大学设置“广告与媒介经济管理”方向，北京电影学院设置“电影产业与媒介经济”方向。笔者认为，未来传媒经济学教育应当在本科阶段注重基础知识，在硕士阶段构建统一的学科体系，在博士阶段依托特色发展不同方向，这样才能使传媒经济学教育体系更加成熟和具有活力。

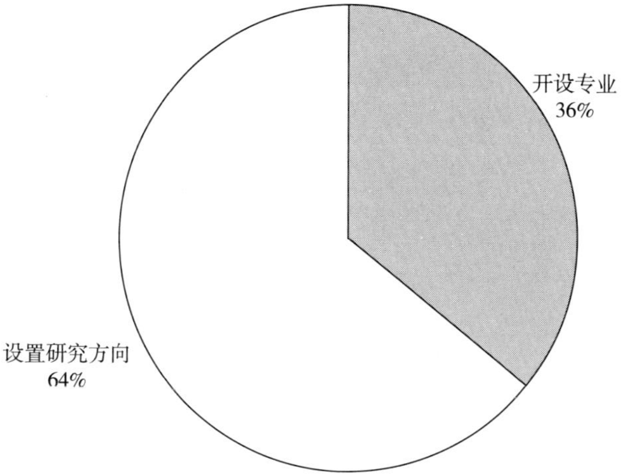

图 6　传媒经济专业或方向结构占比

资料来源：根据各院校 2018 年招生专业目录整理而成。

（三）地区分布广泛，一线城市集中

统计数据显示，开设传媒经济专业的高校地区分布较为广泛，一线城市较为集中，其中北京和上海是开设传媒经济专业高校最多的城市（见图 7）。

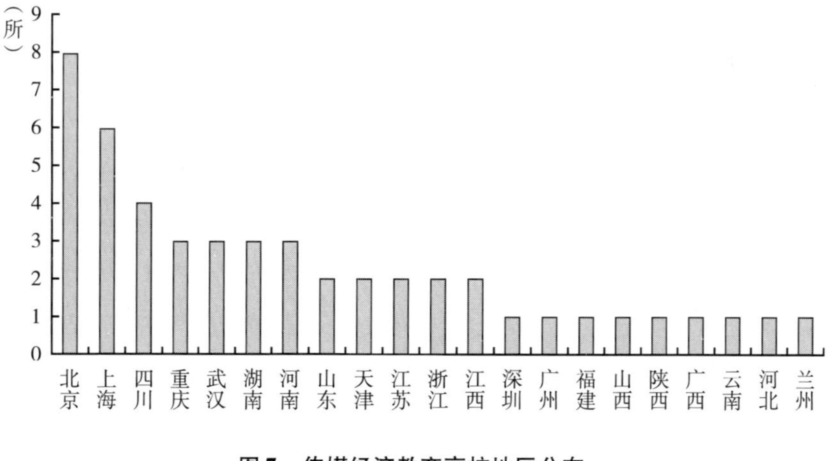

图 7　传媒经济教育高校地区分布

资料来源：根据各院校 2018 年招生专业目录整理而成。

一方面，北京和上海拥有全国最为丰富的教育资源；另一方面，作为超一线城市，北京与上海的媒体资源最为丰富，文化与传媒行业的发展水平较高，对传媒经济的人才需求量也最大。值得注意的是，西南地区的成都和重庆也有不少高校开设了传媒经济学专业，相反，深圳、广州等东南沿海地区开设相关专业的学校则较少，这与传媒人才需求地域分布特点并不十分吻合。笔者认为，成都、重庆、武汉、湖南、郑州等城市作为传统媒体比较强势的城市正面临比较严峻的转型问题，对传媒人才中懂得经营管理的精英人才的需求较大，这些地区高校培养的传媒经济相关人才将为该地区未来的媒体融合转型提供强有力的人才保障。

五　传媒经济人才培养的前景

（一）加强学科普及，提升学科地位

当前随着国内传媒产业的迅速发展和媒体融合的不断加深，我国传媒经济人才的培养面临一个良好的发展环境。同时从高校现有专业设置的规模来看，我国对传媒经济人才的培养仍然具有巨大的发展空间。一方面，大多数院校在新闻传播的本科专业开设了传媒经济的相关课程，有不少教师从事着传媒经济课程的教学任务，这为将来各个高校开设独立的传媒经济本科专业奠定了坚实的基础；另一方面，国务院学位办在2018年3月发布的《国务院学位委员会关于下达2017年审核增列的博士、硕士学位授权点名单的通知》中公布新增一级学科新闻传播学博士点10个，新增新闻传播学硕士点24个，新增新闻与传播硕士专业学位点54个（见表1）。这些新增新闻传播学博士、硕士和学位点的高校大部分尚未开设传媒经济与管理相关专业，这预示着未来几年内，这些高校将成为传媒经济人才培养的新生力量，这对于传媒经济学的学科普及和学科地位的提升无疑是一大利好。

表1　新增新闻传播学博士、硕士和学位点高校名单

新增专业层次	高校名单
一级学科新闻传播学博士点	南京师范大学、中国社会科学院研究生院、天津师范大学、上海交通大学、安徽大学、南昌大学、郑州大学、湖南师范大学、深圳大学、西南政法大学
新闻传播学硕士点	中国农业大学、上海体育学院、华中农业大学、中南民族大学、广西师范学院、贵州大学、云南师范大学、中国社会科学院研究生院、上海社会科学院、四川省社会科学院、北京语言大学、中央财经大学、天津外国语大学、吉林师范大学、东华大学、华东政法大学、赣南师范大学、武汉体育学院、湖南理工学院、四川外国语大学、贵州民族大学、西安外国语大学、上海政法学院、广东外语外贸大学
新闻与传播硕士专业学位点	北京外国语大学、中央财经大学、中国政法大学、辽宁工业大学、辽宁师范大学、吉林师范大学、吉林财经大学、哈尔滨师范大学、上海理工大学、东华大学、上海师范大学、上海外国语大学、华东政法大学、南京航空航天大学、南京林业大学、江苏师范大学、南京财经大学、浙江理工大学、温州大学、浙江工商大学、安庆师范大学、淮北师范大学、闽南师范大学、中国海洋大学、济南大学、鲁东大学、中原工学院、河南财经政法大学、武汉纺织大学、吉首大学、湖南科技大学、长沙理工大学、湖南理工学院、湖南商学院、汕头大学、深圳大学、广西师范学院、重庆交通大学、重庆师范大学、贵州大学、云南师范大学、云南民族大学、青海师范大学、宁夏大学、成都学院、扬州大学、北京信息科技大学、甘肃政法学院、北京联合大学、西安财经学院、宁波大学、重庆工商大学、上海政法学院、四川省社会科学院

资料来源：根据公开资料整理而成。

（二）区分教学层次，完善教学体系

由于传媒经济学具有跨学科交叉的特性，所以需要学生具备一定的新闻学、传播学以及经济学和管理学等多学科基础，在专业层次的设计上也要加以区分。对本科生的传媒经济教育可以普及性为主，广泛涉猎多门基础学科的知识，帮助学生建立基本的学科理论框架，培养其对传媒经济的兴趣。同时考虑到传媒经济学及相关学科的应用性特征，研究生教育和职业化培训应该成为日后传媒经济教育的重点。相关高校应当将培养重点和资源更多地向研究生和职业项目倾斜，打造一批符合实践需要的应用型课程，将课程设计与产业议题紧密关联，从而完善教学体系，形成清晰的教学层次①。

① 杭敏：《西方传媒经济与管理教育的发展》，《传媒教育》2017年第2期，第76~78页。

（三）人才培养走向国际化

随着全球化的浪潮继续前进和互联网的持续发展，全球媒介市场的国际化程度不断提高，文化传媒产品的生产与消费越来越具有跨国性的特点，新媒体的飞速发展更使得传媒研究打破了国家的界限，传媒学者的跨国交流与合作也越来越频繁。在这样的大背景下，我国对传媒经济学人才的培养也将与国际接轨，不断加强与西方传媒学界、业界的交流，建设具有国际先进水准和中国市场特色的传媒经济学科体系，培养面向国际传媒市场的专业化人才。拓宽视野，走向世界，将成为我国传媒经济人才培养的下一个目标。

附录：2018 年传媒经济专业招生情况数据统计

表 1　本科层次的传媒经济人才培养

序号	学校名称	所在学院	本科专业	方向
1	中国传媒大学	经济与管理学院	经济学	传媒经济管理
2	湖南大学	新闻传播与影视艺术学院	新闻学	媒介经营管理
3	浙江传媒学院	管理学院	文化产业管理	媒介经营管理
总计	3 所			

表 2　硕士层次的传媒经济人才培养

序号	学校名称	所在学院	专业名称	研究方向	备注
1	北京大学	新闻与传播学院	传播学	05 媒介经营与管理	
2	中国人民大学	新闻学院	传媒经济学	不分方向	
3	中国传媒大学	经济与管理学院	传媒经济学	01 传媒产业管理 02 国际文化贸易 03 文化产业管理 04 影视项目管理	
4	南京大学	新闻传播学院	新闻学	04 媒介经济	
			传播学	06 媒介管理	

续表

序号	学校名称	所在学院	专业名称	研究方向	备注
5	复旦大学	新闻学院	媒介管理学	01 媒介管理 02 媒介经营	
6	浙江大学	传媒与国际文化学院	电视电影与视听传播	02 视听媒介管理	
7	南开大学	文学院	新闻与传播	02 媒介经营与管理	专硕
8	华中科技大学	新闻与信息传播学院	广告与媒介经济	03 媒介经营与管理	
			传播学	05 媒介经营与管理	
9	武汉大学	新闻与传播学院	传播学	06 媒介经营管理	
10	山东大学	历史文化学院	文化产业管理	03 现代传媒管理	
11	湖南大学	新闻传播与影视艺术学院	新闻传播学	媒介经营管理	
			新闻与传播	传媒管理	
12	四川大学	文学与新闻学院	广告与媒介经济	02 传媒经济学	
13	兰州大学	新闻与传播学院	新闻学	05 媒介经营管理	
14	中国政法大学	光明新闻传播学院	传播学	04 媒介经营管理	
15	中央财经大学	文化与传媒学院	传媒经济学	01 传媒经营与管理 02 出版产业研究 03 广告与品牌研究	
16	重庆大学	新闻学院	新闻传播学	08 媒介经营与管理	
			新闻与传播	媒介经营与管理	专硕
17	西南大学	新闻传媒学院	新闻学	03 传媒文化产业	
18	暨南大学	新闻传播学院	传播学专业	03 传媒经济学	
19	中南财经政法大学	新闻与文化传播学院	新闻学	03 媒介经营与管理	
20	西南财经大学	人文学院	媒体经营与管理	01 媒体经营管理 02 传媒产业研究	
			新闻与传播	01 媒体经营管理 03 传媒产业研究	专硕
21	陕西师范大学	新闻传播学院	传播学	07 媒介经营与管理	
22	郑州大学	新闻与传播学院	传播学	05 媒介经济	
23	上海大学	新闻传播学院	新闻传播学	04 传媒经济与文化产业	
24	北京电影学院	管理学院	公共管理	01 影视与文化管理	
25	深圳大学	传播学院	新闻传播学	03 广告与传媒经济	
26	华东师范大学	传播学院	新闻学	03 媒介经营与管理	
27	上海财经大学	人文学院	新闻学	01 媒介经营与管理	
28	南昌大学	新闻与传播学院	广播电视艺术学	02 影视媒体与产业	

续表

序号	学校名称	所在学院	专业名称	研究方向	备注
29	湖南师范大学	历史文化学院	文化产业管理	02 文化经济学	
30	重庆工商大学	文学与新闻学院	传媒经济学	01 媒介经营与管理 02 传媒与文化创意 03 新媒体经济学 04 媒介营销学	
31	北京印刷学院	经济管理学院	传媒经济与管理	01 传媒产业经济 02 传媒企业管理 03 传媒数字资源 04 文化产业管理	
32	成都理工大学	传播科学与艺术学院	传播学	05 媒介经营与管理	
33	广西师范学院	新闻传播学院	新闻学	04 媒介经营	
34	湖南商学院	工商管理系	传媒产业管理	01 传媒产业与文化创意 02 传媒产业经营管理	
35	昆明理工大学	艺术与传媒学院	广播电视学	广播电视产业研究	
36	四川外国语大学	新闻传播学院	文艺与传媒	传媒及文化产业	专硕
			新闻与传播	传媒文化产业	
37	浙江传媒学院	管理学院	新闻与传播	新闻与媒体管理	
38	山东师范大学	新闻与传媒学院	传播学	03 广播影视经营	
39	天津师范大学	新闻传播学院	新闻学	04 媒介经营管理	
40	河南大学	新闻与传播学院	传播学	04 媒介经营管理	
41	河北大学	新闻传播学院	传播学	04 媒介经营管理	
42	南京财经大学	新闻学院	传媒经营管理	01 报业经营管理 02 广播电视管理 03 新媒体发展管理	
43	山西财经大学	不分学院	文化产业管理	03 传媒管理	
44	河南财经政法大学	文化传播学院	传媒经济学	01 传媒经济理论 02 传媒经济实务 03 新媒体经济与文化产业	
45	江西财经大学	人文学院	传播学	01 媒介经营与管理	
			新闻与传播	03 传媒产业管理	专硕
46	上海师范大学	人文与传播学院	新闻学	07 传媒经济与管理	
47	广东技术师范学院	文化与传媒学院	新闻传播学	06 广告与传媒经济学	
总计	47 所				

表3　博士层次的传媒经济人才培养

序号	学校名称	所在学院	专业名称	研究方向
1	清华大学	新闻与传播学院	新闻传播学	04 传媒经济管理研究
2	北京大学	新媒体研究院	传播学	02 媒介经营与管理
3	复旦大学	新闻学院	新闻学	04 媒介管理学
4	中国人民大学	新闻学院	传媒经济学	不分方向
5	中国传媒大学	经济与管理学院	传媒经济学	01 传媒经济 02 国际文化贸易 03 传媒产业系统 04 传媒经营与管理
6	南京大学	新闻传播学院	大众传播与媒介管理	08 媒介经济与管理
7	上海交通大学	媒体与设计学院	工商管理	新媒体传播与管理
8	华中科技大学	新闻与信息传播学院	广告与媒体经济	广告与品牌传播
9	武汉大学	新闻与传播学院	广告与媒介经济	01 广告与媒介经营管理研究（全日制） 02 广告与媒介经济理论研究（非全日制） 03 广告与媒介经营管理研究（全日制） 04 广告与媒介经济理论研究（非全日制）
10	厦门大学	新闻传播学院	新闻学	05 传媒经济与产业发展
11	四川大学	文学与新闻学院	广播电视学	03 广播电视经营与管理
12	南昌大学	新闻与传播学院	传媒管理学	01 传媒管理实务 02 传媒管理理论
13	暨南大学	新闻传播学院	新闻传播学	05 传媒经济学
14	上海大学	新闻传播学院	新闻传播学	03 传媒经济与文化产业
15	北京电影学院	管理学院	影视管理学	03 电影产业与媒介经济
16	华东师范大学	传播学院	新闻学	02 新媒体与传媒管理
总计	16 所			

表4　传媒经济人才培养的高校分布

序号	学校名称	本科培养	硕士培养	博士培养
1	中国传媒大学	√	√	√
2	中国人民大学		√	√
3	复旦大学		√	√
4	北京大学		√	√
5	南京大学		√	√
6	华中科技大学		√	√
7	武汉大学		√	√
8	四川大学		√	√
9	暨南大学		√	√
10	上海大学		√	√
11	北京电影学院		√	√
12	华东师范大学		√	√
13	南昌大学		√	√
14	清华大学			√
15	上海交通大学			√
16	厦门大学			√
17	湖南大学	√	√	
18	浙江传媒学院	√	√	
19	浙江大学		√	
20	南开大学		√	
21	山东大学		√	
22	兰州大学		√	
23	中国政法大学		√	
24	中央财经大学		√	
25	重庆大学		√	
26	西南大学		√	
27	中南财经政法大学		√	
28	西南财经大学		√	
29	陕西师范大学		√	
30	郑州大学		√	
31	深圳大学		√	
32	上海财经大学		√	
33	湖南师范大学		√	

续表

序号	学校名称	本科培养	硕士培养	博士培养
34	重庆工商大学		√	
35	北京印刷学院		√	
36	成都理工大学		√	
37	广西师范学院		√	
38	湖南商学院		√	
39	昆明理工大学		√	
40	四川外国语大学		√	
41	山东师范大学		√	
42	天津师范大学		√	
43	河南大学		√	
44	河北大学		√	
45	南京财经大学		√	
46	山西财经大学		√	
47	河南财经政法大学		√	
48	江西财经大学		√	
49	上海师范大学		√	
50	广东技术师范学院		√	
总计	50 所	3 所	47 所	16 所

皮书起源

“皮书”起源于十七、十八世纪的英国，主要指官方或社会组织正式发表的重要文件或报告，多以“白皮书”命名。在中国，“皮书”这一概念被社会广泛接受，并被成功运作、发展成为一种全新的出版形态，则源于中国社会科学院社会科学文献出版社。

皮书定义

皮书是对中国与世界发展状况和热点问题进行年度监测，以专业的角度、专家的视野和实证研究方法，针对某一领域或区域现状与发展态势展开分析和预测，具备原创性、实证性、专业性、连续性、前沿性、时效性等特点的公开出版物，由一系列权威研究报告组成。

皮书作者

皮书系列的作者以中国社会科学院、著名高校、地方社会科学院的研究人员为主，多为国内一流研究机构的权威专家学者，他们的看法和观点代表了学界对中国与世界的现实和未来最高水平的解读与分析。

皮书荣誉

皮书系列已成为社会科学文献出版社的著名图书品牌和中国社会科学院的知名学术品牌。2016 年，皮书系列正式列入“十三五”国家重点出版规划项目；2013~2018 年，重点皮书列入中国社会科学院承担的国家哲学社会科学创新工程项目；2018 年，59 种院外皮书使用“中国社会科学院创新工程学术出版项目”标识。

中国皮书网

（网址：www.pishu.cn）

发布皮书研创资讯，传播皮书精彩内容
引领皮书出版潮流，打造皮书服务平台

栏目设置

关于皮书：何谓皮书、皮书分类、皮书大事记、皮书荣誉、
皮书出版第一人、皮书编辑部

最新资讯：通知公告、新闻动态、媒体聚焦、网站专题、视频直播、下载专区

皮书研创：皮书规范、皮书选题、皮书出版、皮书研究、研创团队

皮书评奖评价：指标体系、皮书评价、皮书评奖

互动专区：皮书说、社科数托邦、皮书微博、留言板

所获荣誉

2008 年、2011 年，中国皮书网均在全国新闻出版业网站荣誉评选中获得“最具商业价值网站”称号；

2012 年，获得“出版业网站百强”称号。

网库合一

2014 年，中国皮书网与皮书数据库端口合一，实现资源共享。

S 基本子库
UB DATABASE

中国社会发展数据库（下设 12 个子库）

全面整合国内外中国社会发展研究成果，汇聚独家统计数据、深度分析报告，涉及社会、人口、政治、教育、法律等 12 个领域，为了解中国社会发展动态、跟踪社会核心热点、分析社会发展趋势提供一站式资源搜索和数据分析与挖掘服务。

中国经济发展数据库（下设 12 个子库）

基于“皮书系列”中涉及中国经济发展的研究资料构建，内容涵盖宏观经济、农业经济、工业经济、产业经济等 12 个重点经济领域，为实时掌控经济运行态势、把握经济发展规律、洞察经济形势、进行经济决策提供参考和依据。

中国行业发展数据库（下设 17 个子库）

以中国国民经济行业分类为依据，覆盖金融业、旅游、医疗卫生、交通运输、能源矿产等 100 多个行业，跟踪分析国民经济相关行业市场运行状况和政策导向，汇集行业发展前沿资讯，为投资、从业及各种经济决策提供理论基础和实践指导。

中国区域发展数据库（下设 6 个子库）

对中国特定区域内的经济、社会、文化等领域现状与发展情况进行深度分析和预测，研究层级至县及县以下行政区，涉及地区、区域经济体、城市、农村等不同维度。为地方经济社会宏观态势研究、发展经验研究、案例分析提供数据服务。

中国文化传媒数据库（下设 18 个子库）

汇聚文化传媒领域专家观点、热点资讯，梳理国内外中国文化发展相关学术研究成果、一手统计数据，涵盖文化产业、新闻传播、电影娱乐、文学艺术、群众文化等 18 个重点研究领域。为文化传媒研究提供相关数据、研究报告和综合分析服务。

世界经济与国际关系数据库（下设 6 个子库）

立足“皮书系列”世界经济、国际关系相关学术资源，整合世界经济、国际政治、世界文化与科技、全球性问题、国际组织与国际法、区域研究 6 大领域研究成果，为世界经济与国际关系研究提供全方位数据分析，为决策和形势研判提供参考。

皮书系列

2018年

智 库 成 果 出 版 与 传 播 平 台

社会科学文献出版社
SOCIAL SCIENCES ACADEMIC PRESS (CHINA)

社长致辞

蓦然回首，皮书的专业化历程已经走过了二十年。20年来从一个出版社的学术产品名称到媒体热词再到智库成果研创及传播平台，皮书以专业化为主线，进行了系列化、市场化、品牌化、数字化、国际化、平台化的运作，实现了跨越式的发展。特别是在党的十八大以后，以习近平总书记为核心的党中央高度重视新型智库建设，皮书也迎来了长足的发展，总品种达到600余种，经过专业评审机制、淘汰机制遴选，目前，每年稳定出版近400个品种。“皮书”已经成为中国新型智库建设的抓手，成为国际国内社会各界快速、便捷地了解真实中国的最佳窗口。

20年孜孜以求，“皮书”始终将自己的研究视野与经济社会发展中的前沿热点问题紧密相连。600个研究领域，3万多位分布于800余个研究机构的专家学者参与了研创写作。皮书数据库中共收录了15万篇专业报告，50余万张数据图表，合计30亿字，每年报告下载量近80万次。皮书为中国学术与社会发展实践的结合提供了一个激荡智力、传播思想的入口，皮书作者们用学术的话语、客观翔实的数据谱写出了中国故事壮丽的篇章。

20年跬步千里，“皮书”始终将自己的发展与时代赋予的使命与责任紧紧相连。每年百余场新闻发布会，10万余次中外媒体报道，中、英、俄、日、韩等12个语种共同出版。皮书所具有的凝聚力正在形成一种无形的力量，吸引着社会各界关注中国的发展，参与中国的发展，它是我们向世界传递中国声音、总结中国经验、争取中国国际话语权最主要的平台。

皮书这一系列成就的取得，得益于中国改革开放的伟大时代，离不开来自中国社会科学院、新闻出版广电总局、全国哲学社会科学规划办公室等主管部门的大力支持和帮助，也离不开皮书研创者和出版者的共同努力。他们与皮书的故事创造了皮书的历史，他们对皮书的拳拳之心将继续谱写皮书的未来！

现在，“皮书”品牌已经进入了快速成长的青壮年时期。全方位进行规范化管理，树立中国的学术出版标准；不断提升皮书的内容质量和影响力，搭建起中国智库产品和智库建设的交流服务平台和国际传播平台；发布各类皮书指数，并使之成为中国指数，让中国智库的声音响彻世界舞台，为人类的发展做出中国的贡献——这是皮书未来发展的图景。作为“皮书”这个概念的提出者，“皮书”从一般图书到系列图书和品牌图书，最终成为智库研究和社会科学应用对策研究的知识服务和成果推广平台这整个过程的操盘者，我相信，这也是每一位皮书人执着追求的目标。

“当代中国正经历着我国历史上最为广泛而深刻的社会变革，也正在进行着人类历史上最为宏大而独特的实践创新。这种前无古人的伟大实践，必将给理论创造、学术繁荣提供强大动力和广阔空间。”

在这个需要思想而且一定能够产生思想的时代，皮书的研创出版一定能创造出新的更大的辉煌！

社会科学文献出版社社长
中国社会学会秘书长

2017年11月

社会科学文献出版社简介

社会科学文献出版社（以下简称“社科文献出版社”）成立于1985年，是直属于中国社会科学院的人文社会科学学术出版机构。成立至今，社科文献出版社始终依托中国社会科学院和国内外人文社会科学界丰厚的学术出版和专家学者资源，坚持“创社科经典，出传世文献”的出版理念、“权威、前沿、原创”的产品定位以及学术成果和智库成果出版的专业化、数字化、国际化、市场化的经营道路。

社科文献出版社是中国新闻出版业转型与文化体制改革的先行者。积极探索文化体制改革的先进方向和现代企业经营决策机制，社科文献出版社先后荣获“全国文化体制改革工作先进单位”、中国出版政府奖·先进出版单位奖，中国社会科学院先进集体、全国科普工作先进集体等荣誉称号。多人次荣获“第十届韬奋出版奖”“全国新闻出版行业领军人才”“数字出版先进人物”“北京市新闻出版广电行业领军人才”等称号。

社科文献出版社是中国人文社会科学学术出版的大社名社，也是以皮书为代表的智库成果出版的专业强社。年出版图书2000余种，其中皮书400余种，出版新书字数5.5亿字，承印与发行中国社科院院属期刊72种，先后创立了皮书系列、列国志、中国史话、社科文献学术译库、社科文献学术文库、甲骨文书系等一大批既有学术影响又有市场价值的品牌，确立了在社会学、近代史、苏东问题研究等专业学科及领域出版的领先地位。图书多次荣获中国出版政府奖、“三个一百”原创图书出版工程、“五个‘一’工程奖”、“大众喜爱的50种图书”等奖项，在中央国家机关“强素质·做表率”读书活动中，入选图书品种数位居各大出版社之首。

社科文献出版社是中国学术出版规范与标准的倡议者与制定者，代表全国50多家出版社发起实施学术著作出版规范的倡议，承担学术著作规范国家标准的起草工作，率先编撰完成《皮书手册》对皮书品牌进行规范化管理，并在此基础上推出中国版芝加哥手册——《社科文献出版社学术出版手册》。

社科文献出版社是中国数字出版的引领者，拥有皮书数据库、列国志数据库、“一带一路”数据库、减贫数据库、集刊数据库等4大产品线11个数据库产品，机构用户达1300余家，海外用户百余家，荣获“数字出版转型示范单位”“新闻出版标准化先进单位”“专业数字内容资源知识服务模式试点企业标准化示范单位”等称号。

社科文献出版社是中国学术出版走出去的践行者。社科文献出版社海外图书出版与学术合作业务遍及全球40余个国家和地区，并于2016年成立俄罗斯分社，累计输出图书500余种，涉及近20个语种，累计获得国家社科基金中华学术外译项目资助76种、“丝路书香工程”项目资助60种、中国图书对外推广计划项目资助71种以及经典中国国际出版工程资助28种，被五部委联合认定为“2015-2016年度国家文化出口重点企业”。

如今，社科文献出版社完全靠自身积累拥有固定资产3.6亿元，年收入3亿元，设置了七大出版分社、六大专业部门，成立了皮书研究院和博士后科研工作站，培养了一支近400人的高素质与高效率的编辑、出版、营销和国际推广队伍，为未来成为学术出版的大社、名社、强社，成为文化体制改革与文化企业转型发展的排头兵奠定了坚实的基础。

宏观经济类

经济蓝皮书

2018 年中国经济形势分析与预测

李平 / 主编　2017 年 12 月出版　定价：89.00 元

◆　本书为总理基金项目，由著名经济学家李扬领衔，联合中国社会科学院等数十家科研机构、国家部委和高等院校的专家共同撰写，系统分析了 2017 年的中国经济形势并预测 2018 年中国经济运行情况。

城市蓝皮书

中国城市发展报告 No.11

潘家华　单菁菁 / 主编　2018 年 9 月出版　估价：99.00 元

◆　本书是由中国社会科学院城市发展与环境研究中心编著的，多角度、全方位地立体展示了中国城市的发展状况，并对中国城市的未来发展提出了许多建议。该书有强烈的时代感，对中国城市发展实践有重要的参考价值。

人口与劳动绿皮书

中国人口与劳动问题报告 No.19

张车伟 / 主编　2018 年 10 月出版　估价：99.00 元

◆　本书为中国社会科学院人口与劳动经济研究所主编的年度报告，对当前中国人口与劳动形势做了比较全面和系统的深入讨论，为研究中国人口与劳动问题提供了一个专业性的视角。

中国省域竞争力蓝皮书

中国省域经济综合竞争力发展报告（2017 ~ 2018）

李建平　李闽榕　高燕京 / 主编　2018 年 5 月出版　估价：198.00 元

◆　本书融多学科的理论为一体，深入追踪研究了省域经济发展与中国国家竞争力的内在关系，为提升中国省域经济综合竞争力提供有价值的决策依据。

金融蓝皮书

中国金融发展报告（2018）

王国刚 / 主编　2018 年 6 月出版　估价：99.00 元

◆　本书由中国社会科学院金融研究所组织编写，概括和分析了 2017 年中国金融发展和运行中的各方面情况，研讨和评论了 2017 年发生的主要金融事件，有利于读者了解掌握 2017 年中国的金融状况，把握 2018 年中国金融的走势。

区域经济类

京津冀蓝皮书

京津冀发展报告（2018）

祝合良　叶堂林　张贵祥 / 等著　2018 年 6 月出版　估价：99.00 元

◆　本书遵循问题导向与目标导向相结合、统计数据分析与大数据分析相结合、纵向分析和长期监测与结构分析和综合监测相结合等原则，对京津冀协同发展新形势与新进展进行测度与评价。

社会政法类

社会蓝皮书

2018 年中国社会形势分析与预测

李培林　陈光金　张翼 / 主编　2017 年 12 月出版　定价：89.00 元

◆　本书由中国社会科学院社会学研究所组织研究机构专家、高校学者和政府研究人员撰写，聚焦当下社会热点，对 2017 年中国社会发展的各个方面内容进行了权威解读，同时对 2018 年社会形势发展趋势进行了预测。

法治蓝皮书

中国法治发展报告 No.16（2018）

李林　田禾 / 主编　2018 年 3 月出版　定价：128.00 元

◆　本年度法治蓝皮书回顾总结了 2017 年度中国法治发展取得的成就和存在的不足，对中国政府、司法、检务透明度进行了跟踪调研，并对 2018 年中国法治发展形势进行了预测和展望。

教育蓝皮书

中国教育发展报告（2018）

杨东平 / 主编　2018 年 3 月出版　定价：89.00 元

◆　本书重点关注了 2017 年教育领域的热点，资料翔实，分析有据，既有专题研究，又有实践案例，从多角度对 2017 年教育改革和实践进行了分析和研究。

社会体制蓝皮书

中国社会体制改革报告 No.6（2018）

龚维斌 / 主编　2018 年 3 月出版　定价：98.00 元

◆　本书由国家行政学院社会治理研究中心和北京师范大学中国社会管理研究院共同组织编写，主要对 2017 年社会体制改革情况进行回顾和总结，对 2018 年的改革走向进行分析，提出相关政策建议。

社会心态蓝皮书

中国社会心态研究报告（2018）

王俊秀　杨宜音 / 主编　2018 年 12 月出版　估价：99.00 元

◆　本书是中国社会科学院社会学研究所社会心理研究中心“社会心态蓝皮书课题组”的年度研究成果，运用社会心理学、社会学、经济学、传播学等多种学科的方法进行了调查和研究，对于目前中国社会心态状况有较广泛和深入的揭示。

华侨华人蓝皮书

华侨华人研究报告（2018）

贾益民 / 主编　2017 年 12 月出版　估价：139.00 元

◆　本书关注华侨华人生产与生活的方方面面。华侨华人是中国建设 21 世纪海上丝绸之路的重要中介者、推动者和参与者。本书旨在全面调研华侨华人，提供最新涉侨动态、理论研究成果和政策建议。

民族发展蓝皮书

中国民族发展报告（2018）

王延中 / 主编　2018 年 10 月出版　估价：188.00 元

◆　本书从民族学人类学视角，研究近年来少数民族和民族地区的发展情况，展示民族地区经济、政治、文化、社会和生态文明“五位一体”建设取得的辉煌成就和面临的困难挑战，为深刻理解中央民族工作会议精神、加快民族地区全面建成小康社会进程提供了实证材料。

产业经济类

房地产蓝皮书

中国房地产发展报告 No.15（2018）

李春华　王业强 / 主编　2018 年 5 月出版　估价：99.00 元

◆　2018 年《房地产蓝皮书》持续追踪中国房地产市场最新动态，深度剖析市场热点，展望 2018 年发展趋势，积极谋划应对策略。对 2017 年房地产市场的发展态势进行全面、综合的分析。

新能源汽车蓝皮书

中国新能源汽车产业发展报告（2018）

中国汽车技术研究中心　日产（中国）投资有限公司
东风汽车有限公司 / 编著　2018 年 8 月出版　估价：99.00 元

◆　本书对中国 2017 年新能源汽车产业发展进行了全面系统的分析，并介绍了国外的发展经验。有助于相关机构、行业和社会公众等了解中国新能源汽车产业发展的最新动态，为政府部门出台新能源汽车产业相关政策法规、企业制定相关战略规划，提供必要的借鉴和参考。

行业及其他类

旅游绿皮书

2017 ~ 2018 年中国旅游发展分析与预测

中国社会科学院旅游研究中心 / 编　2018 年 1 月出版　定价：99.00 元

◆　本书从政策、产业、市场、社会等多个角度勾画出 2017 年中国旅游发展全貌，剖析了其中的热点和核心问题，并就未来发展作出预测。

民营医院蓝皮书

中国民营医院发展报告（2018）

薛晓林 / 主编　2018 年 11 月出版　估价：99.00 元

◆　本书在梳理国家对社会办医的各种利好政策的前提下，对我国民营医疗发展现状、我国民营医院竞争力进行了分析，并结合我国医疗体制改革对民营医院的发展趋势、发展策略、战略规划等方面进行了预估。

会展蓝皮书

中外会展业动态评估研究报告（2018）

张敏 / 主编　2018 年 12 月出版　估价：99.00 元

◆　本书回顾了 2017 年的会展业发展动态，结合“供给侧改革”、“互联网 +”、“绿色经济”的新形势分析了我国展会的行业现状，并介绍了国外的发展经验，有助于行业和社会了解最新的展会业动态。

中国上市公司蓝皮书

中国上市公司发展报告（2018）

张平　王宏淼 / 主编　2018 年 9 月出版　估价：99.00 元

◆　本书由中国社会科学院上市公司研究中心组织编写的，着力于全面、真实、客观反映当前中国上市公司财务状况和价值评估的综合性年度报告。本书详尽分析了 2017 年中国上市公司情况，特别是现实中暴露出的制度性、基础性问题，并对资本市场改革进行了探讨。

工业和信息化蓝皮书

人工智能发展报告（2017 ～ 2018）

尹丽波 / 主编　2018 年 6 月出版　估价：99.00 元

◆　本书国家工业信息安全发展研究中心在对 2017 年全球人工智能技术和产业进行全面跟踪研究基础上形成的研究报告。该报告内容翔实、视角独特，具有较强的产业发展前瞻性和预测性，可为相关主管部门、行业协会、企业等全面了解人工智能发展形势以及进行科学决策提供参考。

国际问题与全球治理类

世界经济黄皮书

2018 年世界经济形势分析与预测

张宇燕 / 主编　2018 年 1 月出版　定价：99.00 元

◆　本书由中国社会科学院世界经济与政治研究所的研究团队撰写，分总论、国别与地区、专题、热点、世界经济统计与预测等五个部分，对 2018 年世界经济形势进行了分析。

国际城市蓝皮书

国际城市发展报告（2018）

屠启宇 / 主编　2018 年 2 月出版　定价：89.00 元

◆　本书作者以上海社会科学院从事国际城市研究的学者团队为核心，汇集同济大学、华东师范大学、复旦大学、上海交通大学、南京大学、浙江大学相关城市研究专业学者。立足动态跟踪介绍国际城市发展时间中，最新出现的重大战略、重大理念、重大项目、重大报告和最佳案例。

非洲黄皮书

非洲发展报告 No.20（2017 ～ 2018）

张宏明 / 主编　2018 年 7 月出版　估价：99.00 元

◆　本书是由中国社会科学院西亚非洲研究所组织编撰的非洲形势年度报告，比较全面、系统地分析了 2017 年非洲政治形势和热点问题，探讨了非洲经济形势和市场走向，剖析了大国对非洲关系的新动向；此外，还介绍了国内非洲研究的新成果。

国别类

美国蓝皮书

美国研究报告（2018）

郑秉文　黄平 / 主编　2018 年 5 月出版　估价：99.00 元

◆　本书是由中国社会科学院美国研究所主持完成的研究成果，它回顾了美国 2017 年的经济、政治形势与外交战略，对美国内政外交发生的重大事件及重要政策进行了较为全面的回顾和梳理。

德国蓝皮书

德国发展报告（2018）

郑春荣 / 主编　2018 年 6 月出版　估价：99.00 元

◆　本报告由同济大学德国研究所组织编撰，由该领域的专家学者对德国的政治、经济、社会文化、外交等方面的形势发展情况，进行全面的阐述与分析。

俄罗斯黄皮书

俄罗斯发展报告（2018）

李永全 / 编著　2018 年 6 月出版　估价：99.00 元

◆　本书系统介绍了 2017 年俄罗斯经济政治情况，并对 2016 年该地区发生的焦点、热点问题进行了分析与回顾；在此基础上，对该地区 2018 年的发展前景进行了预测。

文化传媒类

新媒体蓝皮书

中国新媒体发展报告 No.9（2018）

唐绪军 / 主编　2018 年 6 月出版　估价：99.00 元

◆　本书是由中国社会科学院新闻与传播研究所组织编写的关于新媒体发展的最新年度报告，旨在全面分析中国新媒体的发展现状，解读新媒体的发展趋势，探析新媒体的深刻影响。

移动互联网蓝皮书

中国移动互联网发展报告（2018）

余清楚 / 主编　2018 年 6 月出版　估价：99.00 元

◆　本书着眼于对 2017 年度中国移动互联网的发展情况做深入解析，对未来发展趋势进行预测，力求从不同视角、不同层面全面剖析中国移动互联网发展的现状、年度突破及热点趋势等。

文化蓝皮书

中国文化消费需求景气评价报告（2018）

王亚南 / 主编　2018 年 3 月出版　定价：99.00 元

◆　本书首创全国文化发展量化检测评价体系，也是至今全国唯一的文化民生量化检测评价体系，对于检验全国及各地 " 以人民为中心 " 的文化发展具有首创意义。

地方发展类

北京蓝皮书

北京经济发展报告（2017 ~ 2018）

杨松 / 主编　2018 年 6 月出版　估价：99.00 元

◆　本书对 2017 年北京市经济发展的整体形势进行了系统性的分析与回顾，并对 2018 年经济形势走势进行了预测与研判，聚焦北京市经济社会发展中的全局性、战略性和关键领域的重点问题，运用定量和定性分析相结合的方法，对北京市经济社会发展的现状、问题、成因进行了深入分析，提出了可操作性的对策建议。

温州蓝皮书

2018 年温州经济社会形势分析与预测

蒋儒标　王春光　金浩 / 主编　2018 年 6 月出版　估价：99.00 元

◆　本书是中共温州市委党校和中国社会科学院社会学研究所合作推出的第十一本温州蓝皮书，由来自党校、政府部门、科研机构、高校的专家、学者共同撰写的 2017 年温州区域发展形势的最新研究成果。

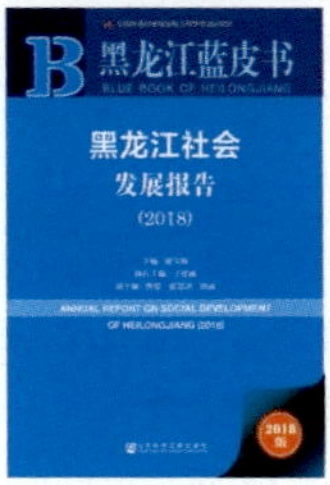

黑龙江蓝皮书

黑龙江社会发展报告（2018）

王爱丽 / 主编　2018 年 1 月出版　定价：89.00 元

◆　本书以千份随机抽样问卷调查和专题研究为依据，运用社会学理论框架和分析方法，从专家和学者的独特视角，对 2017 年黑龙江省关系民生的问题进行广泛的调研与分析，并对 2017 年黑龙江省诸多社会热点和焦点问题进行了有益的探索。这些研究不仅可以为政府部门更加全面深入了解省情、科学制定决策提供智力支持，同时也可以为广大读者认识、了解、关注黑龙江社会发展提供理性思考。

宏观经济类

城市蓝皮书
中国城市发展报告（No.11）
著(编)者：潘家华 单菁菁
2018年9月出版 / 估价：99.00元
PSN B-2007-091-1/1

城乡一体化蓝皮书
中国城乡一体化发展报告（2018）
著(编)者：付崇兰
2018年9月出版 / 估价：99.00元
PSN B-2011-226-1/2

城镇化蓝皮书
中国新型城镇化健康发展报告（2018）
著(编)者：张占斌
2018年8月出版 / 估价：99.00元
PSN B-2014-396-1/1

创新蓝皮书
创新型国家建设报告（2018～2019）
著(编)者：詹正茂
2018年12月出版 / 估价：99.00元
PSN B-2009-140-1/1

低碳发展蓝皮书
中国低碳发展报告（2018）
著(编)者：张希良 齐晔
2018年6月出版 / 估价：99.00元
PSN B-2011-223-1/1

低碳经济蓝皮书
中国低碳经济发展报告（2018）
著(编)者：薛进军 赵忠秀
2018年11月出版 / 估价：99.00元
PSN B-2011-194-1/1

发展和改革蓝皮书
中国经济发展和体制改革报告No.9
著(编)者：邹东涛 王再文
2018年1月出版 / 估价：99.00元
PSN B-2008-122-1/1

国家创新蓝皮书
中国创新发展报告（2017）
著(编)者：陈劲 2018年5月出版 / 估价：99.00元
PSN B-2014-370-1/1

金融蓝皮书
中国金融发展报告（2018）
著(编)者：王国刚
2018年6月出版 / 估价：99.00元
PSN B-2004-031-1/7

经济蓝皮书
2018年中国经济形势分析与预测
著(编)者：李平 2017年12月出版 / 定价：89.00元
PSN B-1996-001-1/1

经济蓝皮书春季号
2018年中国经济前景分析
著(编)者：李扬 2018年5月出版 / 估价：99.00元
PSN B-1999-008-1/1

经济蓝皮书夏季号
中国经济增长报告（2017～2018）
著(编)者：李扬 2018年9月出版 / 估价：99.00元
PSN B-2010-176-1/1

农村绿皮书
中国农村经济形势分析与预测（2017～2018）
著(编)者：魏后凯 黄秉信
2018年4月出版 / 定价：99.00元
PSN G-1998-003-1/1

人口与劳动绿皮书
中国人口与劳动问题报告No.19
著(编)者：张车伟 2018年11月出版 / 估价：99.00元
PSN G-2000-012-1/1

新型城镇化蓝皮书
新型城镇化发展报告（2017）
著(编)者：李伟 宋敏
2018年3月出版 / 定价：98.00元
PSN B-2005-038-1/1

中国省域竞争力蓝皮书
中国省域经济综合竞争力发展报告（2016～2017）
著(编)者：李建平 李闽榕
2018年2月出版 / 定价：198.00元
PSN B-2007-088-1/1

中小城市绿皮书
中国中小城市发展报告（2018）
著(编)者：中国城市经济学会中小城市经济发展委员会
中国城镇化促进会中小城市发展委员会
《中国中小城市发展报告》编纂委员会
中小城市发展战略研究院
2018年11月出版 / 估价：128.00元
PSN G-2010-161-1/1

区域经济类

东北蓝皮书
中国东北地区发展报告（2018）
著(编)者：姜晓秋　　2018年11月出版 / 估价：99.00元
PSN B-2006-067-1/1

金融蓝皮书
中国金融中心发展报告（2017～2018）
著(编)者：王力 黄育华　　2018年11月出版 / 估价：99.00元
PSN B-2011-186-6/7

京津冀蓝皮书
京津冀发展报告（2018）
著(编)者：祝合良 叶堂林 张贵祥
2018年6月出版 / 估价：99.00元
PSN B-2012-262-1/1

西北蓝皮书
中国西北发展报告（2018）
著(编)者：王福生 马廷旭 董秋生
2018年1月出版 / 定价：99.00元
PSN B-2012-261-1/1

西部蓝皮书
中国西部发展报告（2018）
著(编)者：璋勇 任保平　　2018年8月出版 / 估价：99.00元
PSN B-2005-039-1/1

长江经济带产业蓝皮书
长江经济带产业发展报告（2018）
著(编)者：吴传清　　2018年11月出版 / 估价：128.00元
PSN B-2017-666-1/1

长江经济带蓝皮书
长江经济带发展报告（2017～2018）
著(编)者：王振　　2018年11月出版 / 估价：99.00元
PSN B-2016-575-1/1

长江中游城市群蓝皮书
长江中游城市群新型城镇化与产业协同发展报告（2018）
著(编)者：杨刚强　　2018年11月出版 / 估价：99.00元
PSN B-2016-578-1/1

长三角蓝皮书
2017年创新融合发展的长三角
著(编)者：刘飞跃　　2018年5月出版 / 估价：99.00元
PSN B-2005-038-1/1

长株潭城市群蓝皮书
长株潭城市群发展报告（2017）
著(编)者：张萍 朱有志　　2018年6月出版 / 估价：99.00元
PSN B-2008-109-1/1

特色小镇蓝皮书
特色小镇智慧运营报告（2018）：顶层设计与智慧架构标
著(编)者：陈劲　　2018年1月出版 / 定价：79.00元
PSN B-2018-692-1/1

中部竞争力蓝皮书
中国中部经济社会竞争力报告（2018）
著(编)者：教育部人文社会科学重点研究基地南昌大学中国中部经济社会发展研究中心
2018年12月出版 / 估价：99.00元
PSN B-2012-276-1/1

中部蓝皮书
中国中部地区发展报告（2018）
著(编)者：宋亚平　　2018年12月出版 / 估价：99.00元
PSN B-2007-089-1/1

区域蓝皮书
中国区域经济发展报告（2017～2018）
著(编)者：赵弘　　2018年5月出版 / 估价：99.00元
PSN B-2004-034-1/1

中三角蓝皮书
长江中游城市群发展报告（2018）
著(编)者：秦尊文　　2018年9月出版 / 估价：99.00元
PSN B-2014-417-1/1

中原蓝皮书
中原经济区发展报告（2018）
著(编)者：李英杰　　2018年6月出版 / 估价：99.00元
PSN B-2011-192-1/1

珠三角流通蓝皮书
珠三角商圈发展研究报告（2018）
著(编)者：王先庆 林至颖　　2018年7月出版 / 估价：99.00元
PSN B-2012-292-1/1

社会政法类

北京蓝皮书
中国社区发展报告（2017～2018）
著(编)者：于燕燕　　2018年9月出版 / 估价：99.00元
PSN B-2007-083-5/8

殡葬绿皮书
中国殡葬事业发展报告（2017～2018）
著(编)者：李伯森　　2018年6月出版 / 估价：158.00元
PSN G-2010-180-1/1

城市管理蓝皮书
中国城市管理报告（2017-2018）
著(编)者：刘林 刘承水　　2018年5月出版 / 估价：158.00元
PSN B-2013-336-1/1

城市生活质量蓝皮书
中国城市生活质量报告（2017）
著(编)者：张连城 张平 杨春学 郎丽华
2017年12月出版 / 定价：89.00元
PSN B-2013-326-1/1

城市政府能力蓝皮书
中国城市政府公共服务能力评估报告（2018）
著(编)者：何艳玲　2018年5月出版 / 估价：99.00元
PSN B-2013-338-1/1

创业蓝皮书
中国创业发展研究报告（2017～2018）
著(编)者：黄群慧 赵卫星 钟宏武
2018年11月出版 / 估价：99.00元
PSN B-2016-577-1/1

慈善蓝皮书
中国慈善发展报告（2018）
著(编)者：杨团　2018年6月出版 / 估价：99.00元
PSN B-2009-142-1/1

党建蓝皮书
党的建设研究报告No.2（2018）
著(编)者：崔建民 陈东平　2018年6月出版 / 估价：99.00元
PSN B-2016-523-1/1

地方法治蓝皮书
中国地方法治发展报告No.3（2018）
著(编)者：李林 田禾　2018年6月出版 / 估价：118.00元
PSN B-2015-442-1/1

电子政务蓝皮书
中国电子政务发展报告（2018）
著(编)者：李季　2018年8月出版 / 估价：99.00元
PSN B-2003-022-1/1

儿童蓝皮书
中国儿童参与状况报告（2017）
著(编)者：苑立新　2017年12月出版 / 定价：89.00元
PSN B-2017-682-1/1

法治蓝皮书
中国法治发展报告No.16（2018）
著(编)者：李林 田禾　2018年3月出版 / 定价：128.00元
PSN B-2004-027-1/3

法治蓝皮书
中国法院信息化发展报告 No.2（2018）
著(编)者：李林 田禾　2018年2月出版 / 定价：118.00元
PSN B-2017-604-3/3

法治政府蓝皮书
中国法治政府发展报告（2017）
著(编)者：中国政法大学法治政府研究院
2018年3月出版 / 定价：158.00元
PSN B-2015-502-1/2

法治政府蓝皮书
中国法治政府评估报告（2018）
著(编)者：中国政法大学法治政府研究院
2018年9月出版 / 估价：168.00元
PSN B-2016-576-2/2

反腐倡廉蓝皮书
中国反腐倡廉建设报告 No.8
著(编)者：张英伟　2018年12月出版 / 估价：99.00元
PSN B-2012-259-1/1

扶贫蓝皮书
中国扶贫开发报告（2018）
著(编)者：李培林 魏后凯　2018年12月出版 / 估价：128.00元
PSN B-2016-599-1/1

妇女发展蓝皮书
中国妇女发展报告 No.6
著(编)者：王金玲　2018年9月出版 / 估价：158.00元
PSN B-2006-069-1/1

妇女教育蓝皮书
中国妇女教育发展报告 No.3
著(编)者：张李玺　2018年10月出版 / 估价：99.00元
PSN B-2008-121-1/1

妇女绿皮书
2018年：中国性别平等与妇女发展报告
著(编)者：谭琳　2018年12月出版 / 估价：99.00元
PSN G-2006-073-1/1

公共安全蓝皮书
中国城市公共安全发展报告（2017～2018）
著(编)者：黄育华 杨文明 赵建辉
2018年6月出版 / 估价：99.00元
PSN B-2017-628-1/1

公共服务蓝皮书
中国城市基本公共服务力评价（2018）
著(编)者：钟君 刘志昌 吴正杲
2018年12月出版 / 估价：99.00元
PSN B-2011-214-1/1

公民科学素质蓝皮书
中国公民科学素质报告（2017～2018）
著(编)者：李群 陈雄 马宗文
2017年12月出版 / 定价：89.00元
PSN B-2014-379-1/1

公益蓝皮书
中国公益慈善发展报告（2016）
著(编)者：朱健刚 胡小军　2018年6月出版 / 估价：99.00元
PSN B-2012-283-1/1

国际人才蓝皮书
中国国际移民报告（2018）
著(编)者：王辉耀　2018年6月出版 / 估价：99.00元
PSN B-2012-304-3/4

国际人才蓝皮书
中国留学发展报告（2018）No.7
著(编)者：王辉耀 苗绿　2018年12月出版 / 估价：99.00元
PSN B-2012-244-2/4

海洋社会蓝皮书
中国海洋社会发展报告（2017）
著(编)者：崔凤 宋宁而　2018年3月出版 / 定价：99.00元
PSN B-2015-478-1/1

行政改革蓝皮书
中国行政体制改革报告No.7（2018）
著(编)者：魏礼群　2018年6月出版 / 估价：99.00元
PSN B-2011-231-1/1

华侨华人蓝皮书
华侨华人研究报告（2017）
著(编)者：张禹东 庄国土　2017年12月出版 / 定价：148.00元
PSN B-2011-204-1/1

互联网与国家治理蓝皮书
互联网与国家治理发展报告（2017）
著(编)者：张志安　2018年1月出版 / 定价：98.00元
PSN B-2017-671-1/1

环境管理蓝皮书
中国环境管理发展报告（2017）
著(编)者：李金惠　2017年12月出版 / 定价：98.00元
PSN B-2017-678-1/1

环境竞争力绿皮书
中国省域环境竞争力发展报告（2018）
著(编)者：李建平 李闽榕 王金南
2018年11月出版 / 估价：198.00元
PSN G-2010-165-1/1

环境绿皮书
中国环境发展报告（2017~2018）
著(编)者：李波　2018年6月出版 / 估价：99.00元
PSN G-2006-048-1/1

家庭蓝皮书
中国"创建幸福家庭活动"评估报告（2018）
著(编)者：国务院发展研究中心"创建幸福家庭活动评估"课题组
2018年12月出版 / 估价：99.00元
PSN B-2015-508-1/1

健康城市蓝皮书
中国健康城市建设研究报告（2018）
著(编)者：王鸿春 盛继洪　2018年12月出版 / 估价：99.00元
PSN B-2016-564-2/2

健康中国蓝皮书
社区首诊与健康中国分析报告（2018）
著(编)者：高和荣 杨叔禹 姜杰
2018年6月出版 / 估价：99.00元
PSN B-2017-611-1/1

教师蓝皮书
中国中小学教师发展报告（2017）
著(编)者：曾晓东 鱼霞
2018年6月出版 / 估价：99.00元
PSN B-2012-289-1/1

教育扶贫蓝皮书
中国教育扶贫报告（2018）
著(编)者：司树杰 王文静 李兴洲
2018年12月出版 / 估价：99.00元
PSN B-2016-590-1/1

教育蓝皮书
中国教育发展报告（2018）
著(编)者：杨东平　2018年3月出版 / 定价：89.00元
PSN B-2006-047-1/1

金融法治建设蓝皮书
中国金融法治建设年度报告（2015~2016）
著(编)者：朱小黄　2018年6月出版 / 估价：99.00元
PSN B-2017-633-1/1

京津冀教育蓝皮书
京津冀教育发展研究报告（2017~2018）
著(编)者：方中雄　2018年6月出版 / 估价：99.00元
PSN B-2017-608-1/1

就业蓝皮书
2018年中国本科生就业报告
著(编)者：麦可思研究院　2018年6月出版 / 估价：99.00元
PSN B-2009-146-1/2

就业蓝皮书
2018年中国高职高专生就业报告
著(编)者：麦可思研究院　2018年6月出版 / 估价：99.00元
PSN B-2015-472-2/2

科学教育蓝皮书
中国科学教育发展报告（2018）
著(编)者：王康友　2018年10月出版 / 估价：99.00元
PSN B-2015-487-1/1

劳动保障蓝皮书
中国劳动保障发展报告（2018）
著(编)者：刘燕斌　2018年9月出版 / 估价：158.00元
PSN B-2014-415-1/1

老龄蓝皮书
中国老年宜居环境发展报告（2017）
著(编)者：党俊武 周燕珉　2018年6月出版 / 估价：99.00元
PSN B-2013-320-1/1

连片特困区蓝皮书
中国连片特困区发展报告（2017~2018）
著(编)者：游俊 冷志明 丁建军
2018年6月出版 / 估价：99.00元
PSN B-2013-321-1/1

流动儿童蓝皮书
中国流动儿童教育发展报告（2017）
著(编)者：杨东平　2018年6月出版 / 估价：99.00元
PSN B-2017-600-1/1

民调蓝皮书
中国民生调查报告（2018）
著(编)者：谢耘耕　2018年12月出版 / 估价：99.00元
PSN B-2014-398-1/1

民族发展蓝皮书
中国民族发展报告（2018）
著(编)者：王延中　2018年10月出版 / 估价：188.00元
PSN B-2006-070-1/1

女性生活蓝皮书
中国女性生活状况报告No.12（2018）
著(编)者：高博燕　2018年7月出版 / 估价：99.00元
PSN B-2006-071-1/1

汽车社会蓝皮书
中国汽车社会发展报告（2017～2018）
著(编)者：王俊秀　2018年6月出版 / 估价：99.00元
PSN B-2011-224-1/1

青年蓝皮书
中国青年发展报告（2018）No.3
著(编)者：廉思　2018年6月出版 / 估价：99.00元
PSN B-2013-333-1/1

青少年蓝皮书
中国未成年人互联网运用报告（2017～2018）
著(编)者：季为民 李文革 沈杰
2018年11月出版 / 估价：99.00元
PSN B-2010-156-1/1

人权蓝皮书
中国人权事业发展报告No.8（2018）
著(编)者：李君如　2018年9月出版 / 估价：99.00元
PSN B-2011-215-1/1

社会保障绿皮书
中国社会保障发展报告No.9（2018）
著(编)者：王延中　2018年6月出版 / 估价：99.00元
PSN G-2001-014-1/1

社会风险评估蓝皮书
风险评估与危机预警报告（2017～2018）
著(编)者：唐钧　2018年8月出版 / 估价：99.00元
PSN B-2012-293-1/1

社会工作蓝皮书
中国社会工作发展报告（2016~2017）
著(编)者：民政部社会工作研究中心
2018年8月出版 / 估价：99.00元
PSN B-2009-141-1/1

社会管理蓝皮书
中国社会管理创新报告No.6
著(编)者：连玉明　2018年11月出版 / 估价：99.00元
PSN B-2012-300-1/1

社会蓝皮书
2018年中国社会形势分析与预测
著(编)者：李培林 陈光金 张翼
2017年12月出版 / 定价：89.00元
PSN B-1998-002-1/1

社会体制蓝皮书
中国社会体制改革报告No.6（2018）
著(编)者：龚维斌　2018年3月出版 / 定价：98.00元
PSN B-2013-330-1/1

社会心态蓝皮书
中国社会心态研究报告（2018）
著(编)者：王俊秀　2018年12月出版 / 估价：99.00元
PSN B-2011-199-1/1

社会组织蓝皮书
中国社会组织报告（2017-2018）
著(编)者：黄晓勇　2018年6月出版 / 估价：99.00元
PSN B-2008-118-1/2

社会组织蓝皮书
中国社会组织评估发展报告（2018）
著(编)者：徐家良　2018年12月出版 / 估价：99.00元
PSN B-2013-366-2/2

生态城市绿皮书
中国生态城市建设发展报告（2018）
著(编)者：刘举科 孙伟平 胡文臻
2018年9月出版 / 估价：158.00元
PSN G-2012-269-1/1

生态文明绿皮书
中国省域生态文明建设评价报告（ECI 2018）
著(编)者：严耕　2018年12月出版 / 估价：99.00元
PSN G-2010-170-1/1

退休生活蓝皮书
中国城市居民退休生活质量指数报告（2017）
著(编)者：杨一帆　2018年6月出版 / 估价：99.00元
PSN B-2017 618-1/1

危机管理蓝皮书
中国危机管理报告（2018）
著(编)者：文学国 范正青
2018年8月出版 / 估价：99.00元
PSN B-2010-171-1/1

学会蓝皮书
2018年中国学会发展报告
著(编)者：麦可思研究院　2018年12月出版 / 估价：99.00元
PSN B-2016-597-1/1

医改蓝皮书
中国医药卫生体制改革报告（2017～2018）
著(编)者：文学国 房志武
2018年11月出版 / 估价：99.00元
PSN B-2014-432-1/1

应急管理蓝皮书
中国应急管理报告（2018）
著(编)者：宋英华　2018年9月出版 / 估价：99.00元
PSN B-2016-562-1/1

政府绩效评估蓝皮书
中国地方政府绩效评估报告 No.2
著(编)者：贠杰　2018年12月出版 / 估价：99.00元
PSN B-2017-672-1/1

政治参与蓝皮书
中国政治参与报告（2018）
著(编)者：房宁　2018年8月出版 / 估价：128.00元
PSN B-2011-200-1/1

政治文化蓝皮书
中国政治文化报告（2018）
著(编)者：邢元敏 魏大鹏 龚克
2018年8月出版 / 估价：128.00元
PSN B-2017-615-1/1

中国传统村落蓝皮书
中国传统村落保护现状报告（2018）
著(编)者：胡彬彬 李向军 王晓波
2018年12月出版 / 估价：99.00元
PSN B-2017-663-1/1

中国农村妇女发展蓝皮书
农村流动女性城市生活发展报告（2018）
著(编)者：谢丽华　2018年12月出版 / 估价：99.00元
PSN B-2014-434-1/1

宗教蓝皮书
中国宗教报告（2017）
著(编)者：邱永辉　2018年8月出版 / 估价：99.00元
PSN B-2008-117-1/1

产业经济类

保健蓝皮书
中国保健服务产业发展报告 No.2
著(编)者：中国保健协会　中共中央党校
2018年7月出版 / 估价：198.00元
PSN B-2012-272-3/3

保健蓝皮书
中国保健食品产业发展报告 No.2
著(编)者：中国保健协会
中国社会科学院食品药品产业发展与监管研究中心
2018年8月出版 / 估价：198.00元
PSN B-2012-271-2/3

保健蓝皮书
中国保健用品产业发展报告 No.2
著(编)者：中国保健协会
国务院国有资产监督管理委员会研究中心
2018年6月出版 / 估价：198.00元
PSN B-2012-270-1/3

保险蓝皮书
中国保险业竞争力报告（2018）
著(编)者：保监会　2018年12月出版 / 估价：99.00元
PSN B-2013-311-1/1

冰雪蓝皮书
中国冰上运动产业发展报告（2018）
著(编)者：孙承华　杨占武　刘戈　张鸿俊
2018年9月出版 / 估价：99.00元
PSN B-2017-648-3/3

冰雪蓝皮书
中国滑雪产业发展报告（2018）
著(编)者：孙承华　伍斌　魏庆华　张鸿俊
2018年9月出版 / 估价：99.00元
PSN B-2016-559-1/3

餐饮产业蓝皮书
中国餐饮产业发展报告（2018）
著(编)者：邢颖
2018年6月出版 / 估价：99.00元
PSN B-2009-151-1/1

茶业蓝皮书
中国茶产业发展报告（2018）
著(编)者：杨江帆　李闽榕
2018年10月出版 / 估价：99.00元
PSN B-2010-164-1/1

产业安全蓝皮书
中国文化产业安全报告（2018）
著(编)者：北京印刷学院文化产业安全研究院
2018年12月出版 / 估价：99.00元
PSN B-2014-378-12/14

产业安全蓝皮书
中国新媒体产业安全报告（2016～2017）
著(编)者：肖丽　2018年6月出版 / 估价：99.00元
PSN B-2015-500-14/14

产业安全蓝皮书
中国出版传媒产业安全报告（2017～2018）
著(编)者：北京印刷学院文化产业安全研究院
2018年6月出版 / 估价：99.00元
PSN B-2014-384-13/14

产业蓝皮书
中国产业竞争力报告（2018）No.8
著(编)者：张其仔　2018年12月出版 / 估价：168.00元
PSN B-2010-175-1/1

动力电池蓝皮书
中国新能源汽车动力电池产业发展报告（2018）
著(编)者：中国汽车技术研究中心
2018年8月出版 / 估价：99.00元
PSN B-2017-639-1/1

杜仲产业绿皮书
中国杜仲橡胶资源与产业发展报告（2017～2018）
著(编)者：杜红岩　胡文臻　俞锐
2018年6月出版 / 估价：99.00元
PSN G-2013-350-1/1

房地产蓝皮书
中国房地产发展报告No.15（2018）
著(编)者：李春华　王业强
2018年5月出版 / 估价：99.00元
PSN B-2004-028-1/1

服务外包蓝皮书
中国服务外包产业发展报告（2017～2018）
著(编)者：王晓红　刘德军
2018年6月出版 / 估价：99.00元
PSN B-2013-331-2/2

服务外包蓝皮书
中国服务外包竞争力报告（2017～2018）
著(编)者：刘春生　王力　黄育华
2018年12月出版 / 估价：99.00元
PSN B-2011-216-1/2

工业和信息化蓝皮书
世界信息技术产业发展报告（2017～2018）
著(编)者：尹丽波 2018年6月出版 / 估价：99.00元
PSN B-2015-449-2/6

工业和信息化蓝皮书
战略性新兴产业发展报告（2017～2018）
著(编)者：尹丽波 2018年6月出版 / 估价：99.00元
PSN B-2015-450-3/6

海洋经济蓝皮书
中国海洋经济发展报告（2015～2018）
著(编)者：殷克东 高金田 方胜民
2018年3月出版 / 定价：128.00元
PSN B-2018-697-1/1

康养蓝皮书
中国康养产业发展报告（2017）
著(编)者：何莽 2017年12月出版 / 定价：88.00元
PSN B-2017-685-1/1

客车蓝皮书
中国客车产业发展报告（2017～2018）
著(编)者：姚蔚 2018年10月出版 / 估价：99.00元
PSN B-2013-361-1/1

流通蓝皮书
中国商业发展报告（2018～2019）
著(编)者：王雪峰 林诗慧
2018年7月出版 / 估价：99.00元
PSN B-2009-152-1/2

能源蓝皮书
中国能源发展报告（2018）
著(编)者：崔民选 王军生 陈义和
2018年12月出版 / 估价：99.00元
PSN B-2006-049-1/1

农产品流通蓝皮书
中国农产品流通产业发展报告（2017）
著(编)者：贾敬敦 张东科 张玉玺 张鹏毅 周伟
2018年6月出版 / 估价：99.00元
PSN B-2012-288-1/1

汽车工业蓝皮书
中国汽车工业发展年度报告（2018）
著(编)者：中国汽车工业协会
中国汽车技术研究中心
丰田汽车公司
2018年5月出版 / 估价：168.00元
PSN B-2015-463-1/2

汽车工业蓝皮书
中国汽车零部件产业发展报告（2017～2018）
著(编)者：中国汽车工业协会
中国汽车工程研究院深圳市沃特玛电池有限公司
2018年9月出版 / 估价：99.00元
PSN B-2016-515-2/2

汽车蓝皮书
中国汽车产业发展报告（2018）
著(编)者：中国汽车工程学会
大众汽车集团（中国）
2018年11月出版 / 估价：99.00元
PSN B-2008-124-1/1

世界茶业蓝皮书
世界茶业发展报告（2018）
著(编)者：李闽榕 冯廷佺
2018年5月出版 / 估价：168.00元
PSN B-2017-619-1/1

世界能源蓝皮书
世界能源发展报告（2018）
著(编)者：黄晓勇 2018年6月出版 / 估价：168.00元
PSN B-2013-349-1/1

石油蓝皮书
中国石油产业发展报告（2018）
著(编)者：中国石油化工集团公司经济技术研究院
中国国际石油化工联合有限责任公司
中国社会科学院数量经济与技术经济研究所
2018年2月出版 / 定价：98.00元
PSN B-2018-690-1/1

体育蓝皮书
国家体育产业基地发展报告（2016～2017）
著(编)者：李颖川 2018年6月出版 / 估价：168.00元
PSN B-2017-609-5/5

体育蓝皮书
中国体育产业发展报告（2018）
著(编)者：阮伟 钟秉枢
2018年12月出版 / 估价：99.00元
PSN B-2010-179-1/5

文化金融蓝皮书
中国文化金融发展报告（2018）
著(编)者：杨涛 金巍
2018年6月出版 / 估价：99.00元
PSN B-2017-610-1/1

新能源汽车蓝皮书
中国新能源汽车产业发展报告（2018）
著(编)者：中国汽车技术研究中心
日产（中国）投资有限公司
东风汽车有限公司
2018年8月出版 / 估价：99.00元
PSN B-2013-347-1/1

薏仁米产业蓝皮书
中国薏仁米产业发展报告No.2（2018）
著(编)者：李发耀 石明 秦礼康
2018年8月出版 / 估价：99.00元
PSN B-2017-645-1/1

邮轮绿皮书
中国邮轮产业发展报告（2018）
著(编)者：汪泓 2018年10月出版 / 估价：99.00元
PSN G-2014-419-1/1

智能养老蓝皮书
中国智能养老产业发展报告（2018）
著(编)者：朱勇 2018年10月出版 / 估价：99.00元
PSN B-2015-488-1/1

中国节能汽车蓝皮书
中国节能汽车发展报告（2017～2018）
著(编)者：中国汽车工程研究院股份有限公司
2018年9月出版 / 估价：99.00元
PSN B-2016-565-1/1

中国陶瓷产业蓝皮书
中国陶瓷产业发展报告（2018）
著(编)者：左和平 黄速建
2018年10月出版 / 估价：99.00元
PSN B-2016-573-1/1

装备制造业蓝皮书
中国装备制造业发展报告（2018）
著(编)者：徐东华
2018年12月出版 / 估价：118.00元
PSN B-2015-505-1/1

行业及其他类

“三农”互联网金融蓝皮书
中国“三农”互联网金融发展报告（2018）
著(编)者：李勇坚 王弢
2018年8月出版 / 估价：99.00元
PSN B-2016-560-1/1

SUV蓝皮书
中国SUV市场发展报告（2017～2018）
著(编)者：靳军　2018年9月出版 / 估价：99.00元
PSN B-2016-571-1/1

冰雪蓝皮书
中国冬季奥运会发展报告（2018）
著(编)者：孙承华 伍斌 魏庆华 张鸿俊
2018年9月出版 / 估价：99.00元
PSN B-2017-647-2/3

彩票蓝皮书
中国彩票发展报告（2018）
著(编)者：益彩基金　2018年6月出版 / 估价：99.00元
PSN B-2015-462-1/1

测绘地理信息蓝皮书
测绘地理信息供给侧结构性改革研究报告（2018）
著(编)者：库热西・买合苏提
2018年12月出版 / 估价：168.00元
PSN B-2009-145-1/1

产权市场蓝皮书
中国产权市场发展报告（2017）
著(编)者：曹和平
2018年5月出版 / 估价：99.00元
PSN B-2009-147-1/1

城投蓝皮书
中国城投行业发展报告（2018）
著(编)者：华景斌
2018年11月出版 / 估价：300.00元
PSN B-2016-514-1/1

城市轨道交通蓝皮书
中国城市轨道交通运营发展报告（2017～2018）
著(编)者：崔学忠 贾文峥
2018年3月出版 / 定价：89.00元
PSN B-2018-694-1/1

大数据蓝皮书
中国大数据发展报告（No.2）
著(编)者：连玉明　2018年5月出版 / 估价：99.00元
PSN B-2017-620-1/1

大数据应用蓝皮书
中国大数据应用发展报告No.2（2018）
著(编)者：陈军君　2018年8月出版 / 估价：99.00元
PSN B-2017-644-1/1

对外投资与风险蓝皮书
中国对外直接投资与国家风险报告（2018）
著(编)者：中债资信评估有限责任公司
中国社会科学院世界经济与政治研究所
2018年6月出版 / 估价：189.00元
PSN B-2017-606-1/1

工业和信息化蓝皮书
人工智能发展报告（2017～2018）
著(编)者：尹丽波　2018年6月出版 / 估价：99.00元
PSN B-2015-448-1/6

工业和信息化蓝皮书
世界智慧城市发展报告（2017～2018）
著(编)者：尹丽波　2018年6月出版 / 估价：99.00元
PSN B-2017-624-6/6

工业和信息化蓝皮书
世界网络安全发展报告（2017～2018）
著(编)者：尹丽波　2018年6月出版 / 估价：99.00元
PSN B-2015-452-5/6

工业和信息化蓝皮书
世界信息化发展报告（2017～2018）
著(编)者：尹丽波　2018年6月出版 / 估价：99.00元
PSN B-2015-451-4/6

工业设计蓝皮书
中国工业设计发展报告（2018）
著(编)者：王晓红 于炜 张立群　2018年9月出版 / 估价：168.0
PSN B-2014-420-1/1

公共关系蓝皮书
中国公共关系发展报告（2017）
著(编)者：柳斌杰　2018年1月出版 / 定价：89.00元
PSN B-2016-579-1/1

公共关系蓝皮书
中国公共关系发展报告（2018）
著(编)者：柳斌杰　　2018年11月出版 / 估价：99.00元
PSN B-2016-579-1/1

管理蓝皮书
中国管理发展报告（2018）
著(编)者：张晓东　　2018年10月出版 / 估价：99.00元
PSN B-2014-416-1/1

轨道交通蓝皮书
中国轨道交通行业发展报告（2017）
著(编)者：仲建华 李闽榕
2017年12月出版 / 定价：98.00元
PSN B-2017-674-1/1

海关发展蓝皮书
中国海关发展前沿报告（2018）
著(编)者：干春晖　　2018年6月出版 / 估价：99.00元
PSN B-2017-616-1/1

互联网医疗蓝皮书
中国互联网健康医疗发展报告（2018）
著(编)者：芮晓武　　2018年6月出版 / 估价：99.00元
PSN B-2016-567-1/1

黄金市场蓝皮书
中国商业银行黄金业务发展报告（2017～2018）
著(编)者：平安银行　　2018年6月出版 / 估价：99.00元
PSN B-2016-524-1/1

会展蓝皮书
中外会展业动态评估研究报告（2018）
著(编)者：张敏 任中峰 聂鑫焱 牛盼强
2018年12月出版 / 估价：99.00元
PSN B-2013-327-1/1

基金会蓝皮书
中国基金会发展报告（2017~2018）
著(编)者：中国基金会发展报告课题组
2018年6月出版 / 估价：99.00元
PSN B-2013-368-1/1

基金会绿皮书
中国基金会发展独立研究报告（2018）
著(编)者：基金会中心网　　中央民族大学基金会研究中心
2018年6月出版 / 估价：99.00元
PSN G-2011-213-1/1

基金会透明度蓝皮书
中国基金会透明度发展研究报告（2018）
著(编)者：基金会中心网
清华大学廉政与治理研究中心
2018年9月出版 / 估价：99.00元
PSN B-2013-339-1/1

建筑装饰蓝皮书
中国建筑装饰行业发展报告（2018）
著(编)者：葛道顺 刘晓一
2018年10月出版 / 估价：198.00元
PSN B-2016-553-1/1

金融监管蓝皮书
中国金融监管报告（2018）
著(编)者：胡滨　　2018年3月出版 / 定价：98.00元
PSN B-2012-281-1/1

金融蓝皮书
中国互联网金融行业分析与评估（2018～2019）
著(编)者：黄国平 伍旭川　　2018年12月出版 / 估价：99.00元
PSN B-2016-585-7/7

金融科技蓝皮书
中国金融科技发展报告（2018）
著(编)者：李扬 孙国峰　　2018年10月出版 / 估价：99.00元
PSN B-2014-374-1/1

金融信息服务蓝皮书
中国金融信息服务发展报告（2018）
著(编)者：李平　　2018年5月出版 / 估价：99.00元
PSN B-2017-621-1/1

金蜜蜂企业社会责任蓝皮书
金蜜蜂中国企业社会责任报告研究（2017）
著(编)者：殷格非 于志宏 管竹笋
2018年1月出版 / 定价：99.00元
PSN B-2018-693-1/1

京津冀金融蓝皮书
京津冀金融发展报告（2018）
著(编)者：王爱俭 王璟怡　　2018年10月出版 / 估价：99.00元
PSN B-2016-527-1/1

科普蓝皮书
国家科普能力发展报告（2018）
著(编)者：王康友　　2018年5月出版 / 估价：138.00元
PSN B-2017-632-4/4

科普蓝皮书
中国基层科普发展报告（2017～2018）
著(编)者：赵立新 陈玲　　2018年9月出版 / 估价：99.00元
PSN B-2016-568-3/4

科普蓝皮书
中国科普基础设施发展报告（2017～2018）
著(编)者：任福君　　2018年6月出版 / 估价：99.00元
PSN B-2010-174-1/3

科普蓝皮书
中国科普人才发展报告（2017～2018）
著(编)者：郑念 任嵘嵘　　2018年7月出版 / 估价：99.00元
PSN B-2016-512-2/4

科普能力蓝皮书
中国科普能力评价报告（2018～2019）
著(编)者：李富强 李群　　2018年8月出版 / 估价：99.00元
PSN B-2016-555-1/1

临空经济蓝皮书
中国临空经济发展报告（2018）
著(编)者：连玉明　　2018年9月出版 / 估价：99.00元
PSN B-2014-421-1/1

旅游安全蓝皮书
中国旅游安全报告（2018）
著(编)者：郑向敏 谢朝武 2018年5月出版 / 估价：158.00元
PSN B-2012-280-1/1

旅游绿皮书
2017～2018年中国旅游发展分析与预测
著(编)者：宋瑞 2018年1月出版 / 定价：99.00元
PSN G-2002-018-1/1

煤炭蓝皮书
中国煤炭工业发展报告（2018）
著(编)者：岳福斌 2018年12月出版 / 估价：99.00元
PSN B-2008-123-1/1

民营企业社会责任蓝皮书
中国民营企业社会责任报告（2018）
著(编)者：中华全国工商业联合会
2018年12月出版 / 估价：99.00元
PSN B-2015-510-1/1

民营医院蓝皮书
中国民营医院发展报告（2017）
著(编)者：薛晓林 2017年12月出版 / 定价：89.00元
PSN B-2012-299-1/1

闽商蓝皮书
闽商发展报告（2018）
著(编)者：李闽榕 王日根 林琛
2018年12月出版 / 估价：99.00元
PSN B-2012-298-1/1

农业应对气候变化蓝皮书
中国农业气象灾害及其灾损评估报告（No.3）
著(编)者：矫梅燕 2018年6月出版 / 估价：118.00元
PSN B-2014-413-1/1

品牌蓝皮书
中国品牌战略发展报告（2018）
著(编)者：汪同三 2018年10月出版 / 估价：99.00元
PSN B-2016-580-1/1

企业扶贫蓝皮书
中国企业扶贫研究报告（2018）
著(编)者：钟宏武 2018年12月出版 / 估价：99.00元
PSN B-2016-593-1/1

企业公益蓝皮书
中国企业公益研究报告（2018）
著(编)者：钟宏武 汪杰 黄晓娟
2018年12月出版 / 估价：99.00元
PSN B-2015-501-1/1

企业国际化蓝皮书
中国企业全球化报告（2018）
著(编)者：王辉耀 苗绿 2018年11月出版 / 估价：99.00元
PSN B-2014-427-1/1

企业蓝皮书
中国企业绿色发展报告No.2（2018）
著(编)者：李红玉 朱光辉
2018年8月出版 / 估价：99.00元
PSN B-2015-481-2/2

企业社会责任蓝皮书
中资企业海外社会责任研究报告（2017～2018）
著(编)者：钟宏武 叶柳红 张蒽
2018年6月出版 / 估价：99.00元
PSN B-2017-603-2/2

企业社会责任蓝皮书
中国企业社会责任研究报告（2018）
著(编)者：黄群慧 钟宏武 张蒽 汪杰
2018年11月出版 / 估价：99.00元
PSN B-2009-149-1/2

汽车安全蓝皮书
中国汽车安全发展报告（2018）
著(编)者：中国汽车技术研究中心
2018年8月出版 / 估价：99.00元
PSN B-2014-385-1/1

汽车电子商务蓝皮书
中国汽车电子商务发展报告（2018）
著(编)者：中华全国工商业联合会汽车经销商商会
北方工业大学
北京易观智库网络科技有限公司
2018年10月出版 / 估价：158.00元
PSN B-2015-485-1/1

汽车知识产权蓝皮书
中国汽车产业知识产权发展报告（2018）
著(编)者：中国汽车工程研究院股份有限公司
中国汽车工程学会
重庆长安汽车股份有限公司
2018年12月出版 / 估价：99.00元
PSN B-2016-594-1/1

青少年体育蓝皮书
中国青少年体育发展报告（2017）
著(编)者：刘扶民 杨桦 2018年6月出版 / 估价：99.00元
PSN B-2015-482-1/1

区块链蓝皮书
中国区块链发展报告（2018）
著(编)者：李伟 2018年9月出版 / 估价：99.00元
PSN B-2017-649-1/1

群众体育蓝皮书
中国群众体育发展报告（2017）
著(编)者：刘国永 戴健 2018年5月出版 / 估价：99.00元
PSN B-2014-411-1/3

群众体育蓝皮书
中国社会体育指导员发展报告（2018）
著(编)者：刘国永 王欢 2018年6月出版 / 估价：99.00元
PSN B-2016-520-3/3

人力资源蓝皮书
中国人力资源发展报告（2018）
著(编)者：余兴安 2018年11月出版 / 估价：99.00元
PSN B-2012-287-1/1

融资租赁蓝皮书
中国融资租赁业发展报告（2017～2018）
著(编)者：李光荣 王力 2018年8月出版 / 估价：99.00元
PSN B-2015-443-1/1

商会蓝皮书
中国商会发展报告No.5（2017）
著(编)者：王钦敏 2018年7月出版 / 估价：99.00元
PSN B-2008-125-1/1

商务中心区蓝皮书
中国商务中心区发展报告No.4（2017~2018）
著(编)者：李国红 单菁菁 2018年9月出版 / 估价：99.00元
PSN B-2015-444-1/1

设计产业蓝皮书
中国创新设计发展报告（2018）
著(编)者：王晓红 张立群 于炜
2018年11月出版 / 估价：99.00元
PSN B-2016-581-2/2

社会责任管理蓝皮书
中国上市公司社会责任能力成熟度报告No.4（2018）
著(编)者：肖红军 王晓光 李伟阳
2018年12月出版 / 估价：99.00元
PSN B-2015-507-2/2

社会责任管理蓝皮书
中国企业公众透明度报告No.4（2017~2018）
著(编)者：黄速建 熊梦 王晓光 肖红军
2018年6月出版 / 估价：99.00元
PSN B-2015-440-1/2

食品药品蓝皮书
食品药品安全与监管政策研究报告（2016~2017）
著(编)者：唐民皓 2018年6月出版 / 估价：99.00元
PSN B-2009-129-1/1

输血服务蓝皮书
中国输血行业发展报告（2018）
著(编)者：孙俊 2018年12月出版 / 估价：99.00元
PSN B-2016-582-1/1

水利风景区蓝皮书
中国水利风景区发展报告（2018）
著(编)者：董建文 兰思仁
2018年10月出版 / 估价：99.00元
PSN B-2015-480-1/1

数字经济蓝皮书
全球数字经济竞争力发展报告（2017）
著(编)者：王振 2017年12月出版 / 定价：79.00元
PSN B-2017-673-1/1

私募市场蓝皮书
中国私募股权市场发展报告（2017~2018）
著(编)者：曹和平 2018年12月出版 / 估价：99.00元
PSN B-2010-162-1/1

碳排放权交易蓝皮书
中国碳排放权交易报告（2018）
著(编)者：孙永平 2018年11月出版 / 估价：99.00元
PSN B-2017-652-1/1

碳市场蓝皮书
中国碳市场报告（2018）
著(编)者：定金彪 2018年11月出版 / 估价：99.00元
PSN B-2014-430-1/1

体育蓝皮书
中国公共体育服务发展报告（2018）
著(编)者：戴健 2018年12月出版 / 估价：99.00元
PSN B-2013-367-2/5

土地市场蓝皮书
中国农村土地市场发展报告（2017~2018）
著(编)者：李光荣 2018年6月出版 / 估价：99.00元
PSN B-2016-526-1/1

土地整治蓝皮书
中国土地整治发展研究报告（No.5）
著(编)者：国土资源部土地整治中心
2018年7月出版 / 估价：99.00元
PSN B-2014-401-1/1

土地政策蓝皮书
中国土地政策研究报告（2018）
著(编)者：高延利 张建平 吴次芳
2018年1月出版 / 定价：98.00元
PSN B-2015-506-1/1

网络空间安全蓝皮书
中国网络空间安全发展报告（2018）
著(编)者：惠志斌 覃庆玲
2018年11月出版 / 估价：99.00元
PSN B-2015-466-1/1

文化志愿服务蓝皮书
中国文化志愿服务发展报告（2018）
著(编)者：张永新 良警宇 2018年11月出版 / 估价：128.00元
PSN B-2016-596-1/1

西部金融蓝皮书
中国西部金融发展报告（2017~2018）
著(编)者：李忠民 2018年8月出版 / 估价：99.00元
PSN B-2010-160-1/1

协会商会蓝皮书
中国行业协会商会发展报告（2017）
著(编)者：景朝阳 李勇 2018年6月出版 / 估价：99.00元
PSN B-2015-461-1/1

新三板蓝皮书
中国新三板市场发展报告（2018）
著(编)者：王力 2018年8月出版 / 估价：99.00元
PSN B-2016-533-1/1

信托市场蓝皮书
中国信托业市场报告（2017~2018）
著(编)者：用益金融信托研究院
2018年6月出版 / 估价：198.00元
PSN B-2014-371-1/1

信息化蓝皮书
中国信息化形势分析与预测（2017~2018）
著(编)者：周宏仁 2018年8月出版 / 估价：99.00元
PSN B-2010-168-1/1

信用蓝皮书
中国信用发展报告（2017~2018）
著(编)者：章政 田侃 2018年6月出版 / 估价：99.00元
PSN B-2013-328-1/1

休闲绿皮书
2017~2018年中国休闲发展报告
著(编)者：宋瑞　2018年7月出版 / 估价：99.00元
PSN G-2010-158-1/1

休闲体育蓝皮书
中国休闲体育发展报告（2017~2018）
著(编)者：李相如 钟秉枢
2018年10月出版 / 估价：99.00元
PSN B-2016-516-1/1

养老金融蓝皮书
中国养老金融发展报告（2018）
著(编)者：董克用 姚余栋
2018年9月出版 / 估价：99.00元
PSN B-2016-583-1/1

遥感监测绿皮书
中国可持续发展遥感监测报告（2017）
著(编)者：顾行发 汪克强 潘教峰 李闽榕 徐东华 王琦安
2018年6月出版 / 估价：298.00元
PSN B-2017-629-1/1

药品流通蓝皮书
中国药品流通行业发展报告（2018）
著(编)者：佘鲁林 温再兴
2018年7月出版 / 估价：198.00元
PSN B-2014-429-1/1

医疗器械蓝皮书
中国医疗器械行业发展报告（2018）
著(编)者：王宝亭 耿鸿武
2018年10月出版 / 估价：99.00元
PSN B-2017-661-1/1

医院蓝皮书
中国医院竞争力报告（2017~2018）
著(编)者：庄一强　2018年3月出版 / 定价：108.00元
PSN B-2016-528-1/1

瑜伽蓝皮书
中国瑜伽业发展报告（2017~2018）
著(编)者：张永建 徐华锋 朱泰余
2018年6月出版 / 估价：198.00元
PSN B-2017-625-1/1

债券市场蓝皮书
中国债券市场发展报告（2017~2018）
著(编)者：杨农　2018年10月出版 / 估价：99.00元
PSN B-2016-572-1/1

志愿服务蓝皮书
中国志愿服务发展报告（2018）
著(编)者：中国志愿服务联合会
2018年11月出版 / 估价：99.00元
PSN B-2017-664-1/1

中国上市公司蓝皮书
中国上市公司发展报告（2018）
著(编)者：张鹏 张平 黄胤英
2018年9月出版 / 估价：99.00元
PSN B-2014-414-1/1

中国新三板蓝皮书
中国新三板创新与发展报告（2018）
著(编)者：刘平安 闻召林
2018年8月出版 / 估价：158.00元
PSN B-2017-638-1/1

中国汽车品牌蓝皮书
中国乘用车品牌发展报告（2017）
著(编)者：《中国汽车报》社有限公司
博世（中国）投资有限公司
中国汽车技术研究中心数据资源中心
2018年1月出版 / 定价：89.00元
PSN B-2017-679-1/1

中医文化蓝皮书
北京中医药文化传播发展报告（2018）
著(编)者：毛嘉陵　2018年6月出版 / 估价：99.00元
PSN B-2015-468-1/2

中医文化蓝皮书
中国中医药文化传播发展报告（2018）
著(编)者：毛嘉陵　2018年7月出版 / 估价：99.00元
PSN B-2016-584-2/2

中医药蓝皮书
北京中医药知识产权发展报告No.2
著(编)者：汪洪 屠志涛　2018年6月出版 / 估价：168.00元
PSN B-2017-602-1/1

资本市场蓝皮书
中国场外交易市场发展报告（2016~2017）
著(编)者：高峦　2018年6月出版 / 估价：99.00元
PSN B-2009-153-1/1

资产管理蓝皮书
中国资产管理行业发展报告（2018）
著(编)者：郑智　2018年7月出版 / 估价：99.00元
PSN B-2014-407-2/2

资产证券化蓝皮书
中国资产证券化发展报告（2018）
著(编)者：沈炳熙 曹彤 李哲平
2018年4月出版 / 定价：98.00元
PSN B-2017-660-1/1

自贸区蓝皮书
中国自贸区发展报告（2018）
著(编)者：王力 黄育华
2018年6月出版 / 估价：99.00元
PSN B-2016-558-1/1

国际问题与全球治理类

"一带一路"跨境通道蓝皮书
"一带一路"跨境通道建设研究报（2017～2018）
著(编)者：余鑫 张秋生　　2018年1月出版 / 定价：89.00元
PSN B-2016-557-1/1

"一带一路"蓝皮书
"一带一路"建设发展报告（2018）
著(编)者：李永全　　2018年3月出版 / 定价：98.00元
PSN B-2016-552-1/1

"一带一路"投资安全蓝皮书
中国"一带一路"投资与安全研究报告（2018）
著(编)者：邹统钎 梁昊光　　2018年4月出版 / 定价：98.00元
PSN B-2017-612-1/1

"一带一路"文化交流蓝皮书
中阿文化交流发展报告（2017）
著(编)者：王辉　　2017年12月出版 / 定价：89.00元
PSN B-2017-655-1/1

G20国家创新竞争力黄皮书
二十国集团（G20）国家创新竞争力发展报告（2017～2018）
著(编)者：李建平 李闽榕 赵新力 周天勇
2018年7月出版 / 估价：168.00元
PSN Y-2011-229-1/1

阿拉伯黄皮书
阿拉伯发展报告（2016～2017）
著(编)者：罗林　　2018年6月出版 / 估价：99.00元
PSN Y-2014-381-1/1

北部湾蓝皮书
泛北部湾合作发展报告（2017～2018）
著(编)者：吕余生　　2018年12月出版 / 估价：99.00元
PSN B-2008-114-1/1

北极蓝皮书
北极地区发展报告（2017）
著(编)者：刘惠荣　　2018年7月出版 / 估价：99.00元
PSN B-2017-634-1/1

大洋洲蓝皮书
大洋洲发展报告（2017～2018）
著(编)者：喻常森　　2018年10月出版 / 估价：99.00元
PSN B-2013-341-1/1

东北亚区域合作蓝皮书
2017年"一带一路"倡议与东北亚区域合作
著(编)者：刘亚政 金美花
2018年5月出版 / 估价：99.00元
PSN B-2017-631-1/1

东盟黄皮书
东盟发展报告（2017）
著(编)者：杨静林 庄国土　　2018年6月出版 / 估价：99.00元
PSN Y-2012-303-1/1

东南亚蓝皮书
东南亚地区发展报告（2017～2018）
著(编)者：王勤　　2018年12月出版 / 估价：99.00元
PSN B-2012-240-1/1

非洲黄皮书
非洲发展报告No.20（2017～2018）
著(编)者：张宏明　　2018年7月出版 / 估价：99.00元
PSN Y-2012-239-1/1

非传统安全蓝皮书
中国非传统安全研究报告（2017～2018）
著(编)者：潇枫 罗中枢　　2018年8月出版 / 估价：99.00元
PSN B-2012-273-1/1

国际安全蓝皮书
中国国际安全研究报告（2018）
著(编)者：刘慧　　2018年7月出版 / 估价：99.00元
PSN B-2016-521-1/1

国际城市蓝皮书
国际城市发展报告（2018）
著(编)者：屠启宇　　2018年2月出版 / 定价：89.00元
PSN B-2012-260-1/1

国际形势黄皮书
全球政治与安全报告（2018）
著(编)者：张宇燕　　2018年1月出版 / 定价：99.00元
PSN Y-2001-016-1/1

公共外交蓝皮书
中国公共外交发展报告（2018）
著(编)者：赵启正 雷蔚真　　2018年6月出版 / 估价：99.00元
PSN B-2015-457-1/1

海丝蓝皮书
21世纪海上丝绸之路研究报告（2017）
著(编)者：华侨大学海上丝绸之路研究院
2017年12月出版 / 定价：89.00元
PSN B-2017-684-1/1

金砖国家黄皮书
金砖国家综合创新竞争力发展报告（2018）
著(编)者：赵新力 李闽榕 黄茂兴
2018年8月出版 / 估价：128.00元
PSN Y-2017-643-1/1

拉美黄皮书
拉丁美洲和加勒比发展报告（2017～2018）
著(编)者：袁东振　　2018年6月出版 / 估价：99.00元
PSN Y-1999-007-1/1

澜湄合作蓝皮书
澜沧江-湄公河合作发展报告（2018）
著(编)者：刘稚　　2018年9月出版 / 估价：99.00元
PSN B-2011-196-1/1

欧洲蓝皮书
欧洲发展报告（2017～2018）
著(编)者：黄平 周弘 程卫东
2018年6月出版 / 估价：99.00元
PSN B-1999-009-1/1

葡语国家蓝皮书
葡语国家发展报告（2016～2017）
著(编)者：王成安 张敏 刘金兰
2018年6月出版 / 估价：99.00元
PSN B-2015-503-1/2

葡语国家蓝皮书
中国与葡语国家关系发展报告·巴西（2016）
著(编)者：张曙光
2018年8月出版 / 估价：99.00元
PSN B-2016-563-2/2

气候变化绿皮书
应对气候变化报告（2018）
著(编)者：王伟光 郑国光
2018年11月出版 / 估价：99.00元
PSN G-2009-144-1/1

全球环境竞争力绿皮书
全球环境竞争力报告（2018）
著(编)者：李建平 李闽榕 王金南
2018年12月出版 / 估价：198.00元
PSN G-2013-363-1/1

全球信息社会蓝皮书
全球信息社会发展报告（2018）
著(编)者：丁波涛 唐涛 2018年10月出版 / 估价：99.00元
PSN B-2017-665-1/1

日本经济蓝皮书
日本经济与中日经贸关系研究报告（2018）
著(编)者：张季风 2018年6月出版 / 估价：99.00元
PSN B-2008-102-1/1

上海合作组织黄皮书
上海合作组织发展报告（2018）
著(编)者：李进峰 2018年6月出版 / 估价：99.00元
PSN Y-2009-130-1/1

世界创新竞争力黄皮书
世界创新竞争力发展报告（2017）
著(编)者：李建平 李闽榕 赵新力
2018年6月出版 / 估价：168.00元
PSN Y-2013-318-1/1

世界经济黄皮书
2018年世界经济形势分析与预测
著(编)者：张宇燕 2018年1月出版 / 定价：99.00元
PSN Y-1999-006-1/1

世界能源互联互通蓝皮书
世界能源清洁发展与互联互通评估报告（2017）：欧洲篇
著(编)者：国网能源研究院
2018年1月出版 / 定价：128.00元
PSN B-2018-695-1/1

丝绸之路蓝皮书
丝绸之路经济带发展报告（2018）
著(编)者：任宗哲 白宽犁 谷孟宾
2018年1月出版 / 定价：89.00元
PSN B-2014-410-1/1

新兴经济体蓝皮书
金砖国家发展报告（2018）
著(编)者：林跃勤 周文
2018年8月出版 / 估价：99.00元
PSN B-2011-195-1/1

亚太蓝皮书
亚太地区发展报告（2018）
著(编)者：李向阳 2018年5月出版 / 估价：99.00元
PSN B-2001-015-1/1

印度洋地区蓝皮书
印度洋地区发展报告（2018）
著(编)者：汪戎 2018年6月出版 / 估价：99.00元
PSN B-2013-334-1/1

印度尼西亚经济蓝皮书
印度尼西亚经济发展报告（2017）：增长与机会
著(编)者：左志刚 2017年11月出版 / 定价：89.00元
PSN B-2017-675-1/1

渝新欧蓝皮书
渝新欧沿线国家发展报告（2018）
著(编)者：杨柏 黄森
2018年6月出版 / 估价：99.00元
PSN B-2017-626-1/1

中阿蓝皮书
中国-阿拉伯国家经贸发展报告（2018）
著(编)者：张廉 段庆林 王林聪 杨巧红
2018年12月出版 / 估价：99.00元
PSN B-2016-598-1/1

中东黄皮书
中东发展报告No.20（2017～2018）
著(编)者：杨光 2018年10月出版 / 估价：99.00元
PSN Y-1998-004-1/1

中亚黄皮书
中亚国家发展报告（2018）
著(编)者：孙力
2018年3月出版 / 定价：98.00元
PSN Y-2012-238-1/1

国别类

澳大利亚蓝皮书
澳大利亚发展报告（2017-2018）
著(编)者：孙有中 韩锋　2018年12月出版 / 估价：99.00元
PSN B-2016-587-1/1

巴西黄皮书
巴西发展报告（2017）
著(编)者：刘国枝　2018年5月出版 / 估价：99.00元
PSN Y-2017-614-1/1

德国蓝皮书
德国发展报告（2018）
著(编)者：郑春荣　2018年6月出版 / 估价：99.00元
PSN B-2012-278-1/1

俄罗斯黄皮书
俄罗斯发展报告（2018）
著(编)者：李永全　2018年6月出版 / 估价：99.00元
PSN Y-2006-061-1/1

韩国蓝皮书
韩国发展报告（2017）
著(编)者：牛林杰 刘宝全　2018年6月出版 / 估价：99.00元
PSN B-2010-155-1/1

加拿大蓝皮书
加拿大发展报告（2018）
著(编)者：唐小松　2018年9月出版 / 估价：99.00元
PSN B-2014-389-1/1

美国蓝皮书
美国研究报告（2018）
著(编)者：郑秉文 黄平　2018年5月出版 / 估价：99.00元
PSN B-2011-210-1/1

缅甸蓝皮书
缅甸国情报告（2017）
著(编)者：祝湘辉
2017年11月出版 / 定价：98.00元
PSN B-2013-343-1/1

日本蓝皮书
日本研究报告（2018）
著(编)者：杨伯江　2018年4月出版 / 定价：99.00元
PSN B-2002-020-1/1

土耳其蓝皮书
土耳其发展报告（2018）
著(编)者：郭长刚 刘义　2018年9月出版 / 估价：99.00元
PSN B-2014-412-1/1

伊朗蓝皮书
伊朗发展报告（2017～2018）
著(编)者：冀开运　2018年10月 / 估价：99.00元
PSN B-2016-574-1/1

以色列蓝皮书
以色列发展报告（2018）
著(编)者：张倩红　2018年8月出版 / 估价：99.00元
PSN B-2015-483-1/1

印度蓝皮书
印度国情报告（2017）
著(编)者：吕昭义　2018年6月出版 / 估价：99.00元
PSN B-2012-241-1/1

英国蓝皮书
英国发展报告（2017～2018）
著(编)者：王展鹏　2018年12月出版 / 估价：99.00元
PSN B-2015-486-1/1

越南蓝皮书
越南国情报告（2018）
著(编)者：谢林城　2018年11月出版 / 估价：99.00元
PSN B-2006-056-1/1

泰国蓝皮书
泰国研究报告（2018）
著(编)者：庄国土 张禹东　刘文正
2018年10月出版 / 估价：99.00元
PSN B-2016-556-1/1

文化传媒类

"三农"舆情蓝皮书
中国"三农"网络舆情报告（2017～2018）
著(编)者：农业部信息中心
2018年6月出版 / 估价：99.00元
PSN B-2017-640-1/1

传媒竞争力蓝皮书
中国传媒国际竞争力研究报告（2018）
著(编)者：李本乾 刘强 王大可
2018年8月出版 / 估价：99.00元
PSN B-2013-356-1/1

传媒蓝皮书
中国传媒产业发展报告（2018）
著(编)者：崔保国
2018年5月出版 / 估价：99.00元
PSN B-2005-035-1/1

传媒投资蓝皮书
中国传媒投资发展报告（2018）
著(编)者：张向东 谭云明
2018年6月出版 / 估价：148.00元
PSN B-2015-474-1/1

非物质文化遗产蓝皮书
中国非物质文化遗产发展报告（2018）
著(编)者：陈平　2018年6月出版 / 估价：128.00元
PSN B-2015-469-1/2

非物质文化遗产蓝皮书
中国非物质文化遗产保护发展报告（2018）
著(编)者：宋俊华　2018年10月出版 / 估价：128.00元
PSN B-2016-586-2/2

广电蓝皮书
中国广播电影电视发展报告（2018）
著(编)者：国家新闻出版广电总局发展研究中心
2018年7月出版 / 估价：99.00元
PSN B-2006-072-1/1

广告主蓝皮书
中国广告主营销传播趋势报告No.9
著(编)者：黄升民 杜国清 邵华冬 等
2018年10月出版 / 估价：158.00元
PSN B-2005-041-1/1

国际传播蓝皮书
中国国际传播发展报告（2018）
著(编)者：胡正荣 李继东 姬德强
2018年12月出版 / 估价：99.00元
PSN B-2014-408-1/1

国家形象蓝皮书
中国国家形象传播报告（2017）
著(编)者：张昆　2018年6月出版 / 估价：128.00元
PSN B-2017-605-1/1

互联网治理蓝皮书
中国网络社会治理研究报告（2018）
著(编)者：罗昕 支庭荣
2018年9月出版 / 估价：118.00元
PSN B-2017-653-1/1

纪录片蓝皮书
中国纪录片发展报告（2018）
著(编)者：何苏六　2018年10月出版 / 估价：99.00元
PSN B-2011-222-1/1

科学传播蓝皮书
中国科学传播报告（2016~2017）
著(编)者：詹正茂　2018年6月出版 / 估价：99.00元
PSN B-2008-120-1/1

两岸创意经济蓝皮书
两岸创意经济研究报告（2018）
著(编)者：罗昌智 董泽平
2018年10月出版 / 估价：99.00元
PSN B-2014-437-1/1

媒介与女性蓝皮书
中国媒介与女性发展报告（2017~2018）
著(编)者：刘利群　2018年5月出版 / 估价：99.00元
PSN B-2013-345-1/1

媒体融合蓝皮书
中国媒体融合发展报告（2017~2018）
著(编)者：梅宁华 支庭荣
2017年12月出版 / 定价：98.00元
PSN B-2015-479-1/1

全球传媒蓝皮书
全球传媒发展报告（2017~2018）
著(编)者：胡正荣 李继东　2018年6月出版 / 估价：99.00元
PSN B-2012-237-1/1

少数民族非遗蓝皮书
中国少数民族非物质文化遗产发展报告（2018）
著(编)者：肖远平（彝） 柴立（满）
2018年10月出版 / 估价：118.00元
PSN B-2015-467-1/1

视听新媒体蓝皮书
中国视听新媒体发展报告（2018）
著(编)者：国家新闻出版广电总局发展研究中心
2018年7月出版 / 估价：118.00元
PSN B-2011-184-1/1

数字娱乐产业蓝皮书
中国动画产业发展报告（2018）
著(编)者：孙立军 孙平 牛兴侦
2018年10月出版 / 估价：99.00元
PSN B-2011-198-1/2

数字娱乐产业蓝皮书
中国游戏产业发展报告（2018）
著(编)者：孙立军 刘跃军　2018年10月出版 / 估价：99.00元
PSN B-2017-662-2/2

网络视听蓝皮书
中国互联网视听行业发展报告（2018）
著(编)者：陈鹏　2018年2月出版 / 定价：148.00元
PSN B-2018-688-1/1

文化创新蓝皮书
中国文化创新报告（2017·No.8）
著(编)者：傅才武　2018年6月出版 / 估价：99.00元
PSN B-2009-143-1/1

文化建设蓝皮书
中国文化发展报告（2018）
著(编)者：江畅 孙伟平 戴茂堂
2018年5月出版 / 估价：99.00元
PSN B-2014-392-1/1

文化科技蓝皮书
文化科技创新发展报告（2018）
著(编)者：于平 李凤亮　2018年10月出版 / 估价：99.00元
PSN B-2013-342-1/1

文化蓝皮书
中国公共文化服务发展报告（2017~2018）
著(编)者：刘新成 张永新 张旭
2018年12月出版 / 估价：99.00元
PSN B-2007-093-2/10

文化蓝皮书
中国少数民族文化发展报告（2017~2018）
著(编)者：武翠英 张晓明 任乌晶
2018年9月出版 / 估价：99.00元
PSN B-2013-369-9/10

文化蓝皮书
中国文化产业供需协调检测报告（2018）
著(编)者：王亚南　2018年3月出版 / 定价：99.00元
PSN B-2013-323-8/10

文化蓝皮书
中国文化消费需求景气评价报告（2018）
著(编)者：王亚南　2018年3月出版 / 定价：99.00元
PSN B-2011-236-4/10

文化蓝皮书
中国公共文化投入增长测评报告（2018）
著(编)者：王亚南　2018年3月出版 / 定价：99.00元
PSN B-2014-435-10/10

文化品牌蓝皮书
中国文化品牌发展报告（2018）
著(编)者：欧阳友权　2018年5月出版 / 估价：99.00元
PSN B-2012-277-1/1

文化遗产蓝皮书
中国文化遗产事业发展报告（2017~2018）
著(编)者：苏杨 张颖岚 卓杰 白海峰 陈晨 陈叙图
2018年8月出版 / 估价：99.00元
PSN B-2008-119-1/1

文学蓝皮书
中国文情报告（2017~2018）
著(编)者：白烨　2018年5月出版 / 估价：99.00元
PSN B-2011-221-1/1

新媒体蓝皮书
中国新媒体发展报告No.9（2018）
著(编)者：唐绪军　2018年7月出版 / 估价：99.00元
PSN B-2010-169-1/1

新媒体社会责任蓝皮书
中国新媒体社会责任研究报告（2018）
著(编)者：钟瑛　2018年12月出版 / 估价：99.00元
PSN B-2014-423-1/1

移动互联网蓝皮书
中国移动互联网发展报告（2018）
著(编)者：余清楚　2018年6月出版 / 估价：99.00元
PSN B-2012-282-1/1

影视蓝皮书
中国影视产业发展报告（2018）
著(编)者：司若 陈鹏 陈锐
2018年6月出版 / 估价：99.00元
PSN B-2016-529-1/1

舆情蓝皮书
中国社会舆情与危机管理报告（2018）
著(编)者：谢耘耕
2018年9月出版 / 估价：138.00元
PSN B-2011-235-1/1

中国大运河蓝皮书
中国大运河发展报告（2018）
著(编)者：吴欣　2018年2月出版 / 估价：128.00元
PSN B-2018-691-1/1

地方发展类-经济

澳门蓝皮书
澳门经济社会发展报告（2017~2018）
著(编)者：吴志良 郝雨凡
2018年7月出版 / 估价：99.00元
PSN B-2009-138-1/1

澳门绿皮书
澳门旅游休闲发展报告（2017~2018）
著(编)者：郝雨凡 林广志
2018年5月出版 / 估价：99.00元
PSN G-2017-617-1/1

北京蓝皮书
北京经济发展报告（2017~2018）
著(编)者：杨松　2018年6月出版 / 估价：99.00元
PSN B-2006-054-2/8

北京旅游绿皮书
北京旅游发展报告（2018）
著(编)者：北京旅游学会
2018年7月出版 / 估价：99.00元
PSN G-2012-301-1/1

北京体育蓝皮书
北京体育产业发展报告（2017~2018）
著(编)者：钟秉枢 陈杰 杨铁黎
2018年9月出版 / 估价：99.00元
PSN B-2015-475-1/1

滨海金融蓝皮书
滨海新区金融发展报告（2017）
著(编)者：王爱俭 李向前　2018年4月出版 / 估价：99.00元
PSN B-2014-424-1/1

城乡一体化蓝皮书
北京城乡一体化发展报告（2017~2018）
著(编)者：吴宝新 张宝秀 黄序
2018年5月出版 / 估价：99.00元
PSN B-2012-258-2/2

非公有制企业社会责任蓝皮书
北京非公有制企业社会责任报告（2018）
著(编)者：宋贵伦 冯培
2018年6月出版 / 估价：99.00元
PSN B-2017-613-1/1

福建旅游蓝皮书
福建省旅游产业发展现状研究（2017~2018）
著(编)者：陈敏华 黄远水　2018年12月出版 / 估价：128.00元
PSN B-2016-591-1/1

福建自贸区蓝皮书
中国(福建)自由贸易试验区发展报告(2017~2018)
著(编)者：黄茂兴　2018年6月出版 / 估价：118.00元
PSN B-2016-531-1/1

甘肃蓝皮书
甘肃经济发展分析与预测（2018）
著(编)者：安文华 罗哲　2018年1月出版 / 定价：99.00元
PSN B-2013-312-1/6

甘肃蓝皮书
甘肃商贸流通发展报告（2018）
著(编)者：张应华 王福生 王晓芳
2018年1月出版 / 定价：99.00元
PSN B-2016-522-6/6

甘肃蓝皮书
甘肃县域和农村发展报告（2018）
著(编)者：包东红 朱智文 王建兵
2018年1月出版 / 定价：99.00元
PSN B-2013-316-5/6

甘肃农业科技绿皮书
甘肃农业科技发展研究报告（2018）
著(编)者：魏胜文 乔德华 张东伟
2018年12月出版 / 估价：198.00元
PSN B-2016-592-1/1

甘肃气象保障蓝皮书
甘肃农业对气候变化的适应与风险评估报告（No.1）
著(编)者：鲍文中 周广胜
2017年12月出版 / 定价：108.00元
PSN B-2017-677-1/1

巩义蓝皮书
巩义经济社会发展报告（2018）
著(编)者：丁同民 朱军　2018年6月出版 / 估价：99.00元
PSN B-2016-532-1/1

广东外经贸蓝皮书
广东对外经济贸易发展研究报告（2017～2018）
著(编)者：陈万灵　2018年6月出版 / 估价：99.00元
PSN B-2012-286-1/1

广西北部湾经济区蓝皮书
广西北部湾经济区开放开发报告（2017～2018）
著(编)者：广西壮族自治区北部湾经济区和东盟开放合作办公室
广西社会科学院
广西北部湾发展研究院
2018年5月出版 / 估价：99.00元
PSN B-2010-181-1/1

广州蓝皮书
广州城市国际化发展报告（2018）
著(编)者：张跃国　2018年8月出版 / 估价：99.00元
PSN B-2012-246-11/14

广州蓝皮书
中国广州城市建设与管理发展报告（2018）
著(编)者：张其学 陈小钢 王宏伟　2018年8月出版 / 估价：99.00元
PSN B-2007-087-4/14

广州蓝皮书
广州创新型城市发展报告（2018）
著(编)者：尹涛　2018年6月出版 / 估价：99.00元
PSN B-2012-247-12/14

广州蓝皮书
广州经济发展报告（2018）
著(编)者：张跃国 尹涛　2018年7月出版 / 估价：99.00元
PSN B-2005-040-1/14

广州蓝皮书
2018年中国广州经济形势分析与预测
著(编)者：魏明海 谢博能 李华
2018年6月出版 / 估价：99.00元
PSN B-2011-185-9/14

广州蓝皮书
中国广州科技创新发展报告（2018）
著(编)者：于欣伟 陈爽 邓佑满　2018年8月出版 / 估价：99.00元
PSN B-2006-065-2/14

广州蓝皮书
广州农村发展报告（2018）
著(编)者：朱名宏　2018年7月出版 / 估价：99.00元
PSN B-2010-167-8/14

广州蓝皮书
广州汽车产业发展报告（2018）
著(编)者：杨再高 冯兴亚　2018年7月出版 / 估价：99.00元
PSN B-2006-066-3/14

广州蓝皮书
广州商贸业发展报告（2018）
著(编)者：张跃国 陈杰 荀振英
2018年7月出版 / 估价：99.00元
PSN B-2012-245-10/14

贵阳蓝皮书
贵阳城市创新发展报告No.3（白云篇）
著(编)者：连玉明　2018年5月出版 / 估价：99.00元
PSN B-2015-491-3/10

贵阳蓝皮书
贵阳城市创新发展报告No.3（观山湖篇）
著(编)者：连玉明　2018年5月出版 / 估价：99.00元
PSN B-2015-497-9/10

贵阳蓝皮书
贵阳城市创新发展报告No.3（花溪篇）
著(编)者：连玉明　2018年5月出版 / 估价：99.00元
PSN B-2015-490-2/10

贵阳蓝皮书
贵阳城市创新发展报告No.3（开阳篇）
著(编)者：连玉明　2018年5月出版 / 估价：99.00元
PSN B-2015-492-4/10

贵阳蓝皮书
贵阳城市创新发展报告No.3（南明篇）
著(编)者：连玉明　2018年5月出版 / 估价：99.00元
PSN B-2015-496-8/10

贵阳蓝皮书
贵阳城市创新发展报告No.3（清镇篇）
著(编)者：连玉明　2018年5月出版 / 估价：99.00元
PSN B-2015-489-1/10

贵阳蓝皮书
贵阳城市创新发展报告No.3（乌当篇）
著(编)者：连玉明　2018年5月出版 / 估价：99.00元
PSN B-2015-495-7/10

贵阳蓝皮书
贵阳城市创新发展报告No.3（息烽篇）
著(编)者：连玉明　2018年5月出版 / 估价：99.00元
PSN B-2015-493-5/10

贵阳蓝皮书
贵阳城市创新发展报告No.3（修文篇）
著(编)者：连玉明　2018年5月出版 / 估价：99.00元
PSN B-2015-494-6/10

贵阳蓝皮书
贵阳城市创新发展报告No.3（云岩篇）
著(编)者：连玉明　2018年5月出版 / 估价：99.00元
PSN B-2015-498-10/10

贵州房地产蓝皮书
贵州房地产发展报告No.5（2018）
著(编)者：武廷方　2018年7月出版 / 估价：99.00元
PSN B-2014-426-1/1

贵州蓝皮书
贵州册亨经济社会发展报告（2018）
著(编)者：黄德林　2018年6月出版 / 估价：99.00元
PSN B-2016-525-8/9

贵州蓝皮书
贵州地理标志产业发展报告（2018）
著(编)者：李发耀 黄其松　2018年8月出版 / 估价：99.00元
PSN B-2017-646-10/10

贵州蓝皮书
贵安新区发展报告（2017~2018）
著(编)者：马长青 吴大华　2018年6月出版 / 估价：99.00元
PSN B-2015-459-4/10

贵州蓝皮书
贵州国家级开放创新平台发展报告（2017~2018）
著(编)者：申晓庆 吴大华 季泓
2018年11月出版 / 估价：99.00元
PSN B-2016-518-7/10

贵州蓝皮书
贵州国有企业社会责任发展报告（2017~2018）
著(编)者：郭丽　2018年12月出版 / 估价：99.00元
PSN B-2015-511-6/10

贵州蓝皮书
贵州民航业发展报告（2017）
著(编)者：申振东 吴大华　2018年6月出版 / 估价：99.00元
PSN B-2015-471-5/10

贵州蓝皮书
贵州民营经济发展报告（2017）
著(编)者：杨静 吴大华　2018年6月出版 / 估价：99.00元
PSN B-2016-530-9/9

杭州都市圈蓝皮书
杭州都市圈发展报告（2018）
著(编)者：洪庆华 沈翔　2018年4月出版 / 定价：98.00元
PSN B-2012-302-1/1

河北经济蓝皮书
河北省经济发展报告（2018）
著(编)者：马树强 金浩 张贵　2018年6月出版 / 估价：99.00元
PSN B-2014-380-1/1

河北蓝皮书
河北经济社会发展报告（2018）
著(编)者：康振海　2018年1月出版 / 定价：99.00元
PSN B-2014-372-1/3

河北蓝皮书
京津冀协同发展报告（2018）
著(编)者：陈璐　2017年12月出版 / 定价：79.00元
PSN B-2017-601-2/3

河南经济蓝皮书
2018年河南经济形势分析与预测
著(编)者：王世炎　2018年3月出版 / 定价：89.00元
PSN B-2007-086-1/1

河南蓝皮书
河南城市发展报告（2018）
著(编)者：张占仓 王建国　2018年5月出版 / 估价：99.00元
PSN B-2009-131-3/9

河南蓝皮书
河南工业发展报告（2018）
著(编)者：张占仓　2018年5月出版 / 估价：99.00元
PSN B-2013-317-5/9

河南蓝皮书
河南金融发展报告（2018）
著(编)者：喻新安 谷建全
2018年6月出版 / 估价：99.00元
PSN B-2014-390-7/9

河南蓝皮书
河南经济发展报告（2018）
著(编)者：张占仓 完世伟
2018年6月出版 / 估价：99.00元
PSN B-2010-157-4/9

河南蓝皮书
河南能源发展报告（2018）
著(编)者：国网河南省电力公司经济技术研究院
河南省社会科学院
2018年6月出版 / 估价：99.00元
PSN B-2017-607-9/9

河南商务蓝皮书
河南商务发展报告（2018）
著(编)者：焦锦淼 穆荣国　2018年5月出版 / 估价：99.00元
PSN B-2014-399-1/1

河南双创蓝皮书
河南创新创业发展报告（2018）
著(编)者：喻新安 杨雪梅
2018年8月出版 / 估价：99.00元
PSN B-2017-641-1/1

黑龙江蓝皮书
黑龙江经济发展报告（2018）
著(编)者：朱宇　2018年1月出版 / 定价：89.00元
PSN B-2011-190-2/2

湖南城市蓝皮书
区域城市群整合
著(编)者：童中贤 韩未名 2018年12月出版 / 估价：99.00元
PSN B-2006-064-1/1

湖南蓝皮书
湖南城乡一体化发展报告（2018）
著(编)者：陈文胜 王文强 陆福兴
2018年8月出版 / 估价：99.00元
PSN B-2015-477-8/8

湖南蓝皮书
2018年湖南电子政务发展报告
著(编)者：梁志峰 2018年5月出版 / 估价：128.00元
PSN B-2014-394-6/8

湖南蓝皮书
2018年湖南经济发展报告
著(编)者：卞鹰 2018年5月出版 / 估价：128.00元
PSN B-2011-207-2/8

湖南蓝皮书
2016年湖南经济展望
著(编)者：梁志峰 2018年5月出版 / 估价：128.00元
PSN B-2011-206-1/8

湖南蓝皮书
2018年湖南县域经济社会发展报告
著(编)者：梁志峰 2018年5月出版 / 估价：128.00元
PSN B-2014-395-7/8

湖南县域绿皮书
湖南县域发展报告（No.5）
著(编)者：袁准 周小毛 黎仁寅
2018年6月出版 / 估价：99.00元
PSN G-2012-274-1/1

沪港蓝皮书
沪港发展报告（2018）
著(编)者：尤安山 2018年9月出版 / 估价：99.00元
PSN B-2013-362-1/1

吉林蓝皮书
2018年吉林经济社会形势分析与预测
著(编)者：邵汉明 2017年12月出版 / 定价：89.00元
PSN B-2013-319-1/1

吉林省城市竞争力蓝皮书
吉林省城市竞争力报告（2017~2018）
著(编)者：崔岳春 张磊
2018年3月出版 / 定价：89.00元
PSN B-2016-513-1/1

济源蓝皮书
济源经济社会发展报告（2018）
著(编)者：喻新安 2018年6月出版 / 估价：99.00元
PSN B-2014-387-1/1

江苏蓝皮书
2018年江苏经济发展分析与展望
著(编)者：王庆五 吴先满
2018年7月出版 / 估价：128.00元
PSN B-2017-635-1/3

江西蓝皮书
江西经济社会发展报告（2018）
著(编)者：陈石俊 龚建文 2018年10月出版 / 估价：128.00元
PSN B-2015-484-1/2

江西蓝皮书
江西设区市发展报告（2018）
著(编)者：姜玮 梁勇
2018年10月出版 / 估价：99.00元
PSN B-2016-517-2/2

经济特区蓝皮书
中国经济特区发展报告（2017）
著(编)者：陶一桃 2018年1月出版 / 估价：99.00元
PSN B-2009-139-1/1

辽宁蓝皮书
2018年辽宁经济社会形势分析与预测
著(编)者：梁启东 魏红江 2018年6月出版 / 估价：99.00元
PSN B-2006-053-1/1

民族经济蓝皮书
中国民族地区经济发展报告（2018）
著(编)者：李曦辉 2018年7月出版 / 估价：99.00元
PSN B-2017-630-1/1

南宁蓝皮书
南宁经济发展报告（2018）
著(编)者：胡建华 2018年9月出版 / 估价：99.00元
PSN B-2016-569-2/3

内蒙古蓝皮书
内蒙古精准扶贫研究报告（2018）
著(编)者：张志华 2018年1月出版 / 定价：89.00元
PSN B-2017-681-2/2

浦东新区蓝皮书
上海浦东经济发展报告（2018）
著(编)者：周小平 徐美芳
2018年1月出版 / 定价：89.00元
PSN B-2011-225-1/1

青海蓝皮书
2018年青海经济社会形势分析与预测
著(编)者：陈玮 2018年1月出版 / 定价：98.00元
PSN B-2012-275-1/2

青海科技绿皮书
青海科技发展报告（2017）
著(编)者：青海省科学技术信息研究所
2018年3月出版 / 定价：98.00元
PSN G-2018-701-1/1

山东蓝皮书
山东经济形势分析与预测（2018）
著(编)者：李广杰 2018年7月出版 / 估价：99.00元
PSN B-2014-404-1/5

山东蓝皮书
山东省普惠金融发展报告（2018）
著(编)者：齐鲁财富网
2018年9月出版 / 估价：99.00元
PSN B2017-676-5/5

山西蓝皮书
山西资源型经济转型发展报告（2018）
著(编)者：李志强　2018年7月出版 / 估价：99.00元
PSN B-2011-197-1/1

陕西蓝皮书
陕西经济发展报告（2018）
著(编)者：任宗哲 白宽犁 裴成荣
2018年1月出版 / 定价：89.00元
PSN B-2009-135-1/6

陕西蓝皮书
陕西精准脱贫研究报告（2018）
著(编)者：任宗哲 白宽犁 王建康
2018年4月出版 / 定价：89.00元
PSN B-2017-623-6/6

上海蓝皮书
上海经济发展报告（2018）
著(编)者：沈开艳　2018年2月出版 / 定价：89.00元
PSN B-2006-057-1/7

上海蓝皮书
上海资源环境发展报告（2018）
著(编)者：周冯琦 胡静　2018年2月出版 / 定价：89.00元
PSN B-2006-060-4/7

上海蓝皮书
上海奉贤经济发展分析与研判（2017～2018）
著(编)者：张兆安 朱平芳　2018年3月出版 / 定价：99.00元
PSN B-2018-698-8/8

上饶蓝皮书
上饶发展报告（2016～2017）
著(编)者：廖其志　2018年6月出版 / 估价：128.00元
PSN B-2014-377-1/1

深圳蓝皮书
深圳经济发展报告（2018）
著(编)者：张骁儒　2018年6月出版 / 估价：99.00元
PSN B-2008-112-3/7

四川蓝皮书
四川城镇化发展报告（2018）
著(编)者：侯水平 陈炜　2018年6月出版 / 估价：99.00元
PSN B-2015-456-7/7

四川蓝皮书
2018年四川经济形势分析与预测
著(编)者：杨钢　2018年1月出版 / 定价：158.00元
PSN B-2007-098-2/7

四川蓝皮书
四川企业社会责任研究报告（2017～2018）
著(编)者：侯水平 盛毅　2018年5月出版 / 估价：99.00元
PSN B-2014-386-4/7

四川蓝皮书
四川生态建设报告（2018）
著(编)者：李晟之　2018年5月出版 / 估价：99.00元
PSN B-2015-455-6/7

四川蓝皮书
四川特色小镇发展报告（2017）
著(编)者：吴志强　2017年11月出版 / 定价：89.00元
PSN B-2017-670-8/8

体育蓝皮书
上海体育产业发展报告（2017~2018）
著(编)者：张林 黄海燕
2018年10月出版 / 估价：99.00元
PSN B-2015-454-4/5

体育蓝皮书
长三角地区体育产业发展报（2017～2018）
著(编)者：张林　2018年6月出版 / 估价：99.00元
PSN B-2015-453-3/5

天津金融蓝皮书
天津金融发展报告（2018）
著(编)者：王爱俭 孔德昌
2018年5月出版 / 估价：99.00元
PSN B-2014-418-1/1

图们江区域合作蓝皮书
图们江区域合作发展报告（2018）
著(编)者：李铁　2018年6月出版 / 估价：99.00元
PSN B-2015-464-1/1

温州蓝皮书
2018年温州经济社会形势分析与预测
著(编)者：蒋儒标 王春光 金浩
2018年6月出版 / 估价：99.00元
PSN B-2008-105-1/1

西咸新区蓝皮书
西咸新区发展报告（2018）
著(编)者：李扬 王军
2018年6月出版 / 估价：99.00元
PSN B-2016-534-1/1

修武蓝皮书
修武经济社会发展报告（2018）
著(编)者：张占仓 袁凯声
2018年10月出版 / 估价：99.00元
PSN B-2017-651-1/1

偃师蓝皮书
偃师经济社会发展报告（2018）
著(编)者：张占仓 袁凯声 何武周
2018年7月出版 / 估价：99.00元
PSN B-2017-627-1/1

扬州蓝皮书
扬州经济社会发展报告（2018）
著(编)者：陈扬
2018年12月出版 / 估价：108.00元
PSN B-2011-191-1/1

长垣蓝皮书
长垣经济社会发展报告（2018）
著(编)者：张占仓 袁凯声 秦保建
2018年10月出版 / 估价：99.00元
PSN B-2017-654-1/1

遵义蓝皮书
遵义发展报告（2018）
著(编)者：邓彦 曾征 龚永育
2018年9月出版 / 估价：99.00元
PSN B-2014-433-1/1

地方发展类-社会

安徽蓝皮书
安徽社会发展报告（2018）
著(编)者：程桦　2018年6月出版 / 估价：99.00元
PSN B-2013-325-1/1

安徽社会建设蓝皮书
安徽社会建设分析报告（2017～2018）
著(编)者：黄家海 蔡宪
2018年11月出版 / 估价：99.00元
PSN B-2013-322-1/1

北京蓝皮书
北京公共服务发展报告（2017～2018）
著(编)者：施昌奎　2018年6月出版 / 估价：99.00元
PSN B-2008-103-7/8

北京蓝皮书
北京社会发展报告（2017～2018）
著(编)者：李伟东
2018年7月出版 / 估价：99.00元
PSN B-2006-055-3/8

北京蓝皮书
北京社会治理发展报告（2017～2018）
著(编)者：殷星辰　2018年7月出版 / 估价：99.00元
PSN B-2014-391-8/8

北京律师蓝皮书
北京律师发展报告 No.4（2018）
著(编)者：王隽　2018年12月出版 / 估价：99.00元
PSN B-2011-217-1/1

北京人才蓝皮书
北京人才发展报告（2018）
著(编)者：敏华　2018年12月出版 / 估价：128.00元
PSN B-2011-201-1/1

北京社会心态蓝皮书
北京社会心态分析报告（2017～2018）
北京市社会心理服务促进中心
2018年10月出版 / 估价：99.00元
PSN B-2014-422-1/1

北京社会组织管理蓝皮书
北京社会组织发展与管理（2018）
著(编)者：黄江松
2018年6月出版 / 估价：99.00元
PSN B-2015-446-1/1

北京养老产业蓝皮书
北京居家养老发展报告（2018）
著(编)者：陆杰华 周明明
2018年8月出版 / 估价：99.00元
PSN B-2015-465-1/1

法治蓝皮书
四川依法治省年度报告No.4（2018）
著(编)者：李林 杨天宗 田禾
2018年3月出版 / 定价：118.00元
PSN B-2015-447-2/3

福建妇女发展蓝皮书
福建省妇女发展报告（2018）
著(编)者：刘群英　2018年11月出版 / 估价：99.00元
PSN B-2011-220-1/1

甘肃蓝皮书
甘肃社会发展分析与预测（2018）
著(编)者：安文华 谢增虎 包晓霞
2018年1月出版 / 定价：99.00元
PSN B-2013-313-2/6

广东蓝皮书
广东全面深化改革研究报告（2018）
著(编)者：周林生 涂成林
2018年12月出版 / 估价：99.00元
PSN B-2015-504-3/3

广东蓝皮书
广东社会工作发展报告（2018）
著(编)者：罗观翠　2018年6月出版 / 估价：99.00元
PSN B-2014-402-2/3

广州蓝皮书
广州青年发展报告（2018）
著(编)者：徐柳 张强
2018年8月出版 / 估价：99.00元
PSN B-2013-352-13/14

广州蓝皮书
广州社会保障发展报告（2018）
著(编)者：张跃国　2018年8月出版 / 估价：99.00元
PSN B-2014-425-14/14

广州蓝皮书
2018年中国广州社会形势分析与预测
著(编)者：张强 郭志勇 何镜清
2018年6月出版 / 估价：99.00元
PSN B-2008-110-5/14

贵州蓝皮书
贵州法治发展报告（2018）
著(编)者：吴大华　2018年5月出版 / 估价：99.00元
PSN B-2012-254-2/10

贵州蓝皮书
贵州人才发展报告（2017）
著(编)者：于杰 吴大华
2018年9月出版 / 估价：99.00元
PSN B-2014-382-3/10

贵州蓝皮书
贵州社会发展报告（2018）
著(编)者：王兴骥　2018年6月出版 / 估价：99.00元
PSN B-2010-166-1/10

杭州蓝皮书
杭州妇女发展报告（2018）
著(编)者：魏颖
2018年10月出版 / 估价：99.00元
PSN B-2014-403-1/1

河北蓝皮书
河北法治发展报告（2018）
著(编)者：康振海　2018年6月出版 / 估价：99.00元
PSN B-2017-622-3/3

河北食品药品安全蓝皮书
河北食品药品安全研究报告（2018）
著(编)者：丁锦霞
2018年10月出版 / 估价：99.00元
PSN B-2015-473-1/1

河南蓝皮书
河南法治发展报告（2018）
著(编)者：张林海　2018年7月出版 / 估价：99.00元
PSN B-2014-376-6/9

河南蓝皮书
2018年河南社会形势分析与预测
著(编)者：牛苏林　2018年5月出版 / 估价：99.00元
PSN B-2005-043-1/9

河南民办教育蓝皮书
河南民办教育发展报告（2018）
著(编)者：胡大白　2018年9月出版 / 估价：99.00元
PSN B-2017-642-1/1

黑龙江蓝皮书
黑龙江社会发展报告（2018）
著(编)者：王爱丽　2018年1月出版 / 定价：89.00元
PSN B-2011-189-1/2

湖南蓝皮书
2018年湖南两型社会与生态文明建设报告
著(编)者：卞鹰　2018年5月出版 / 估价：128.00元
PSN B-2011-208-3/8

湖南蓝皮书
2018年湖南社会发展报告
著(编)者：卞鹰　2018年5月出版 / 估价：128.00元
PSN B-2014-393-5/8

健康城市蓝皮书
北京健康城市建设研究报告（2018）
著(编)者：王鸿春 盛继洪
2018年9月出版 / 估价：99.00元
PSN B-2015-460-1/2

江苏法治蓝皮书
江苏法治发展报告No.6（2017）
著(编)者：蔡道通 龚廷泰
2018年8月出版 / 估价：99.00元
PSN B-2012-290-1/1

江苏蓝皮书
2018年江苏社会发展分析与展望
著(编)者：王庆五 刘旺洪
2018年8月出版 / 估价：128.00元
PSN B-2017-636-2/3

民族教育蓝皮书
中国民族教育发展报告（2017·内蒙古卷）
著(编)者：陈中永
2017年12月出版 / 定价：198.00元
PSN B-2017-669-1/1

南宁蓝皮书
南宁法治发展报告（2018）
著(编)者：杨维超　2018年12月出版 / 估价：99.00元
PSN B-2015-509-1/3

南宁蓝皮书
南宁社会发展报告（2018）
著(编)者：胡建华　2018年10月出版 / 估价：99.00元
PSN B-2016-570-3/3

内蒙古蓝皮书
内蒙古反腐倡廉建设报告 No.2
著(编)者：张志华　2018年6月出版 / 估价：99.00元
PSN B-2013-365-1/1

青海蓝皮书
2018年青海人才发展报告
著(编)者：王宇燕　2018年9月出版 / 估价：99.00元
PSN B-2017-650-2/2

青海生态文明建设蓝皮书
青海生态文明建设报告（2018）
著(编)者：张西明 高华　2018年12月出版 / 估价：99.00元
PSN B-2016-595-1/1

人口与健康蓝皮书
深圳人口与健康发展报告（2018）
著(编)者：陆杰华 傅崇辉
2018年11月出版 / 估价：99.00元
PSN B-2011-228-1/1

山东蓝皮书
山东社会形势分析与预测（2018）
著(编)者：李善峰　2018年6月出版 / 估价：99.00元
PSN B-2014-405-2/5

陕西蓝皮书
陕西社会发展报告（2018）
著(编)者：任宗哲 白宽犁 牛昉
2018年1月出版 / 定价：89.00元
PSN B-2009-136-2/6

上海蓝皮书
上海法治发展报告（2018）
著(编)者：叶必丰　2018年9月出版 / 估价：99.00元
PSN B-2012-296-6/7

上海蓝皮书
上海社会发展报告（2018）
著(编)者：杨雄 周海旺
2018年2月出版 / 定价：89.00元
PSN B-2006-058-2/7

社会建设蓝皮书
2018年北京社会建设分析报告
著(编)者：宋贵伦 冯虹 2018年9月出版 / 估价：99.00元
PSN B-2010-173-1/1

深圳蓝皮书
深圳法治发展报告（2018）
著(编)者：张骁儒 2018年6月出版 / 估价：99.00元
PSN B-2015-470-6/7

深圳蓝皮书
深圳劳动关系发展报告（2018）
著(编)者：汤庭芬 2018年8月出版 / 估价：99.00元
PSN B-2007-097-2/7

深圳蓝皮书
深圳社会治理与发展报告（2018）
著(编)者：张骁儒 2018年6月出版 / 估价：99.00元
PSN B-2008-113-4/7

生态安全绿皮书
甘肃国家生态安全屏障建设发展报告（2018）
著(编)者：刘举科 喜文华
2018年10月出版 / 估价：99.00元
PSN G-2017-659-1/1

顺义社会建设蓝皮书
北京市顺义区社会建设发展报告（2018）
著(编)者：王学武 2018年9月出版 / 估价：99.00元
PSN B-2017-658-1/1

四川蓝皮书
四川法治发展报告（2018）
著(编)者：郑泰安 2018年6月出版 / 估价：99.00元
PSN B-2015-441-5/7

四川蓝皮书
四川社会发展报告（2018）
著(编)者：李羚 2018年6月出版 / 估价：99.00元
PSN B-2008-127-3/7

四川社会工作与管理蓝皮书
四川省社会工作人力资源发展报告（2017）
著(编)者：边慧敏 2017年12月出版 / 定价：89.00元
PSN B-2017-683-1/1

云南社会治理蓝皮书
云南社会治理年度报告（2017）
著(编)者：晏雄 韩全芳
2018年5月出版 / 估价：99.00元
PSN B-2017-667-1/1

地方发展类-文化

北京传媒蓝皮书
北京新闻出版广电发展报告（2017~2018）
著(编)者：王志 2018年11月出版 / 估价：99.00元
PSN B-2016-588-1/1

北京蓝皮书
北京文化发展报告（2017~2018）
著(编)者：李建盛 2018年5月出版 / 估价：99.00元
PSN B-2007-082-4/8

创意城市蓝皮书
北京文化创意产业发展报告（2018）
著(编)者：郭万超 张京成 2018年12月出版 / 估价：99.00元
PSN B-2012-263-1/7

创意城市蓝皮书
天津文化创意产业发展报告（2017~2018）
著(编)者：谢思全 2018年6月出版 / 估价：99.00元
PSN B-2016-536-7/7

创意城市蓝皮书
武汉文化创意产业发展报告（2018）
著(编)者：黄永林 陈汉桥 2018年12月出版 / 估价：99.00元
PSN B-2013-354-4/7

创意上海蓝皮书
上海文化创意产业发展报告（2017~2018）
著(编)者：王慧敏 王兴全 2018年8月出版 / 估价：99.00元
PSN B-2016-561-1/1

非物质文化遗产蓝皮书
广州市非物质文化遗产保护发展报告（2018）
著(编)者：宋俊华 2018年12月出版 / 估价：99.00元
PSN B-2016-589-1/1

甘肃蓝皮书
甘肃文化发展分析与预测（2018）
著(编)者：马廷旭 戚晓萍 2018年1月出版 / 定价：99.00元
PSN B-2013-314-3/6

甘肃蓝皮书
甘肃舆情分析与预测（2018）
著(编)者：王俊莲 张谦元 2018年1月出版 / 定价：99.00元
PSN B-2013-315-4/6

广州蓝皮书
中国广州文化发展报告（2018）
著(编)者：屈哨兵 陆志强 2018年6月出版 / 估价：99.00元
PSN B-2009-134-7/14

广州蓝皮书
广州文化创意产业发展报告（2018）
著(编)者：徐咏虹 2018年7月出版 / 估价：99.00元
PSN B-2008-111-6/14

海淀蓝皮书
海淀区文化和科技融合发展报告（2018）
著(编)者：陈名杰 孟景伟 2018年5月出版 / 估价：99.00元
PSN B-2013-329-1/1

河南蓝皮书
河南文化发展报告（2018）
著(编)者：卫绍生　2018年7月出版 / 估价：99.00元
PSN B-2008-106-2/9

湖北文化产业蓝皮书
湖北省文化产业发展报告（2018）
著(编)者：黄晓华　2018年9月出版 / 估价：99.00元
PSN B-2017-656-1/1

湖北文化蓝皮书
湖北文化发展报告（2017~2018）
著(编)者：湖北大学高等人文研究院
中华文化发展湖北省协同创新中心
2018年10月出版 / 估价：99.00元
PSN B-2016-566-1/1

江苏蓝皮书
2018年江苏文化发展分析与展望
著(编)者：王庆五 樊和平　2018年9月出版 / 估价：128.00元
PSN B-2017-637-3/3

江西文化蓝皮书
江西非物质文化遗产发展报告（2018）
著(编)者：张圣才 傅安平　2018年12月出版 / 估价：128.00元
PSN B-2015-499-1/1

洛阳蓝皮书
洛阳文化发展报告（2018）
著(编)者：刘福兴 陈启明　2018年7月出版 / 估价：99.00元
PSN B-2015-476-1/1

南京蓝皮书
南京文化发展报告（2018）
著(编)者：中共南京市委宣传部
2018年12月出版 / 估价：99.00元
PSN B-2014-439-1/1

宁波文化蓝皮书
宁波“一人一艺”全民艺术普及发展报告（2017）
著(编)者：张爱琴　2018年11月出版 / 估价：128.00元
PSN B-2017-668-1/1

山东蓝皮书
山东文化发展报告（2018）
著(编)者：涂可国　2018年5月出版 / 估价：99.00元
PSN B-2014-406-3/5

陕西蓝皮书
陕西文化发展报告（2018）
著(编)者：任宗哲 白宽犁 王长寿
2018年1月出版 / 定价：89.00元
PSN B-2009-137-3/6

上海蓝皮书
上海传媒发展报告（2018）
著(编)者：强荧 焦雨虹　2018年2月出版 / 定价：89.00元
PSN B-2012-295-5/7

上海蓝皮书
上海文学发展报告（2018）
著(编)者：陈圣来　2018年6月出版 / 估价：99.00元
PSN B-2012-297-7/7

上海蓝皮书
上海文化发展报告（2018）
著(编)者：荣跃明　2018年6月出版 / 估价：99.00元
PSN B-2006-059-3/7

深圳蓝皮书
深圳文化发展报告（2018）
著(编)者：张骁儒　2018年7月出版 / 估价：99.00元
PSN B-2016-554-7/7

四川蓝皮书
四川文化产业发展报告（2018）
著(编)者：向宝云 张立伟　2018年6月出版 / 估价：99.00元
PSN B-2006-074-1/7

郑州蓝皮书
2018年郑州文化发展报告
著(编)者：王哲　2018年9月出版 / 估价：99.00元
PSN B-2008-107-1/1

皮书起源

"皮书"起源于十七、十八世纪的英国，主要指官方或社会组织正式发表的重要文件或报告，多以"白皮书"命名。在中国，"皮书"这一概念被社会广泛接受，并被成功运作、发展成为一种全新的出版形态，则源于中国社会科学院社会科学文献出版社。

皮书定义

皮书是对中国与世界发展状况和热点问题进行年度监测，以专业的角度、专家的视野和实证研究方法，针对某一领域或区域现状与发展态势展开分析和预测，具备原创性、实证性、专业性、连续性、前沿性、时效性等特点的公开出版物，由一系列权威研究报告组成。

皮书作者

皮书系列的作者以中国社会科学院、著名高校、地方社会科学院的研究人员为主，多为国内一流研究机构的权威专家学者，他们的看法和观点代表了学界对中国与世界的现实和未来最高水平的解读与分析。

皮书荣誉

皮书系列已成为社会科学文献出版社的著名图书品牌和中国社会科学院的知名学术品牌。2016 年，皮书系列正式列入"十三五"国家重点出版规划项目；2013~2018 年，重点皮书列入中国社会科学院承担的国家哲学社会科学创新工程项目；2018 年，59 种院外皮书使用"中国社会科学院创新工程学术出版项目"标识。

中国皮书网

（网址：www.pishu.cn）

发布皮书研创资讯，传播皮书精彩内容
引领皮书出版潮流，打造皮书服务平台

栏目设置

关于皮书：何谓皮书、皮书分类、皮书大事记、皮书荣誉、
皮书出版第一人、皮书编辑部

最新资讯：通知公告、新闻动态、媒体聚焦、网站专题、视频直播、下载专区

皮书研创：皮书规范、皮书选题、皮书出版、皮书研究、研创团队

皮书评奖评价：指标体系、皮书评价、皮书评奖

互动专区：皮书说、社科数托邦、皮书微博、留言板

所获荣誉

2008 年、2011 年，中国皮书网均在全国新闻出版业网站荣誉评选中获得“最具商业价值网站”称号；

2012 年，获得“出版业网站百强”称号。

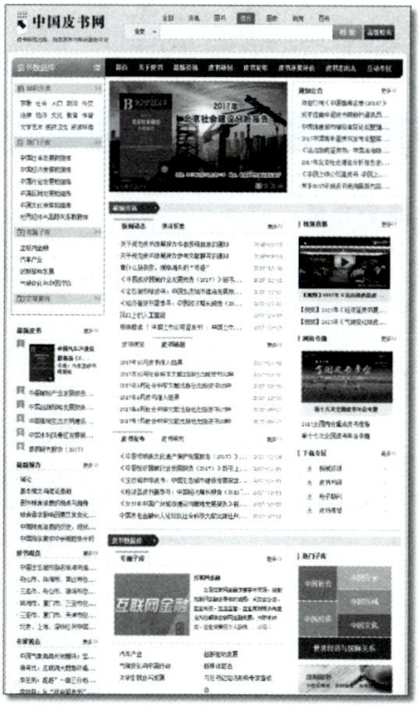

网库合一

2014 年，中国皮书网与皮书数据库端口合一，实现资源共享。

更多信息请登录

皮书数据库
http：//www.pishu.com.cn

中国皮书网
http：//www.pishu.cn

皮书微博
http：//weibo.com/pishu

皮书微信“皮书说”

请到当当、亚马逊、京东或各地书店购买，也可办理邮购

咨询 / 邮购电话：010-59367028　59367070

邮　　箱：duzhe@ssap.cn

邮购地址：北京市西城区北三环中路甲29号院3号楼
华龙大厦13层读者服务中心

邮　　编：100029

银行户名：社会科学文献出版社

开户银行：中国工商银行北京北太平庄支行

账　　号：0200010019200365434